Heavy Metal Visual C++ Programming

HEAVY METAL

Visual C++ Programming

BY STEVEN HOLZNER

AN INTERNATIONAL DATA GROUP COMPANY

SAN MATEO, CALIFORNIA ◆ INDIANAPOLIS, INDIANA ◆ BOSTON, MASSACHUSETTS

Heavy Metal Visual C++ Programming

Published by
IDG Books Worldwide, Inc.
An International Data Group Company
155 Bovet Road, Suite 310
San Mateo, CA 94402

Copyright

Library of Congress Catalog Card No.: 94-077910
Printed in the United States of America
First Printing, July, 1994
10 9 8 7 6 5 4 3 2 1

Distributed in the United States by IDG Books Worldwide, Inc.

Limit of Liability/Disclaimer of Warranty

Trademarks

ISBN 1-56884-196-5

Published in the United States

About IDG Books Worldwide

Welcome to the world of IDG Books Worldwide.

IDG Books Worldwide, Inc. is a subsidiary of International Data Group, the world's largest publisher of business- and computer-related information and the leading global provider of information services on information technology. IDG was founded over 25 years ago and now employs more than 5,700 people worldwide. IDG publishes over 195 publications in 62 countries. Forty million people read one or more IDG publication each month.

Launched in 1990, IDG Books is today the fastest growing publisher of computer and business books in the United States. We are proud to have received three awards from the Computer Press Association in recognition of editorial excellence, and our best-selling *...For Dummies* series has over 7 million copies in print with translations in more than 20 languages. IDG Books, through a recent joint venture with IDG's Hi-Tech Beijing, became the first U.S. publisher to publish a computer book in the People's Republic of China. In record time, IDG Books has become the first choice for millions of readers around the world who want to learn how to better manage their businesses.

Our mission is simple: Every IDG book is designed to bring extra value and skill-building instruction to the reader. Our books are written by experts who understand and care about our readers. The knowledge base of our editorial staff comes from years of experience in publishing, education, and journalism — experience which we use to produce books for the '90s. In short, we care about books, so we attract the best people. We devote special attention to details such as audience, interior design, and illustrations. And because we write, edit, and produce our books electronically, we can spend more time ensuring superior content and spend less time on the technicalities of making books.

You can count on our commitment to deliver high-quality books at competitive prices on topics you want to read about. At IDG, we value quality, and we have been delivering quality for over 25 years. You'll find no better book on a subject than an IDG book.

John Kilcullen
President and CEO
IDG Books Worldwide, Inc.

For More Information...

For general information on IDG Books in the U.S., including information on discounts and premiums, contact IDG Books at 800-434-3422 or 415-312-0650.

For information on where to purchase IDG's books outside the U.S., contact Christina Turner at 415-312-0633.

For information on translations, contact Marc Jeffrey Mikulich, Foreign Rights Manager, at IDG Books Worldwide; fax number: 415-358-1260.

For sales inquires and special prices for bulk quantities, contact Tony Real at 800-434-3422 or 415-312-0644.

For information on using IDG books in the classroom and ordering examination copies, contact Jim Kelly at 1-800-434-2086.

Heavy Metal Visual C++ Programming is distributed in the United States by IDG Books Worldwide, Inc. It is distributed in Canada by Macmillan of Canada, a Division of Canada Publishing Corporation; by Computer and Technical Books in Miami, Florida, for South America and the Caribbean; by Longman Singapore in Singapore, Malaysia, Thailand, and Korea; by Toppan Co. Ltd. in Japan; by Asia Computerworld in Hong Kong; by Woodslane Pty. Ltd. in Australia and New Zealand; and by Transword Publishers Ltd. in the U.K. and Europe.

IDG Books Worldwide, Inc. is a subsidiary of International Data Group. The officers are Patrick J. McGovern, Founder and Board Chairman; Walter Boyd, President.

About the Author

Steve Holzner began working with computers during his undergraduate days at MIT. There he spent most of his time in the MIT Artificial Intelligence Lab. During the 1980's, while earning his Ph.D. in particle physics at Cornell University, he became a contributing editor at *PC Magazine* and began writing programming books. Since then, he has authored over 20 books, some of which have been translated into foreign languages. Now at Cornell, he co-teaches courses in both physics and Buddhism.

Steve enjoys traveling and learning about foreign cultures. He has lived in such places as Hong Kong and Germany, and has traveled to more than 30 countries including Afghanistan, Iran, Borneo, and Thailand. Besides traveling, Steve also studies ancient Egyptian archeology. So, don't be surprised if you run into him at one of the archeology exhibitions around the country! Steve's only regret is that despite all this education, he still does not know how to tie a tie. But he's getting lessons.

Credits

Vice President and Publisher
Chris Williams

Editorial Director
Trudy Neuhaus

Brand Manager
Amorette Pedersen

Manuscript Editor
Carol E. Henry

Editorial Assistant
Berta Hyken
Kathy Schmidt

Production Manager
Beth A. Roberts

Proofreader
Stephen McKinley

Indexer
Liz Cunningham

Book Design
Scally Design

Cover Design
Kavish + Kavish

Dedication

To my colleagues at the Cornell Physics department — geniuses, loonies, or both: Thanks for a swell fifteen years.

CONTENTS

Chapter Four Advanced Graphics, Part I: Bitmaps 133

Chapter Five Advanced Graphics, Part II: Metafiles, Animation, and Screen Capture 171

Chapter Six Visual C++ Operator Overloading 205

Introduction

Welcome to Heavy Metal Visual C++ Programming where you'll learn how to use Visual C++ as it was meant to be used. Perhaps you've already read a book on Visual C++ fundamentals and are ready to move on. Or perhaps you've already done some programming in Visual C++ and want to learn what the manuals don't tell you. In either case, this book is for you. We'll pick up where the beginning books leave off and continue much, much further. So if you're a programmer who is ready to take the next step — the step towards creating professional programs that go beyond the basic — read on.

If you have used Visual C++, you know that it offers significant resources to programmers. Not only does Visual C++ give us the C++ language to work with, but we have the Windows libraries full of hundreds of functions ready to be used. And we have dozens of predefined classes that come in the Microsoft Foundation Class Library.

This is an immense amount of territory for a programmer to cover. There's so much available that you need to read more than just an introductory book before you can start creating real Visual C++ programs for real users. This book will help you move up to that level of professional programming.

About Visual C++

Ever since Windows 1.0 was introduced,Windows programming has been a considerable challenge. The original Windows interface really was only for Microsoft's own use. When the Windows Software Development Kit finally became available, it proved to be an extraordinarily complex grab bag of tools, disconnected functions, and complete mystery. (In some ways, it still is.) Programming Windows has become popular, however, and that has given Microsoft and other companies the incentive to make such programming more tractable.

Visual C++ is today's premiere Windows programming tool for serious programmers. It is Microsoft's current answer to the demands of Windows programmers, and it is an enormous improvement over its predecessors. (Visual Basic is very popular, but no matter how you slice it, BASIC is still BASIC.) Now, at last, the programmer has a programming environment that is a real aid, rather than an impediment. When you're using Visual C++, it's easy to deal with the complexity of Windows programming.

No matter how good Visual C++ is, however, we still have to come to terms with programming Windows itself. Part of the difficulty — and part of the attraction — of Windows programming is the great number of functions available in the Windows API. There are literally hundreds (such as BringWindowToTop(), WindowFromPoint(), and GetWindowText()) ready to be used by programmers to build powerful applications. Unfortunately, Visual C++ often wraps up so much power in its internal objects that we can forget to use the Windows API. So this book will show you how to tap the power of the windows API and use it in our programs.

What This Book Gives You

The goal of this book is to give you a programming edge. To do this, we'll frequently cover what's not in the manuals; we'll bend a few rules and stretch the limits of what's considered "legal" in a Visual C++ program; we'll push Visual C++ tools (such as App Studio and Class Wizard) to their limits — and beyond; and we'll peek under the covers of Visual C++ and Windows to learn how to build powerful programs.

The idea here is to provide you with a guided tour of the insides of Visual C++ so that you feel comfortable working with a Visual C++ program from top to bottom. Since you can write quite a bit of a Visual C++ program using tools like App Wizard, the code can seem inaccessible. Hence, Visual C++ programmers often are content to add a few lines of code to standard functions and never penetrate the rest of the program. However, it's important to know how all the parts of a Visual C++ program work — and to be able to change them — in order to harness more programming power.

An Overview of this Book

In this book, we'll go to the next level of Visual C++ programming. We'll cover topics such as how to: design buttons that display graphics (not just simple text); write a full OLE server; make the status and control bars disappear and reappear in your windows on command; create your own objects that Visual C++ can serialize; and more. Some of the subjects we'll cover include:

- Advanced view handling
- Customizing status bars and control bars
- Operator overloading (including the +, =, and >> operators)
- Dynamic Link Libraries (DLLs)
- OLE containers and servers
- The best of the Microsoft Foundation Class Library
- The internals of serialization
- Windows timers
- Graphics metafiles
- Screen capture

We won't just talk about how these capabilities work, we'll also implement them in programs. Some of the programs we'll create include:

- A multiview, multidocument spreadsheet program
- A multiview, multidocument word processing program
- Bitmap-stretching programs
- An OLE container program that supports in-place editing
- An OLE full server program that supports in-place editing
- Controls that display graphics
- A screen capture program
- Programs that use Windows timers
- Controls for a program's main windows (such as buttons, edit controls, and listboxes)

Some programming books are full of theory and disjointed sections of code. This book is different. The programs mentioned above are working examples — not haphazard sections of code that leave you up in the air.

Visual C++ itself comes with many examples on disk. Unfortunately, the examples provided by the fine programmers at Microsoft are enormous, filled with dozens of secondary functions and needless recursion. All that makes it very difficult to learn how to do a relatively simple thing; for example, how to set up an OLE container program. After wading through five levels of added-on window dressing, even the best of programmers can become frustrated. So here, instead, we'll try to give you bite-sized, easily digestible programs that get the point across without using pages and pages of superfluous code.

What You Will Need

We'll use Visual C++ version 1.5 in this book. If you are using version 1.0, you will notice occasional small differences as you read Chapters 1 through 7, but the differences will not be significant. Class Wizard will look a little different. Some dialog boxes will have more buttons. The generated code will be slightly different, but not unrecognizably so.

However, in order to follow the OLE discussions in later chapters, you'll need version 1.5. Each new release of the OLE specification has dramatic changes, and Visual C++, version 1.5, has much more support for OLE built in than did version 1.0. You won't be able to profitably use the material in Chapters 8 and 9 if you have Visual C++ version 1.0. On the other hand, if you are seriously interested in OLE programming, you will want to upgrade to Visual C++ 1.5 as soon as possible, so you can take advantage of all the extra OLE support it offers.

All in all, version 1.5 is recommended, but if you have version 1.0, you should be able to follow the non-OLE material without difficulty.

In addition to a copy of Visual C++, you'll need a computer that runs Windows 3.1. You'll also need some knowledge of C++, Windows, and Visual C++ itself. In Chapter 1, we'll review the basic skills that we'll take for granted in the rest of the book. If you can work through that chapter without a problem, this book is for you. If you have some trouble, it's probably best to work through a basic Visual C++ book before continuing. We don't assume a great deal of Visual C++ knowledge, but you must be familiar with the basics before you can get something out of this book.

With all that in mind, let's start our review of Visual C++, and then begin our guided tour of professional Visual C++ programming.

A Visual C++ Brush-up

In this chapter, we'll review Visual C++ and bring ourselves up to speed on the basics. We'll cover the fundamentals of programming for the Windows environment; we'll show you how to use essential Visual C++ tools such as App Wizard, App Studio, and Class Wizard; we'll review the parts of a Visual C++ program; and we'll explore different approaches to displaying text, and to working with views, documents, and menus. We'll also create a few sample programs and then take them apart, seeing what makes them tick.

By brushing up on the basics of Visual C++, you'll be making sure that you're comfortable with it and can use it well enough to move on to bigger and better things. If you have questions while reading this chapter, I recommend that you work through a basic Visual C++ book before continuing, because the skills and concepts covered in this chapter are ones we'll take for granted in later chapters.

Despite its ease of use, there's still a great deal a programmer has to know in order to use Visual C++ profitably — and here we assume that you already have some familiarity with C++ and Visual C++ programming. You should know the Windows environment itself (that is, be at home with menus, dialog boxes, and scroll bars, and what "the focus" means in a Windows program). Be sure you are familiar with App Wizard, App Studio, and Class Wizard, for example. You'll need to know what a Visual C++ view class does and how it differs from a document class, what a document template is, how to add menus to a program, and other fundamental concepts.

What's So Special About Visual C++?

We're about to embark on a tour of the compiler that's become today's premium Windows tool. Visual C++ is the product to buy if you're programming for Windows, and it's the choice of most serious programmers.

Perhaps you did some programming for Windows in the old days and can recall how difficult it used to be. When it first became possible to program in Windows, many programmers thought the Windows interface incomplete. Every little detail had to be laid out specifically, every small option designated. In fact, the original Windows interface was not designed for most programmers to use, but only for Microsoft internal personnel. After Windows became more popular (after version 3.0 arrived), the Windows Software Development Kit (SDK) was released, and many programmers rebelled: hundreds of lines of C code had to be written and debugged in order to put even a simple blank window on the screen. You had to choose from an immense constellation of window styles, border types, extra data blocks, and other bewildering items just to make that single window appear. And the programming style in general was poor. In C, the backbone of a Windows program is a single giant switch statement that acts as a dispatcher for Windows messages received by the program, and this switch statement might be dozens of pages long. Everything was getting out of hand.

C++ was created for just this type of situation. Developed to handle larger programs, such as Windows applications, C++ packages sections of interrelated code into discrete, independent parts named objects.

In C++, objects are not just programming objects but also conceptual objects — that is, instead of numerous functions and data scattered throughout your program, you can wrap the ones that work together into a logical, easy-to-remember tool. A collection of 14 functions and 12 arrays that handle the display, for instance, can be combined into a single object named Display. In this way, the global environment of a large program falls into a few discrete manageable tools — just what programmers want to see for long programs. Moreover, with C++ objects, programmers can wrap related functions and data together — including all the functions and data internal to the object, safely within an object.

Visual C++ added the Microsoft Foundation Class (MFC) library to all the other advantanges C++ has to offer. This library comes with dozens of predefined Windows classes from which you can declare objects. All the standard options (and there can be hundreds in a Windows program) are packaged handily into standard classes. If you want to change some of those options, you can override a base class function or set a data member. If you want a window, create a window object from a window class; one line is all it takes. All the details are handled by the object itself.

Besides all this, Visual C++ offers several valuable tools that will even write most of a program for you: App Wizard, Class Wizard, and App Studio. These tools allow you to create and manage code with ease. Also, because Visual C++'s native environment is Windows itself, you can see your program run almost at once. There's no doubt about it, Visual C++ speeds you along the path of Windows programming.

Naming Visual C++ Variables

Let's start our review with the way variables are named in Visual C++. Like other Windows compilers, Visual C++ uses Hungarian notation to name its variables. In Hungarian notation, a letter or group of letters is used as a prefix for variable names. This convention is called Hungarian notation because its developer, Charles Simonyi (of Microsoft) was Hungarian. You'll see Hungarian notation often in this book. For example, an array named ptArray[] tells us that it's an array of points. If it were called m_ptArray[], we could assume it to be a member of a C++ object. These notations can be combined. For example, the variable sData tells us it is a string; szData is a zero-terminated string; pszData is a pointer to a zero-terminated string; lpszData is a long pointer to a zero-terminated string; and m_lpszData is a data member of some class, a data member that is a long pointer to a zero-terminated string. Table 1-1 is a list of the most common Hungarian notations.

Many of the built-in variables we come across in Visual C++ will use Hungarian notation (for example, the parameters in an MFC function's prototype). Because C++ is strongly typed, it is wise to make sure that the contents of the variable actually match the type of variable.

TABLE 1-1: Naming Conventions for Windows Variables Using Hungarian Notation

PREFIX	DEFINITION
a	array
b	BOOL
by	BYTE
c	char
cr	color reference value
cx, cy	count of x, y length
dw	DWORD
fn	function
h	handle
i	integer
m_	data member of a class
n	int
np	near pointer
p	pointer
pt	point
r	rectangle
l	long
lp	long pointer
s	string
sz	string terminated with a zero
tm	TEXTMETRIC
w	WORD

Now that we have reviewed the terminology associated with Windows variables, let's create and run our first Visual C++ program.

OUR FIRST VISUAL C++ PROGRAM: ONE.EXE

Our first Visual C++ program will do nothing more than display "Hello from Visual C++" in a window. Not very exciting, but what we want to do is dissect the parts of a Visual C++ program to make sure we know how it works (we'll make our programs do more interesting things in upcoming chapters). To begin, start Visual C++ and bring up the Visual Workbench, as shown in Figure 1-1.

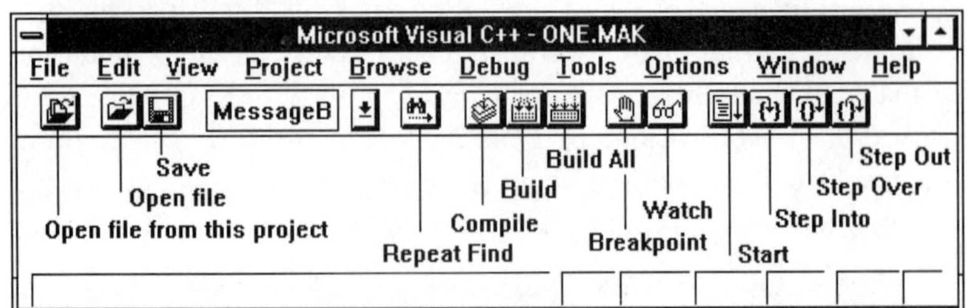

FIGURE 1-1: The Visual Workbench contains various tools you need to create a Visual C++ program.

Creating a new program involves creating a new project. This is because Visual C++ programs generally involve a number of files managed by Visual C++ in a project file (which has the extension .MAK). Using the built-in App Wizard tool, we will build our first project and call it ONE.MAK. Start App Wizard now from the Project menu. When the MFC AppWizard dialog appears, type the project name ONE as shown in Figure 1-2.

FIGURE 1-2: To create a new program, start a project using App Wizard.

MFC AppWizard
Project Name: one
Project Path
c:\vcbook \one\one.mak
Directory:
c:\
vcbook
asm
bitmap
calc
New Subdirectory:
one
Drive:
c: steve disk
OK
Cancel
Help
Options...
OLE Options...
Database Options...
Classes...

App Wizard gives us an easy way to produce most of the files needed for a Windows program. When we've finished with App Wizard, we'll have a program that will create blank windows, and it's up to us to customize the code the way we want it. (In other words, App Wizard supplies the skeleton and we supply the meat.) Select the Options button in App Wizard now, to get the dialog box shown in Figure 1-3. Deselect the Multiple Document Interface (MDI) option, making this a single document interface (SDI) program; we won't need multiple windows for our first program. Then close the Options dialog box by clicking OK.

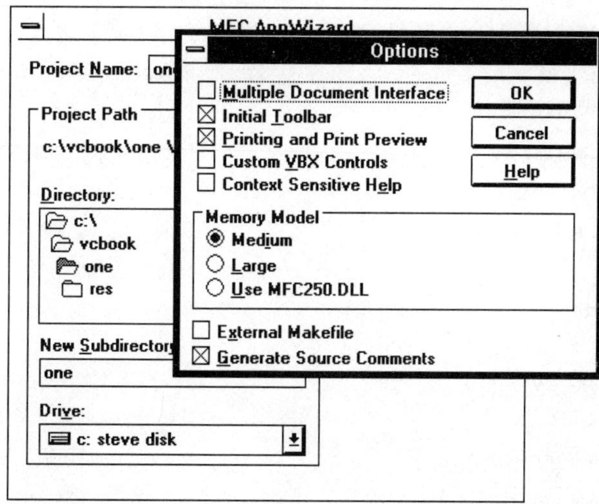

FIGURE 1-3: The Options menu helps you customize your programs, but it doesn't do all the work. You'll need to edit the code App Wizard generates.

Create the project now by clicking OK in the App Wizard dialog box. These files are created:

FILENAME	DEFINITION
MAINFRM.H	Main window header file
MAINFRM.CPP	Main window code file
ONE.CLW	Class Wizard internal data
ONE.CPP	Application code (the interface to Windows)
ONE.DEF	Windows definition file
ONE.H	Header file for application code
ONE.MAK	Project file
ONE.RC	General resource file (menu, etc.)
ONEDOC.H	Document header file
ONEDOC.CPP	Document class code file
ONEVW.H	View class header file
ONEVW.CPP	View class code file
README.TXT	Information about your project
RES	Subdirectory; includes ONE.RC2, ONE.ICO, TOOLBAR.BMP
RESOURCE.H	Resource header (ID values)
STDAFX.H	Standard Application Frameworks header file
STDAFX.CPP	Standard Application Frameworks C++ code file

App Wizard has already done a lot of work for us. We'll complete our entire program now with just one line (quite an improvement over the five pages we'd need to write for the same program in C). Choose File|Open to open the file ONEVIEW.CPP. Locate the function OnDraw() in that file, which currently looks like this:

```
void COneView::OnDraw(CDC* pDC)
{
    COneDoc* pDoc = GetDocument();
    ASSERT_VALID(pDoc);

    // TODO: add draw code for native data here
}
```

The OnDraw() function is called when the client area of our program needs to be (re)drawn. The client area is the large work area of our window that's not taken up by toolbars, menu bars, scroll bars, borders, and so on, as shown in the illustration following:

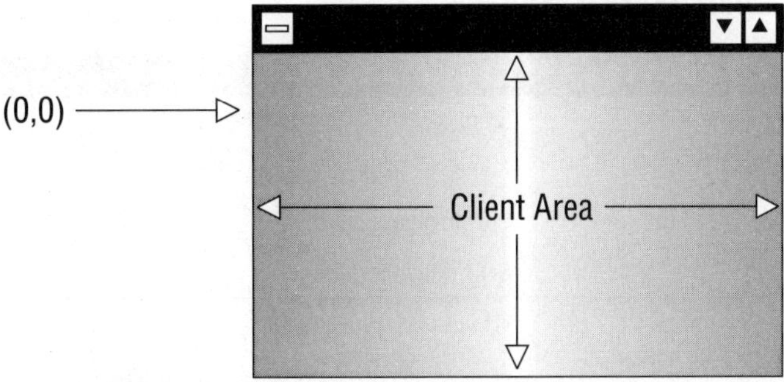

Place this single line of code in OnDraw(), after the //TODO comment:

```
pDC->TextOut(0, 0, CString("Hello from Visual C++"));
```

That's it. Now run the program by first building it with the Build ONE.EXE menu item in the Visual C++ project menu and then selecting the Execute ONE.EXE item in the same menu. The results are shown in Figure 1-4.

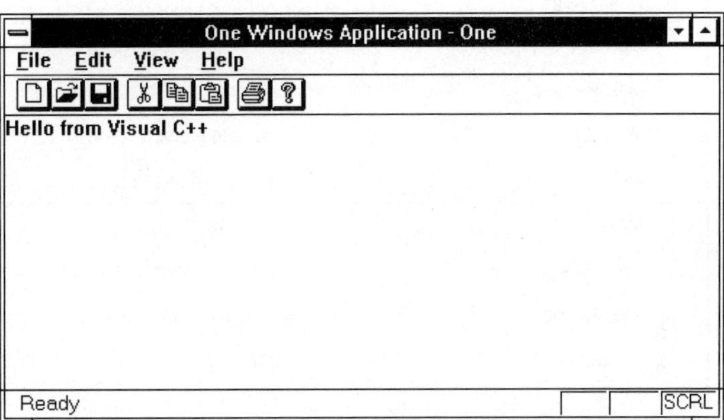

FIGURE 1-4: Our first program works! Executing ONE.EXE displays this window and message.

What we've done in ONE.EXE is to create a CString object containing the text "Hello from Visual C++". The MFC CString class is a near-perfect example of how C++ is superior to C. In C, character strings are essentially treated as uncoordinated arrays of characters. In C++, on the other hand, Microsoft has created the CString class, which allows objects to hold strings. The + and = operators can be used with these objects, as well as any number of handy built-in functions. Table 1-2 lists the most useful CString class members.

TABLE 1-2: MFC CSTRING Class Members

MEMBER FUNCTION	DESCRIPTION
Compare	Compare strings (case-sensitive)
CompareNoCase	Compare strings (case-insensitive)
CString	Constructor
Empty	Set string to zero length
Find	Find character (or substring)
FindOneOf	Find first matching character from given set
GetAt	Get character at indicated position
GetBuffer	Get actual pointer to characters
GetLength	Get total number of characters
IsEmpty	Is length of CString object 0?
Left	Get left part of string
LoadString	Load CString (from Windows resource)
MakeLower	Convert string to lowercase
MakeReverse	Reverse order of characters in string
MakeUpper	Convert string to uppercase
Mid	Get middle part of string
operator +	Add two strings
operator +=	Add new string to end of indicated string
operator <<	Send CString to an archive
operator =	Set CString to new value
operator ==, <, etc.	Standard comparison operators
operator >>	Get CString from an archive
operator const char* ()	Reach characters directly
operator []	Standard array operator
ReverseFind	Find character starting from end of CString
Right	Get right part of string
SetAt	Set character at indicated position
~CString	Destructor

In the OnDraw() function we are using the TextOut() function to display our CString object's text in the window. TextOut() is a member of the MFC CDC class, which handles Windows device contexts for us. Device contexts, which will be very important in this book, are the way we work with any kind of graphics (including text) in Windows. To draw anything in Windows, we do it in a device context. The MFC library has put all the functionality of device contexts into the CDC class (and the classes derived from it, such as CClientDC), and a pointer to a device context representing the client area is passed to us in OnDraw(). We draw in the client area with TextOut(), as shown in the earlier code example.

Remember: In Visual C++, when you want to interact with Windows, it will almost always be through the members of an MFC object, as we did here, using a device context object.

Now that our first program works, placing a window on the screen and displaying the text we want in it, our next task will be to take the program apart and make sure we understand what's going on inside. We have to know what makes ONE.EXE tick before we can improve it.

THE PARTS OF ONE.EXE

There are four major parts (classes) to a Visual C++ program: the application class, the main window class, the view class, and the document class. They are supported in these files:

CLASS TYPE	CLASS NAME	SUPPORT FILES	LISTING
Application class	COneApp	ONE.H, ONE.CPP	Listing 1-1
Main Window class	CMainFrame	MAINFRM.H, MAINFRM.CPP	Listing 1-2
View class	COneView	ONEVIEW.H, ONEVIEW.CPP	Listing 1-3
Document class	COneDoc	ONEDOC.H, ONEDOC.CPP	Listing 1-4

The application itself is an object of class COneApp, which is in turn derived from the MFC CWinApp class, as illustrated here:

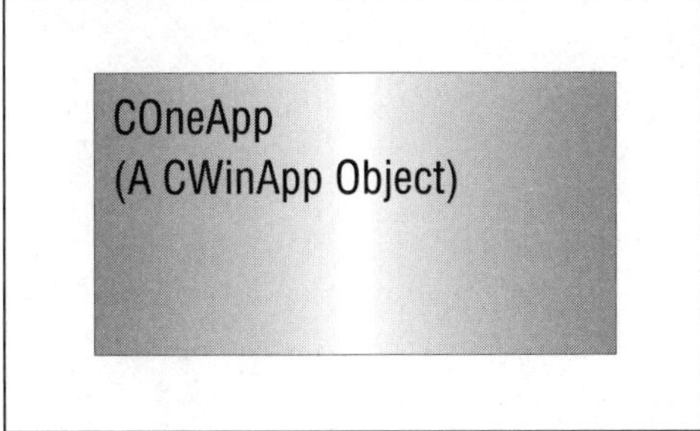

The main window of our program is a CMainFrame object (derived from the MFC CFrameWnd class). This object represents the main window and handles most of its functions (such as minimizing and maximizing). Below, the main window object has been added to the application object.

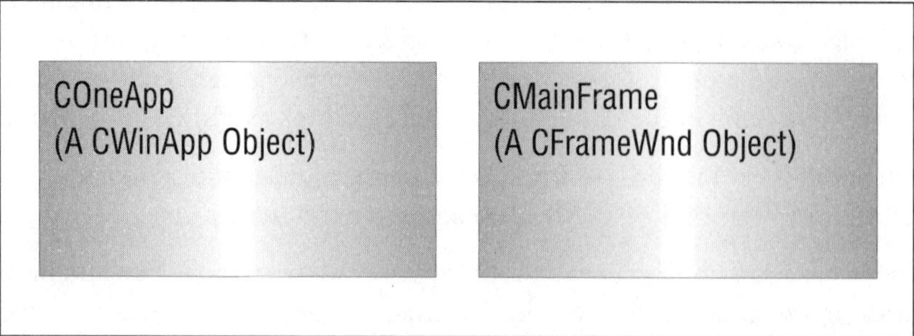

Windows programs interact with their environment and with the user through Windows messages, such as WM_CREATE, WM_MOUSEMOVE, WM_SIZE, WM_MENU-SELECT, and more than a hundred others. Whenever a Windows event occurs, such as clicking a mouse button or opening a window, a Windows message is generated and sent to the corresponding Windows program. In a Visual C++ program, there is a message loop in the application object that receives and handles the incoming messages. When the WM_QUIT message is received, for example, the program exits. If the message (such as a menu selection or a mouse click) is appropriately handled by our main window object, the message is passed on to that window's object, as shown here:

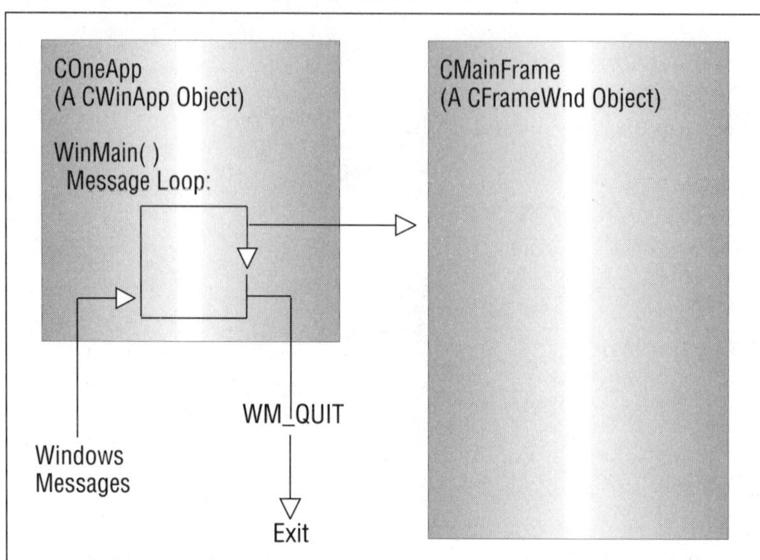

In a Visual C++ program, the CMainFrame object usually passes the messages we want to handle to one of the two remaining classes: the view class or the document class. The view is responsible for displaying our program's data, and the document is responsible for storing it.

For example, when the window's client area needs to be drawn for the first time or redrawn later (as when the window is uncovered after another window is moved), a WM_PAINT message is sent to the program's message loop, and then passed on to the main window.

Because the view class is in charge of actually maintaining the client area (in an SDI program, the view is a child window covering the main window's client area), the main window then calls the function OnDraw() from the view class. That's where we do the actual drawing. There is an OnMessage() function available for most Windows messages; for example, OnLButtonDown(), to handle left mouse-button presses. The possibilities are listed in Table 1-3. The following illustration shows how some of the common calls look in a Visual C++ program that has a view class.

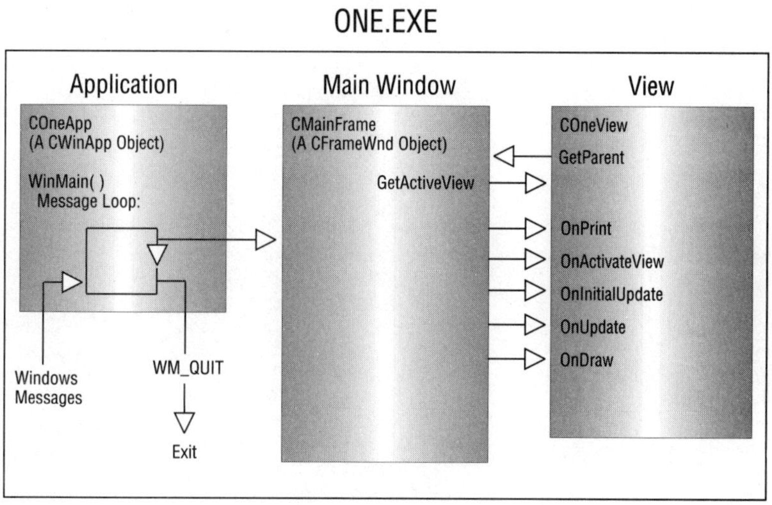

ONE.EXE

Application
CObeApp
(A CWinApp Object)
WinMain( )
Message Loop:
Windows
Messages
WM_QUIT
Exit

Main Window
CMainFrame
(A CFrameWnd Object)
GetActiveView

View
COneView
GetParent
OnPrint
OnActivateView
OnInitialUpdate
OnUpdate
OnDraw

On the other hand, most Visual C++ programs have a document class, as well. If the view is responsible for displaying the data, the document is responsible for storing it. For example, if our program's data were stored in the program's document, in a CString object named m_datastring, we could use the pointer to the document provided for us already in the OnDraw() function, to draw the data string this way:

```
void COneView::OnDraw(CDC* pDC)
{
    COneDoc* pDoc = GetDocument();
    ASSERT_VALID(pDoc);

    // TODO: add draw code for native data here
➤   pDC->TextOut(0, 0, pDoc->m_datastring);
}
```

TABLE 1-3: The OnMessage()Functions

OnActivate	OnGetData	OnPaintClipboard
OnActivateApp	OnGetDlgCode	OnPaletteChanged
OnActivateView	OnGetEmbeddedItem	OnPaletteIsChanging
OnAskCbFormatName	OnGetLinkedItem	OnParentNotify
OnBeginPrinting	OnGetMinMaxInfo	OnPrepareDC
OnCancel	OnGetTextData	OnPreparePrinting
OnCancelMode	OnHelp	OnPrint
OnChange	OnHelpIndex	OnQueryDragIcon
OnChangeCbChain	OnHelpUsing	OnQueryEndSession
OnChangedViewList	OnHScroll	OnQueryNewPalette
OnChar	OnHScrollClipboard	OnQueryOpen
OnCharToItem	OnIconEraseBkgnd	OnRButtonDblClk
OnChildActivate	OnIdle	OnRButtonDown
OnChildNotify	OnInitDialog	OnRButtonUp
OnClose	OnInitialUpdate	OnRenamed
OnCloseDocument	OnInitMenu	OnRenderAllFormats
OnCmdMsg	OnInitMenuPopup	OnRenderFormat
OnColorOK	OnKeyDown	OnReplaceAll
OnCommand	OnKeyUp	OnReplaceSel
OnCompacting	OnKillFocus	OnSaveDocument
OnCompareItem	OnLBSelChangedNotify	OnSetBounds
OnContextHelp	OnLButtonDblClk	OnSetColorScheme
OnCreate	OnLButtonDown	OnSetCursor
OnCreateClient	OnLButtonUp	OnSetData
OnCreateDoc	OnMButtonDblClk	OnSetDocDimensions
OnCreateDocFromTemplate	OnMButtonDown	OnSetFocus
OnCtlColor	OnMButtonUp	OnSetFont
OnDDECommand	OnMDIActivate	OnSetHostNames
OnDeadChar	OnMeasureItem	OnSetPreviewMode
OnDeleteItem	OnMenuChar	OnSetTargetDevice
OnDestroy	OnMenuSelect	OnShareViolation
OnDestroyClipboard	OnMouseActivate	OnShow
OnDevModeChange	OnMouseMove	OnShowWindow
OnDoVerb	OnMove	OnSize
OnDraw	OnNcActivate	OnSizeClipboard
OnDrawClipboard	OnNcCalcSize	OnSpoolerStatus
OnDrawItem	OnNcCreate	OnSysChar
OnDropFiles	OnNcDestroy	OnSysColorChange
OnEditDoc	OnNcHitTest	OnSysCommand
OnEnable	OnNcLButtonDblClk	OnSysDeadChar
OnEndPrinting	OnNcLButtonDown	OnSysKeyDown
OnEndPrintPreview	OnNcLButtonUp	OnSysKeyUp
OnEndSession	OnNcMButtonDblClk	OnTextNotFound
OnEnterIdle	OnNcMButtonDown	OnTimeChange
OnEnumFormats	OnNcMButtonUp	OnTimer
OnEraseBkgnd	OnNcMouseMove	OnUpdate
OnExecute	OnNcPaint	OnUpdateDocument
OnExit	OnNcRButtonDblClk	OnVKeyToItem
OnExtraVerb	OnNcRButtonDown	OnVScroll
OnFileNameOK	OnNcRButtonUp	OnVScrollClipboard
OnFileNew	OnNewDocument	OnWindowPosChanged
OnFileOpen	OnOK	OnWindowPosChanging
OnFilePrintSetup	OnOpenDoc	OnWinIniChange
OnFindNext	OnOpenDocument	
OnFontChange	OnPaint	

The relationship between the four major classes in a Visual C++ program look like this:

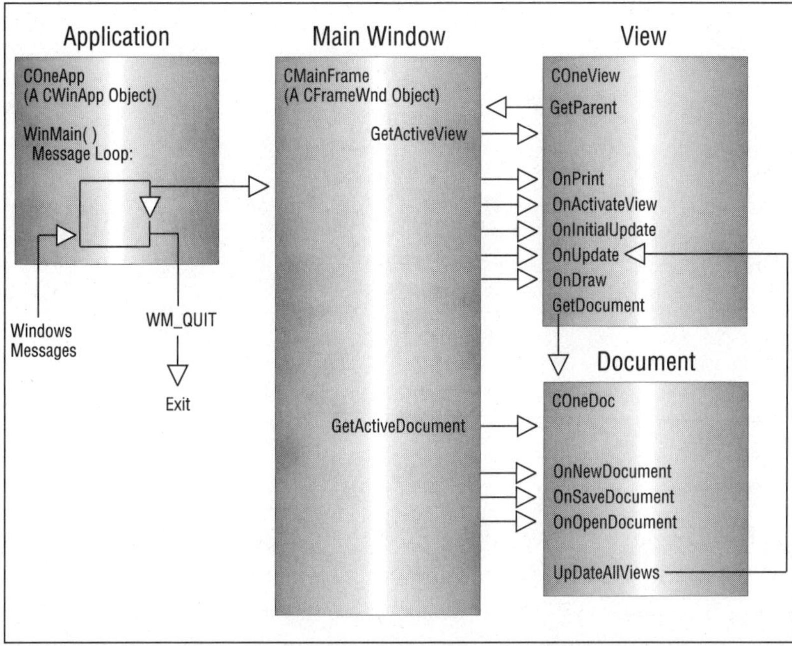

So much for the general outlines. Now let's look at the code itself. This knowledge will be important throughout the book as we dip into our programs and modify them.

The Application Class

The application class provides our interface to Windows.

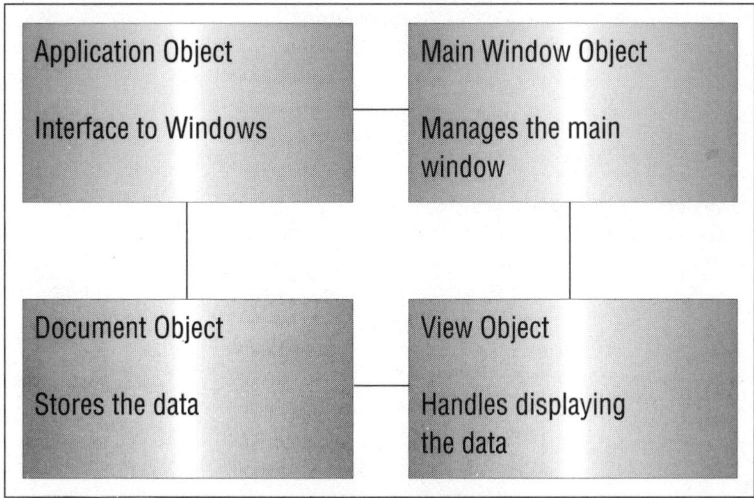

Our application class, COneApp, is derived from the CWinApp class in the file ONE.H:

```
// one.h : main header file for the ONE application
//

#ifndef __AFXWIN_H__
    #error include 'stdafx.h' before including this file for PCH
#endif

#include "resource.h"     // main symbols

/////////////////////////////////////////////////////////////////////////////
// COneApp:
// See one.cpp for the implementation of this class
//

➤ class COneApp : public CWinApp
{
public:
    COneApp();
        .
        .
        .
```

An object of the CWinApp class, theApp, is declared in ONE.CPP, as shown next. That one object is what gets our whole program to run.

```
// one.cpp : Defines the class behaviors for the application.
//
        .
        .
        .
/////////////////////////////////////////////////////////////////////////////
// COneApp

BEGIN_MESSAGE_MAP(COneApp, CWinApp)
    //{{AFX_MSG_MAP(COneApp)
    ON_COMMAND(ID_APP_ABOUT, OnAppAbout)
        // NOTE - the ClassWizard will add and remove mapping macros here.
        //    DO NOT EDIT what you see in these blocks of generated code!
    //}}AFX_MSG_MAP
    // Standard file based document commands
    ON_COMMAND(ID_FILE_NEW, CWinApp::OnFileNew)
    ON_COMMAND(ID_FILE_OPEN, CWinApp::OnFileOpen)
    // Standard print setup command
    ON_COMMAND(ID_FILE_PRINT_SETUP, CWinApp::OnFilePrintSetup)
END_MESSAGE_MAP()

/////////////////////////////////////////////////////////////////////////////
// COneApp construction

COneApp::COneApp()
{
  // TODO: add construction code here,
```

```
        // Place all significant initialization in InitInstance
    }

    /////////////////////////////////////////////////////////////////////////////
    // The one and only COneApp object

➢       COneApp NEAR theApp;
```

In the foregoing code segment, notice also the BEGIN_MESSAGE_MAP macro, which is handled by Class Wizard. This is where the connection is made between the menu items that already appear in our program and the CWinApp functions that are called when those items are selected.

Once the program starts, COneApp's InitInstance() function is called. This is where you can place code that gets first crack at the main window — because that window is created here.

Placing initialization code in InitInstance() is better than placing it in the application object's constructor, because the other parts of the program have not yet been created in that constructor. In InitInstance(), among other things, the other three classes (main window, view, and document) are associated with the COneApp object in a document template, as shown next. (Note that since we made this an SDI program, our document template is of type CSingleDocTemplate.)

```
    BOOL COneApp::InitInstance()
    {
        // Standard initialization
        // If you are not using these features and wish to reduce the size
        //  of your final executable, you should remove from the following
        //  the specific initialization routines you do not need.

        SetDialogBkColor();        // Set dialog background color to gray
        LoadStdProfileSettings(); // Load standard INI file options

        // Register the application's document templates. Document templates
        //  serve as the connection between documents, frame windows and views.

➢       CSingleDocTemplate* pDocTemplate;
➢       pDocTemplate = new CSingleDocTemplate(
➢           IDR_MAINFRAME,
➢           RUNTIME_CLASS(COneDoc),
➢           RUNTIME_CLASS(CMainFrame),     // main SDI frame window
➢           RUNTIME_CLASS(COneView));
➢       AddDocTemplate(pDocTemplate);
            .
            .
            .
```

Now the other classes have been connected to our program. If this were an MDI program, this document template would be used to create new documents (and therefore also new MDI child windows and views) dynamically — that is, on the fly. But since it's an

SDI window, we can only have one document open at a time. We can, however, still have a number of views into that document. For that reason, the program uses the DECLARE_DYNCREATE macro to declare the variables needed to create views dynamically in the view's header, as shown next (from ONEVIEW.H):

```
// oneview.h : interface of the COneView class
//
        .
        .
        .
class COneView : public CView
{
protected: // create from serialization only
    COneView();
➤   DECLARE_DYNCREATE(COneView)
```

Then it implements the code necessary for the dynamic creation of new views, using the IMPLEMENT_DYNCREATE macro in the view's code file (from ONEVIEW.CPP):

```
// oneview.cpp : implementation of the COneView class
//
        .
        .
        .
BEGIN_MESSAGE_MAP(COneDoc, CDocument)
     //{{AFX_MSG_MAP(COneDoc)
          // NOTE - the ClassWizard will add and remove mapping macros here.
          //    DO NOT EDIT what you see in these blocks of generated code!
     //}}AFX_MSG_MAP
END_MESSAGE_MAP()
////////////////////////////////////////////////////////////////////////////
// COneView

➤ IMPLEMENT_DYNCREATE(COneView, CView)
```

As we explore our Visual C++ programs, we'll have the chance to alter the document template and these macros from time to time; for instance, we might want to replace CMainFrame with something better.

Back in InitInstance() in ONE.CPP, and after associating these classes with our program, we create a new document by calling the OnFileNew() function (just as if the user has selected File|New). Then we can check for command-line parameters. So, if someone starts the program by entering "win one hello there", this is where you read the command-line parameters sent to your program:

```
BOOL COneApp::InitInstance()
{
    // Standard initialization
    // If you are not using these features and wish to reduce the size
    //  of your final executable, you should remove from the following
```

```
    //  the specific initialization routines you do not need.

    SetDialogBkColor();        // Set dialog background color to gray
    LoadStdProfileSettings();  // Load standard INI file options

    // Register the application's document templates. Document templates
    //  serve as the connection between documents, frame windows and views.

    CSingleDocTemplate* pDocTemplate;
    pDocTemplate = new CSingleDocTemplate(
        IDR_MAINFRAME,
        RUNTIME_CLASS(COneDoc),
        RUNTIME_CLASS(CMainFrame),     // main SDI frame window
        RUNTIME_CLASS(COneView));
    AddDocTemplate(pDocTemplate);

    // create a new (empty) document
➢   OnFileNew();

➢   if (m_lpCmdLine[0] != '\0')
➢   {
        // TODO: add command line processing here
➢   }

    return TRUE;
}
```

This gets our program started properly, and we now have a new document to work with. That's all that is of interest in the application class for our purposes here; for your further study, the source code for ONE.H and ONE.CPP are in Listing 1-1.

The next step is to pass control to the main window when Windows messages are received.

LISTING 1-1: ONE.H and ONE.CPP

```
// one.h : main header file for the ONE application
//

#ifndef __AFXWIN_H__
    #error include 'stdafx.h' before including this file for PCH
#endif

#include "resource.h"     // main symbols

/////////////////////////////////////////////////////////////////////////////
// COneApp:
// See one.cpp for the implementation of this class
//

class COneApp : public CWinApp
{
```

```
public:
    COneApp();

// Overrides
    virtual BOOL InitInstance();

// Implementation

    //{{AFX_MSG(COneApp)
    afx_msg void OnAppAbout();
        // NOTE - the ClassWizard will add and remove member functions here.
        //  DO NOT EDIT what you see in these blocks of generated code !
    //}}AFX_MSG
    DECLARE_MESSAGE_MAP()
};

/////////////////////////////////////////////////////////////////////////////
// one.cpp : Defines the class behaviors for the application.
//

#include "stdafx.h"
#include "one.h"

#include "mainfrm.h"
#include "onedoc.h"
#include "oneview.h"

#ifdef _DEBUG
#undef THIS_FILE
static char BASED_CODE THIS_FILE[] = __FILE__;
#endif

/////////////////////////////////////////////////////////////////////////////
// COneApp

BEGIN_MESSAGE_MAP(COneApp, CWinApp)
    //{{AFX_MSG_MAP(COneApp)
    ON_COMMAND(ID_APP_ABOUT, OnAppAbout)
        // NOTE - the ClassWizard will add and remove mapping macros here.
        //    DO NOT EDIT what you see in these blocks of generated code!
    //}}AFX_MSG_MAP
    // Standard file based document commands
    ON_COMMAND(ID_FILE_NEW, CWinApp::OnFileNew)
    ON_COMMAND(ID_FILE_OPEN, CWinApp::OnFileOpen)
    // Standard print setup command
    ON_COMMAND(ID_FILE_PRINT_SETUP, CWinApp::OnFilePrintSetup)
END_MESSAGE_MAP()

/////////////////////////////////////////////////////////////////////////////
// COneApp construction

COneApp::COneApp()
{
```

```
    // TODO: add construction code here,
    // Place all significant initialization in InitInstance
}

/////////////////////////////////////////////////////////////////////////////
// The one and only COneApp object

COneApp NEAR theApp;

/////////////////////////////////////////////////////////////////////////////
// COneApp initialization

BOOL COneApp::InitInstance()
{
    // Standard initialization
    // If you are not using these features and wish to reduce the size
    //  of your final executable, you should remove from the following
    //  the specific initialization routines you do not need.

    SetDialogBkColor();        // Set dialog background color to gray
    LoadStdProfileSettings(); // Load standard INI file options

    // Register the application's document templates. Document templates
    //  serve as the connection between documents,frame windows and views.

    CSingleDocTemplate* pDocTemplate;
    pDocTemplate = new CSingleDocTemplate(
        IDR_MAINFRAME,
        RUNTIME_CLASS(COneDoc),
        RUNTIME_CLASS(CMainFrame),    // main SDI frame window
        RUNTIME_CLASS(COneView));
    AddDocTemplate(pDocTemplate);

    // create a new (empty) document
    OnFileNew();

    if (m_lpCmdLine[0] != '\0')
    {
        // TODO: add command line processing here
    }

    return TRUE;
}

/////////////////////////////////////////////////////////////////////////////
// CAboutDlg dialog used for App About

class CAboutDlg : public CDialog
{
public:
     CAboutDlg();

// Dialog Data
```

```
    //{{AFX_DATA(CAboutDlg)
    enum { IDD = IDD_ABOUTBOX };
    //}}AFX_DATA

// Implementation
protected:
    virtual void DoDataExchange(CDataExchange* pDX);  // DDX/DDV support
    //{{AFX_MSG(CAboutDlg)
        // No message handlers
    //}}AFX_MSG
    DECLARE_MESSAGE_MAP()
};

CAboutDlg::CAboutDlg() : CDialog(CAboutDlg::IDD)
{
    //{{AFX_DATA_INIT(CAboutDlg)
    //}}AFX_DATA_INIT
}

void CAboutDlg::DoDataExchange(CDataExchange* pDX)
{
    CDialog::DoDataExchange(pDX);
    //{{AFX_DATA_MAP(CAboutDlg)
    //}}AFX_DATA_MAP
}

BEGIN_MESSAGE_MAP(CAboutDlg, CDialog)
    //{{AFX_MSG_MAP(CAboutDlg)
        // No message handlers
    //}}AFX_MSG_MAP
END_MESSAGE_MAP()

// App command to run the dialog
void COneApp::OnAppAbout()
{
   CAboutDlg aboutDlg;
   aboutDlg.DoModal();
}

/////////////////////////////////////////////////////////////////////////////
// COneApp commands
```

The Main Window Class

Next comes the main window class, which manages the window (except for the client area, which is our responsibility).

When control is passed to the main window object, CMainFrame's OnCreate() function in MAINFRM.CPP is called. First, we call the base class's OnCreate() function:

```
int CMainFrame::OnCreate(LPCREATESTRUCT lpCreateStruct)
{
    if (CFrameWnd::OnCreate(lpCreateStruct) == -1)
```

```
        return -1;
          .
          .
          .
```

Next, we set up the program's toolbar:

```
int CMainFrame::OnCreate(LPCREATESTRUCT lpCreateStruct)
{
    if (CFrameWnd::OnCreate(lpCreateStruct) == -1)
        return -1;

➤    if(!m_wndToolBar.Create(this) ||
➤       !m_wndToolBar.LoadBitmap(IDR_MAINFRAME) ||
➤       !m_wndToolBar.SetButtons(buttons,
➤         sizeof(buttons)/sizeof(UINT)))
➤    {
➤       TRACE("Failed to create toolbar\n");
➤       return -1;       // fail to create
➤    }
          .
          .
          .
```

Finally, we create the status bar, and we're set:

```
int CMainFrame::OnCreate(LPCREATESTRUCT lpCreateStruct)
{
    if (CFrameWnd::OnCreate(lpCreateStruct) == -1)
        return -1;

    if (!m_wndToolBar.Create(this) ||
       !m_wndToolBar.LoadBitmap(IDR_MAINFRAME) ||
       !m_wndToolBar.SetButtons(buttons,
         sizeof(buttons)/sizeof(UINT)))
    {
       TRACE("Failed to create toolbar\n");
       return -1;       // fail to create
    }

➤   if (!m_wndStatusBar.Create(this) ||
➤       !m_wndStatusBar.SetIndicators(indicators,
➤         sizeof(indicators)/sizeof(UINT)))
➤   {
➤      TRACE("Failed to create status bar\n");
➤      return -1;       // fail to create
➤   }

    return 0;
}
```

➤*Note:* If you don't want to include the status bar and/or toolbar in your window, remove the above two segments of code.

That's it; our main window is set up. In fact, that's all there is of interest here; we won't change much else in MAINFRM.CPP. When messages need to be sent to the view or document classes, they'll be passed on correctly. (The source code for MAINFRM.H and MAINFRM.CPP appears in Listing 1-2.)

When this window is displayed on the screen, the entire nonclient area of the program is ready to go. The next step is to take care of the client area, and we do that in the view class.

Listing 1-2: MAINFRM.H and MAINFRM.CPP

```
// mainfrm.h : interface of the CMainFrame class
//
/////////////////////////////////////////////////////////////////////////////

class CMainFrame : public CFrameWnd
{
protected: // create from serialization only
    CMainFrame();
    DECLARE_DYNCREATE(CMainFrame)

// Attributes
public:

// Operations
public:

// Implementation
public:
    virtual ~CMainFrame();
#ifdef _DEBUG
    virtual void AssertValid() const;
    virtual void Dump(CDumpContext& dc) const;
#endif

protected:  // control bar embedded members
    CStatusBar m_wndStatusBar;
    CToolBar   m_wndToolBar;

// Generated message map functions
protected:
    //{{AFX_MSG(CMainFrame)
    afx_msg int OnCreate(LPCREATESTRUCT lpCreateStruct);
        // NOTE-the ClassWizard will add and remove member functions here.
        //    DO NOT EDIT what you see in these blocks of generated code!
    //}}AFX_MSG
    DECLARE_MESSAGE_MAP()
};

/////////////////////////////////////////////////////////////////////////////
// mainfrm.cpp : implementation of the CMainFrame class
//
```

```
#include "stdafx.h"
#include "one.h"

#include "mainfrm.h"

#ifdef _DEBUG
#undef THIS_FILE
static char BASED_CODE THIS_FILE[] = __FILE__;
#endif

/////////////////////////////////////////////////////////////////////////////
// CMainFrame

IMPLEMENT_DYNCREATE(CMainFrame, CFrameWnd)

BEGIN_MESSAGE_MAP(CMainFrame, CFrameWnd)
    //{{AFX_MSG_MAP(CMainFrame)
        // NOTE - the ClassWizard will add and remove mapping macros here.
        //    DO NOT EDIT what you see in these blocks of generated code !
    ON_WM_CREATE()
    //}}AFX_MSG_MAP
END_MESSAGE_MAP()

/////////////////////////////////////////////////////////////////////////////
// arrays of IDs used to initialize control bars

// toolbar buttons - IDs are command buttons
static UINT BASED_CODE buttons[] =
{
    // same order as in the bitmap 'toolbar.bmp'
    ID_FILE_NEW,
    ID_FILE_OPEN,
    ID_FILE_SAVE,
    ID_SEPARATOR,
    ID_EDIT_CUT,
    ID_EDIT_COPY,
    ID_EDIT_PASTE,
    ID_SEPARATOR,
    ID_FILE_PRINT,
    ID_APP_ABOUT,
};

static UINT BASED_CODE indicators[] =
{
    ID_SEPARATOR,           // status line indicator
    ID_INDICATOR_CAPS,
    ID_INDICATOR_NUM,
    ID_INDICATOR_SCRL,
};
```

```
/////////////////////////////////////////////////////////////////////////////
// CMainFrame construction/destruction

CMainFrame::CMainFrame()
{
    // TODO: add member initialization code here
}

CMainFrame::~CMainFrame()
{
}

int CMainFrame::OnCreate(LPCREATESTRUCT lpCreateStruct)
{
    if (CFrameWnd::OnCreate(lpCreateStruct) == -1)
        return -1;

    if (!m_wndToolBar.Create(this) ||
        !m_wndToolBar.LoadBitmap(IDR_MAINFRAME) ||
        !m_wndToolBar.SetButtons(buttons,
          sizeof(buttons)/sizeof(UINT)))
    {
        TRACE("Failed to create toolbar\n");
        return -1;       // fail to create
    }

    if (!m_wndStatusBar.Create(this) ||
        !m_wndStatusBar.SetIndicators(indicators,
          sizeof(indicators)/sizeof(UINT)))
    {
        TRACE("Failed to create status bar\n");
        return -1;   // fail to create
    }

     return 0;
}

/////////////////////////////////////////////////////////////////////////////
// CMainFrame diagnostics

#ifdef _DEBUG
void CMainFrame::AssertValid() const
{
    CFrameWnd::AssertValid();
}

void CMainFrame::Dump(CDumpContext& dc) const
{
    CFrameWnd::Dump(dc);
}

#endif //_DEBUG

/////////////////////////////////////////////////////////////////////////////
// CMainFrame message handlers
```

The View Class

The view and document classes are where most of the action is in ONE.EXE. The view class is responsible for displaying our program's data in the client area.

Let's review briefly how views and documents work. In an SDI program, we have only one document, and that document is displayed in the view, as shown here:

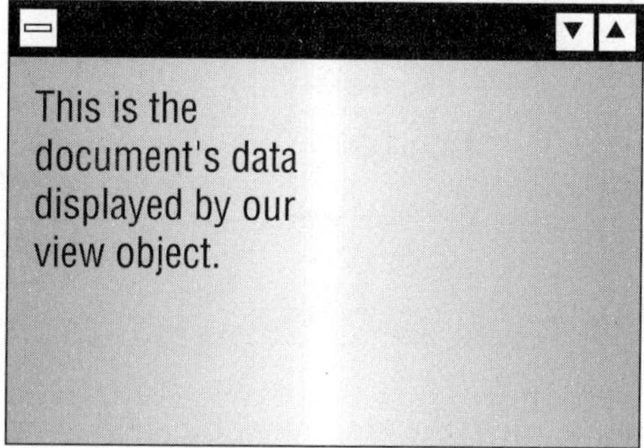

In an MDI program, we can have multiple documents open (you might think of each document as a separate file on disk), with each document in its own window (presented by its own view):

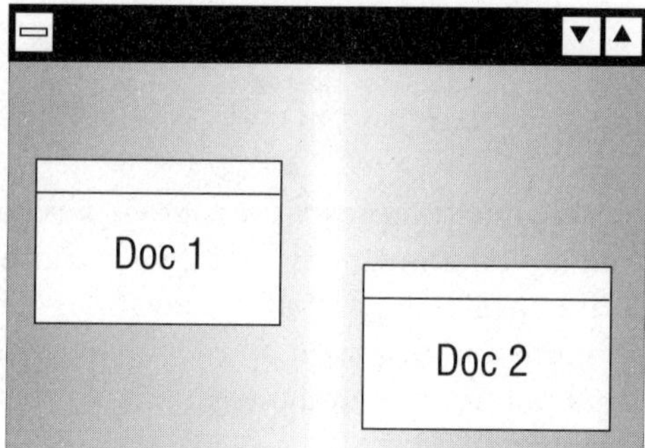

On the other hand, some documents are too large for the view to display in one window:

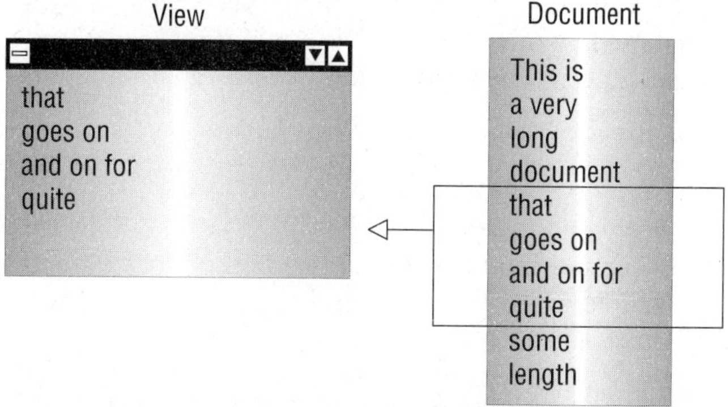

In this case, the user can open a second view into the same document, by selecting the Window|New command. New views are designated with a colon and the view number. For example, two views in Doc1 would be named Doc1:1 and Doc1:2, as shown here:

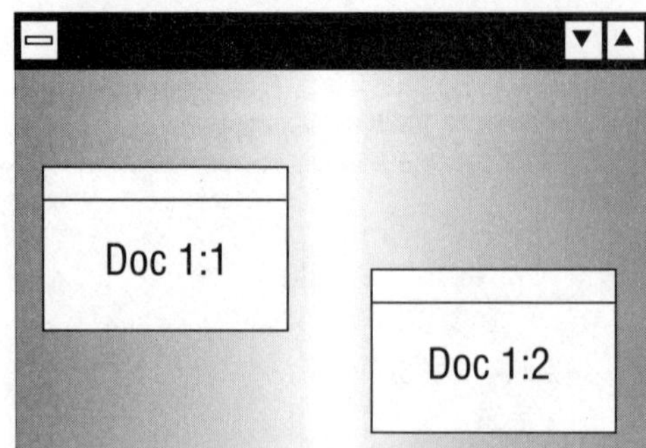

With all that in mind, then, the OnDraw() function in a view class is often the most important one, because that's the function in which we display the document's data (which is the view's job). In our first program, all we did was to display the data string directly:

```
void COneView::OnDraw(CDC* pDC)
{
     COneDoc* pDoc = GetDocument void();
     ASSERT_VALID(pDoc);

     // TODO: add draw code for native data here
➤    pDC->TextOut(0, 0, CString("Hello from Visual C++"));
}
```

A pointer to a device context representing our view is passed in OnDraw() — and that's what views are all about. Drawing in that device context is exactly the task accomplished by the view class, displaying part of the document, as shown earlier. Usually, we get data from the document and display it on the screen. For example, for data named m_datastring, we'd get a pointer to it and display it with this TextOut() function, as suggested earlier in the chapter:

```
➤    pDC->TextOut(0, 0, pDoc->m_datastring);
```

We connect menu items to functions in our view class, as well. Consider a menu item named Draw in a menu named Mouse. We could use Class Wizard to connect a function named OnMouseDraw() to that menu item, like this:

```
void COneView::OnMouseDraw()
{

}
```

Any code in this function can be executed when the Draw menu item is selected by the user. And if we wanted to draw in the view, we could create a device context object with the CClientDC class.

Besides menu items, we can also handle standard Windows messages in the view class, such as WM_CHAR when a character is typed, and WM_MOUSEMOVE when the mouse cursor is moved. We can use Class Wizard to attach a function to such messages — for instance, the OnChar() function for the WM_CHAR message (the typed character's ASCII code is stored in the nChar parameter), as shown here:

```
void COneView::OnChar(UINT nChar, UINT nRepCnt, UINT nFlags)
{

}
```

The code in this function, OnChar(), can be executed when the user presses a key.

That's the task of the view class, then — to display data and to support the message handlers, we add to it. The source code for ONEVIEW.H and ONEVIEW.CPP appears in Listing 1-3.

Next, we'll review how to store data, such as our m_datastring member, in the document class.

LISTING 1-3: ONEVIEW.H and ONEVIEW.CPP

```
// oneview.h : interface of the COneView class
//
/////////////////////////////////////////////////////////////////////////////

class COneView : public CView
{
protected: // create from serialization only
    COneView();
    DECLARE_DYNCREATE(COneView)

// Attributes
public:
    COneDoc* GetDocument();

// Operations
public:

// Implementation
public:
    virtual ~COneView();
    virtual void OnDraw(CDC* pDC); // overridden to draw this view
#ifdef _DEBUG
    virtual void AssertValid() const;
    virtual void Dump(CDumpContext& dc) const;
#endif

protected:

    // Printing support
    virtual BOOL OnPreparePrinting(CPrintInfo* pInfo);
```

```
	virtual void OnBeginPrinting(CDC* pDC, CPrintInfo* pInfo);
	virtual void OnEndPrinting(CDC* pDC, CPrintInfo* pInfo);

// Generated message map functions
protected:
	//{{AFX_MSG(COneView)
		// NOTE-the ClassWizard will add and remove member functions here.
		//    DO NOT EDIT what you see in these blocks of generated code !
	//}}AFX_MSG
	DECLARE_MESSAGE_MAP()
};

#ifndef _DEBUG  // debug version in oneview.cpp
inline COneDoc* COneView::GetDocument()
   { return (COneDoc*)m_pDocument; }
#endif

////////////////////////////////////////////////////////////////////////////////
oneview.cpp : implementation of the COneView class
//

#include "stdafx.h"
#include "one.h"

#include "onedoc.h"
#include "oneview.h"

#ifdef _DEBUG
#undef THIS_FILE
static char BASED_CODE THIS_FILE[] = __FILE__;
#endif

//////////////////////////////////////////////////////////////////////////////
// COneView

IMPLEMENT_DYNCREATE(COneView, CView)

BEGIN_MESSAGE_MAP(COneView, CView)
	//{{AFX_MSG_MAP(COneView)
		// NOTE-the ClassWizard will add and remove mapping macros here.
		//    DO NOT EDIT what you see in these blocks of generated code!
	//}}AFX_MSG_MAP
	// Standard printing commands
	ON_COMMAND(ID_FILE_PRINT, CView::OnFilePrint)
	ON_COMMAND(ID_FILE_PRINT_PREVIEW, CView::OnFilePrintPreview)
END_MESSAGE_MAP()

//////////////////////////////////////////////////////////////////////////////
// COneView construction/destruction

COneView::COneView()
{
	// TODO: add construction code here
```

```
}

COneView::~COneView()
{
}

/////////////////////////////////////////////////////////////////////////////
// COneView drawing

void COneView::OnDraw(CDC* pDC)
{
    COneDoc* pDoc = GetDocument();
    ASSERT_VALID(pDoc);

    // TODO: add draw code for native data here
    pDC->TextOut(0, 0, CString("Hello from Visual C++"));
}

/////////////////////////////////////////////////////////////////////////////
// COneView printing

BOOL COneView::OnPreparePrinting(CPrintInfo* pInfo)
{
    // default preparation
    return DoPreparePrinting(pInfo);
}

void COneView::OnBeginPrinting(CDC* /*pDC*/, CPrintInfo* /*pInfo*/)
{
    // TODO: add extra initialization before printing
}

void COneView::OnEndPrinting(CDC* /*pDC*/, CPrintInfo* /*pInfo*/)
{
    // TODO: add cleanup after printing
}

/////////////////////////////////////////////////////////////////////////////
// COneView diagnostics

#ifdef _DEBUG
void COneView::AssertValid() const
{
    CView::AssertValid();
}

void COneView::Dump(CDumpContext& dc) const
{
    CView::Dump(dc);
}

COneDoc* COneView::GetDocument() // non-debug version is inline
{
```

```
    ASSERT(m_pDocument->IsKindOf(RUNTIME_CLASS(COneDoc)));
    return (COneDoc*)m_pDocument;
}
#endif //_DEBUG

/////////////////////////////////////////////////////////////////////////////
// COneView message handlers
```

The Document Class

The document class is where we store the data. Data members are usually declared in the document's header file (ONEDOC.H) and initialized in the document's constructor (in ONEDOC.CPP, here). For example, in ONEDOC.H we add the m_datastring member to COneDoc, like this:

```
// onedoc.h : interface of the COneDoc class
//
/////////////////////////////////////////////////////////////////////////////

class COneDoc : public CDocument
{
protected: // create from serialization only
    COneDoc();
    DECLARE_DYNCREATE(COneDoc)

// Attributes
public:
➢   CString m_datastring;
// Operations
public:
    .
    .
    .
```

We don't initialize m_datastring here in the header file, however. Instead, we execute it in COneDoc's constructor in ONEDOC.CPP:

```
// onedoc.cpp : implementation of the COneDoc class
//
        .
        .
        .
COneDoc::COneDoc()
{
➢       m_datastring = CString("Hello from Visual C++");
}
```

Here, the = operator will make a copy of the CString object we created and copy it to m_datastring. Now our data is safely in the document, and we can refer to it as we did earlier in the view class's OnDraw() function in ONEVIEW.CPP:

```
void COneView::OnDraw(CDC* pDC)
{
```

```
        COneDoc* pDoc = GetDocument();
        ASSERT_VALID(pDoc);

        // TODO: add draw code for native data here
        pDC->TextOut(0, 0, pDoc->m_datastring);
}
```

Besides storing the data, the document class is also responsible for serializing it out to disk; that is, the File menu already in the program works with documents. All we have to do to send the data out to disk or retrieve it is to add some code to the document's Serialize() function in ONEDOC.CPP. Currently, that function looks like this:

```
void COneDoc::Serialize(CArchive& ar)
{
    if (ar.IsStoring())
    {
        // TODO: add storing code here
    }
    else
    {
        // TODO: add loading code here
    }
}
```

To serialize the data, m_datastring, we simply add code to Serialize(), as follows:

```
void COneDoc::Serialize(CArchive& ar)
{
    if (ar.IsStoring())
    {
        ar << m_datastring;
    }
    else
    {
        ar >> m_datastring;
    }
}
```

Now, when the user selects any of the built-in File menu items (Save, Save As, Open, and so on), the data will be written out or read back in, too.

That's it for the basics of a Visual C++ document, and that's it for ONE.EXE. The code from ONEDOC.H and ONEDOC.CPP appears in Listing 1-4.

Listing 1-4: ONEDOC.H and ONEDOC.CPP

```
// onedoc.h : interface of the COneDoc class
//
/////////////////////////////////////////////////////////////////////////////

class COneDoc : public CDocument
{
protected: // create from serialization only
```

```
    COneDoc();
    DECLARE_DYNCREATE(COneDoc)

// Attributes
public:

// Operations
public:

// Implementation
public:
    virtual ~COneDoc();
    virtual void Serialize(CArchive& ar);  // overridden for document i/o
#ifdef _DEBUG
    virtual void AssertValid() const;
    virtual void Dump(CDumpContext& dc) const;
#endif

protected:
    virtual BOOL OnNewDocument();

// Generated message map functions
protected:
    //{{AFX_MSG(COneDoc)
        // NOTE-the ClassWizard will add and remove member functions here.
        //    DO NOT EDIT what you see in these blocks of generated code !
    //}}AFX_MSG
    DECLARE_MESSAGE_MAP()
};

/////////////////////////////////////////////////////////////////////////////
// onedoc.cpp : implementation of the COneDoc class
//

#include "stdafx.h"
#include "one.h"

#include "onedoc.h"

#ifdef _DEBUG
#undef THIS_FILE
static char BASED_CODE THIS_FILE[] = __FILE__;
#endif

/////////////////////////////////////////////////////////////////////////////
// COneDoc

IMPLEMENT_DYNCREATE(COneDoc, CDocument)

BEGIN_MESSAGE_MAP(COneDoc, CDocument)
    //{{AFX_MSG_MAP(COneDoc)
        // NOTE-the ClassWizard will add and remove mapping macros here.
        //    DO NOT EDIT what you see in these blocks of generated code!
```

```
    //}}AFX_MSG_MAP
END_MESSAGE_MAP()

/////////////////////////////////////////////////////////////////////////////
// COneDoc construction/destruction

COneDoc::COneDoc()
{
    // TODO: add one-time construction code here
}

COneDoc::~COneDoc()
{
}

BOOL COneDoc::OnNewDocument()
{
    if (!CDocument::OnNewDocument())
        return FALSE;

    // TODO: add reinitialization code here
    // (SDI documents will reuse this document)

    return TRUE;
}

/////////////////////////////////////////////////////////////////////////////
// COneDoc serialization

void COneDoc::Serialize(CArchive& ar)
{
    if (ar.IsStoring())
    {
        // TODO: add storing code here
    }
    else
    {
        // TODO: add loading code here
    }
}

/////////////////////////////////////////////////////////////////////////////
// COneDoc diagnostics

#ifdef _DEBUG
void COneDoc::AssertValid() const
{
    CDocument::AssertValid();
}

void COneDoc::Dump(CDumpContext& dc) const
{
    CDocument::Dump(dc);
```

```
}
#endif //_DEBUG

/////////////////////////////////////////////////////////////////////////////
// COneDoc commands
```

Adding Menus to a Program: TWO.EXE

The next program in this review of Visual C++ will remind us how to use two of its most important tools: App Studio and the Class Wizard. Now that we've used App Wizard to create ONE.EXE, App Studio will let us work with Windows resources such as menus and dialog boxes. The goal of this second program, which we'll call TWO.MAK, is to display our earlier message, "Hello from Visual C++" when the user selects the Display Message item in a new menu called Hello.

We'll use App Wizard again to create TWO.MAK. In App Wizard's Options dialog box, deselect MDI again, making this an SDI program. Then create the project with the name TWO. With the project created, our first task is to add a new menu. To do that, start Visual C++'s App Studio from the Tools menu.

As shown in Figure 1-5, select the Menu item in the resource Type box, highlighting the line in the Resource box that reads IDR_MAINFRAME. Then double-click IDR_MAINFRAME. This will open the menu editor shown in Figure 1-6.

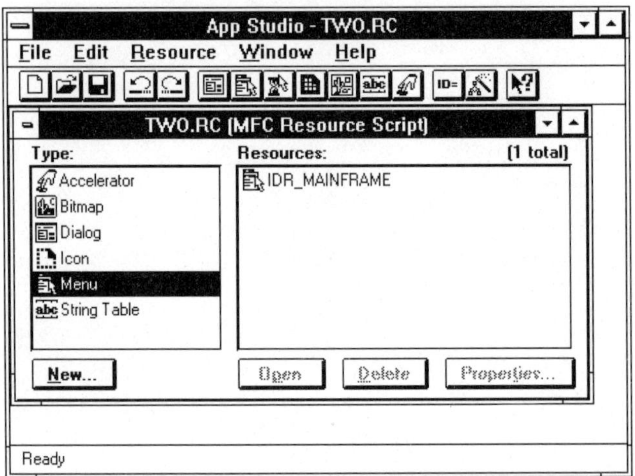

FIGURE 1-5: Use App Studio to add resources to your program or edit existing resource files.

You can see the program's existing menus displayed in the menu editor. Double-click the "fuzzy" box (the last entry in the menu bar). This opens up the Menu Item Properties box shown in Figure 1-7, where we set the properties of the new menu. Type Hello in the Caption dialog box. This is the new menu's name, as displayed in Figure 1-8.

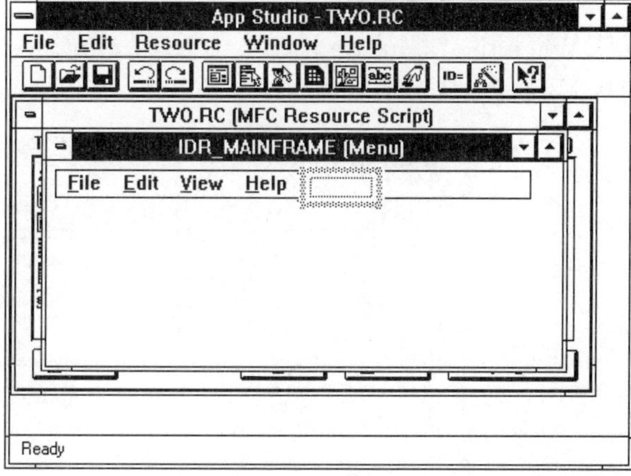

FIGURE 1-6: App Studio's menu editor makes it painless to edit menus.

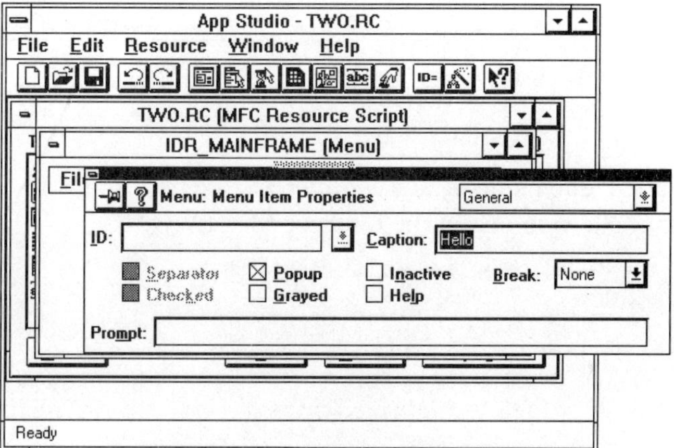

FIGURE 1-7: Assign properties to a menu through the Menu Item Properties dialog box.

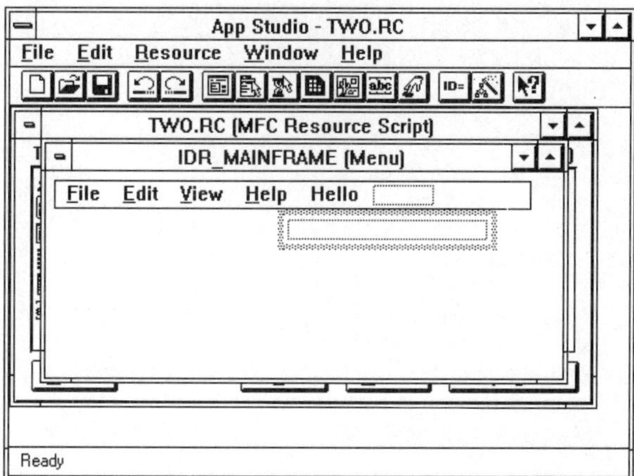

FIGURE 1-8: Here we can see the result of our work: the new menu appears in the menu editor.

Next, double-click the first item in the new Hello menu, now already outlined with the fuzzy box. When the Menu Item Properties box reopens, give this new item the name Display Message. It will appear in the menu editor as shown in Figure 1-9.

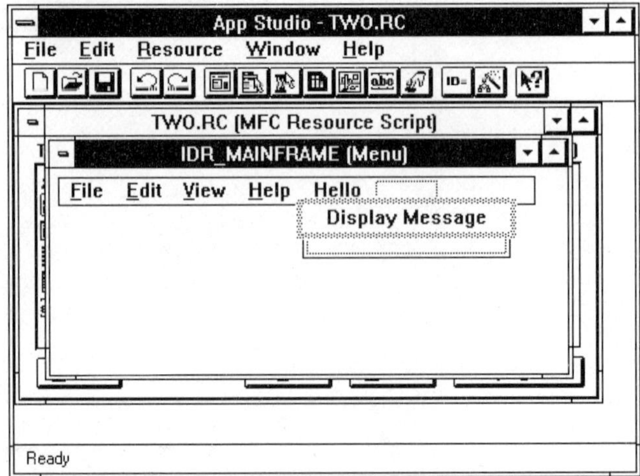

FIGURE 1-9: The Hello menu's first item: Display Message.

The Hello menu is now complete. Store it by selecting Save in the menu bar, creating the following text in the resource file, TWO.RC:

```
IDR_MAINFRAME MENU PRELOAD DISCARDABLE
BEGIN
    POPUP "&File"
    BEGIN
        MENUITEM "&New\tCtrl+N",            ID_FILE_NEW
        MENUITEM "&Open...\tCtrl+O",        ID_FILE_OPEN
        MENUITEM "&Save\tCtrl+S",           ID_FILE_SAVE
        MENUITEM "Save &As...",             ID_FILE_SAVE_AS
        MENUITEM SEPARATOR
        MENUITEM "&Print...\tCtrl+P",       ID_FILE_PRINT
        MENUITEM "Print Pre&view",          ID_FILE_PRINT_PREVIEW
        MENUITEM "P&rint Setup...",         ID_FILE_PRINT_SETUP
        MENUITEM SEPARATOR
        MENUITEM "Recent File",             ID_FILE_MRU_FILE1, GRAYED
        MENUITEM SEPARATOR
        MENUITEM "E&xit",                   ID_APP_EXIT
    END
    POPUP "&Edit"
    BEGIN
        MENUITEM "&Undo\tCtrl+Z",           ID_EDIT_UNDO
        MENUITEM SEPARATOR
        MENUITEM "Cu&t\tCtrl+X",            ID_EDIT_CUT
        MENUITEM "&Copy\tCtrl+C",           ID_EDIT_COPY
        MENUITEM "&Paste\tCtrl+V",          ID_EDIT_PASTE
    END
    POPUP "&View"
```

```
        BEGIN
            MENUITEM "&Toolbar",                ID_VIEW_TOOLBAR
            MENUITEM "&Status Bar",             ID_VIEW_STATUS_BAR
        END
        POPUP "&Help"
        BEGIN
            MENUITEM "&About Two...",           ID_APP_ABOUT
        END
➢       POPUP "Hello"
➢       BEGIN
➢           MENUITEM "Display Message",         ID_HELLO_DISPLAYMESSAGE
➢       END
    END
```

Now we have to connect the Display Message menu item to a function that is called when the menu item is selected. We do that using Class Wizard. Open Class Wizard from App Studio's Resource menu.

Select the view class, CTwoView, as shown in Figure 1-10. Then find the Object ID of the Hello menu's Display Message item (ID_HELLODISPLAYMESSAGE) and highlight it. Next, double-click the line called Command in the Messages box, to create a new function named OnHelloDisplaymessage() that is tied to the menu item. When a box appears proposing that name for the function, accept it by clicking OK.

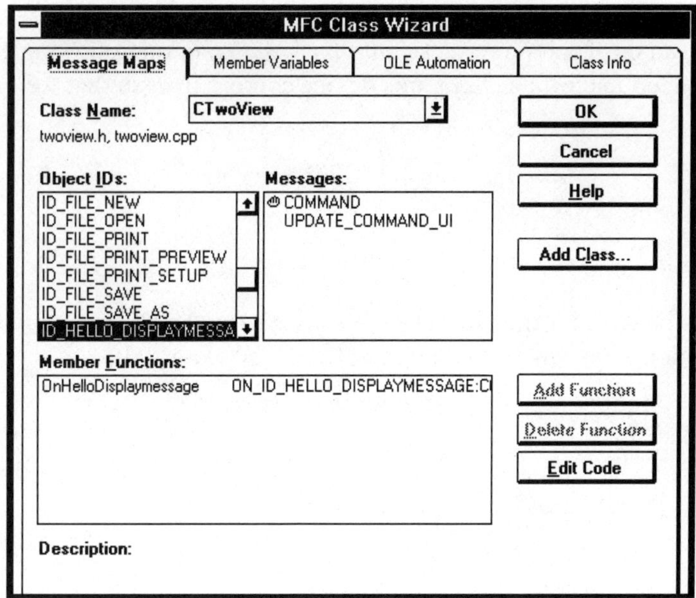

FIGURE 1-10: Running TWO.EXE displays the correct message, so we have successfully connected the view and document classes.

You'll then see the Member Functions box display the text "OnHelloDisplay-message", as shown in Figure 1-11. Double-click that line to open the function:

```
{
void CTwoView::OnHelloDisplaymessage()
}
```

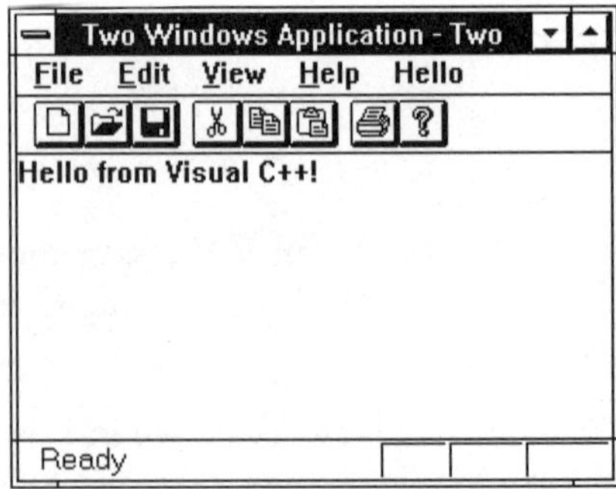

FIGURE 1-11: Program TWO.EXE running.

This is the function that will be called when the user selects the Display Message item in the Hello menu.

Assuming that the program's message will be stored in the document, we first get a pointer to the document. With the string in the document's m_datastring data member, we can display it on request. All this is shown in the following code segment. (Note that we need to create a client area device context first, so that we can display the message.)

```
void CTwoView::OnHelloDisplaymessage()
{
    CTwoDoc* pDoc = GetDocument();
    ASSERT_VALID(pDoc);
➢   CClientDC dc(this);
➢   dc.TextOut(0, 0, pDoc->m_datastring);
}
```

That's it for the view class. Now we store the CString m_datastring in the document's header, as shown in this segment from TWODOC.H:

```
// twodoc.h : interface of the CTwoDoc class
//
/////////////////////////////////////////////////////////////////////////////

class CTwoDoc : public CDocument
{
protected: // create from serialization only
    CTwoDoc();
    DECLARE_DYNCREATE(CTwoDoc)

// Attributes
public:
➢   CString m_datastring;
        .
        .
        .
```

Next, we initialize m_datastring in the document's constructor:

```
// twodoc.cpp : implementation of the CTwoDoc class
//

#include "stdafx.h"
#include "two.h"
    .
    .
    .
//////////////////////////////////////////////////////////////////////////
// CTwoDoc construction/destruction

CTwoDoc::CTwoDoc()
{
➤       m_datastring = CString("Hello from Visual C++!");
}
```

Now the menu item is connected to the view class, and the view class fetches the data from the document. When we run our program and select Hello|Display Message, the result is Figure 1-11. The complete code for TWOVIEW.H and TWO VIEW.CPP appears in Listing 1-5; TWODOC.H and TWODOC.CPP are in Listing 1-6.

LISTING 1-5: TWOVIEW.H and TWOVIEW.CPP

```
// twoview.h : interface of the CTwoView class
//
//////////////////////////////////////////////////////////////////////////

class CTwoView : public CView
{
protected: // create from serialization only
    CTwoView();
    DECLARE_DYNCREATE(CTwoView)

// Attributes
public:
    CTwoDoc* GetDocument();

// Operations
public:

// Implementation
public:
    virtual ~CTwoView();
    virtual void OnDraw(CDC* pDC); // overridden to draw this view
#ifdef _DEBUG
    virtual void AssertValid() const;
    virtual void Dump(CDumpContext& dc) const;
#endif

protected:
```

```
    // Printing support
    virtual BOOL OnPreparePrinting(CPrintInfo* pInfo);
    virtual void OnBeginPrinting(CDC* pDC, CPrintInfo* pInfo);
    virtual void OnEndPrinting(CDC* pDC, CPrintInfo* pInfo);

// Generated message map functions
protected:
    //{{AFX_MSG(CTwoView)
    afx_msg void OnHelloDisplaymessage();
    //}}AFX_MSG
    DECLARE_MESSAGE_MAP()
};

#ifndef _DEBUG  // debug version in twoview.cpp
inline CTwoDoc* CTwoView::GetDocument()
   { return (CTwoDoc*)m_pDocument; }
#endif



/////////////////////////////////////////////////////////////////////////////
// twoview.cpp : implementation of the CTwoView class
//

#include "stdafx.h"
#include "two.h"

#include "twodoc.h"
#include "twoview.h"

#ifdef _DEBUG
#undef THIS_FILE
static char BASED_CODE THIS_FILE[] = __FILE__;
#endif

/////////////////////////////////////////////////////////////////////////////
// CTwoView

IMPLEMENT_DYNCREATE(CTwoView, CView)

BEGIN_MESSAGE_MAP(CTwoView, CView)
    //{{AFX_MSG_MAP(CTwoView)
    ON_COMMAND(ID_HELLO_DISPLAYMESSAGE, OnHelloDisplaymessage)
    //}}AFX_MSG_MAP
    // Standard printing commands
    ON_COMMAND(ID_FILE_PRINT, CView::OnFilePrint)
    ON_COMMAND(ID_FILE_PRINT_PREVIEW, CView::OnFilePrintPreview)
END_MESSAGE_MAP()

/////////////////////////////////////////////////////////////////////////////
// CTwoView construction/destruction

CTwoView::CTwoView()
```

```
{
    // TODO: add construction code here
}

CTwoView::~CTwoView()
{
}

/////////////////////////////////////////////////////////////////////////////
// CTwoView drawing

void CTwoView::OnDraw(CDC* pDC)
{
    CTwoDoc* pDoc = GetDocument();
    ASSERT_VALID(pDoc);

    // TODO: add draw code for native data here
}

/////////////////////////////////////////////////////////////////////////////
// CTwoView printing

BOOL CTwoView::OnPreparePrinting(CPrintInfo* pInfo)
{
    // default preparation
    return DoPreparePrinting(pInfo);
}

void CTwoView::OnBeginPrinting(CDC* /*pDC*/, CPrintInfo* /*pInfo*/)
{
    // TODO: add extra initialization before printing
}

void CTwoView::OnEndPrinting(CDC* /*pDC*/, CPrintInfo* /*pInfo*/)
{
    // TODO: add cleanup after printing
}

/////////////////////////////////////////////////////////////////////////////
// CTwoView diagnostics

#ifdef _DEBUG
void CTwoView::AssertValid() const
{
    CView::AssertValid();
}

void CTwoView::Dump(CDumpContext& dc) const
{
    CView::Dump(dc);
}

CTwoDoc* CTwoView::GetDocument() // non-debug version is inline
```

```
{
    ASSERT(m_pDocument->IsKindOf(RUNTIME_CLASS(CTwoDoc)));
    return (CTwoDoc*)m_pDocument;
}
#endif //_DEBUG

/////////////////////////////////////////////////////////////////////////////
// CTwoView message handlers

void CTwoView::OnHelloDisplaymessage()
{
CTwoDoc* pDoc = GetDocument();
    ASSERT_VALID(pDoc);
    CClientDC dc(this);
    dc.TextOut(0, 0, pDoc->m_datastring);
}
```

Listing 1-6: Programs TWODOC.H and TWODOC.CPP

```
// twodoc.h : interface of the CTwoDoc class
//
/////////////////////////////////////////////////////////////////////////////

class CTwoDoc : public CDocument
{
protected: // create from serialization only
    CTwoDoc();
    DECLARE_DYNCREATE(CTwoDoc)

// Attributes
public:
    CString m_datastring;

// Operations
public:

// Implementation
public:
    virtual ~CTwoDoc();
    virtual void Serialize(CArchive& ar);  // overridden for document i/o
#ifdef _DEBUG
    virtual void AssertValid() const;
    virtual void Dump(CDumpContext& dc) const;
#endif

protected:
    virtual BOOL OnNewDocument();

// Generated message map functions
```

```
protected:
    //{{AFX_MSG(CTwoDoc)
        // NOTE - the ClassWizard will add and remove member functions here.
        //    DO NOT EDIT what you see in these blocks of generated code !
    //}}AFX_MSG
    DECLARE_MESSAGE_MAP()
};

/////////////////////////////////////////////////////////////////////////////
// twodoc.cpp : implementation of the CTwoDoc class
//

#include "stdafx.h"
#include "two.h"

#include "twodoc.h"

#ifdef _DEBUG
#undef THIS_FILE
static char BASED_CODE THIS_FILE[] = __FILE__;
#endif

/////////////////////////////////////////////////////////////////////////////
// CTwoDoc

IMPLEMENT_DYNCREATE(CTwoDoc, CDocument)

BEGIN_MESSAGE_MAP(CTwoDoc, CDocument)
     //{{AFX_MSG_MAP(CTwoDoc)
         // NOTE-the ClassWizard will add and remove mapping macros here.
         //    DO NOT EDIT what you see in these blocks of generated code!
     //}}AFX_MSG_MAP
END_MESSAGE_MAP()

/////////////////////////////////////////////////////////////////////////////
// CTwoDoc construction/destruction

CTwoDoc::CTwoDoc()
{
    m_datastring = CString("Hello from Visual C++!");
}

CTwoDoc::~CTwoDoc()
{
}

BOOL CTwoDoc::OnNewDocument()
{
    if (!CDocument::OnNewDocument())
    return FALSE;

    // TODO: add reinitialization code here
    // (SDI documents will reuse this document)
```

```
    return TRUE;
}

/////////////////////////////////////////////////////////////////////////////
// CTwoDoc serialization

void CTwoDoc::Serialize(CArchive& ar)
{
    if (ar.IsStoring())
    {
        // TODO: add storing code here
    }
    else
    {
        // TODO: add loading code here
    }
}

/////////////////////////////////////////////////////////////////////////////
// CTwoDoc diagnostics

#ifdef _DEBUG
void CTwoDoc::AssertValid() const
{
    CDocument::AssertValid();
}

void CTwoDoc::Dump(CDumpContext& dc) const
{
    CDocument::Dump(dc);
}
#endif //_DEBUG

/////////////////////////////////////////////////////////////////////////////
// CTwoDoc commands
```

That completes TWO.MAK, and that completes our review of Visual C++ — from the MFC library to view and document classes, from a basic program on up to using App Studio and Class Wizard to implement menu items.

If you're at all unsure of what we've done so far, now is the time to correct that by studying a beginning book on Visual C++. But if you're comfortable with what you've seen so far, go ahead and move on to Chapter 2.

Advanced Techniques for View Handling

In Chapter 1, we examined the importance of views and documents to most Visual C++ programs. The document stores the data, and the view displays it.

So far, however, we've let Visual C++ handle all the details. This chapter shows you how to take matters into your own hands. You'll learn how to help views communicate with one another, using hints; how to substitute a completely different type of view for the one provided by Visual C++; and how to use ready-made MFC view classes for extra power.

To see how all this works, we'll develop two programs in this chapter: a spreadsheet-like program named CELLS.EXE, and a word processor named WRITER.EXE. Let's start with the spreadsheet.

The Spreadsheet Program: CELLS.EXE

In Chapter 1, our programs were single document interface (SDI) programs. In this chapter, however, we'll create multiple document interface (MDI) programs. The program CELLS.EXE will be a demonstration spreadsheet program. When we open a document named Cells1 in CELLS.EXE, we'll see the main window (titled Cells Window Application) and a child window inside that window (titled Cells1). Before examining the code for our program, consider the sketch just below. (Sketching out the user interface is often a good idea before starting to program.)

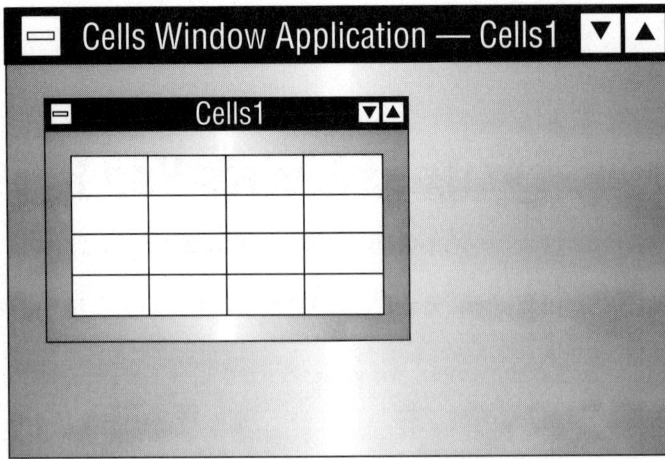

Incidentally, if you ever want to change the text in the title bar of a program, all you have to do is to change the AFX_IDS_APP_TITLE string in your .RC file.

We want to let the user enter data by selecting cells with the mouse and then typing in numbers. We also want to let them sum all the numbers in a column and have the sum appear in the bottom row:

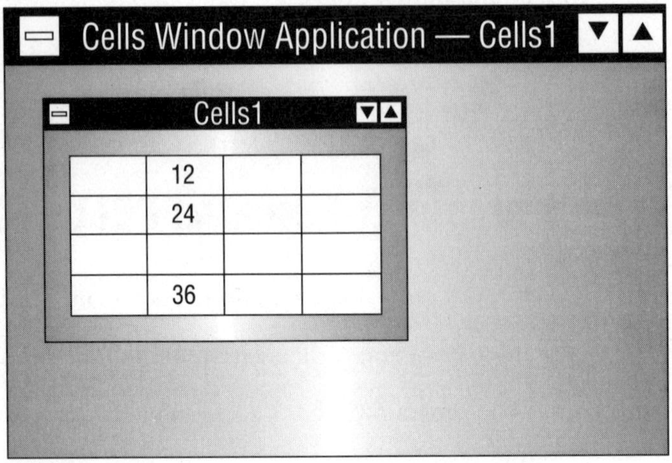

This is fine as far as it goes, but the user may also open another view into the same document and enter data, using the New Window item in the Window menu, as shown in the illustration following:

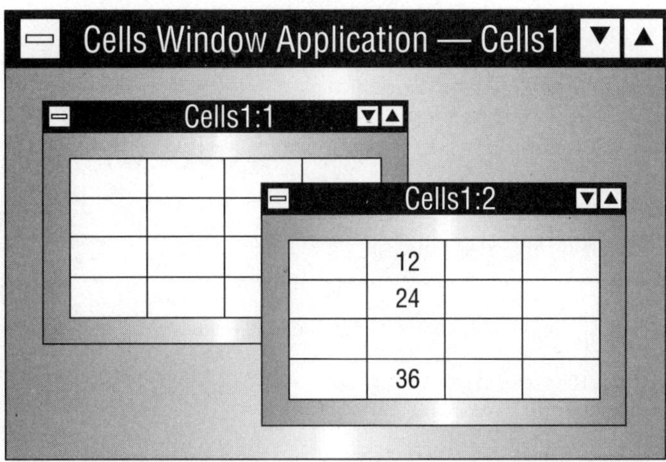

Notice, however, that the way Visual C++ has written the program, the user's data only appears in one view. We want to coordinate all the views here — and do it in a smart way — so the data entered in one view appears in all views, thus:

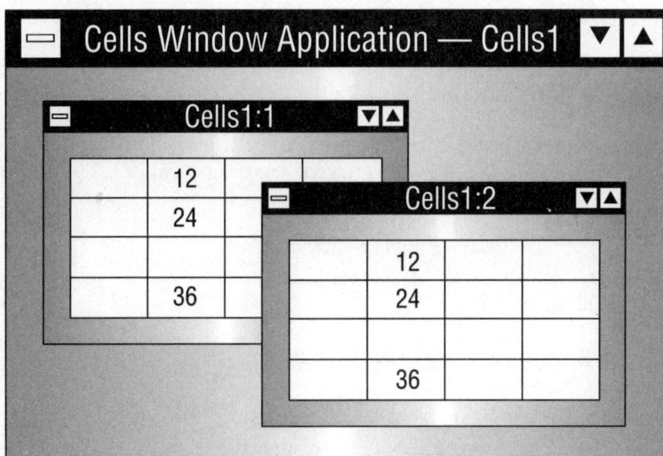

We can communicate between views by passing a series of hints, which is what we'll do in CELLS.EXE. Let's create the program now.

Creating a Multiple Document Interface (MDI)

Using App Wizard, create CELLS.MAK, accepting all the default options; this makes it an MDI program. As you can see in CELLS.CPP (the backbone of the application), we assemble the document template using class CMultiDocTemplate and give each of the windows the class CMDIChildWnd from CELLS.CPP:

```
BOOL CCellsApp::InitInstance()
{
     // Standard initialization
     // If you are not using these features and wish to reduce the size
     //  of your final executable, you should remove from the following
     //  the specific initialization routines you do not need.

     SetDialogBkColor();          // Set dialog background color to gray
     LoadStdProfileSettings();  // Load standard INI file options

     // Register the application's document templates.  Document templates
     //  serve as the connection between documents,frame windows and views.

     CMultiDocTemplate* pDocTemplate;
➢    pDocTemplate = new CMultiDocTemplate(
        IDR_CELLSTYPE,
        RUNTIME_CLASS(CCellsDoc),
➢    RUNTIME_CLASS(CMDIChildWnd),        // standard MDI child frame
        RUNTIME_CLASS(CCellsView));
    AddDocTemplate(pDocTemplate);
          .
          .
          .
```

If you ever want to change the class of view or mainframe window used by your program, this part of the code is the place to do it.

Now we can customize the program, drawing the actual cells. That's done in the view's OnDraw() function in CELLSVW.CPP, of course:

```
void CCellsView::OnDraw(CDC* pDC)
{
     CCellsDoc* pDoc = GetDocument();
     ASSERT_VALID(pDoc);

     //TODO: Add your drawing code here
}
```

We just want to draw a basic grid here, using the MoveTo() function (to move the graphics output location) and the LineTo() function (to draw a line from the graphics output position to the specified point). To draw the grid, we'll need to set up a few constants specifying the layout of the grid, as in the illustration following. (Don't worry about the graphics details too much; they're necessary but not very important.)

Let's set up five rows and ten columns by adding the following definitions to CELLSVW.H and CELLSDOC.H, right below the header comment for each file. All distances are in device measurements (pixels).

```
#define ROW_HEIGHT 18
#define COL_WIDTH 30
#define X_ORIGIN 20
#define Y_ORIGIN 30
```

```
#define NUMBER_ROWS 5
#define NUMBER_COLS 10
```

Now draw the lines that will mark out the rows and then the columns, by adding code to OnDraw() as follows:

```
void CCellsView::OnDraw(CDC* pDC)
{
    CCellsDoc* pDoc = GetDocument();
    ASSERT_VALID(pDoc);

    int x1, y1, x2, y2;
    x1 = X_ORIGIN;
    x2 = X_ORIGIN + NUMBER_COLS * COL_WIDTH;
    for(int row_index = 0; row_index < NUMBER_ROWS + 1; row_index++){
        y1 = y2 = Y_ORIGIN + row_index * ROW_HEIGHT;
        pDC->MoveTo(x1, y1);
        pDC->LineTo(x2, y2);
    }

➢   y1 = Y_ORIGIN;
➢   y2 = Y_ORIGIN + NUMBER_ROWS * ROW_HEIGHT;
➢   for(int col_index = 0; col_index < NUMBER_COLS + 1; col_index++){
➢           x1 = x2 = X_ORIGIN + col_index * COL_WIDTH;
➢           pDC->MoveTo(x1, y1);
➢           pDC->LineTo(x2, y2);
➢   }
            .
            .
            .
```

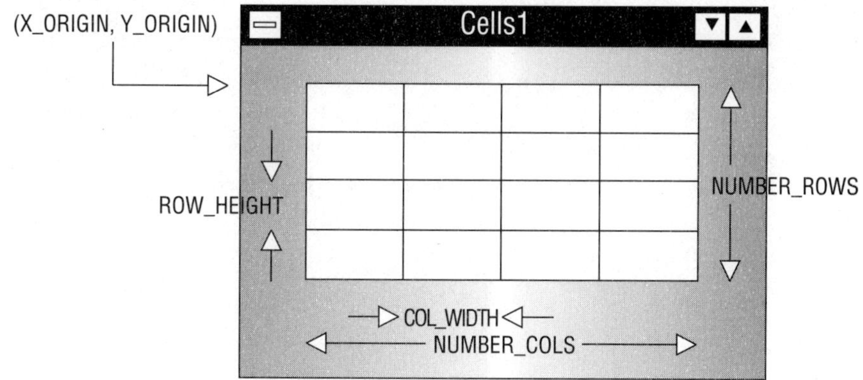

That completes the code to draw the grid in the window. To check this, run the program. The result will look like Figure 2-1.

Now lets set up some storage for the data. It will make the programming easier if we store the data in each cell as a CString object, and if we store the rectangle corresponding to each cell as a CRect object, as shown. As you'll see, setting up rectangles for each cell will make it easy to pass hints between views.

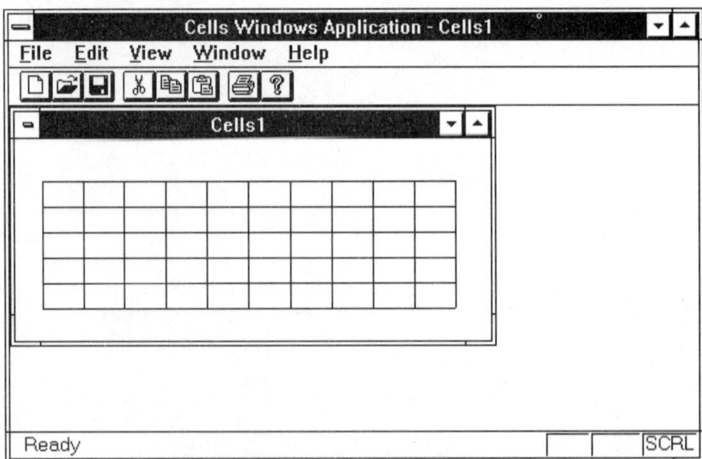

FIGURE 2-1: Here is the spreadsheet application that we've created so far, CELLS.EXE.

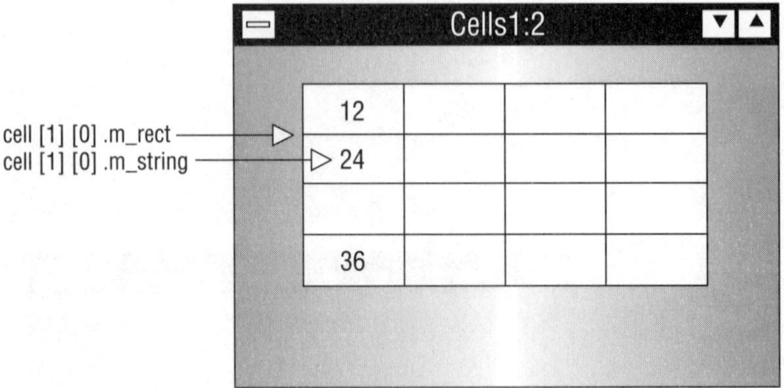

To store the data, we set up a new class, CCell, which has a CString member (m_string) to hold the data displayed in that cell, and a CRect member (m_rect) to hold the cell's rectangle on the screen. We declare that class in the document's header, CELLSDOC.H. Then, once we've declared the cell's class, we set up an array of such cells in our document, one cell for each row and column position. Here is CELLSDOC.H with the added code for these elements:

```
// cellsdoc.h : interface of the CCellsDoc class
//
/////////////////////////////////////////////////////////////////////////////

#define ROW_HEIGHT 18     //device coords
#define COL_WIDTH 30
#define X_ORIGIN 20
#define Y_ORIGIN 30
```

```
#define NUMBER_ROWS 5
#define NUMBER_COLS 10

class CCell
{
public:
    CString m_string;
    CRect m_rect;
};

class CCellsDoc : public CDocument
{
protected: // create from serialization only
    CCellsDoc();
    DECLARE_DYNCREATE(CCellsDoc)

// Attributes
public:
➤   CCell cell[NUMBER_ROWS][NUMBER_COLS];
                        .
                        .
                        .
```

We initialize our CCell array in the document's constructor by filling all the rectangles in it and making sure they each hold the screen coordinates of their actual cells on the screen. That code in CCellsDoc::CCellsDoc() looks like this:

```
CCellsDoc::CCellsDoc()
{
    //set up rects
    int x1, y1, x2, y2;
    for(int row_index = 0; row_index < NUMBER_ROWS; row_index++){
        for(int col_index = 0; col_index < NUMBER_COLS; col_index++){
            x1 = X_ORIGIN + col_index * COL_WIDTH;
            x2 = x1 + COL_WIDTH;
            y1 = Y_ORIGIN + row_index * ROW_HEIGHT;
            y2 = y1 + ROW_HEIGHT;
            cell[row_index][col_index].m_rect = CRect(x1, y1, x2, y2);
        }
    }
}
```

Now cell[][] holds all the CString objects we'll need to store the data strings, as well as the screen rectangles for each cell. It's time to get some data from the user.

The user will first click the cell in which to place data, and then will type the data. Open Class Wizard now, as shown in Figure 2-2, and connect the WM_LBUTTON-DOWN message (sent when the left mouse button is pressed) to a function named OnLButtonDown(). Now open this function:

```
void CCellsView::OnLButtonDown(UINT nFlags, CPoint point)
{
    CView::OnLButtonDown(nFlags, point);
}
```

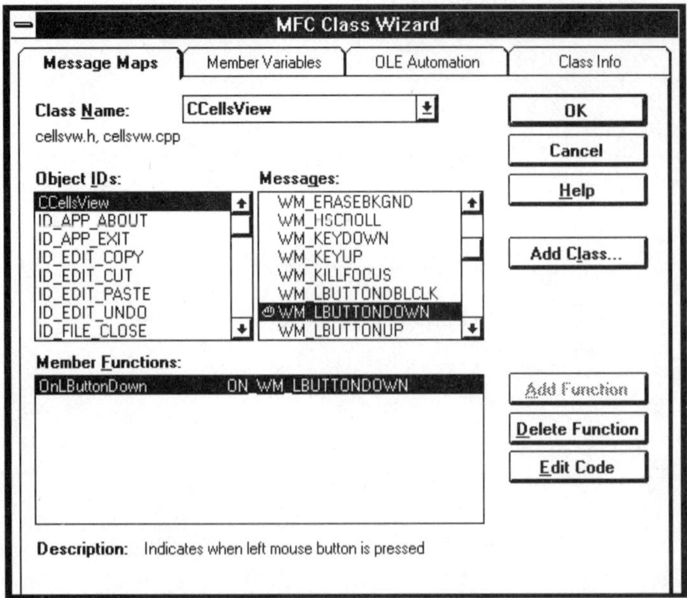

FIGURE 2-2: Using Class Wizard, we can revise our program so it accepts user input.

Here we need to determine which cell, if any, was clicked by the user. To do that, we simply loop over the cells, using the handy Windows CRect function PtInRect() to check if the mouse location (passed in the parameter point) is in a particular cell. If it is, we can save the now-active cell's row and column in m_row and m_col:

```
void CCellsView::OnLButtonDown(UINT nFlags, CPoint point)
{
    CCellsDoc* pDoc = GetDocument();
    ASSERT_VALID(pDoc);
    m_row = m_col = -1;
    for(int row = 0; row < NUMBER_ROWS; row++){
        for(int col = 0; col < NUMBER_COLS; col++){
            if((pDoc->cell[row][col]).m_rect.PtInRect(point)){
➢           m_row = row;    //set active row, col
➢           m_col = col;
            }
        }
    }

    CView::OnLButtonDown(nFlags, point);
}
```

Now we know which cell is active. We next set aside space for m_row and m_col, the active cell's row and column, in the view's header, CELLSVW.H. (Different views may have different active cells.)

```
class CCellsView : public CView
{
```

```
protected: // create from serialization only
    CCellsView();
    DECLARE_DYNCREATE(CCellsView)

// Attributes
public:
    CCellsDoc* GetDocument();
➢   int m_row, m_col;    //active cell
        .
        .
        .
```

In addition, we set those values to -1 initially (indicating they're invalid), in the view's constructor in CELLSVW.CPP:

```
CCellsView::CCellsView()
{
    m_row = m_col = -1;
}
```

At this point, then, the user has clicked a cell, making it active, and we know that the active cell is at row m_row and column m_col. The data string for that cell is stored in the document as cell[m_row][m_col].m_string, and the active cell's bounding rectangle on the screen is in cell[m_row][m_col].m_rect.

After making a cell active, the user types in a number, which we'll intercept in the function OnChar(). Using Class Wizard, connect OnChar() to the WM_CHAR Windows message, and open the function:

```
void CCellsView::OnChar(UINT nChar, UINT nRepCnt, UINT nFlags)
{

    CView::OnChar(nChar, nRepCnt, nFlags);
}
```

We want to store type characters in the document, so we first get a pointer to the document, like this:

```
void CCellsView::OnChar(UINT nChar, UINT nRepCnt, UINT nFlags)
{
    CCellsDoc* pDoc = GetDocument();
    ASSERT_VALID(pDoc);
        .
        .
        .
```

Next, we want to add the typed character to the active cell's data string — if a cell is to be indeed active. We check like this:

```
void CCellsView::OnChar(UINT nChar, UINT nRepCnt, UINT nFlags)
{
    CCellsDoc* pDoc = GetDocument();
```

```
        ASSERT_VALID(pDoc);
➢       if(m_row != -1 && m_col != -1){
➢           pDoc->cell[m_row][m_col].m_string += nChar;
              .
              .
              .
```

Now we can use a handy Windows function, ExtTextOut(), to display the new data string in the active cell. ExtTextOut() is specially designed to print in rectangles on the screen. We don't have to determine the screen coordinates of the active cell because we already have its bounding rectangle in cell[m_row][m_col].m_rect. We just specify that we want our text clipped by that bounding rectangle and print it out:

```
    void CCellsView::OnChar(UINT nChar, UINT nRepCnt, UINT nFlags)
    {
        CCellsDoc* pDoc = GetDocument();
        ASSERT_VALID(pDoc);
        if(m_row != -1 && m_col != -1){
            pDoc->cell[m_row][m_col].m_string += nChar;
            CClientDC dc(this);
            dc.ExtTextOut(pDoc->cell[m_row][m_col].m_rect.left + CX_INSET,
➢                 pDoc->cell[m_row][m_col].m_rect.top + CY_INSET,ETO CLIPPED,
➢                 pDoc->cell[m_row][m_col].m_rect,
➢                 pDoc->cell[m_row][m_col].m_string,
➢                 pDoc->cell[m_row][m_col].m_string.GetLength(), NULL);
                         .
                         .
                         .
```

The ExtTextOut() function prints our CString object in its bounding rectangle. Note that we start printing not at (0, 0) in the bounding rectangle, but a little way in — at what we've called (CX_INSET, CY_INSET). This is so that the character's edges don't hit the sides of the rectangle. We can add CX_INSET and CY_INSET to our definitions like this:

```
                #define ROW_HEIGHT 18    //device coords
                #define COL_WIDTH 30
                #define X_ORIGIN 20
                #define Y_ORIGIN 30
                #define NUMBER_ROWS 5
                #define NUMBER_COLS 10
➢               #define CX_INSET 2
➢               #define CY_INSET 2
```

Now the correct data string, including the just-typed character, appears in the active cell. We want our program to add all the values in the current column and display the sum in the bottom row, so we can add code to do that now. We convert the strings to longs using the atol() function, add up the column, and convert the sum back into a text string using the ltoa() function. We display that sum in the bottom row, as follows:

```
void CCellsView::OnChar(UINT nChar, UINT nRepCnt, UINT nFlags)
{
    CCellsDoc* pDoc = GetDocument();
    ASSERT_VALID(pDoc);
        .
        .
        .

        pDoc->cell[m_row][m_col].m_string.GetLength(), NULL);

➤       //add up active column
➤       long sum = 0;
➤       for(int row = 0; row < NUMBER_ROWS - 1; row++){
➤           sum += atol(pDoc->cell[row][m_col].m_string);
➤       }
➤       char sum_text[10];
➤       ltoa(sum, sum_text, 10);
➤       int last_row = NUMBER_ROWS - 1;
➤       pDoc->cell[last_row][m_col].m_string = sum_text;
➤       dc.ExtTextOut(pDoc->cell[last_row][m_col].m_rect.left + CX_INSET,
➤           pDoc->cell[last_row][m_col].m_rect.top + CY_INSET,ETO CLIPPED,
➤           pDoc->cell[last_row][m_col].m_rect,
➤           pDoc->cell[last_row][m_col].m_string,
➤           pDoc->cell[last_row][m_col].m_string.GetLength(), NULL);
➤   }
}
```

And that's it; now the CELLS program works, as in Figure 2-3, for a single view.

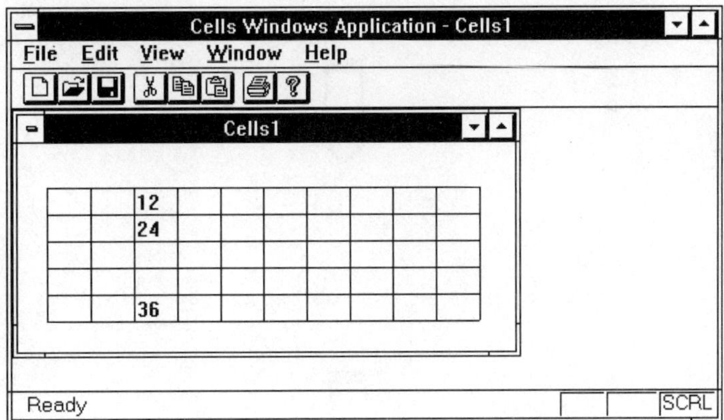

FIGURE 2-3: The CELLS program can now add numbers.

But what if we have more than one view? So far, all views are uncoordinated (That is, if you enter text in one view, the other is not updated.) as shown in Figure 2-4. This is where our advanced view handling technique comes in, as described in the next section.

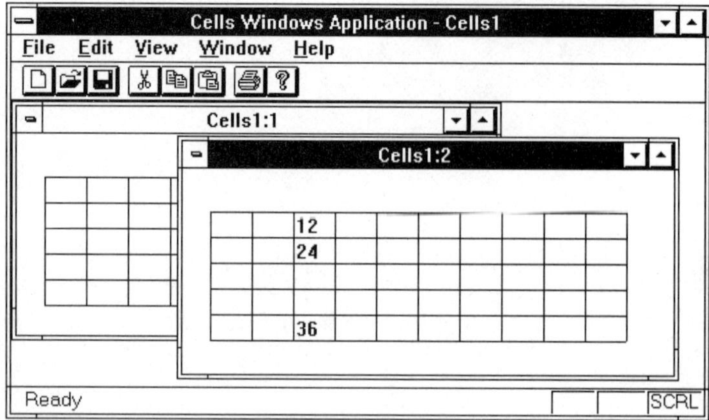

FIGURE 2-4: Here we can see the problem: Unless you coordinate the views, text entered in one view won't be displayed in another.

Coordinating Views with Hints

We coordinate views with the CDocument function, UpdateAllViews(). The following diagram demonstrates the progression of coordinating our two views.

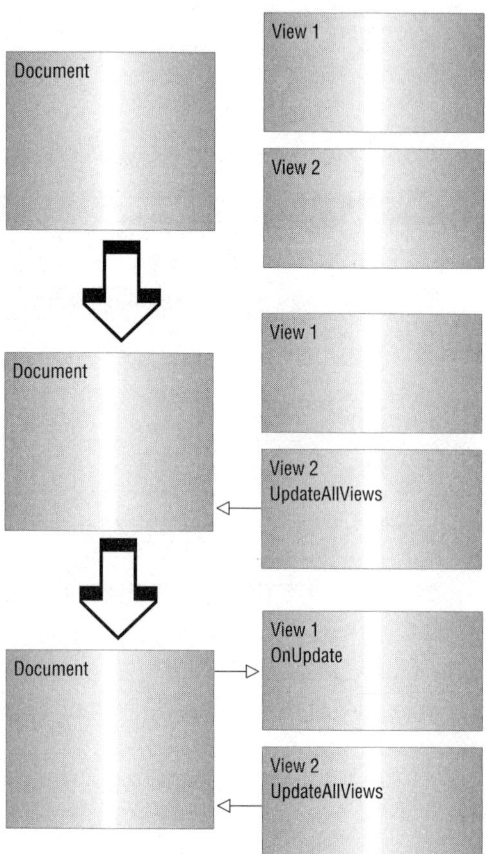

We start with two views into one document. When a change is made in View 2, View 1 doesn't know about it. To fix that, we'll have View 2 call the CDocument function UpdateAllViews(). This in turn causes the document to call all active views' OnUpdate() functions and to update View 1.

All this coordination means we have to add a call to the document's UpdateAllViews() function when we change the data in that document, in OnChar(). And we add an OnUpdate() function to all views so they can update their display.

We can also be smart when we update other views. In particular, we can pass a number of parameters to UpdateAllViews(), like this:

```
UpdateAllViews(CView* pSender, LPARAM lhint, CObject* pHint)
```

Those parameters — lHint and pHint — are passed to each view's OnUpdate() function:

```
void CCellsView::OnUpdate(CView* pSender, LPARAM lHint, CObject* pHint)
```

Here, we'll use lHint and pHint to indicate what part of the view needs to be updated. A beginning program might not pass any parameters, forcing the other views to redraw their entire displays, but we can code the information we need into these hints. In particular, we can place the row and column of the cell that was just changed, m_row and m_col, into the LPARAM parameter lHint (a long value), and we do that with the Windows MAKELONG() macro in OnChar(). We also pass a this pointer — which points to the view we're currently in, to UpdateAllViews(). This indicates which view is causing the update; that is, each object has its own this pointer pointing to the object itself. Here is the code:

```
void CCellsView::OnChar(UINT nChar, UINT nRepCnt, UINT nFlags)
{
    CCellsDoc* pDoc = GetDocument();
    ASSERT_VALID(pDoc);
    if(m_row != -1 && m_col != -1){
        pDoc->cell[m_row][m_col].m_string += nChar;
        CClientDC dc(this);
        dc.ExtTextOut(pDoc->cell[m_row][m_col].m_rect.left + CX_INSET,
             pDoc->cell[m_row][m_col].m_rect.top + CY_INSET, ETO_CLIPPED,
             pDoc->cell[m_row][m_col].m_rect,
             pDoc->cell[m_row][m_col].m_string,
             pDoc->cell[m_row][m_col].m_string.GetLength(), NULL);

        //add up active column
        long sum = 0;
        for(int row = 0; row < NUMBER_ROWS - 1; row++){
            sum += atol(pDoc->cell[row][m_col].m_string);
        }
        char sum_text[10];
        ltoa(sum, sum_text, 10);
        int last_row = NUMBER_ROWS - 1;
        pDoc->cell[last_row][m_col].m_string = sum_text;
        dc.ExtTextOut(pDoc->cell[last_row][m_col].m_rect.left + CX_INSET,
            pDoc->cell[last_row][m_col].m_rect.top + CY_INSET,ETO_CLIPPED,
```

```
                pDoc->cell[last_row][m_col].m_rect,
                pDoc->cell[last_row][m_col].m_string,
                pDoc->cell[last_row][m_col].m_string.GetLength(), NULL);

➢           pDoc->UpdateAllViews(this, MAKELONG(m_row, m_col), NULL);
            pDoc->SetModifiedFlag();
        }

        CView::OnChar(nChar, nRepCnt, nFlags);
    }
```

In this way, we're able to tell the other views which cell was changed. All we have to do is pass a hint to the document using UpdateAllViews() — and the document will pass that hint to the other views. Granted, this spreadsheet is a simple example of passing hints. All we had to do was pass the row and column of the changed rectangle; we didn't have to determine where the change was made in the view and set up a clipping region. Nevertheless, it demonstrates how, using hints, we can implement smart updating between views. We can even pass a pointer to a CObject-based object in the pHint parameter; usually such objects either hold the screen coordinates of the view's changed region, or can actually change the other views' displays as needed when the object's member functions are called.

Now that we've made a change to the document in OnChar() (we typed in a new character), you might notice that we also set the document's *modified flag* (see the last pDoc statement in the foregoing segment). Once set, this flag tells the program to put a message box on the screen, asking "Save changes to document1?", if the user tries to quit without saving the work. We will also provide some way of saving our document to disk, using the Serialize() function in CELLSDOC.CPP, sending our data out to an archive or reading it back in:

```
void CCellsDoc::Serialize(CArchive& ar)
{
    if (ar.IsStoring())
    {
        for(int row_index = 0; row_index < NUMBER_ROWS; row_index++){
            for(int col_index = 0; col_index < NUMBER_COLS; col_index++){
                ar << cell[row_index][col_index].m_string;
                ar << cell[row_index][col_index].m_rect;
            }
        }
    }
    else
    {
        for(int row_index = 0; row_index < NUMBER_ROWS; row_index++){
            for(int col_index = 0; col_index < NUMBER_COLS; col_index++){
                ar >> cell[row_index][col_index].m_string;
                ar >> cell[row_index][col_index].m_rect;
            }
        }
    }
}
```

Now that the exact location of the changed cell is passed to each view's OnUpdate() function, we can put that information to work. Add the prototype of OnUpdate() to the View class's header file (CELLSVW.H):

```
class CCellsView : public CView
{
protected: // create from serialization only
    CCellsView();
    DECLARE_DYNCREATE(CCellsView)

// Attributes
public:
    CCellsDoc* GetDocument();
    int m_row, m_col;     //active cell

// Operations
public:
➢   virtual void OnUpdate(CView* pSender, LPARAM lHint = 0L,
➢       CObject* pHint = NULL);
            .
            .
            .
```

Next, we'll create the OnUpdate() function itself, in CELLSVW.CPP. Our first task is to decipher which cell was changed, so we don't have to redraw all of them. We can do that with the two handy Windows macros LOWORD and HIWORD. Once we know which cell has to be redrawn, we just do it. (Note that because all the views share a single document, the cell's new data is already in pDoc->cell[row][col].m_string.) Here is the code for all of these elements:

```
void CCellsView::OnUpdate(CView* pSender, LPARAM lHint, CObject* pHint)
{
    int row = (int) LOWORD(lHint);
    int col = (int) HIWORD(lHint);

    CCellsDoc* pDoc = GetDocument();
    ASSERT_VALID(pDoc);
    if(row != -1 && col != -1){
        CClientDC dc(this);
        dc.ExtTextOut(pDoc->cell[row][col].m_rect.left + CX_INSET,
             pDoc->cell[row][col].m_rect.top + CY_INSET, ETO_CLIPPED,
             pDoc->cell[row][col].m_rect,
             pDoc->cell[row][col].m_string,
             pDoc->cell[row][col].m_string.GetLength(), NULL);
                    .
                    .
                    .
```

In addition, we have to display this column's new sum in our view's bottom row, as follows:

```
void CCellsView::OnUpdate(CView* pSender, LPARAM lHint, CObject* pHint)
{
        .
        .
        .
➢           int last_row = NUMBER_ROWS - 1;
➢           dc.ExtTextOut(pDoc->cell[last_row][col].m_rect.left + CX_INSET,
➢               pDoc->cell[last_row][col].m_rect.top + CY_INSET, ETO_CLIPPED,
➢               pDoc->cell[last_row][col].m_rect,
➢               pDoc->cell[last_row][col].m_string,
➢               pDoc->cell[last_row][col].m_string.GetLength(), NULL);
➢       }
}
```

In this way, all views are updated (except the view that caused the update; the document does not call its OnUpdate() function). Our views are coordinated in an intelligent way, passing hints back and forth. The CELLS program is a success, as you see in Figure 2-5. The code for this program is in Listing 2-1 (CELLSVW.H and CELLSVW.CPP), and Listing 2-2 (CELLSDOC.H and CELLSDOC.CPP).

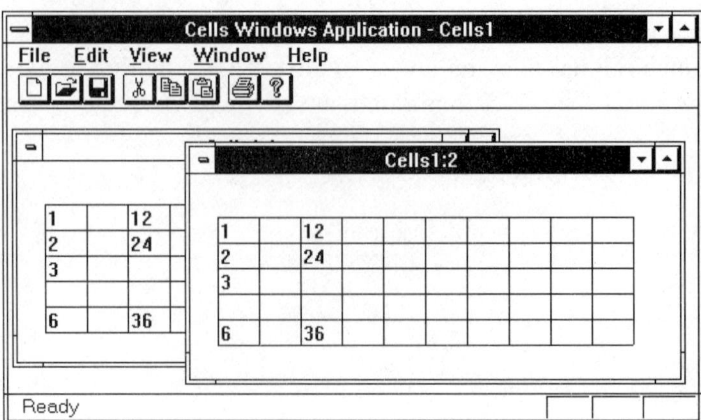

FIGURE 2-5: The working CELLS program now has coordinated views.

Passing the Entire Cell

Bear in mind that we can also send the actual cell that was changed in our hint, not just its row and column indices. To do that, we have to derive the CCell class from CObject, like this:

```
➢ class CCell : public CObject
  {
  public:
      CString m_string;
      CRect m_rect;
  };
```

Next, when we change a cell's data in OnChar(), we send a pointer to the whole cell as the hint:

```
void CCellsView::OnChar(UINT nChar, UINT nRepCnt, UINT nFlags)
{
    CCellsDoc* pDoc = GetDocument();
    ASSERT_VALID(pDoc);
    if(m_row != -1 && m_col != -1){
        pDoc->cell[m_row][m_col].m_string += nChar;
        CClientDC dc(this);
        dc.ExtTextOut(pDoc->cell[m_row][m_col].m_rect.left + CX_INSET,
             pDoc->cell[m_row][m_col].m_rect.top + CY_INSET, ETO_CLIPPED,
             pDoc->cell[m_row][m_col].m_rect,
             pDoc->cell[m_row][m_col].m_string,
             pDoc->cell[m_row][m_col].m_string.GetLength(), NULL);
                    .
                    .
                    .
➢   pDoc->UpdateAllViews(this, 0L, &pDoc->cell[m_row][m_col]);
    pDoc->SetModifiedFlag();

    CView::OnChar(nChar, nRepCnt, nFlags);
}
```

In OnUpdate(), we can use the passed cell's data members m_rect (which holds the rectangle that needs to be updated on the screen) and m_string (which holds the new data) to update the view, as shown here:

```
void CCellsView::OnUpdate(CView* pSender, LPARAM lhint, CObject* pHint)
{
    CCellsDoc* pDoc = GetDocument();
    ASSERT_VALID(pDoc);
        CClientDC dc(this);
➢       dc.ExtTextOut(((CCell*) pHint)->m_rect.left + CX_INSET,
➢            ((CCell*) pHint)->m_rect.top + CY_INSET, ETO_CLIPPED,
➢            ((CCell*) pHint)->m_rect,
➢            ((CCell*) pHint)->m_string,
➢            ((CCell*) pHint)->m_string.GetLength(), NULL);
                .
                .
                .
```

Thus you can see how easy it is to use both the lHint and pHint parameters to send update hints. The complete listings for CELLSVW.H, CELLSVW.CPP, CELLSDOC.H, and CELLDOC.CPP follows.

LISTING 2-1: CELLSVW.H and CELLSVW.CPP

```
///////////////////////////////////////////////////////////////////////////
// CCellsApp commands
// cellsvw.h : interface of the CCellsView class
//
///////////////////////////////////////////////////////////////////////////

#define ROW_HEIGHT 18     //device coords
#define COL_WIDTH 30
#define X_ORIGIN 20
#define Y_ORIGIN 30
#define NUMBER_ROWS 5
#define NUMBER_COLS 10
#define CX_INSET 2
#define CY_INSET 2

class CCellsView : public CView
{
protected: // create from serialization only
    CCellsView();
    DECLARE_DYNCREATE(CCellsView)

// Attributes
public:
    CCellsDoc* GetDocument();
    int m_row, m_col;     //active cell

// Operations
public:
    virtual void OnUpdate(CView* pSender, LPARAM lHint = 0L,
        CObject* pHint = NULL);

// Implementation
public:
    virtual ~CCellsView();
    virtual void OnDraw(CDC* pDC);  // overridden to draw this view
#ifdef _DEBUG
    virtual void AssertValid() const;
    virtual void Dump(CDumpContext& dc) const;
#endif

protected:

    // Printing support
    virtual BOOL OnPreparePrinting(CPrintInfo* pInfo);
    virtual void OnBeginPrinting(CDC* pDC, CPrintInfo* pInfo);
    virtual void OnEndPrinting(CDC* pDC, CPrintInfo* pInfo);

// Generated message map functions
protected:
    //{{AFX_MSG(CCellsView)
```

```
    afx_msg void OnLButtonDown(UINT nFlags, CPoint point);
    afx_msg void OnChar(UINT nChar, UINT nRepCnt, UINT nFlags);
    //}}AFX_MSG
    DECLARE_MESSAGE_MAP()
};

#ifndef _DEBUG  // debug version in cellsvw.cpp
inline CCellsDoc* CCellsView::GetDocument()
   { return (CCellsDoc*)m_pDocument; }
#endif

/////////////////////////////////////////////////////////////////////////////
// cellsvw.cpp : implementation of the CCellsView class
//

#include "stdafx.h"
#include "cells.h"

#include "cellsdoc.h"
#include "cellsvw.h"

#ifdef _DEBUG
#undef THIS_FILE
static char BASED_CODE THIS_FILE[] = __FILE__;
#endif

/////////////////////////////////////////////////////////////////////////////
// CCellsView

IMPLEMENT_DYNCREATE(CCellsView, CView)

BEGIN_MESSAGE_MAP(CCellsView, CView)
    //{{AFX_MSG_MAP(CCellsView)
    ON_WM_LBUTTONDOWN()
    ON_WM_CHAR()
    //}}AFX_MSG_MAP
    // Standard printing commands
    ON_COMMAND(ID_FILE_PRINT, CView::OnFilePrint)
    ON_COMMAND(ID_FILE_PRINT_PREVIEW, CView::OnFilePrintPreview)
END_MESSAGE_MAP()

/////////////////////////////////////////////////////////////////////////////
// CCellsView construction/destruction

CCellsView::CCellsView()
{
    m_row = m_col = -1;
}

CCellsView::~CCellsView()
{
}
```

```
///////////////////////////////////////////////////////////////////////////
// CCellsView drawing

void CCellsView::OnDraw(CDC* pDC)
{
    CCellsDoc* pDoc = GetDocument();
    ASSERT_VALID(pDoc);

    int x1, y1, x2, y2;
    x1 = X_ORIGIN;
    x2 = X_ORIGIN + NUMBER_COLS * COL_WIDTH;
    for(int row_index = 0; row_index < NUMBER_ROWS + 1; row_index++){
        y1 = y2 = Y_ORIGIN + row_index * ROW_HEIGHT;
        pDC->MoveTo(x1, y1);
        pDC->LineTo(x2, y2);
    }

    y1 = Y_ORIGIN;
    y2 = Y_ORIGIN + NUMBER_ROWS * ROW_HEIGHT;
    for(int col_index = 0; col_index < NUMBER_COLS + 1; col_index++){
        x1 = x2 = X_ORIGIN + col_index * COL_WIDTH;
        pDC->MoveTo(x1, y1);
        pDC->LineTo(x2, y2);
    }

    for(row_index = 0; row_index < NUMBER_ROWS; row_index++){
        for(col_index = 0; col_index < NUMBER_COLS; col_index++){
            pDC->ExtTextOut(pDoc->cell[row_index][col_index].m_rect.left +
                CX_INSET, pDoc->cell[row_index][col_index].m_rect.top +
                CY_INSET, ETO_CLIPPED,
                pDoc->cell[row_index][col_index].m_rect,
                pDoc->cell[row_index][col_index].m_string,
                pDoc->cell[row_index][col_index].m_string.GetLength(), NULL);
        }
    }
}

///////////////////////////////////////////////////////////////////////////
// CCellsView printing

BOOL CCellsView::OnPreparePrinting(CPrintInfo* pInfo)
{
    // default preparation
    return DoPreparePrinting(pInfo);
}

void CCellsView::OnBeginPrinting(CDC* /*pDC*/, CPrintInfo* /*pInfo*/)
{
    // TODO: add extra initialization before printing
}

void CCellsView::OnEndPrinting(CDC* /*pDC*/, CPrintInfo* /*pInfo*/)
{
```

```
    // TODO: add cleanup after printing
}

/////////////////////////////////////////////////////////////////////////////
// CCellsView diagnostics

#ifdef _DEBUG
void CCellsView::AssertValid() const
{
    CView::AssertValid();
}

void CCellsView::Dump(CDumpContext& dc) const
{
    CView::Dump(dc);
}

CCellsDoc* CCellsView::GetDocument() // non-debug version is inline
{
    ASSERT(m_pDocument->IsKindOf(RUNTIME_CLASS(CCellsDoc)));
    return (CCellsDoc*)m_pDocument;
}
#endif //_DEBUG

/////////////////////////////////////////////////////////////////////////////
// CCellsView message handlers

void CCellsView::OnLButtonDown(UINT nFlags, CPoint point)
{
    CCellsDoc* pDoc = GetDocument();
    ASSERT_VALID(pDoc);
    m_row = m_col = -1;
    for(int row = 0; row < NUMBER_ROWS; row++){
        for(int col = 0; col < NUMBER_COLS; col++){
            if((pDoc->cell[row][col]).m_rect.PtInRect(point)){
                m_row = row;    //set active row, col
                m_col = col;
            }
        }
    }

    CView::OnLButtonDown(nFlags, point);
}

void CCellsView::OnChar(UINT nChar, UINT nRepCnt, UINT nFlags)
{
    CCellsDoc* pDoc = GetDocument();
    ASSERT_VALID(pDoc);
    if(m_row != -1 && m_col != -1){
        pDoc->cell[m_row][m_col].m_string += nChar;
        CClientDC dc(this);
        dc.ExtTextOut(pDoc->cell[m_row][m_col].m_rect.left + CX_INSET,
            pDoc->cell[m_row][m_col].m_rect.top + CY_INSET, ETO_CLIPPED,
```

```
                pDoc->cell[m_row][m_col].m_rect,
                pDoc->cell[m_row][m_col].m_string,
                pDoc->cell[m_row][m_col].m_string.GetLength(), NULL);

            //add up active column
            long sum = 0;
            for(int row = 0; row < NUMBER_ROWS - 1; row++){
                sum += atol(pDoc->cell[row][m_col].m_string);
            }
            char sum_text[10];
            ltoa(sum, sum_text, 10);
            int last_row = NUMBER_ROWS - 1;
            pDoc->cell[last_row][m_col].m_string = sum_text;
            dc.ExtTextOut(pDoc->cell[last_row][m_col].m_rect.left + CX_INSET,
               pDoc->cell[last_row][m_col].m_rect.top + CY_INSET, ETO_CLIPPED,
               pDoc->cell[last_row][m_col].m_rect,
               pDoc->cell[last_row][m_col].m_string,
               pDoc->cell[last_row][m_col].m_string.GetLength(), NULL);

            pDoc->UpdateAllViews(this, MAKELONG(m_row, m_col), NULL);
            pDoc->SetModifiedFlag();
        }

        CView::OnChar(nChar, nRepCnt, nFlags);
}

void CCellsView::OnUpdate(CView* pSender, LPARAM lHint, CObject* pHint)
{
        int row = (int) LOWORD(lHint);
        int col = (int) HIWORD(lHint);

        CCellsDoc* pDoc = GetDocument();
        ASSERT_VALID(pDoc);
        if(row != -1 && col != -1){
            CClientDC dc(this);
            dc.ExtTextOut(pDoc->cell[row][col].m_rect.left + CX_INSET,
                pDoc->cell[row][col].m_rect.top + CY_INSET, ETO_CLIPPED,
                pDoc->cell[row][col].m_rect,
                pDoc->cell[row][col].m_string,
                pDoc->cell[row][col].m_string.GetLength(), NULL);

            int last_row = NUMBER_ROWS - 1;
            dc.ExtTextOut(pDoc->cell[last_row][col].m_rect.left + CX_INSET,
                pDoc->cell[last_row][col].m_rect.top + CY_INSET, ETO_CLIPPED,
                pDoc->cell[last_row][col].m_rect,
                pDoc->cell[last_row][col].m_string,
                pDoc->cell[last_row][col].m_string.GetLength(), NULL);
        }
}
```

LISTING 2-2: CELLSDOC.H and CELLSDOC.CPP

```
/////////////////////////////////////////////////////////////////////////////
// cellsdoc.h : interface of the CCellsDoc class
//
/////////////////////////////////////////////////////////////////////////////

#define ROW_HEIGHT 18    //device coords
#define COL_WIDTH 30
#define X_ORIGIN 20
#define Y_ORIGIN 30
#define NUMBER_ROWS 5
#define NUMBER_COLS 10

class CCell
{
public:
    CString m_string;
    CRect m_rect;
};

class CCellsDoc : public CDocument
{
protected: // create from serialization only
    CCellsDoc();
    DECLARE_DYNCREATE(CCellsDoc)

// Attributes
public:
    CCell cell[NUMBER_ROWS][NUMBER_COLS];
// Operations
public:

// Implementation
public:
    virtual ~CCellsDoc();
    virtual void Serialize(CArchive& ar);   // overridden for document i/o
#ifdef _DEBUG
    virtual void AssertValid() const;
    virtual void Dump(CDumpContext& dc) const;
#endif

protected:
    virtual BOOL OnNewDocument();

// Generated message map functions
protected:
    //{{AFX_MSG(CCellsDoc)
        // NOTE - the ClassWizard will add and remove member functions here.
        //    DO NOT EDIT what you see in these blocks of generated code!
    //}}AFX_MSG
    DECLARE_MESSAGE_MAP()
};
```

```
///////////////////////////////////////////////////////////////////////////
// cellsdoc.cpp : implementation of the CCellsDoc class
//
#include "stdafx.h"
#include "cells.h"

#include "cellsdoc.h"

#ifdef _DEBUG
#undef THIS_FILE
static char BASED_CODE THIS_FILE[] = __FILE__;
#endif

///////////////////////////////////////////////////////////////////////////
// CCellsDoc

IMPLEMENT_DYNCREATE(CCellsDoc, CDocument)

BEGIN_MESSAGE_MAP(CCellsDoc, CDocument)
    //{{AFX_MSG_MAP(CCellsDoc)
        // NOTE - the ClassWizard will add and remove mapping macros here.
        //    DO NOT EDIT what you see in these blocks of generated code!
    //}}AFX_MSG_MAP
    END_MESSAGE_MAP()

///////////////////////////////////////////////////////////////////////////
// CCellsDoc construction/destruction

CCellsDoc::CCellsDoc()
{
    //set up rects
    int x1, y1, x2, y2;
    for(int row_index = 0; row_index < NUMBER_ROWS; row_index++){
        for(int col_index = 0; col_index < NUMBER_COLS; col_index++){
            x1 = X_ORIGIN + col_index * COL_WIDTH;
            x2 = x1 + COL_WIDTH;
            y1 = Y_ORIGIN + row_index * ROW_HEIGHT;
            y2 = y1 + ROW_HEIGHT;
            cell[row_index][col_index].m_rect = CRect(x1, y1, x2, y2);
        }
    }
}

CCellsDoc::~CCellsDoc()
{
}

BOOL CCellsDoc::OnNewDocument()
{
    if (!CDocument::OnNewDocument())
        return FALSE;

    // TODO: add reinitialization code here
```

```
    // (SDI documents will reuse this document)

    return TRUE;
}

/////////////////////////////////////////////////////////////////////////////
// CCellsDoc serialization

void CCellsDoc::Serialize(CArchive& ar)
{
    if (ar.IsStoring())
    {
        for(int row_index = 0; row_index < NUMBER_ROWS; row_index++){
            for(int col_index = 0; col_index < NUMBER_COLS; col_index++){
                ar << cell[row_index][col_index].m_string;
                ar << cell[row_index][col_index].m_rect;
            }
        }
    }
    else
    {
        for(int row_index = 0; row_index < NUMBER_ROWS; row_index++){
            for(int col_index = 0; col_index < NUMBER_COLS; col_index++){
                ar >> cell[row_index][col_index].m_string;
                ar >> cell[row_index][col_index].m_rect;
            }
        }
    }
}

/////////////////////////////////////////////////////////////////////////////
// CCellsDoc diagnostics

#ifdef _DEBUG
void CCellsDoc::AssertValid() const
{
    CDocument::AssertValid();
}

void CCellsDoc::Dump(CDumpContext& dc) const
{
    CDocument::Dump(dc);
}
#endif //_DEBUG

/////////////////////////////////////////////////////////////////////////////
// CCellsDoc commands
```

Now that we've seen how to coordinate views using hints, let's move on to an entirely new kind of view altogether: the built-in MFC class, CEditView.

Using the CEditView Class in WRITER.EXE

DOS programmers are frequently dismayed by the difficulty of text management in Windows. All you have to do to display text in DOS is use printf() in C or send the text to cout in C++. In Windows it's a different story, of course, because everything displayed in a window is considered graphics. That means you have to know the position of each character, manually move to the next line when Enter is pressed, implement the Del key, have your window wrap the text, and so forth. All these and other considerations are complicated by changing window sizes and a variable-width font.

However, for simple word processing or text entry, programmers know they can use edit controls (also called text boxes), which are easy to include in dialog boxes with App Studio. But what if you want a whole window, not just a single control, with built-in text capability? The MFC library has the answer: The CEditView class can be used just like a normal view. And that entire class is based on the CEdit class, just like an edit control, so all the normal editing functions (Cut, Paste, Find, Replace, and so on) are all ready for us and will appear automatically as menu items in our program.

In this section we'll write a program, WRITER.EXE, that demonstrates use of the CEditView class. Start Visual C++ now and open App Wizard. App Wizard gives us the option of using CEditView as the base class of our view class, so click the Classes button to open the Classes dialog. In the New Application Classes list box, make sure CWriteView is selected, as shown in Figure 2-6. Then choose CEditView in the Base Class list box. Click OK in the Classes box, and then in App Wizard, to create the new project.

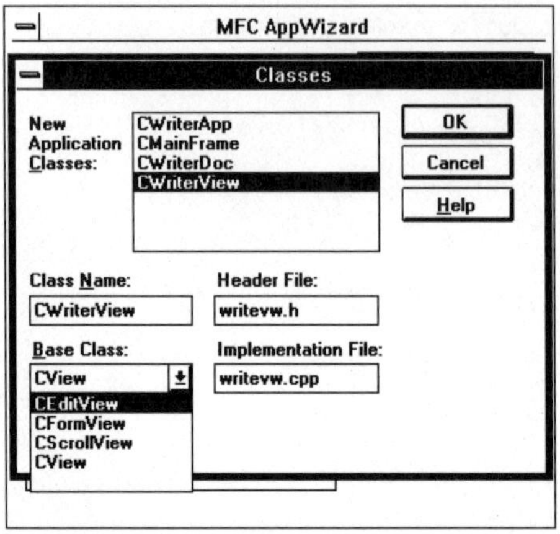

Figure 2-6: Install new classes with App Wizard by using the classes box.

As shown just below, the CWriterView class is derived from CEditView in the WRITEVW.H file. App Wizard has handled this for us, but we could also do it manually:

```
// writevw.h : interface of the CWriterView class
//
/////////////////////////////////////////////////////////////////////////////
```

```
➢ class CWriterView : public CEditView
  {
  protected: // create from serialization only
          .
          .
          .
```

In addition, CEditView is specified as CWriterView's base class in the two macros IMPLEMENT_DYNCREATE() and BEGIN_MESSAGE_MAP() in the file WRITEVW.CPP:

```
➢ IMPLEMENT_DYNCREATE(CWriterView, CEditView)
➢ BEGIN_MESSAGE_MAP(CWriterView, CEditView)
      //{{AFX_MSG_MAP(CWriterView)
      ON_WM_CHAR()
      ON_COMMAND(ID_EDIT_MAKEUPPERCASE, OnEditMakeuppercase)
      ON_COMMAND(ID_FILE_READTEXT, OnFileReadtext)
      ON_COMMAND(ID_FILE_SAVEASTEXT, OnFileSaveastext)
      //}}AFX_MSG_MAP
      // Standard printing commands
      ON_COMMAND(ID_FILE_PRINT, CEditView::OnFilePrint)
      ON_COMMAND(ID_FILE_PRINT_PREVIEW, CEditView::OnFilePrintPreview)
  END_MESSAGE_MAP()
```

These are the three items — WRITEVW.H, and the two macros — you need to change if you want to change your view's base class.

When we run our program as it stands, we see that each MDI child window is fully equipped for editing, as illustrated in Figure 2-7. The user can cut and paste text, even store it on disk.

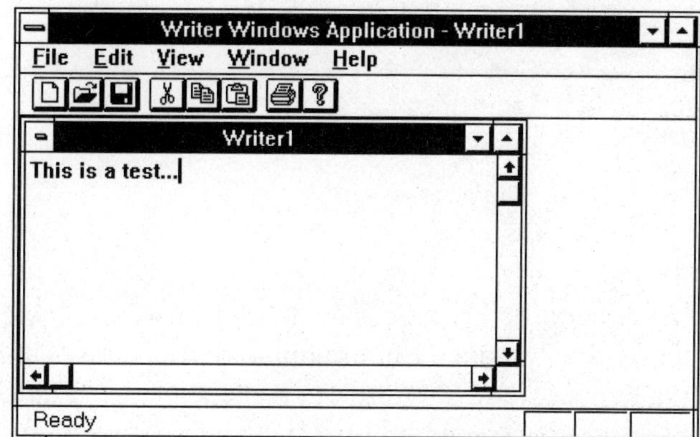

FIGURE 2-7: WRITER.EXE demonstrates how you can use CEditView to build editing functions into a window.

Coordinating the Views

Bear in mind that multiple views into the same document are *not* automatically coordinated. As Figure 2-8 shows, the second view was produced by using the View menu's New Window item. That is, text can be typed into one view, but it won't appear automatically in the others. This is a problem because the text is not stored in this program's document. The CEditView class is built around the CEdit class, and the text is actually stored in the view's internal CEdit object. This means that it's not easy to update other views in this program.

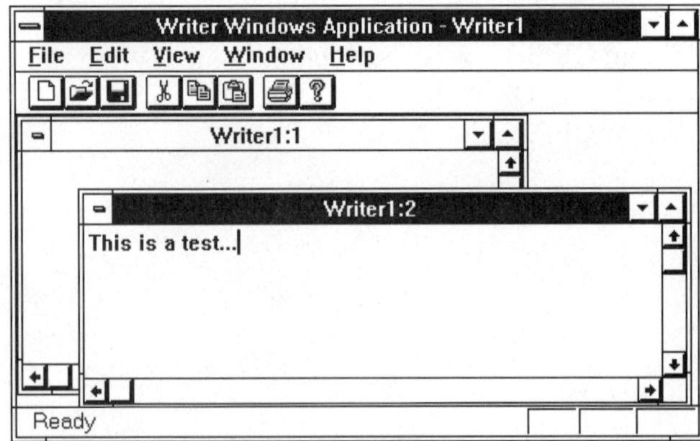

FIGURE 2-8: Remember to coordinate the views in your program — the CEditView class doesn't do it for you.

For small amounts of text, however, we can set up our own data storage in the document like this, using a CString object:

```
// writedoc.h : interface of the CWriterDoc class
//
/////////////////////////////////////////////////////////////////////////////

class CWriterDoc : public CDocument
{
protected: // create from serialization only
     CWriterDoc();
     DECLARE_DYNCREATE(CWriterDoc)

// Attributes
public:
➢    CString m_data;
          .
          .
          .
```

Now, whenever a change is made to the text in our view, we have to update the document's m_data member. For example, we use Class Wizard to add a function named OnChar() to our view. Then we can make a relatively quick memory transfer of the view's text to the document, using the handy Windows function GetWindowText(). This function retrieves the text associated with a window and copies it to a buffer as directed. (If the window is not based on a text-oriented control, GetWindowText() will only return the window's title.) We can use GetWindowText() to retrieve the view's text and store it in the document, like this:

```
void CWriterView::OnChar(UINT nChar, UINT nRepCnt, UINT nFlags)
{
CEditView::OnChar(nChar, nRepCnt, nFlags);
➤    CWriterDoc* pDoc = GetDocument();
➤    ASSERT_VALID(pDoc);
➤    GetWindowText(pDoc->m_data);
        .
        .
        .
}
```

Now that we've updated the document, we can use it to update other views with UpdateAllViews(). Since we are using CEditView in this example, we won't need to design an elaborate set of hints to pass to the other views. Here, we'll just update the views without hints by adding this line to the OnChar() function just above:

```
pDoc->UpdateAllViews(this, 0L, NULL);
```

That means we have to add an OnUpdate() function to the view class, as well. Add this function manually, and place its prototype in the view class's definition. The following code segment demonstrates this, as well as getting the document, and setting this view's text using the handy Windows SetWindowText() function:

```
void CWriterView::OnUpdate(CView* pSender, LPARAM lHint, CObject* pHint)
{
    CWriterDoc* pDoc = GetDocument();
    ASSERT_VALID(pDoc);
    SetWindowText(pDoc->m_data);
}
```

Now the views will be coordinated when the user enters characters, as in Figure 2-9. If you want to coordinate the views when other changes are also made to the text (such as cutting and pasting), you'll have to add similar code to functions such as OnEditCut() and OnEditPaste().

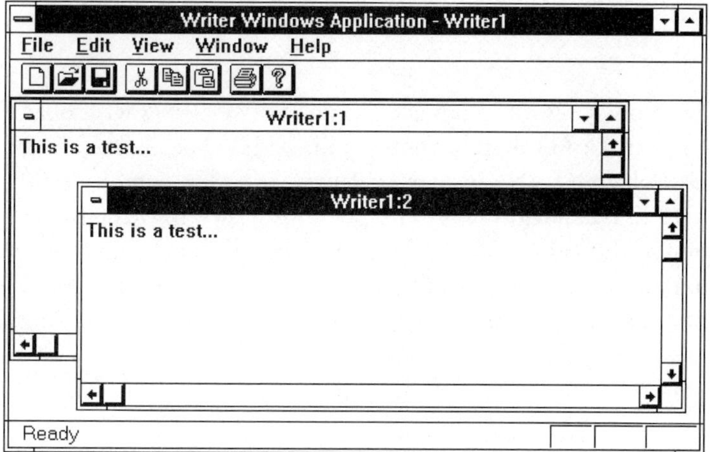

FIGURE 2-9: Here is a snapshot of the WRITER program after we've coordinated the views.

Working with Selected Text

We can make other improvements in the WRITER program; for example, we can add menu items for working with text that the user has selected in a view. Use Class Wizard now to add a new menu item named Make Uppercase to the Edit menu, as shown in Figure 2-10.

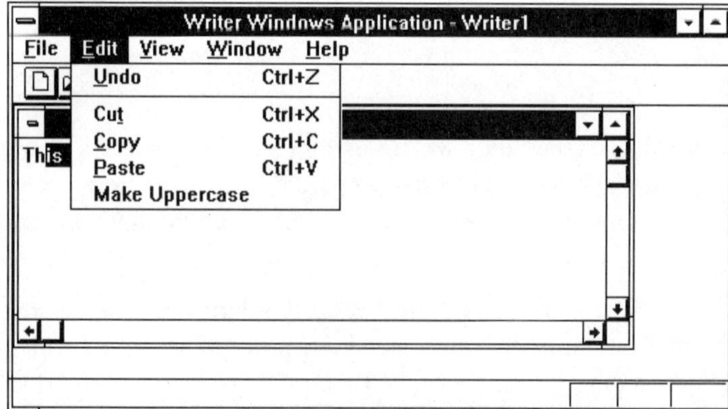

FIGURE 2-10: The WRITER program's Edit menu with the Make Uppercase Command.

Connect the function named OnEditMakeuppercase() to this new menu item in our view class, and open the function. We'll assume the user has selected some text before choosing Make Uppercase. Get that text with the CEditView function GetSelected-Text(). Then it's easy to convert to uppercase with the CString function MakeUpper(). Here is the code for these steps:

```
    void CWriterView::OnEditMakeuppercase()
    {
        CString selected_text;
        GetSelectedText(selected_text);
➢       selected_text.MakeUpper();
            .
            .
            .
```

Now we want to replace the current selection with our CString object named selected_text. Unfortunately, though CEditView does have a function named GetSelectedText(), it does *not* have a function named SetSelectedText(). Instead, we have to be a little sneaky and get a reference to the actual edit control that is the foundation of the view, with the function GetEditCtrl(). This new variable, edit, is a reference to the CEdit object inside our view. Then we can use the CEdit function ReplaceSel() to replace the currently selected text with the newly modified text, like this:

```
    void CWriterView::OnEditMakeuppercase()
    {
        CString selected_text;
        GetSelectedText(selected_text);
        selected_text.MakeUpper();
➢       CEdit& edit = GetEditCtrl();
```

```
➢        edit.ReplaceSel(selected_text);
     }
```

Our WRITER program now lets the user select text and set it to uppercase, as shown in Figure 2-11.

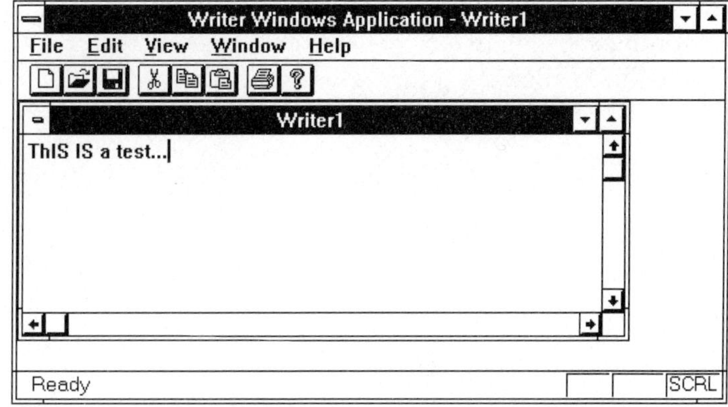

FIGURE 2-11: After a few modifications, WRITER lets you select and capitalize text.

Saving Files as ASCII Text

The files saved by WRITER.EXE cannot be read by other programs. This is because the serialization process (built into our program automatically) is based on the CObject class, and an object of this class precedes the text in the files saved by the program. On the other hand, the CEditView class does have a special function, SerializeRaw(), that lets us store simple text. Let's use it to add the capability of working with straight ASCII text to WRITER.EXE.

Add two items to the program's File menu, named Save As Text and Read Text, as shown in Figure 2-12.

FIGURE 2-12: By adding Save As Text and Read Text to the File menu, WRITER.EXE will be able to read and write ASCII files.

Now, connect the function OnFileSaveastext() to the Save As Text item in the view class, and the function OnFileReadtext() to the Read Text menu item. Here, we'll set up an *archive object* — the same kind used in a document's Serialize() function — to use with the CEditView SerializeRaw() function. You'll read more about setting up and using archive objects in Chapter 6; for now, just add the following code to OnFileSaveastext(). With this code, you're creating an archive named the_out_Archive, as well as a file named WRITER.DAT. Next, use the SerializeRaw() function with the archive, and then close WRITER.DAT:

```
void CWriterView::OnFileSaveastext()
{
        CFile the_file;
        CFileException exc;
        char* pfilename = "writer.dat";
        the_file.Open(pfilename, CFile::modeCreate | CFile::modeWrite, &exc);
        CArchive the_out_Archive(&the_file, CArchive::store);
➢       SerializeRaw(the_out_Archive);
➢       the_out_Archive.Close();
➢       the_file.Close();
}
```

Now the user can save straight text on disk.

In the other function, OnFileReadtext(), we create a new archive, the_in_Archive. Then we read the data back in from WRITER.DAT:

```
void CWriterView::OnFileReadtext()
{
        CFile the_file;
        CFileException exc;
        char* pfilename = "writer.dat";
        the_file.Open(pfilename, CFile::modeRead, &exc);
        CArchive the_in_Archive(&the_file, CArchive::load);
➢       SerializeRaw(the_in_Archive);
➢       the_in_Archive.Close();
➢       the_file.Close();

}
```

That's it; now we can write out and read in straight text files. The WRITER program shows how easy it is to support substantial word-processing capabilities in Visual C++. The files WRITEVW.H and WRITEVW.CPP appear in Listing 2-3; WRITEDOC.H and WRITEDOC.CPP appear in Listing 2-4.

LISTING 2-3: WRITEVW.H and WRITEVW.CPP

```
// writevw.h : interface of the CWriterView class
//
/////////////////////////////////////////////////////////////////////////////

class CWriterView : public CEditView
{
protected: // create from serialization only
    CWriterView();
    DECLARE_DYNCREATE(CWriterView)

// Attributes
public:
    CWriterDoc* GetDocument();
// Operations
public:
void CWriterView::OnUpdate(CView* pSender, LPARAM lHint, CObject* pHint);

// Implementation
public:
    virtual ~CWriterView();
    virtual void OnDraw(CDC* pDC);  // overridden to draw this view
#ifdef _DEBUG
    virtual void AssertValid() const;
    virtual void Dump(CDumpContext& dc) const;
#endif

protected:

    // Printing support
    virtual BOOL OnPreparePrinting(CPrintInfo* pInfo);
    virtual void OnBeginPrinting(CDC* pDC, CPrintInfo* pInfo);
    virtual void OnEndPrinting(CDC* pDC, CPrintInfo* pInfo);

// Generated message map functions
protected:
    //{{AFX_MSG(CWriterView)
    afx_msg void OnChar(UINT nChar, UINT nRepCnt, UINT nFlags);
    afx_msg void OnEditMakeuppercase();
    afx_msg void OnFileReadtext();
    afx_msg void OnFileSaveastext();
    //}}AFX_MSG
    DECLARE_MESSAGE_MAP()
};

#ifndef _DEBUG  // debug version in writevw.cpp
inline CWriterDoc* CWriterView::GetDocument()
   { return (CWriterDoc*)m_pDocument; }
#endif

/////////////////////////////////////////////////////////////////////////////
// writevw.cpp : implementation of the CWriterView class
//
```

```
#include "stdafx.h"
#include "writer.h"

#include "writedoc.h"
#include "writevw.h"

#ifdef _DEBUG
#undef THIS_FILE
static char BASED_CODE THIS_FILE[] = __FILE__;
#endif

/////////////////////////////////////////////////////////////////////////////
// CWriterView

IMPLEMENT_DYNCREATE(CWriterView, CEditView)

BEGIN_MESSAGE_MAP(CWriterView, CEditView)
    //{{AFX_MSG_MAP(CWriterView)
    ON_WM_CHAR()
    ON_COMMAND(ID_EDIT_MAKEUPPERCASE, OnEditMakeuppercase)
    ON_COMMAND(ID_FILE_READTEXT, OnFileReadtext)
    ON_COMMAND(ID_FILE_SAVEASTEXT, OnFileSaveastext)
    //}}AFX_MSG_MAP
    // Standard printing commands
    ON_COMMAND(ID_FILE_PRINT, CEditView::OnFilePrint)
    ON_COMMAND(ID_FILE_PRINT_PREVIEW, CEditView::OnFilePrintPreview)
END_MESSAGE_MAP()

/////////////////////////////////////////////////////////////////////////////
// CWriterView construction/destruction

CWriterView::CWriterView()
{
    // TODO: add construction code here
}

CWriterView::~CWriterView()
{
}

/////////////////////////////////////////////////////////////////////////////
// CWriterView drawing

void CWriterView::OnDraw(CDC* pDC)
{
    CWriterDoc* pDoc = GetDocument();
    ASSERT_VALID(pDoc);

    // TODO: add draw code for native data here
}

/////////////////////////////////////////////////////////////////////////////
// CWriterView printing
```

```
BOOL CWriterView::OnPreparePrinting(CPrintInfo* pInfo)
{
    // default CEditView preparation
    return CEditView::OnPreparePrinting(pInfo);
}

void CWriterView::OnBeginPrinting(CDC* pDC, CPrintInfo* pInfo)
{
    // Default CEditView begin printing.
    CEditView::OnBeginPrinting(pDC, pInfo);
}

void CWriterView::OnEndPrinting(CDC* pDC, CPrintInfo* pInfo)
{
    // Default CEditView end printing
    CEditView::OnEndPrinting(pDC, pInfo);
}

/////////////////////////////////////////////////////////////////////////////
// CWriterView diagnostics

#ifdef _DEBUG
void CWriterView::AssertValid() const
{
    CEditView::AssertValid();
}

void CWriterView::Dump(CDumpContext& dc) const
{
    CEditView::Dump(dc);
}

CWriterDoc* CWriterView::GetDocument() // non-debug version is inline
{
    ASSERT(m_pDocument->IsKindOf(RUNTIME_CLASS(CWriterDoc)));
    return (CWriterDoc*)m_pDocument;
}
#endif //_DEBUG

/////////////////////////////////////////////////////////////////////////////
// CWriterView message handlers

void CWriterView::OnChar(UINT nChar, UINT nRepCnt, UINT nFlags)
{
    CEditView::OnChar(nChar, nRepCnt, nFlags);
    CWriterDoc* pDoc = GetDocument();
    ASSERT_VALID(pDoc);
    GetWindowText(pDoc->m_data);
    pDoc->UpdateAllViews(this, 0L, NULL);
}

void CWriterView::OnUpdate(CView* pSender, LPARAM lHint, CObject* pHint)
{
    CWriterDoc* pDoc = GetDocument();
```

```
    ASSERT_VALID(pDoc);
    SetWindowText(pDoc->m_data);
}

void CWriterView::OnEditMakeuppercase()
{
    CString selected_text;
    GetSelectedText(selected_text);
    selected_text.MakeUpper();
    CEdit& edit = GetEditCtrl();
    edit.ReplaceSel(selected_text);
}

void CWriterView::OnFileReadtext()
{
    CFile the_file;
    CFileException exc;
    char* pfilename = "writer.dat";
    the_file.Open(pfilename, CFile::modeRead, &exc);
    CArchive the_in_Archive(&the_file, CArchive::load);
    SerializeRaw(the_in_Archive);
    the_in_Archive.Close();
    the_file.Close();

}

void CWriterView::OnFileSaveastext()
{
    CFile the_file;
    CFileException exc;
    char* pfilename = "writer.dat";
    the_file.Open(pfilename, CFile::modeCreate | CFile::modeWrite, &exc);
    CArchive the_out_Archive(&the_file, CArchive::store);
    SerializeRaw(the_out_Archive);
    the_out_Archive.Close();
    the_file.Close();

}
```

LISTING 2-4: WRITEDOC.H and WRITEDOC.CPP

```
// writedoc.h : interface of the CWriterDoc class
//
/////////////////////////////////////////////////////////////////////////////

class CWriterDoc : public CDocument
{
protected: // create from serialization only
    CWriterDoc();
    DECLARE_DYNCREATE(CWriterDoc)

// Attributes
public:
    CString m_data;
```

```
// Operations
public:

// Implementation
public:
    virtual ~CWriterDoc();
    virtual void Serialize(CArchive& ar);   // overridden for document i/o
#ifdef _DEBUG
    virtual void AssertValid() const;
    virtual void Dump(CDumpContext& dc) const;
#endif

protected:
    virtual BOOL OnNewDocument();

// Generated message map functions
protected:
    //{{AFX_MSG(CWriterDoc)
        // NOTE-the ClassWizard will add and remove member functions here.
        //    DO NOT EDIT what you see in these blocks of generated code !
    //}}AFX_MSG
    DECLARE_MESSAGE_MAP()
};

/////////////////////////////////////////////////////////////////////////////
// writedoc.cpp : implementation of the CWriterDoc class
//

#include "stdafx.h"
#include "writer.h"

#include "writedoc.h"

#ifdef _DEBUG
#undef THIS_FILE
static char BASED_CODE THIS_FILE[] = __FILE__;
#endif

/////////////////////////////////////////////////////////////////////////////
// CWriterDoc

IMPLEMENT_DYNCREATE(CWriterDoc, CDocument)

BEGIN_MESSAGE_MAP(CWriterDoc, CDocument)
    //{{AFX_MSG_MAP(CWriterDoc)
        // NOTE - the ClassWizard will add and remove mapping macros here.
        //    DO NOT EDIT what you see in these blocks of generated code!
    //}}AFX_MSG_MAP
END_MESSAGE_MAP()

/////////////////////////////////////////////////////////////////////////////
// CWriterDoc construction/destruction

CWriterDoc::CWriterDoc()
```

```
{
    // TODO: add one-time construction code here
}

CWriterDoc::~CWriterDoc()
{
}

BOOL CWriterDoc::OnNewDocument()
{
    if (!CDocument::OnNewDocument())
        return FALSE;

    // TODO: add reinitialization code here
    // (SDI documents will reuse this document)

    return TRUE;
}

/////////////////////////////////////////////////////////////////////////////
// CWriterDoc serialization

void CWriterDoc::Serialize(CArchive& ar)
{
    if (ar.IsStoring())
    {
        // TODO: add storing code here
    }
    else
    {
        // TODO: add loading code here
    }
}

/////////////////////////////////////////////////////////////////////////////
// CWriterDoc diagnostics

#ifdef _DEBUG
void CWriterDoc::AssertValid() const
{
    CDocument::AssertValid();
}

void CWriterDoc::Dump(CDumpContext& dc) const
{
    CDocument::Dump(dc);
}
#endif //_DEBUG

/////////////////////////////////////////////////////////////////////////////
// CWriterDoc commands
```

That completes our coverage of advanced view handling. Chapter 3 covers designing and implementing custom controls in the toolbar and the status bar, and as ordinary buttons.

Three

Customizing Status Bars, Toolbars, and Buttons

After reading an introductory book on Visual C++, most of you know how to program with menus, but you may still want to know how to customize a status bar or a toolbar. In this chapter, we'll see how to do that.

The toolbar that's present in the programs built so far in this book represents many of the available menu items already, but we should know how to add our own items to the toolbar as well. So we'll examine how to customize a toolbar by adding buttons.

The status bar, too, is an important communication tool. When the user highlights a menu item or toolbar button, we want the action that item or button represents (such as "Open a file") to be explained in the status bar. In ONE.EXE and TWO.EXE, the user will see explanations in the status bar of the menu items Visual C++ provides, but no explanation for the items we may have added ourselves. We'll see how to fix that in this chapter.

In addition, we can customize other Visual C++ controls through a process known as *subclassing*. There is an MFC class available for every type of Visual C++ control (for instance, CButton), and we'll see how to connect a C++ object to a particular control. After that, it's not hard to customize the control the way we want it. In particular, we'll design and implement a push-button control that displays a graphic (a bitmap), not just simple text. In this way, you can add a level of professionalism to your program's interface.

The example we use in this chapter is a drawing program named MOUSER, which lets the user draw with the mouse. We'll add a button to the toolbar that the user can click to begin drawing, and we'll add an explanation in the status bar explaining the role of the toolbar button. Finally, we'll see how to remove (hide) the toolbar and status bar when drawing begins in the window.

MOUSER: A DRAWING PROGRAM

Start by using App Wizard to create an SDI project named MOUSER.MAK. Deselect the MDI option and click the OK button to create the project. If you run the program as is, you'll see the default toolbar already in place, as shown in Figure 3-1. The status bar at the bottom reads "Ready."

FIGURE 3-1: Our MOUSER program's default toolbar and status bar are shown here.

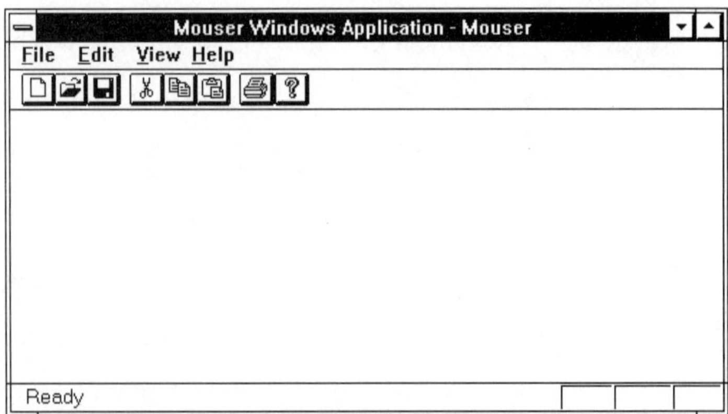

The status bar and toolbar in our main window were set up in MAINFRM.CPP. In particular, the IDs for the toolbar buttons are stored in the array buttons[]:

```
/////////////////////////////////////////////////////////////////////////////
// mainfrm.cpp : implementation of the CMainFrame class
//

#include "stdafx.h"
#include "mouser.h"
      .
      .
      .
// toolbar buttons - IDs are command buttons
static UINT BASED_CODE buttons[] =
{
    // same order as in the bitmap 'toolbar.bmp'
    ID_FILE_NEW,
    ID_FILE_OPEN,
    ID_FILE_SAVE,
    ID_SEPARATOR,
```

```
        ID_EDIT_CUT,
        ID_EDIT_COPY,
        ID_EDIT_PASTE,
        ID_SEPARATOR,
        ID_FILE_PRINT,
        ID_APP_ABOUT,
};
            .
            .
            .
```

These IDs are stored in the same order as their appearance in the toolbar. The two separators (ID_SEPARATOR) add some space between buttons. The IDs here are the same as the IDs for the menu items in our program — for good reason. When you click a toolbar button, it's the same as making a menu selection. That is, the same message (including the menu item's ID) is sent to the program.

Next, the status bar is set up. The actual strings displayed in the status bar are stored in a string table in the MOUSER.RC file. As with the toolbar buttons, there is a string associated with each menu item, and those strings will be displayed in the status bar as needed, from MOUSER.RC. Note also the standard "Ready" string, which is referred to as IDLEMESSAGE. (We'll see later in this chapter how to add our own strings to menu items.) Here is the code:

```
STRINGTABLE PRELOAD DISCARDABLE
BEGIN
    AFX_IDS_APP_TITLE        "Mouser Windows Application"
    AFX_IDS_IDLEMESSAGE      "Ready"
END

STRINGTABLE DISCARDABLE
BEGIN
    ID_FILE_NEW              "Create a new document"
    ID_FILE_OPEN             "Open an existing document"
    ID_FILE_CLOSE            "Close the active document"
    ID_FILE_SAVE             "Save the active document"
    ID_FILE_SAVE_AS          "Save the active document with a new name"
    ID_FILE_PAGE_SETUP       "Change the printing options"
    ID_FILE_PRINT_SETUP      "Change the printer and printing options"
    ID_FILE_PRINT            "Print the active document"
    ID_FILE_PRINT_PREVIEW    "Display full pages"
END
```

In MAINFRM.CPP, then, we configure the status bar *indicators* in an array named indicators[].

```
static UINT BASED_CODE indicators[]=
{
    ID_SEPARATOR,                //status line indicator
```

```
        ID_INDICATOR_CAPS,
        ID_INDICATOR_NUM,
        ID_INDICATOR_SCRL,};
             .
             .
             .
```

These indicators show the status of various keyboard states. In our case, App Wizard has set aside space in the status bar for three indicators: Caps Lock, Num Lock, and Scroll Lock. These indicators appear on the right end of the status bar, as shown in Figure 3-2. We'll see how to add one of our own later.

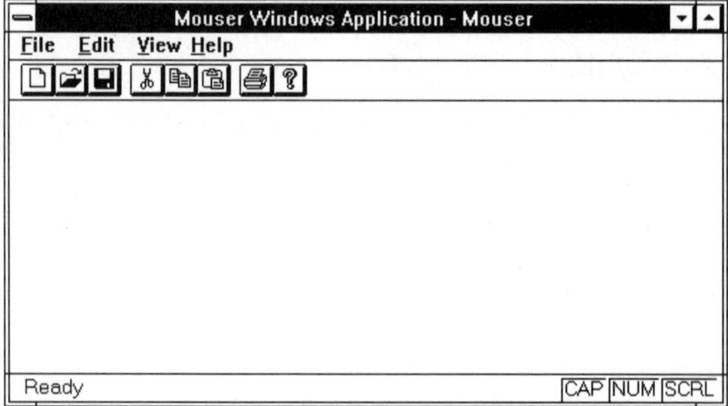

FIGURE 3-2: The three standard status bar indicators are added automatically to MOUSER.

The actual text used in the indicators also appears in MOUSER.RC (along with text for some indicators we're not using yet):

```
STRINGTABLE DISCARDABLE
BEGIN
    ID_INDICATOR_EXT         "EXT"
    ID_INDICATOR_CAPS        "CAP"
    ID_INDICATOR_NUM         "NUM"
    ID_INDICATOR_SCRL        "SCRL"
    ID_INDICATOR_OVR         "OVR"
    ID_INDICATOR_REC         "REC"
END
```

After the two arrays, buttons[] and indicators[], are set up in MAINFRM.CPP, we want to create the status bar and toolbar themselves. They are actually objects embedded in our main window class. The toolbar is stored in a CToolBar object named m_wndToolBar, and the status bar is stored in a CStatusBar object named m_wndStatusBar (in MAINFRM.H):

```
class CMainFrame : public CFrameWnd
{
protected: // create from serialization only
    CMainFrame();
```

```
        DECLARE_DYNCREATE(CMainFrame)
                .
                .
                .
    protected:  // control bar embedded members
➢       CStatusBar  m_wndStatusBar;
➢       CToolBar    m_wndToolBar;
```

When the main window is created, its OnCreate() function is called, and both the toolbar and status bar are created at that time (in MAINFRM.CPP):

```
    ///////////////////////////////////////////////////////////////////////////
    // mainfrm.cpp : implementation of the CMainFrame class
    //
       .
       .
       .
    static UINT BASED_CODE indicators[] =
    {
        ID_SEPARATOR,           // status line indicator
        ID_INDICATOR_CAPS,
        ID_INDICATOR_NUM,
        ID_INDICATOR_SCRL,
    };
             .
             .
             .
    int CMainFrame::OnCreate(LPCREATESTRUCT lpCreateStruct)
    {
        if (CFrameWnd::OnCreate(lpCreateStruct) == -1)
            return -1;

➢       if (!m_wndToolBar.Create(this) ||
            !m_wndToolBar.LoadBitmap(IDR_MAINFRAME) ||
            !m_wndToolBar.SetButtons(buttons,
              sizeof(buttons)/sizeof(UINT)))
        {
            TRACE("Failed to create toolbar\n");
            return -1;      // fail to create
        }
➢       if (!m_wndStatusBar.Create(this) ||
            !m_wndStatusBar.SetIndicators(indicators,
             sizeof(indicators)/sizeof(UINT)))
        {
            TRACE("Failed to create status bar\n");
            return -1;      // fail to create
        }

        return 0;
    }
```

Now our status bar and toolbar are created and ready to go. In the foregoing code segment, note the line

```
m_wndToolBar. LoadBitmap(IDR_MAINFRAME)
```

This loads the bitmaps for the toolbar into the program. In this case, we search for a bitmap resource named IDR_MAINFRAME to load. That resource is defined as follows, in MOUSER.RC:

```
/////////////////////////////////////////////////////////////////////////////
// Bitmap
//

IDR_MAINFRAME           BITMAP  MOVEABLE PURE   "RES\\TOOLBAR.BMP"
```

Here, we load in the file TOOLBAR.BMP, which comes with all App Wizard programs. We'll modify this file shortly, adding our own button to the toolbar.

Now that we've created the MOUSER project, let's get started customizing the code. First, use App Studio to add a new menu named Tools to the main window, placing it between the View and Help menus. Give the menu one item: Draw With Mouse. App Studio will assign the ID ID_TOOLS_DRAWWITHMOUSE, connect a function to this menu item with Class Wizard, and open the function. We'll use this menu item to turn on drawing, so we set a flag indicating the drawing tool is active, like this:

```
void CMouserView::OnToolsDrawwithmouse()
{
    bDrawTool = TRUE;
}
```

We also set aside space for this variable in the view (MOUSEVW.H), like this:

```
class CMouserView : public CView
{
protected: // create from serialization only
    CMouserView();
    DECLARE_DYNCREATE(CMouserView)

// Attributes
public:
    CMouserDoc* GetDocument();
➤   BOOL bDrawTool;
        .
        .
        .
```

And initialize it as FALSE in the view's constructor:

```
CMouserView::CMouserView()
{
    bDrawTool = FALSE;
}
```

Now add a function for each of the three major mouse actions: OnLButtonDown(), OnMouseMove(), and OnLButtonUp(). Even though the drawing tool is active, we don't want to start drawing until the mouse button goes down. When it does, we set another flag named bDrawing (to indicate that we are drawing) to TRUE. This means that the user has selected the Draw With Mouse menu item and has pressed the left mouse button to start drawing. We save the point at which the mouse button went down, so we can start drawing from there:

```
    void CMouserView::OnLButtonDown(UINT nFlags, CPoint point)
    {
        bDrawing = TRUE;
➢       beg_point = point;
        CView::OnLButtonDown(nFlags, point);
    }
```

We also set aside space for the new variables bDrawing and beg_point, in MOUSEVW.H, as shown here:

```
    class CMouserView : public CView
    {
    protected: // create from serialization only
        CMouserView();
        DECLARE_DYNCREATE(CMouserView)

    // Attributes
    public:
        CMouserDoc* GetDocument();
➢       BOOL bDrawing;
        BOOL bDrawTool;
➢       CPoint beg_point;
              .
              .
              .
```

In addition, we set bDrawing to FALSE in the view's constructor, as we did for bDrawTool earlier.

Now, when the user moves the mouse, we can draw a line from the beginning point, beg_point, to the new mouse location. We do this in OnMouseMove(). We check if the drawing tool is active, and whether or not we're actually drawing — that is, the mouse button has been pressed — like this:

```
    void CMouserView::OnMouseMove(UINT nFlags, CPoint point)
    {
        if(bDrawing && bDrawTool){
            CClientDC dc(this);
            dc.MoveTo(beg_point);
            dc.LineTo(point);
                  .
                  .
                  .
        }
        CView::OnMouseMove(nFlags, point);
    }
```

Here, we draw a line between the beginning point and the current location of the mouse. We do not draw a simple dot at the new location, however, as you might expect, because a mouse movement event is not generated for every pixel the mouse cursor travels over. If we didn't draw a line from the previous position to the current one, only a train of unconnected dots would appear on the screen (only a finite number of mouse movement events can be generated each second). Finally, we set beg_point to this new, current point, so the next location of the mouse will be connected back to this one on the screen:

```
void CMouserView::OnMouseMove(UINT nFlags, CPoint point)
{
    if(bDrawing && bDrawTool){
        CClientDC dc(this);
        dc.MoveTo(beg_point);
        dc.LineTo(point);
➢       beg_point = point;
    }
    CView::OnMouseMove(nFlags, point);
}
```

Then, when the mouse button is released, we should stop drawing, so we set bDrawing to FALSE in OnLButtonUp():

```
void CMouserView::OnLButtonUp(UINT nFlags, CPoint point)
{
    bDrawing = FALSE;

    CView::OnLButtonUp(nFlags, point);
}
```

Now the mouser program will let the user draw, as shown in Figure 3-3. It's time to start working on the status bar and the toolbar.

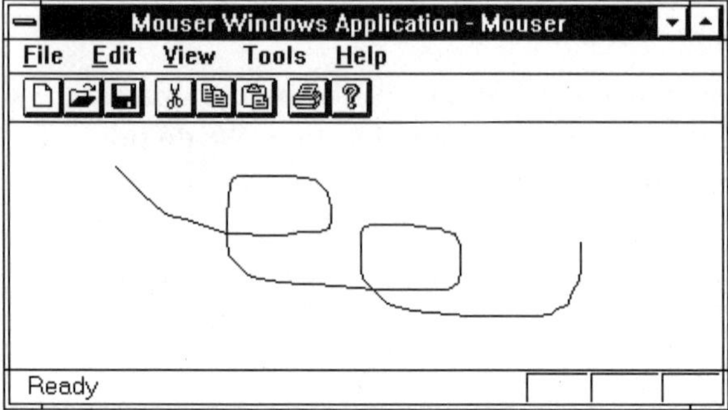

FIGURE 3-3: Our MOUSER drawing program works!

CUSTOMIZING THE STATUS BAR

Our first task will be to add an explanation to the status bar for the Draw With Mouse menu item. Open App Studio, and open the IDR_MAINFRAME menu. In MOUSER's Tools menu, double-click the Draw With Mouse item, opening the Menu Item Properties dialog.

In the Prompt box at the bottom, enter the text "Begin drawing with the mouse", as shown in Figure 3-4. Then close AppStudio after saving your work.

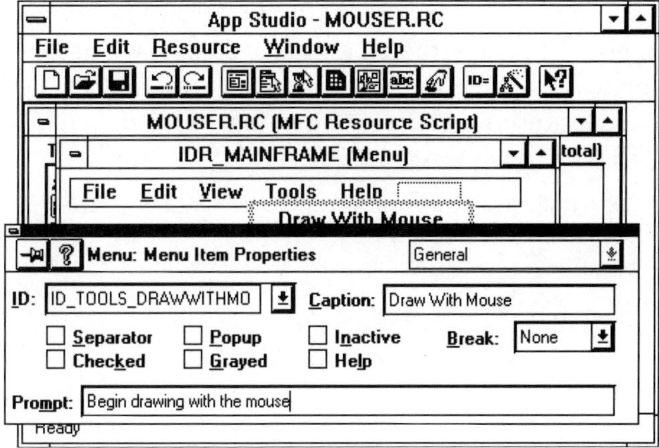

FIGURE 3-4: Select a menu item's properties using App Studio.

You've now added a string to the menu item that will appear in the status bar. To see this in action, run MOUSE.EXE and highlight Draw With Mouse. As shown in Figure 3-5, you'll see your new prompt in the status bar.

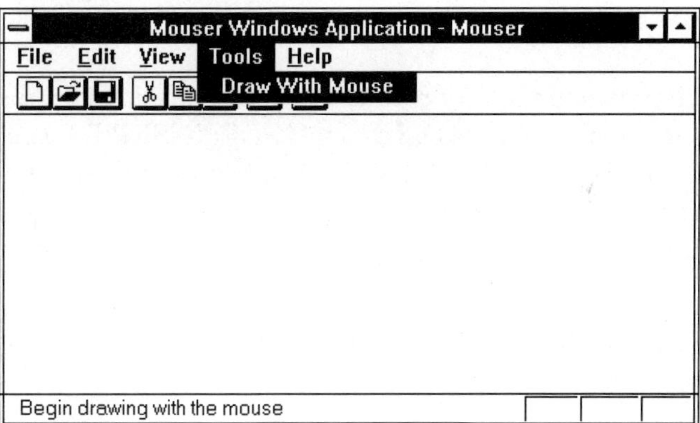

FIGURE 3-5: MOUSER now includes customized status bar entry.

What you've done is to add this entry, connected to the menu item's ID, to MOUSER.RC:

```
STRINGTABLE DISCARDABLE
BEGIN
    ID_TOOLS_DRAWWITHMOUSE "Begin drawing with the mouse"
END
```

This string is automatically displayed in the status bar when the menu item is highlighted.

We can also add an *indicator* of our choosing to the status bar. This time we'll add an Overtype indicator (toggled by the Insert key), because a string has already been defined for that key, but the principle is the same for any indicator you want to design from scratch.

First, we set up a control ID for the Insert key. Whenever the Insert key is pressed, this ID will be sent to the program. To do this, we simply treat the Insert key as a menu accelerator. In MOUSER.RC, we connect the ID, ID_TOGGLE_INSERT, to the virtual key code for Insert. (There is one virtual key code per key, and it's sent when a WM_KEYDOWN message is sent.)

```
IDR_MAINFRAME ACCELERATORS PRELOAD MOVEABLE PURE
BEGIN
        "N",            ID_FILE_NEW,      VIRTKEY,CONTROL
        "O",            ID_FILE_OPEN,     VIRTKEY,CONTROL
        "S",            ID_FILE_SAVE,     VIRTKEY,CONTROL
        "P",            ID_FILE_PRINT,    VIRTKEY,CONTROL
        "Z",            ID_EDIT_UNDO,     VIRTKEY,CONTROL
        "X",            ID_EDIT_CUT,      VIRTKEY,CONTROL
        "C",            ID_EDIT_COPY,     VIRTKEY,CONTROL
        "V",            ID_EDIT_PASTE,    VIRTKEY,CONTROL
        VK_BACK,        ID_EDIT_UNDO,     VIRTKEY,ALT
        VK_DELETE,      ID_EDIT_CUT,      VIRTKEY,SHIFT
➢       VK_INSERT,      ID_TOGGLE_INSERT, VIRTKEY,NOINVERT
        VK_INSERT,      ID_EDIT_PASTE,    VIRTKEY,SHIFT
        VK_F6,          ID_NEXT_PANE,     VIRTKEY
        VK_F6,          ID_PREV_PANE,     VIRTKEY,SHIFT
END
```

Now when the user presses the Insert key, it will initiate the same action as selecting a menu item with the ID, ID_TOGGLE_INSERT. Since there is no actual menu item with that ID, Class Wizard can't add a handler function for it, but it's easy to do manually. This message will be sent to the main window, so we can set up a handler function for the Insert key named OnToggleInsert() in MAINFRM.CPP.

First, we have to include the OnToggleInsert() prototype in MAINFRM.H. (Specifying the afx_msg keyword indicates that our function will be a message map function.) Here is the code:

```
class CMainFrame : public CFrameWnd
{
protected: // create from serialization only
    CMainFrame();
    DECLARE_DYNCREATE(CMainFrame)
        .
        .
        .
// Generated message map functions
protected:
    //{{AFX_MSG(CMainFrame)
    afx_msg int OnCreate(LPCREATESTRUCT lpCreateStruct);
➢   afx_msg void OnToggleInsert();
    //}}AFX_MSG
```

```
    DECLARE_MESSAGE_MAP()
};
```

In MAINFRM.CPP, we connect OnToggleInsert() to ID_TOGGLE_INSERT in the MESSAGE_MAP macro. Normally, this is Class Wizard's domain, but we can do it ourselves, as shown here:

```
///////////////////////////////////////////////////////////////////////////////
// mainfrm.cpp : implementation of the CMainFrame class
//

#include "stdafx.h"
#include "mouser.h"
    .
    .
    .
IMPLEMENT_DYNCREATE(CMainFrame, CFrameWnd)

BEGIN_MESSAGE_MAP(CMainFrame, CFrameWnd)
    //{{AFX_MSG_MAP(CMainFrame)
    ON_WM_CREATE()
➢   ON_COMMAND(ID_TOGGLE_INSERT, OnToggleInsert)
    //}}AFX_MSG_MAP
END_MESSAGE_MAP()
```

Next we toggle a BOOL variable named m_bInsert to correspond to the Insert key state, like this, in OnToggleInsert():

```
///////////////////////////////////////////////////////////////////////////////
// CMainFrame message handlers

void CMainFrame::OnToggleInsert()
{
➢   m_bInsert = !m_bInsert;
}
```

We declare m_bInsert in MAINFRM.H like this:

```
class CMainFrame : public CFrameWnd
{
protected: // create from serialization only
    CMainFrame();
    DECLARE_DYNCREATE(CMainFrame)

// Attributes
public:
➢   BOOL m_bInsert;
        .
        .
        .
```

and initialize it as FALSE in CMainFrame's constructor:

```
CMainFrame::CMainFrame()
{
```

```
➢       m_bInsert = FALSE;
    }
```

Now our variable m_bInsert holds the state of the Insert key — and that's exactly what we want to show in the status bar indicator. To display this information, we include a new indicator string, ID_INDICATOR_OVR, in the indicators[] array (in MAINFRM.CPP):

```
    static UINT BASED_CODE indicators[] =
    {
            ID_SEPARATOR,    // status line indicator
            ID_INDICATOR_CAPS,
            ID_INDICATOR_NUM,
            ID_INDICATOR_SCRL,
➢           ID_INDICATOR_OVR,  //add overtype indicator
    };
```

This ID is already defined in MOUSER.RC to correspond to the message OVR, as shown next. (If you were setting up your own indicator, you'd supply your own string here.)

```
    STRINGTABLE DISCARDABLE
    BEGIN
            ID_INDICATOR_EXT          "EXT"
            ID_INDICATOR_CAPS         "CAP"
            ID_INDICATOR_NUM          "NUM"
            ID_INDICATOR_SCRL         "SCRL"
➢           ID_INDICATOR_OVR          "OVR"
            ID_INDICATOR_REC          "REC"
    END
```

That's it; by adding a new string to the indicators[] array, we've added a new indicator to the status bar — but we still need to make the indicator active. The next step is to tie the indicator itself to the m_bInsert variable (which holds the status of the Insert key).

When the user chooses any toolbar, status bar, or menu item, a WM_COMMAND message is sent to the program, along with the ID of the item chosen. Before the item gets displayed, however, we need to see a WM_UPDATE_COMMAND_UI message along with the item's ID. This message allows us to update the item's appearance, such as checked, dimmed, and so on. So before the items in the status bar are displayed, we'll get a WM_UPDATE_COMMAND_UI message for each one, and the state of the Overtype indicator can then be set. To handle the WM_UPDATE_COMMAND_UI message, we'll add a new function, OnUpdateInsert(), to MAINFRM.CPP.

First, add this function's prototype to MAINFRM.H, making it a message handler. We can do this ourselves, without relying on Class Wizard:

```
    class CMainFrame : public CFrameWnd
    {
    protected: // create from serialization only
        CMainFrame();
        DECLARE_DYNCREATE(CMainFrame)
```

```
            .
            .
            .
// Generated message map functions
protected:
    //{{AFX_MSG(CMainFrame)
    afx_msg int OnCreate(LPCREATESTRUCT lpCreateStruct);
➢   afx_msg void OnUpdateInsert(CCmdUI* pCmdUI);
    afx_msg void OnToggleInsert();
    //}}AFX_MSG
    DECLARE_MESSAGE_MAP()
};
            .
            .
            .
```

Next, in MAINFRM.CPP connect OnUpdateInsert() to the correct WM_UPDATE_COMMAND_UI message, like this:

```
// mainfrm.cpp : implementation of the CMainFrame class
//

#include "stdafx.h"
#include "mouser.h"
            .
            .
            .
IMPLEMENT_DYNCREATE(CMainFrame, CFrameWnd)

BEGIN_MESSAGE_MAP(CMainFrame, CFrameWnd)
    //{{AFX_MSG_MAP(CMainFrame)
    ON_WM_CREATE()
➢   ON_UPDATE_COMMAND_UI(ID_INDICATOR_OVR, OnUpdateInsert)
    ON_COMMAND(ID_TOGGLE_INSERT, OnToggleInsert)
    //}}AFX_MSG_MAP
END_MESSAGE_MAP()
```

Finally, we add the body of OnUpdateInsert() itself at the end of MAINFRM.CPP. The pointer passed to us here points to a CCmdUI object — and this object is really our status bar indicator. We set that object's state according to the Insert key's state, as stored in our variable m_bInsert:

```
/////////////////////////////////////////////////////////////////////////////
// CMainFrame message handlers

➢ void CMainFrame::OnUpdateInsert(CCmdUI* pCmdUI)
{
    pCmdUI->Enable(m_bInsert);
}

void CMainFrame::OnToggleInsert()
{
    m_bInsert = !m_bInsert;
}
```

Now the Overtype indicator works, as shown in Figure 3-6.

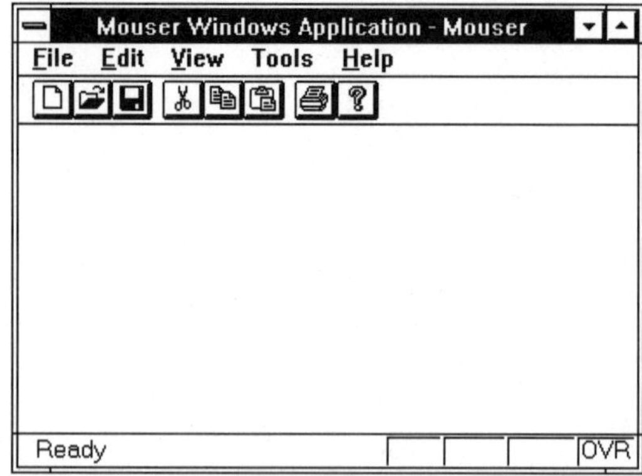

FIGURE 3-6: MOUSER now has a customized status bar indicator which reflects the state of the Insert key.

Our program is a success so far. Let's move on to customizing the toolbar by adding a button for our menu item, Draw With Mouse.

CUSTOMIZING THE TOOLBAR

The ID of the Tools|Draw With Mouse item is ID_TOOLS_DRAWWITHMOUSE, and we can connect that ID to a toolbar button. When the user clicks the button, the result will be the same as selecting Draw With Mouse on the menu. Let's see how this works.

First, we add ID_TOOLS_DRAWWITHMOUSE to the list of ID values stored in the array buttons[] in MAINFRM.CPP, as we did for the other toobar command buttons.

```
static UINT BASED_CODE buttons[] =
{
    // same order as in the bitmap 'toolbar.bmp'
    ID_FILE_NEW,
    ID_FILE_OPEN,
    ID_FILE_SAVE,
        ID_SEPARATOR,
    ID_EDIT_CUT,
    ID_EDIT_COPY,
    ID_EDIT_PASTE,
        ID_SEPARATOR,
    ID_FILE_PRINT,
        ID_SEPARATOR,
➢   ID_TOOLS_DRAWWITHMOUSE,
        ID_SEPARATOR,
    ID_APP_ABOUT,
};
```

Now the program expects a button to appear between the Print and About buttons. This new button, when clicked, will send the ID_TOOLS_DRAWWITHMOUSE message.

To design this button, we will load the bitmap representation of the toolbar — stored in MOUSER\RES\TOOLBAR.BMP — into App Studio. Opening that file (with File|Open) opens the Bitmap Editor automatically, as shown in Figure 3-7.

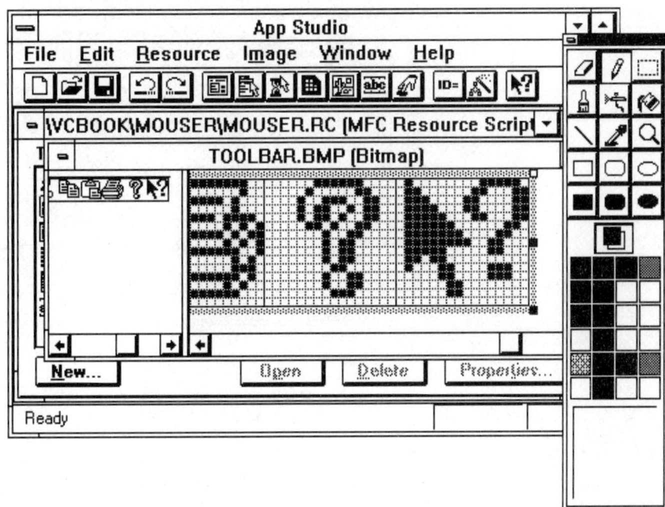

FIGURE 3-7: Use App Studio's Bitmap Editor to create buttons with bitmaps.

Drag the sizing handle (the small rectangle) at the extreme right of the toolbar and pull it to the right. As you do, the toolbar automatically grows or shrinks one *tile* at a time. (A tile is the bitmap for one button.) Add a new tile at the end of the toolbar, as shown in Figure 3-8.

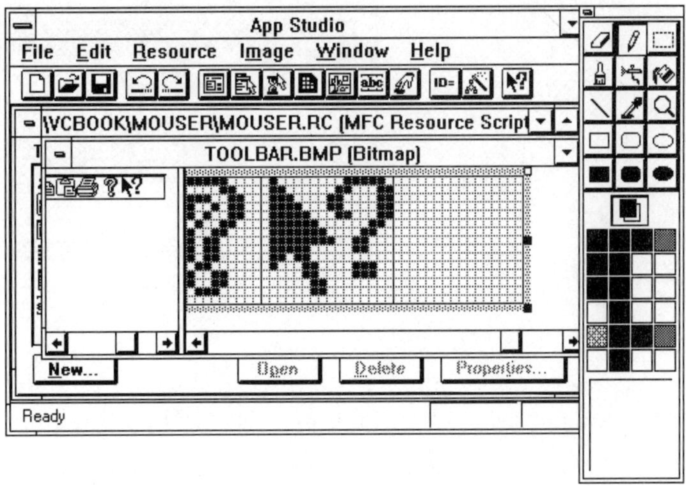

FIGURE 3-8: Here we add a new tile to a Visual C++ toolbar.

Next, click the Selection tool. This is the dotted rectangle at the upper-right of the Bitmap Editor's toolbox (on the far right in Figure 3-7). Move the last two tiles over one space, as shown in Figure 3-9.

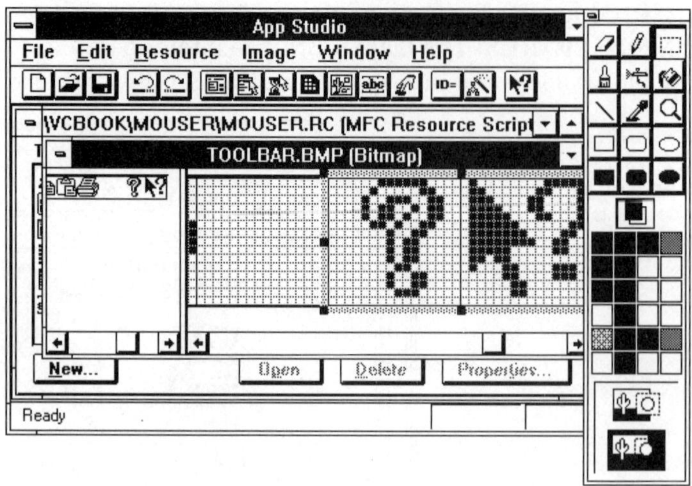

FIGURE 3-9: Notice how to move tiles in the toolbar.

Now fill the blank space on the tool bar with gray color, using the Bitmap Editor's Fill tool (the paint bucket). With the Drawing tool (the pencil icon at the top-center of the toolbox), draw a pencil — something like the one in Figure 3-10. This will be the symbol for our button, which the user can click to enable drawing.

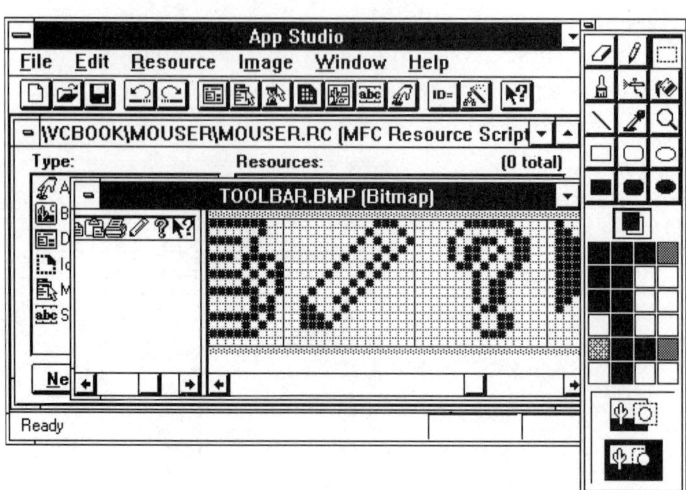

FIGURE 3-10: Here we can see the pencil bitmap in the new tile. It will be the icon for our drawing tool.

Save your work in TOOLBAR.BMP and run MOUSER.EXE. You can see the new button in the toolbar in Figure 3-11. MOUSER is a success!

We can add another feature to MOUSER.EXE: By removing the status bar and toolbar, we give the user more room for drawing. Let's look into that next.

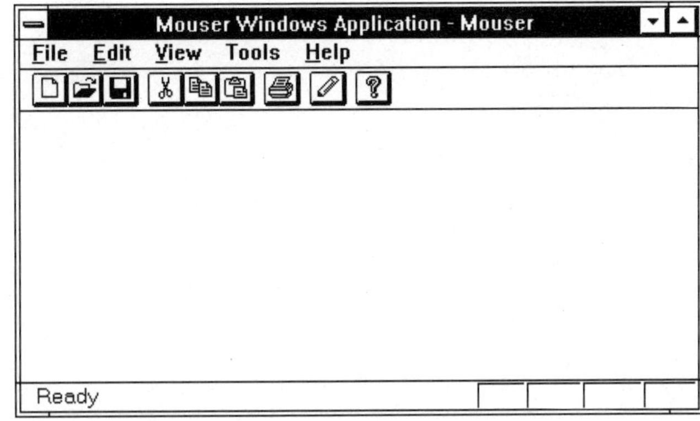

FIGURE 3-11: Running MOUSER lets you see the new customized toolbar button.

HIDING THE TOOLBAR AND STATUS BAR

When the user selects Draw With Mouse on the Tools menu, the function OnToolsDrawwithmouse() is executed. Our next task is to hide the status bar and toolbar if they are currently visible, giving the user more space in which to draw.

First, we check if the toolbar is indeed visible. To do that, we have to reach the m_wndToolBar member of the mainframe object and check its IsWindowVisible() function. The toolbar is itself a window, and IsWindowVisible() is a member function of the window base class, Cwnd. To reach the main window from our view, we only have to use the GetParent() function. (The main window is the parent window, and the view — which covers the client area — is a child window of the main window.)

```
void CMouserView::OnToolsDrawwithmouse()
{
    bDrawTool = TRUE;

    //Turn off toolbar and status bar to allow more room for drawing

    if(((CMainFrame*) GetParent())->m_wndToolBar.IsWindowVisible())
        .
        .
        .
```

To actually reach m_wndStatusBar and m_wndToolBar, we have to bend the rules a little. Those objects are protected members of the main window, so we can't really reach them unless we unprotect them (Only a class and the classes derived from it can reach its own protected members.). To do that, in MAINFRM.HPP we comment out the protected keyword for these two members only:

```
class CMainFrame : public CFrameWnd
{
protected: // create from serialization only
    CMainFrame();
    DECLARE_DYNCREATE(CMainFrame)
```

```
// Attributes
public:
    BOOL m_bInsert;
// Operations
public:
    .
    .
    .
➢ //protected: // control bar embedded members
 CStatusBar m_wndStatusBar;
 CToolBar m_wndToolBar;
    .
    .
    .
```

Now that we've bent the rules, we can see if the toolbar is visible, in our view, using the handy Windows function IsWindowVisible(), like this:

```
void CMouserView::OnToolsDrawwithmouse()
{
    bDrawTool = TRUE;

    //Turn off toolbar and status bar to allow more room for drawing

➢   if(((CMainFrame*) GetParent())->m_wndToolBar.IsWindowVisible())
        .
        .
        .
```

If the toolbar is visible, we want to remove (hide) it. Unfortunately, there is no easy function, such as HideToolBar()), to call in this case. The user can turn the toolbar and status bar on and off with the View menu's Toolbar and Status Bar menu items, but the corresponding IDs, ID_VIEW_TOOLBAR and ID_VIEW_STATUS_BAR, are handled directly, deep within the program. This is different from most IDs — ID_FILE_NEW, for example — which calls the function CWinApp::OnFileNew().

Nor is it a good idea to hide the toolbar or status bar ourselves with a CWnd function, such as ShowWindow(SW_HIDE), because when the main window removes the toolbar and status bar, it has to readjust the view and the view's coordinate system. The view now takes up the whole client area.

It turns out that the only way to turn the status bar and toolbar on and off safely is by sending a WM_COMMAND message to the mainframe object with one of these IDs: ID_VIEW_TOOLBAR or ID_VIEW_STATUS_BAR. That's done when the user selects the View|Toolbar or View|Status Bar, but we can also do it ourselves with this code:

```
void CMouserView::OnToolsDrawwithmouse()
{
    bDrawTool = TRUE;

    //Turn off toolbar and status bar to allow more room for drawing
```

```
➤       if(((CMainFrame*) GetParent())->m_wndToolBar.IsWindowVisible())
            GetParent()->SendMessage(WM_COMMAND, ID_VIEW_TOOLBAR, 0L);

➤       if(((CMainFrame*) GetParent())->m_wndStatusBar.IsWindowVisible())
➤           GetParent()->SendMessage(WM_COMMAND, ID_VIEW_STATUS_BAR, 0L);
    }
```

Now the toolbar and status bar are both hidden in the window when we start to draw, as shown in Figure 3-12.

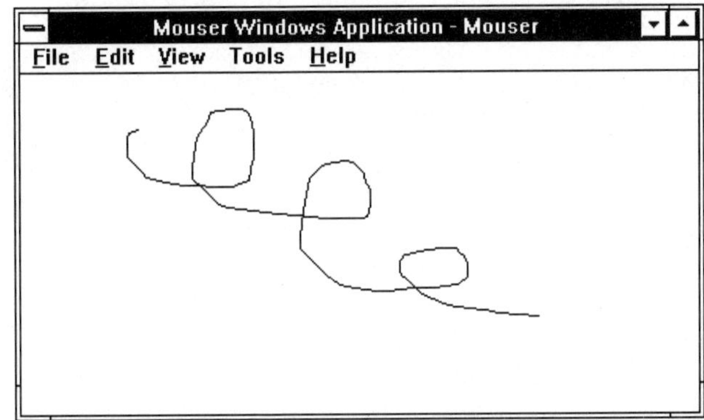

FIGURE 3-12: The Drawing program at work, with no toolbar or status bar in the way.

That's it for our discussion of MOUSER. However, you can peruse the source code which follows. MAINFRM.H and MAINFRM.CPP are in Listing 3-1, MOUSER.RC is in Listing 3-2, and MOUSEVW.H and MOUSEVW.CPP are in Listing 3-3.

LISTING 3-1: MAINFRM.H and MAINFRM.CPP

```
// mainfrm.h : interface of the CMainFrame class
//
/////////////////////////////////////////////////////////////////////////////

class CMainFrame : public CFrameWnd
{
protected: // create from serialization only
    CMainFrame();
    DECLARE_DYNCREATE(CMainFrame)

// Attributes
public:
    BOOL m_bInsert;
// Operations
public:

// Implementation
public:
    virtual ~CMainFrame();
#ifdef _DEBUG
    virtual void AssertValid() const;
```

```
    virtual void Dump(CDumpContext& dc) const;
#endif

//protected: // control bar embedded members
    CStatusBar m_wndStatusBar;
    CToolBar   m_wndToolBar;

// Generated message map functions
protected:
    //{{AFX_MSG(CMainFrame)
    afx_msg int  OnCreate(LPCREATESTRUCT lpCreateStruct);
    afx_msg void OnUpdateInsert(CCmdUI* pCmdUI);
    afx_msg void OnToggleInsert();
    //}}AFX_MSG
    DECLARE_MESSAGE_MAP()
};

/////////////////////////////////////////////////////////////////////////////
// mainfrm.cpp : implementation of the CMainFrame class
//

#include "stdafx.h"
#include "mouser.h"

#include "mainfrm.h"

#ifdef _DEBUG
#undef THIS_FILE
static char BASED_CODE THIS_FILE[] = __FILE__;
#endif

/////////////////////////////////////////////////////////////////////////////
// CMainFrame

IMPLEMENT_DYNCREATE(CMainFrame, CFrameWnd)
BEGIN_MESSAGE_MAP(CMainFrame, CFrameWnd)
    //{{AFX_MSG_MAP(CMainFrame)
    ON_WM_CREATE()
    ON_UPDATE_COMMAND_UI(ID_INDICATOR_OVR, OnUpdateInsert)
    ON_COMMAND(ID_TOGGLE_INSERT, OnToggleInsert)
    //}}AFX_MSG_MAP
END_MESSAGE_MAP()

/////////////////////////////////////////////////////////////////////////////
// arrays of IDs used to initialize control bars

// toolbar buttons - IDs are command buttons
static UINT BASED_CODE buttons[] =
{
    // same order as in the bitmap 'toolbar.bmp'
    ID_FILE_NEW,
    ID_FILE_OPEN,
    ID_FILE_SAVE,
```

```
    ID_SEPARATOR,
    ID_EDIT_CUT,
    ID_EDIT_COPY,
    ID_EDIT_PASTE,
    ID_SEPARATOR,
    ID_FILE_PRINT,
    ID_SEPARATOR,
    ID_TOOLS_DRAWWITHMOUSE,
    ID_SEPARATOR,
    ID_APP_ABOUT,
};

static UINT BASED_CODE indicators[] =
{
    ID_SEPARATOR,           // status line indicator
    ID_INDICATOR_CAPS,
    ID_INDICATOR_NUM,
    ID_INDICATOR_SCRL,
    ID_INDICATOR_OVR,       //add overtype indicator
};

/////////////////////////////////////////////////////////////////////////////
// CMainFrame construction/destruction

CMainFrame::CMainFrame()
{
    m_bInsert = FALSE;
}

CMainFrame::~CMainFrame()
{
}

int CMainFrame::OnCreate(LPCREATESTRUCT lpCreateStruct)
{
    if (CFrameWnd::OnCreate(lpCreateStruct) == -1)
       return -1;

    if (!m_wndToolBar.Create(this) ||
        !m_wndToolBar.LoadBitmap(IDR_MAINFRAME) ||
        !m_wndToolBar.SetButtons(buttons,
          sizeof(buttons)/sizeof(UINT)))
 {
        TRACE("Failed to create toolbar\n");
        return -1;  // fail to create
 }

    if (!m_wndStatusBar.Create(this) ||
        !m_wndStatusBar.SetIndicators(indicators,
          sizeof(indicators)/sizeof(UINT)))
 {
        TRACE("Failed to create status bar\n");
        return -1;  // fail to create
```

```
    }

    return 0;
}

/////////////////////////////////////////////////////////////////////////////
// CMainFrame diagnostics

#ifdef _DEBUG
void CMainFrame::AssertValid() const
{
    CFrameWnd::AssertValid();
}

void CMainFrame::Dump(CDumpContext& dc) const
{
    CFrameWnd::Dump(dc);
}

#endif //_DEBUG

/////////////////////////////////////////////////////////////////////////////
// CMainFrame message handlers

void CMainFrame::OnUpdateInsert(CCmdUI* pCmdUI)
{
    pCmdUI->Enable(m_bInsert);
}

void CMainFrame::OnToggleInsert()
{
    m_bInsert = !m_bInsert;
}
```

LISTING 3-2: MOUSER.RC

```
//Microsoft App Studio generated resource script.
//
#include "resource.h"

#define APSTUDIO_READONLY_SYMBOLS
/////////////////////////////////////////////////////////////////////////////
//
// Generated from the TEXTINCLUDE 2 resource.
//
#include "afxres.h"

/////////////////////////////////////////////////////////////////////////////
#undef APSTUDIO_READONLY_SYMBOLS

#ifdef APSTUDIO_INVOKED
```

```
/////////////////////////////////////////////////////////////////////////////
//
// TEXTINCLUDE
//

1 TEXTINCLUDE DISCARDABLE
BEGIN
    "resource.h\0"
END

2 TEXTINCLUDE DISCARDABLE
BEGIN
    "#include ""afxres.h""\r\n"
    "\0"
END

3 TEXTINCLUDE DISCARDABLE
BEGIN
    "#include ""res\\mouser.rc2"" // non-App Studio edited resources\r\n"
    "\r\n"
    "#include ""afxres.rc"" \011// Standard components\r\n"
    "#include ""afxprint.rc""\011// printing/print preview resources\r\n"
    "\0"
END

/////////////////////////////////////////////////////////////////////////////
#endif // APSTUDIO_INVOKED

/////////////////////////////////////////////////////////////////////////////
//
// Icon
//

IDR_MAINFRAME   ICON DISCARDABLE  "RES\\MOUSER.ICO"

/////////////////////////////////////////////////////////////////////////////
//
// Bitmap
//

IDR_MAINFRAME   BITMAP MOVEABLE PURE "RES\\TOOLBAR.BMP"

/////////////////////////////////////////////////////////////////////////////
//
// Menu
//

IDR_MAINFRAME MENU PRELOAD DISCARDABLE
BEGIN
    POPUP "&File"
    BEGIN
            MENUITEM "&New\tCtrl+N",            ID_FILE_NEW
            MENUITEM "&Open...\tCtrl+O",        ID_FILE_OPEN
```

```
                MENUITEM "&Save\tCtrl+S",           ID_FILE_SAVE
                MENUITEM "Save &As...",             ID_FILE_SAVE_AS
                MENUITEM SEPARATOR
                MENUITEM "&Print...\tCtrl+P",       ID_FILE_PRINT
                MENUITEM "Print Pre&view",          ID_FILE_PRINT_PREVIEW
                MENUITEM "P&rint Setup...",         ID_FILE_PRINT_SETUP
                MENUITEM SEPARATOR
                MENUITEM "Recent File",             ID_FILE_MRU_FILE1, GRAYED
                MENUITEM SEPARATOR
                MENUITEM "E&xit",                   ID_APP_EXIT
        END
        POPUP "&Edit"
        BEGIN
                MENUITEM "&Undo\tCtrl+Z",           ID_EDIT_UNDO
                MENUITEM SEPARATOR
                MENUITEM "Cu&t\tCtrl+X",            ID_EDIT_CUT
                MENUITEM "&Copy\tCtrl+C",           ID_EDIT_COPY
                MENUITEM "&Paste\tCtrl+V",          ID_EDIT_PASTE
        END
        POPUP "&View"
        BEGIN
                MENUITEM "&Toolbar",                ID_VIEW_TOOLBAR
                MENUITEM "&Status Bar",             ID_VIEW_STATUS_BAR
        END
        POPUP "Tools"
        BEGIN
                MENUITEM "Draw With Mouse",         ID_TOOLS_DRAWWITHMOUSE
        END
        POPUP "&Help"
        BEGIN
                MENUITEM "&About Mouser...",        ID_APP_ABOUT
        END
END

/////////////////////////////////////////////////////////////////////////////
//
// Accelerator
//

IDR_MAINFRAME ACCELERATORS PRELOAD MOVEABLE PURE
BEGIN
        "N",            ID_FILE_NEW,            VIRTKEY,CONTROL
        "O",            ID_FILE_OPEN,           VIRTKEY,CONTROL
        "S",            ID_FILE_SAVE,           VIRTKEY,CONTROL
        "P",            ID_FILE_PRINT,          VIRTKEY,CONTROL
        "Z",            ID_EDIT_UNDO,           VIRTKEY,CONTROL
        "X",            ID_EDIT_CUT,            VIRTKEY,CONTROL
        "C",            ID_EDIT_COPY,           VIRTKEY,CONTROL
        "V",            ID_EDIT_PASTE,          VIRTKEY,CONTROL
        VK_BACK,        ID_EDIT_UNDO,           VIRTKEY,ALT
        VK_DELETE,      ID_EDIT_CUT,            VIRTKEY,SHIFT
        VK_INSERT,      ID_TOGGLE_INSERT,       VIRTKEY,NOINVERT
        VK_INSERT,      ID_EDIT_PASTE,          VIRTKEY,SHIFT
```

```
        VK_F6,          ID_NEXT_PANE,                   VIRTKEY
        VK_F6,          ID_PREV_PANE,                   VIRTKEY,SHIFT
END

//////////////////////////////////////////////////////////////////////////////
//
// Dialog
//

IDD_ABOUTBOX DIALOG DISCARDABLE 34, 22, 217, 55
STYLE DS_MODALFRAME | WS_POPUP | WS_CAPTION | WS_SYSMENU
CAPTION "About Mouser"
FONT 8, "MS Sans Serif"
BEGIN
        ICON            IDR_MAINFRAME,IDC_STATIC,11,17,20,20
        LTEXT           "Mouser Application Version 1.0",IDC_STATIC,40,10,119,8
        LTEXT           "Copyright \251 1993",IDC_STATIC,40,25,119,8
        DEFPUSHBUTTON   "OK",IDOK,176,6,32,14,WS_GROUP
END

//////////////////////////////////////////////////////////////////////////////
//
// String Table
//

STRINGTABLE PRELOAD DISCARDABLE
BEGIN
        IDR_MAINFRAME           "Mouser Windows Application\nMouser\nMouser

                        Document\n\n\nMouser.Document\nMouser Document"
END

STRINGTABLE PRELOAD DISCARDABLE
BEGIN
        AFX_IDS_APP_TITLE       "Mouser Windows Application"
        AFX_IDS_IDLEMESSAGE     "Ready"
END

STRINGTABLE DISCARDABLE
BEGIN
        ID_INDICATOR_EXT        "EXT"
        ID_INDICATOR_CAPS       "CAP"
        ID_INDICATOR_NUM        "NUM"
        ID_INDICATOR_SCRL       "SCRL"
        ID_INDICATOR_OVR        "OVR"
        ID_INDICATOR_REC        "REC"
END

STRINGTABLE DISCARDABLE
BEGIN
        ID_FILE_NEW             "Create a new document"
        ID_FILE_OPEN            "Open an existing document"
        ID_FILE_CLOSE           "Close the active document"
```

```
        ID_FILE_SAVE             "Save the active document"
        ID_FILE_SAVE_AS          "Save the active document with a new name"
        ID_FILE_PAGE_SETUP       "Change the printing options"
        ID_FILE_PRINT_SETUP      "Change the printer and printing options"
        ID_FILE_PRINT            "Print the active document"
        ID_FILE_PRINT_PREVIEW    "Display full pages"
    END

    STRINGTABLE DISCARDABLE
    BEGIN
        ID_APP_ABOUT             "Display program information, version
                                      number and copyright"
        ID_APP_EXIT              "Quit the application; prompts to save
                                     documents"
    END

    STRINGTABLE DISCARDABLE
    BEGIN
        ID_FILE_MRU_FILE1        "Open this document"
        ID_FILE_MRU_FILE2        "Open this document"
        ID_FILE_MRU_FILE3        "Open this document"
        ID_FILE_MRU_FILE4        "Open this document"
    END

    STRINGTABLE DISCARDABLE
    BEGIN
        ID_NEXT_PANE             "Switch to the next window pane"
        ID_PREV_PANE             "Switch back to the previous window pane"
    END

    STRINGTABLE DISCARDABLE
    BEGIN
        ID_EDIT_CLEAR            "Erase the selection"
        ID_EDIT_CLEAR_ALL        "Erase everything"
        ID_EDIT_COPY             "Copy the selection and put it on the Clipboard"
        ID_EDIT_CUT              "Cut the selection and put it on the Clipboard"
        ID_EDIT_FIND             "Find the specified text"
        ID_EDIT_PASTE            "Insert Clipboard contents"
        ID_EDIT_REPEAT           "Repeat the last action"
        ID_EDIT_REPLACE          "Replace specific text with different text"
        ID_EDIT_SELECT_ALL       "Select the entire document"
        ID_EDIT_UNDO             "Undo the last action"
        ID_EDIT_REDO             "Redo the previously undone action"
    END

    STRINGTABLE DISCARDABLE
    BEGIN
        ID_VIEW_TOOLBAR          "Show or hide the toolbar"
        ID_VIEW_STATUS_BAR       "Show or hide the status bar"
    END

    STRINGTABLE DISCARDABLE
    BEGIN
```

```
   AFX_IDS_SCSIZE            "Change the window size"
   AFX_IDS_SCMOVE            "Change the window position"
   AFX_IDS_SCMINIMIZE        "Reduce the window to an icon"
   AFX_IDS_SCMAXIMIZE        "Enlarge the window to full size"
   AFX_IDS_SCNEXTWINDOW      "Switch to the next document window"
   AFX_IDS_SCPREVWINDOW      "Switch to the previous document window"
   AFX_IDS_SCCLOSE           "Close the active window and prompts to
                                    save the documents"
END

STRINGTABLE DISCARDABLE
BEGIN
   AFX_IDS_SCRESTORE         "Restore the window to normal size"
   AFX_IDS_SCTASKLIST        "Activate Task List"
END

STRINGTABLE DISCARDABLE
BEGIN
   ID_TOOLS_DRAWWITHMOUSE    "Begin drawing with the mouse"
END


#ifndef APSTUDIO_INVOKED
/////////////////////////////////////////////////////////////////////////////
//
// Generated from the TEXTINCLUDE 3 resource.
//
#include "res\mouser.rc2"    // non-App Studio edited resources

#include "afxres.rc"         // Standard components
#include "afxprint.rc"       // printing/print preview resources

//////////////////////////////////////////////////////////////////////////////
#endif                 // not APSTUDIO_INVOKED
```

LISTING 3-3: MOUSEVW.H and MOUSEVW.CPP

```
// mousevw.h : interface of the CMouserView class
//
/////////////////////////////////////////////////////////////////////////////

class CMouserView : public CView
{
protected: // create from serialization only
    CMouserView();
    DECLARE_DYNCREATE(CMouserView)

// Attributes
public:
    CMouserDoc* GetDocument();
    BOOL bDrawing;
```

```
    BOOL bDrawTool;
    CPoint beg_point;
// Operations
public:

// Implementation
public:
    virtual ~CMouserView();
    virtual void OnDraw(CDC* pDC); // overridden to draw this view
#ifdef _DEBUG
    virtual void AssertValid() const;
    virtual void Dump(CDumpContext& dc) const;
#endif

protected:

    // Printing support
    virtual BOOL OnPreparePrinting(CPrintInfo* pInfo);
    virtual void OnBeginPrinting(CDC* pDC, CPrintInfo* pInfo);
    virtual void OnEndPrinting(CDC* pDC, CPrintInfo* pInfo);

// Generated message map functions
protected:
    //{{AFX_MSG(CMouserView)
    afx_msg void OnLButtonDown(UINT nFlags, CPoint point);
    afx_msg void OnMouseMove(UINT nFlags, CPoint point);
    afx_msg void OnLButtonUp(UINT nFlags, CPoint point);
    afx_msg void OnToolsDrawwithmouse();
    //}}AFX_MSG
    DECLARE_MESSAGE_MAP()
};

#ifndef _DEBUG // debug version in mousevw.cpp
inline CMouserDoc* CMouserView::GetDocument()
   { return (CMouserDoc*)m_pDocument; }
#endif

/////////////////////////////////////////////////////////////////////////////
// mousevw.cpp : implementation of the CMouserView class
//

#include "stdafx.h"
#include "mouser.h"
#include "mainfrm.h"
#include "mousedoc.h"
#include "mousevw.h"

#ifdef _DEBUG
#undef THIS_FILE
static char BASED_CODE THIS_FILE[] = __FILE__;
#endif
```

```
/////////////////////////////////////////////////////////////////////////////
// CMouserView

IMPLEMENT_DYNCREATE(CMouserView, CView)

BEGIN_MESSAGE_MAP(CMouserView, CView)
   //{{AFX_MSG_MAP(CMouserView)
   ON_WM_LBUTTONDOWN()
   ON_WM_MOUSEMOVE()
   ON_WM_LBUTTONUP()
   ON_COMMAND(ID_TOOLS_DRAWWITHMOUSE, OnToolsDrawwithmouse)
   //}}AFX_MSG_MAP
   // Standard printing commands
   ON_COMMAND(ID_FILE_PRINT, CView::OnFilePrint)
   ON_COMMAND(ID_FILE_PRINT_PREVIEW, CView::OnFilePrintPreview)
END_MESSAGE_MAP()

/////////////////////////////////////////////////////////////////////////////
// CMouserView construction/destruction

CMouserView::CMouserView()
{
    bDrawing = FALSE;
    bDrawTool = FALSE;
}

CMouserView::~CMouserView()
{
}

/////////////////////////////////////////////////////////////////////////////
// CMouserView drawing

void CMouserView::OnDraw(CDC* pDC)
{
    CMouserDoc* pDoc = GetDocument();
    ASSERT_VALID(pDoc);

    // TODO: add draw code for native data here
}

/////////////////////////////////////////////////////////////////////////////
// CMouserView printing

BOOL CMouserView::OnPreparePrinting(CPrintInfo* pInfo)
{
    // default preparation
    return DoPreparePrinting(pInfo);
}

void CMouserView::OnBeginPrinting(CDC* /*pDC*/, CPrintInfo* /*pInfo*/)
{
    // TODO: add extra initialization before printing
```

```
}
void CMouserView::OnEndPrinting(CDC* /*pDC*/, CPrintInfo* /*pInfo*/)
{
    // TODO: add cleanup after printing
}

/////////////////////////////////////////////////////////////////////////////
// CMouserView diagnostics

#ifdef _DEBUG
void CMouserView::AssertValid() const
{
    CView::AssertValid();
}

void CMouserView::Dump(CDumpContext& dc) const
{
    CView::Dump(dc);
}

CMouserDoc* CMouserView::GetDocument() // non-debug version is inline
{
    ASSERT(m_pDocument->IsKindOf(RUNTIME_CLASS(CMouserDoc)));
    return (CMouserDoc*)m_pDocument;
}
#endif //_DEBUG

/////////////////////////////////////////////////////////////////////////////
// CMouserView message handlers

void CMouserView::OnLButtonDown(UINT nFlags, CPoint point)
{
    bDrawing = TRUE;
    beg_point = point;
    CView::OnLButtonDown(nFlags, point);
}

void CMouserView::OnMouseMove(UINT nFlags, CPoint point)
{
    if(bDrawing && bDrawTool){
        CClientDC dc(this);
        dc.MoveTo(beg_point);
        dc.LineTo(point);
        beg_point = point;
    }
    CView::OnMouseMove(nFlags, point);
}

void CMouserView::OnLButtonUp(UINT nFlags, CPoint point)
{
    bDrawing = FALSE;

    CView::OnLButtonUp(nFlags, point);
}
```

```
void CMouserView::OnToolsDrawwithmouse()
{
    bDrawTool = TRUE;

    //Turn off toolbar and status bar to allow more room for drawing

    if(((CMainFrame*) GetParent())->m_wndToolBar.IsWindowVisible())
         GetParent()->SendMessage(WM_COMMAND, ID_VIEW_TOOLBAR, 0L);

    if(((CMainFrame*) GetParent())->m_wndStatusBar.IsWindowVisible())
         GetParent()->SendMessage(WM_COMMAND, ID_VIEW_STATUS_BAR, 0L);
}
```

The next step in customizing our controls is to customize a button, and we'll look into that in the following section.

Designing Custom Buttons

Visual C++ provides an easy way of customizing interface controls from code. In fact, this customization can be done at design time. Using App Studio's Dialog Editor, we can draw controls the way we want them. On the other hand, App Studio's tools can't do everything for us. For example, we might want the appearance of a button to change when it is pressed; an App Studio button can't do that. Also, App Studio's buttons can display text, but not graphics. We can, however, connect an MFC object derived from the CButton class to a button, and work on it in code.

Let's design a customized button that shows a cloudy day before the button is clicked, a sunny day when it's clicked, and a sunset when the dialog box gets the focus and the button has already been clicked at least once. To do all this, we'll need a new project, so use App Wizard now to create a simple SDI project named CUSTOM.MAK. Next, to create the dialog box that will display our button, open App Studio.

We will proceed as we would to create a normal, noncustomized, button. Highlight the dialog line in App Studio's Type box and click the New button, creating a new dialog box with the ID IDD_DIALOG1, as shown in Figure 3-13.

Double-click the new dialog box, opening the Dialog Properties box. Give the dialog box the caption Custom Button, as you see in Figure 3-13. Next, add a new button, using the Button tool (the third icon down on the right in App Studio's toolbox). As shown in Figure 3-14, the button will be named Button1 by default.

Now double-click the new button, opening the Push Button Properties dialog box (Figure 3-15). There you can see that the ID for our button is IDC_BUTTON1. Select the Owner Draw box; this allows us to take over the drawing of the button. Save the dialog box.

Next, open Class Wizard from App Studio's Resource menu. In the Add Class dialog box, we will add support for the dialog box in code. As you can see in Figure 3-16, Class

Wizard has already suggested CDialog as the class type, and that's just what we need. In the Class Name box, enter CButtonDlg, as shown in Figure 3-16, and click the Create Class button. Class Wizard adds the files BUTTONDL.H and BUTTONDL.CPP to our CUSTOM.MAK project.

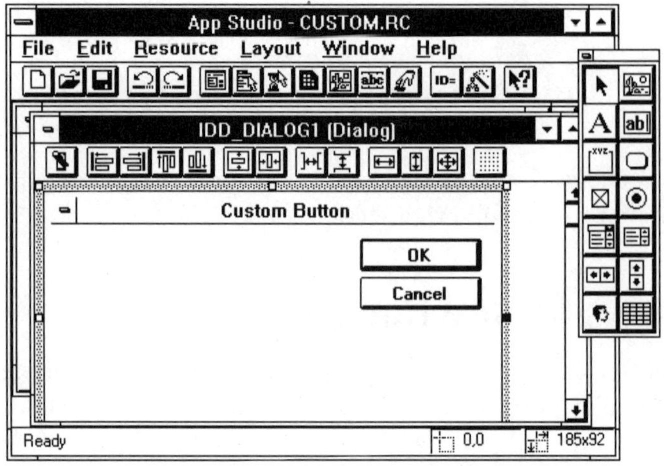

FIGURE 3-13: Using App Studio, you can create a new dialog box with custom buttons.

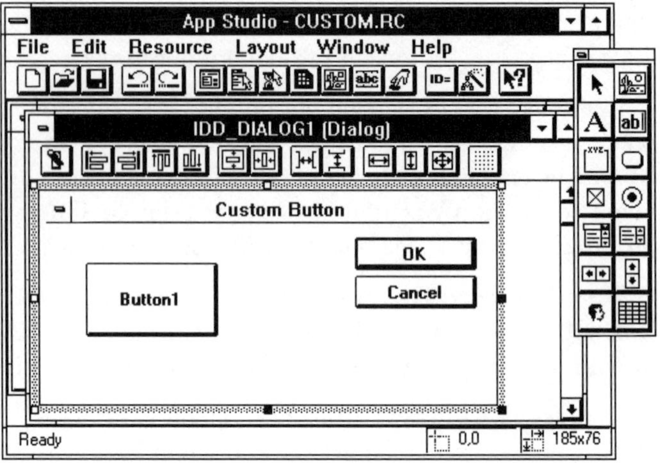

FIGURE 3-14: You can create a new button using the toolbox.

Once the CButtonDlg class is created, Class Wizard opens it automatically. Use Class Wizard to connect a function to CButtonDlg's WM_INITDIALOG message, so we can perform some initialization. Class Wizard gives this function the name CButtonDlg::OnInitDialog(). This handy function helps you fill the controls in a dialog box with data such as list boxes; you don't use the dialog box's constructor, because the dialog box controls don't exist at that point.

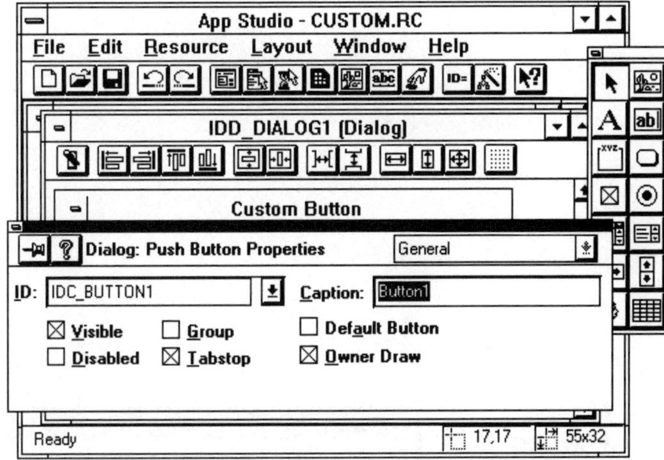

FIGURE 3-15: We set a button's properties by making selections in this dialog box.

Add Class

Class Name: CButtonDlg
Header File: buttondl.h
Browse...
Class Type: CDialog
Implementation File: buttondl.cpp
Browse...
OLE Automation
Dialog
Create Class
Cancel
Help
Import Class...

FIGURE 3-16: Select App Wizard from Class Wizard to create the dialog box's class, CButtonDlg.

Also, we connect a function to the BN_CLICKED notification message of the button, IDC_BUTTON1, as shown in Figure 3-17. Class Wizard gives this function the name OnButton1(). This is the function that is called when the user clicks the custom button.

It's easy to add some code in this function. Let's display a message box with the message "You clicked the custom button!":

```
void CButtonDlg::OnButton1()
{
    MessageBox("You clicked the custom button!");
}
```

Now we need to add some support in code for our button to customize its appearance. Since we want to draw an image in the button, we won't use the raw MFC class, CButton. A better choice is the MFC class derived from that class: CBitmapButton, which lets us display bitmaps. First, we'll create an object of this class, and then connect that object to the button.

To get started, add an embedded object named button1, of the CBitmapButton class, to the dialog class CButtonDlg in the file BUTTONDL.H:

```
// buttondl.h : header file
//

/////////////////////////////////////////////////////////////////////////////
// CButtonDlg dialog

class CButtonDlg : public CDialog
{
// Construction
protected:
➢       CBitmapButton button1;
            .
            .
            .
```

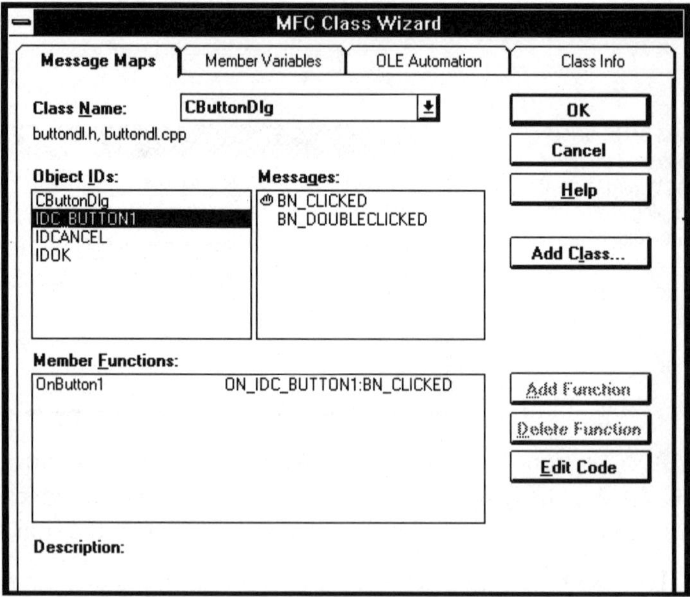

FIGURE 3-17: When a user clicks a custom button, a message is generated and sent to its handler function.

Now, in the dialog box's constructor, we can load bitmaps (which we'll create shortly) into our CBitmapButton object, button1. In the following segment from BUTTONDL.CPP, note that, unlike the other dialog box controls, our button *does* exist at this point because we've created it as an embedded object in the dialog box header:

```
CButtonDlg::CButtonDlg(CWnd* pParent /*=NULL*/)
    : CDialog(CButtonDlg::IDD, pParent)
{
    //{{AFX_DATA_INIT(CButtonDlg)
        // NOTE: the ClassWizard will add member initialization here
    //}}AFX_DATA_INIT
➢   if (!button1.LoadBitmaps("ImageUp", "ImageDown", "ImageFocus"))
➢   {
```

```
➢           MessageBox("Failed to load bitmaps for buttons\n");
➢       }

    }
```

In all, we need three bitmaps: one when the button is up (ImageUp), one when the button is down (ImageDown), and one when the button dialog has the focus and the button's already been pushed (ImageFocus). Each of these bitmaps are really bitmap resources, and we can use external .BMP files if we set up the resources in CUSTOM.RC, like this:

```
IMAGEUP         BITMAP MOVEABLE PURE        "RES\\IMAGEU.BMP"
IMAGEDOWN       BITMAP MOVEABLE PURE        "RES\\IMAGED.BMP"
IMAGEFOCUS      BITMAP MOVEABLE PURE        "RES\\IMAGEF.BMP"
```

We'll still have to create these three .BMP files (IMAGEU.BMP, IMAGED.BMP, and IMAGEF.BMP). Following Visual C++ design conventions, we store these files in the project's \RES directory, along with the other .BMP file, TOOLBAR.BMP.

Before we create the bitmaps, however, we need to connect our button1 object to the control IDC_BUTTON1, through a process called *dynamic subclassing*. That happens in the dialog box's OnInitDialog() function, like this where we use SubclassDlgItem():

```
BOOL CButtonDlg::OnInitDialog()
{

    VERIFY(button1.SubclassDlgItem(IDC_BUTTON1, this));
          .
          .
          .
}
```

We do this in OnInitDialog(), rather than in the dialog object's constructor, because the dialog object technically doesn't exist yet in the constructor. Now button1's CWnd object will handle the messages sent to the IDC_BUTTON1 control.

We also need to verify that the subclassing was successful. To this end, the VERIFY macro checks to see if the value of its argument is 0 (FALSE) and, if it is, halts the program and displays a message.

Bear in mind that the VERIFY macro is only active if we're building a Debug version of our program. By default, all Visual C++ projects use Debug mode, which means they include substantial debugging information and symbol tables. If you want to trim the debugging information out of a program, making it shorter and faster, build a Release (also called Retail) version of your program, using Visual C++'s Options|Project command.

One last task is to resize the button to fit the bitmaps we've loaded in. This happens in OnInitDialog() as follows:

```
BOOL CButtonDlg::OnInitDialog()
{
```

```
        VERIFY(button1.SubclassDlgItem(IDC_BUTTON1, this));
➢       button1.SizeToContent();

➢       return TRUE;
    }
```

Now our code is ready for the next step: creating the bitmap images we want displayed by the button.

Creating a Custom Button's Display Bitmaps

Because we shape the button controls to the bitmaps they contain, we can make the bitmaps any size we want. If you want to, you can create new button bitmaps from scratch, but it's easier to modify existing ones. You can use the bitmaps on the diskette that accompanies this book, or take them from the C:\MSVC\MFC\SAMPLES\SPEAKN and C:\MSVC\MFC\SAMPLES\CTRLTEST Visual C++ directories. If you use the C++ files, copy the Up, Down, and Focus versions of these buttons (look in the filenames for the characters *u*, *d*, or *f*, respectively) into the three files IMAGEU.BMP, IMAGED.BMP, and IMAGEF.BMP in the CUSTOM\RES directory.

Since we've already added the bitmap resource names ImageUp, ImageDown, and ImageFocus to the resource file, App Studio lets us choose from among these bitmaps, as shown in Figure 3-18.

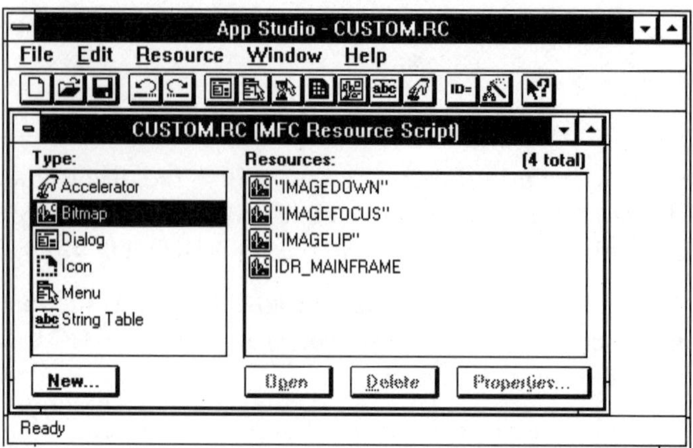

FIGURE 3-18: Using App Studio's bitmap options.

Using the Bitmap Editor's drawing tools, we draw IMAGEU.BMP (cloudy day, Figure 3-19), IMAGED.BMP (sunny day, Figure 3-20), and IMAGEF.BMP (sunset, Figure 3-21).

Incidentally, using App Studio's Bitmap Editor is also the way to customize the program's icon, (which will be displayed when CUSTOM.EXE is minimized). Just highlight the Icon line in App Studio's Type box, and open the IDR_MAINFRAME icon. You can edit it the same way we've edited our bitmaps.

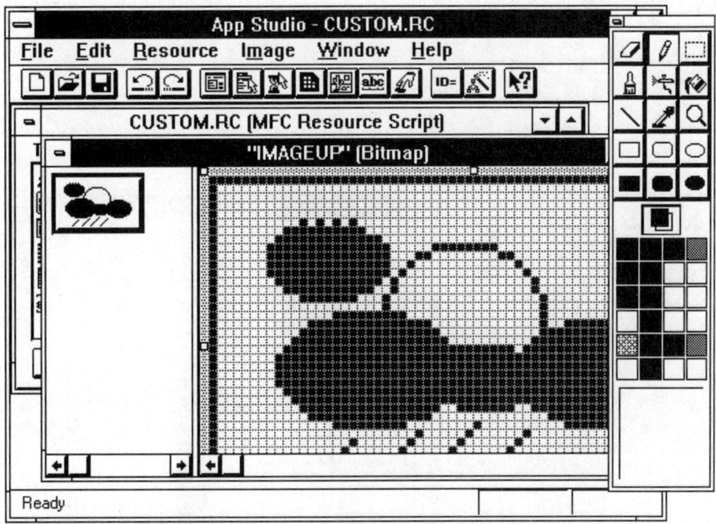

FIGURE 3-19: Customized button bitmap for Up (cloudy position.

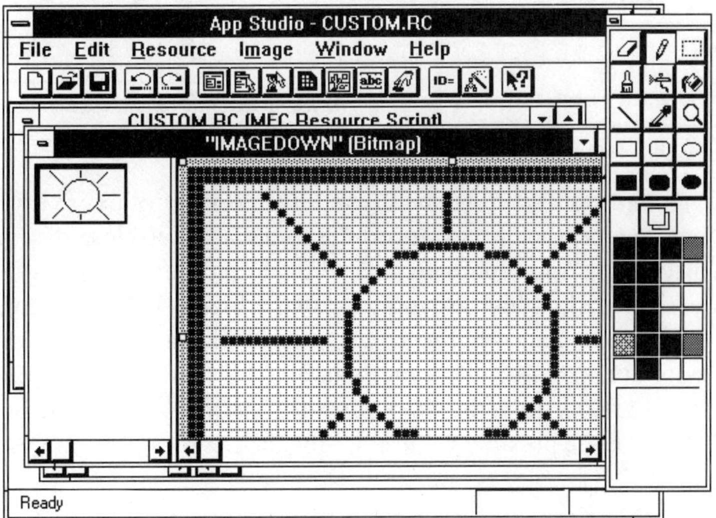

FIGURE 3-20: Customized button bitmap for Down (sunny) position.

Before we're done with our buttons, we also have to place the dialog box on the screen in the first place. To do that, we create a menu named Custom with one item in it: Button. Add it to our view in CUSTOVW.CPP and attach a function, CCustomView::OnCustomButton(). First, we create a new dialog box of the CButtonDlg class. Next, we use the CDialog function DoModal() to display the custom button's dialog box:

```
void CCustomView::OnCustomButton()
{
    CButtonDlg dlg(this);
➢   dlg.DoModal();

}
```

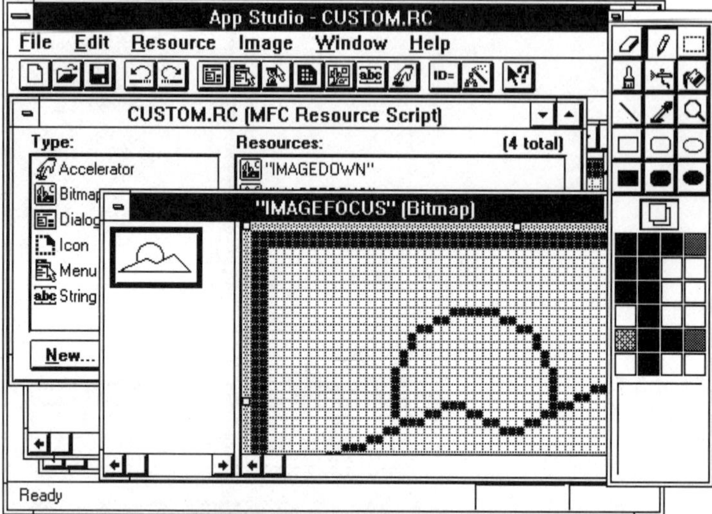

FIGURE 3-21: Customized button bitmap for Focus (sunset) position.

The DoModal() function can return several values that you can check to see which button (such as OK or Cancel) the user clicked to close the dialog box. When you create a dialog box, App Studio includes the OK and Cancel buttons, with the IDs IDOK and IDCANCEL, which are returned by DoModal() if either of those buttons are pushed. You can also give other recognized names to your buttons (such as, Yes, No, or Retry) and associate matching IDs with them. Do this by double-clicking a button and selecting the correct ID value in the drop-down ID list box, in the Push Button Properties dialog box. Here are the possible values DoModal() can return when the user clicks a button:

```
IDABORT      Abort Button
IDCANCEL     Cancel Button
IDIGNORE     Ignore Button
IDNO         No Button
IDOK         OK Button
IDRETRY      Retry Button
IDYES        Yes Button
```

Finally, complete the code by including BUTTONDL.H, so our view knows about the dialog box class:

```
/////////////////////////////////////////////////////////////////////////////
// custovw.cpp : implementation of the CCustomView class
//
```

```
    #include "stdafx.h"
    #include "custom.h"
➢   #include "buttondl.h"
    #include "custodoc.h"
    #include "custovw.h"
            .
            .
            .
```

Let's take a look at our new custom button. Create CUSTOM.EXE and run it, selecting the Button item in the Custom menu. This opens the custom button's dialog box, as shown in Figure 3-22.

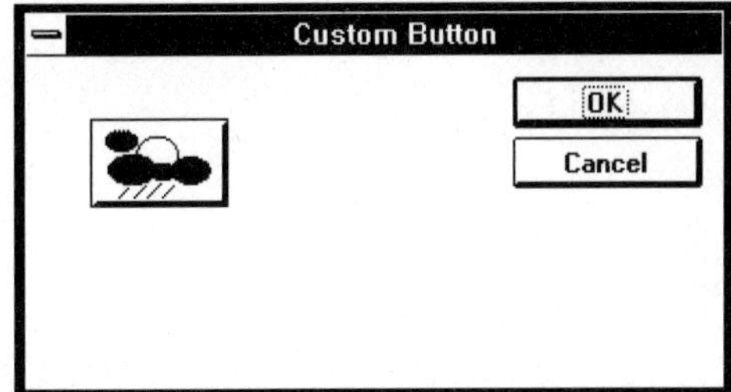

FIGURE 3-22: Here is our customized button.

When you click the button, you see the sunny bitmap for a moment, and then the message box appears saying, "You clicked the custom button!" (see Figure 3-23). Finally, when you close the message box, you see the post-click Focus bitmap, the sunset image, as shown in Figure 3-24. Once you give another window the focus, the button restores its Up image, the cloudy day.

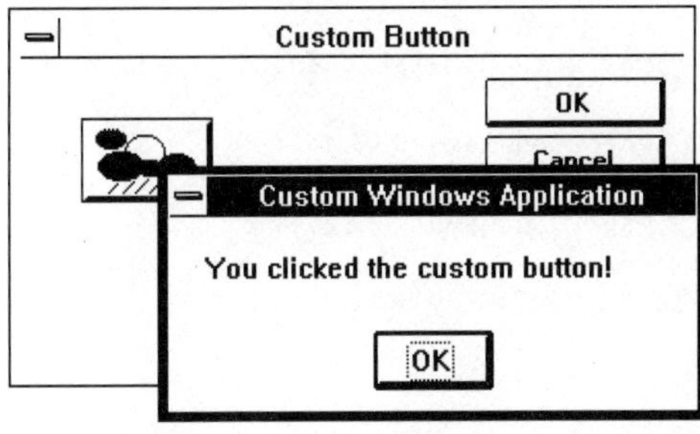

FIGURE 3-23: When you press the customized button a message box is displayed.

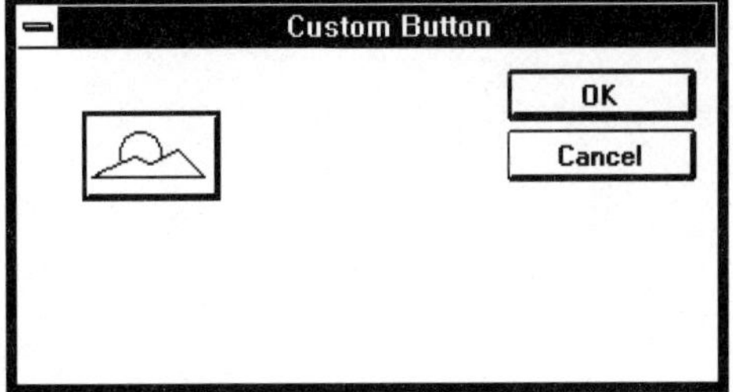

FIGURE 3-24: After you click OK in the message box, the customized Focus button displays a sunset image.

That's it; CUSTOM.EXE is a success. For your further study, the custom button's dialog class code, BUTTONDL.H and BUTTONDL.CP, appear in Listing 3-4; CUSTOMVW.H and CUSTOMVW.CPP appear in Listing 3-5; and CUSTOM.RC is in Listing 3-6.

Listing 3-4: BUTTONDL.H and BUTTONDL.CPP

```
// buttondl.h : header file
//

/////////////////////////////////////////////////////////////////////////////
// CButtonDlg dialog

class CButtonDlg : public CDialog
{
// Construction
protected:
    CBitmapButton button1;

public:
    CButtonDlg(CWnd* pParent = NULL); // standard constructor
    BOOL CButtonDlg::OnInitDialog();
// Dialog Data
    //{{AFX_DATA(CButtonDlg)
    enum { IDD = IDD_DIALOG1 };
        // NOTE: the ClassWizard will add data members here
    //}}AFX_DATA

// Implementation
protected:
    virtual void DoDataExchange(CDataExchange* pDX); // DDX/DDV support

    // Generated message map functions
    //{{AFX_MSG(CButtonDlg)
    afx_msg void OnButton1();
    //}}AFX_MSG
    DECLARE_MESSAGE_MAP()
};

// buttondl.cpp : implementation file
//

#include "stdafx.h"
#include "custom.h"
#include "buttondl.h"

#ifdef _DEBUG
#undef THIS_FILE
static char BASED_CODE THIS_FILE[] = _FILE_;
#endif
```

```
/////////////////////////////////////////////////////////////////////////////
// CButtonDlg dialog

CButtonDlg::CButtonDlg(CWnd* pParent /*=NULL*/)
    : CDialog(CButtonDlg::IDD, pParent)
{
    //{{AFX_DATA_INIT(CButtonDlg)
        // NOTE: the ClassWizard will add member initialization here
    //}}AFX_DATA_INIT

    if (!button1.LoadBitmaps("ImageUp", "ImageDown", "ImageFocus"))
    {
        MessageBox("Failed to load bitmaps for buttons\n");
    }

}

void CButtonDlg::DoDataExchange(CDataExchange* pDX)
{
    CDialog::DoDataExchange(pDX);
    //{{AFX_DATA_MAP(CButtonDlg)
        // NOTE: the ClassWizard will add DDX and DDV calls here
    //}}AFX_DATA_MAP
}

BEGIN_MESSAGE_MAP(CButtonDlg, CDialog)
    //{{AFX_MSG_MAP(CButtonDlg)
    ON_BN_CLICKED(IDC_BUTTON1, OnButton1)
    //}}AFX_MSG_MAP
END_MESSAGE_MAP()

BOOL CButtonDlg::OnInitDialog()
{

    VERIFY(button1.SubclassDlgItem(IDC_BUTTON1, this));
    button1.SizeToContent();

    return TRUE;
}

/////////////////////////////////////////////////////////////////////////////
// CButtonDlg message handlers

void CButtonDlg::OnButton1()
{
    MessageBox("You clicked the custom button!");

}
```

Listing 3-5: CUSTOVW.H and CUSTOVW.CPP

```
// custovw.h : interface of the CCustomView class
//
/////////////////////////////////////////////////////////////////////////////


class CCustomView : public CView
{
protected: // create from serialization only
	CCustomView();
	DECLARE_DYNCREATE(CCustomView)

// Attributes
public:
	CCustomDoc* GetDocument();

// Operations
public:

// Implementation
public:
	virtual ~CCustomView();
	virtual void OnDraw(CDC* pDC); // overridden to draw this view
#ifdef _DEBUG
	virtual void AssertValid() const;
	virtual void Dump(CDumpContext& dc) const;
#endif

protected:

	// Printing support
	virtual BOOL OnPreparePrinting(CPrintInfo* pInfo);
	virtual void OnBeginPrinting(CDC* pDC, CPrintInfo* pInfo);
	virtual void OnEndPrinting(CDC* pDC, CPrintInfo* pInfo);

// Generated message map functions
protected:
	//{{AFX_MSG(CCustomView)
	afx_msg void OnCustomButton();
	//}}AFX_MSG
	DECLARE_MESSAGE_MAP()
};

#ifndef _DEBUG // debug version in custovw.cpp
inline CCustomDoc* CCustomView::GetDocument()
   { return (CCustomDoc*)m_pDocument; }
#endif

/////////////////////////////////////////////////////////////////////////////
// custovw.cpp : implementation of the CCustomView class
//
```

```
#include "stdafx.h"
#include "custom.h"
#include "buttondl.h"
#include "custodoc.h"
#include "custovw.h"

#ifdef _DEBUG
#undef THIS_FILE
static char BASED_CODE THIS_FILE[] = __FILE__;
#endif

/////////////////////////////////////////////////////////////////////////////
// CCustomView

IMPLEMENT_DYNCREATE(CCustomView, CView)

BEGIN_MESSAGE_MAP(CCustomView, CView)
     //{{AFX_MSG_MAP(CCustomView)
     ON_COMMAND(ID_CUSTOM_BUTTON, OnCustomButton)
     //}}AFX_MSG_MAP
     // Standard printing commands
     ON_COMMAND(ID_FILE_PRINT, CView::OnFilePrint)
     ON_COMMAND(ID_FILE_PRINT_PREVIEW, CView::OnFilePrintPreview)
END_MESSAGE_MAP()

/////////////////////////////////////////////////////////////////////////////
// CCustomView construction/destruction

CCustomView::CCustomView()
{
     // TODO: add construction code here
}

     CCustomView::~CCustomView()
{
}

/////////////////////////////////////////////////////////////////////////////
// CCustomView drawing

void CCustomView::OnDraw(CDC* pDC)
{
     CCustomDoc* pDoc = GetDocument();
     ASSERT_VALID(pDoc);

     // TODO: add draw code for native data here
}

/////////////////////////////////////////////////////////////////////////////
// CCustomView printing

BOOL CCustomView::OnPreparePrinting(CPrintInfo* pInfo)
{
```

```
    // default preparation
    return DoPreparePrinting(pInfo);
}

void CCustomView::OnBeginPrinting(CDC* /*pDC*/, CPrintInfo* /*pInfo*/)
{
    // TODO: add extra initialization before printing
}

void CCustomView::OnEndPrinting(CDC* /*pDC*/, CPrintInfo* /*pInfo*/)
{
    // TODO: add cleanup after printing
}

/////////////////////////////////////////////////////////////////////////////
// CCustomView diagnostics

#ifdef _DEBUG
void CCustomView::AssertValid() const
{
    CView::AssertValid();
}

void CCustomView::Dump(CDumpContext& dc) const
{
    CView::Dump(dc);
}

CCustomDoc* CCustomView::GetDocument() // non-debug version is inline
{
    ASSERT(m_pDocument->IsKindOf(RUNTIME_CLASS(CCustomDoc)));
    return (CCustomDoc*)m_pDocument;
}
#endif //_DEBUG

/////////////////////////////////////////////////////////////////////////////
// CCustomView message handlers

void CCustomView::OnCustomButton()
{
    CButtonDlg dlg(this);
    dlg.DoModal();

}
```

LISTING 3-6: CUSTOM.RC

```
//Microsoft App Studio generated resource script.
//
#include "resource.h"

#define APSTUDIO_READONLY_SYMBOLS
/////////////////////////////////////////////////////////////////////////////
//
// Generated from the TEXTINCLUDE 2 resource.
//
#include "afxres.h"

/////////////////////////////////////////////////////////////////////////////
#undef APSTUDIO_READONLY_SYMBOLS

#ifdef APSTUDIO_INVOKED
/////////////////////////////////////////////////////////////////////////////
//
// TEXTINCLUDE
//

1 TEXTINCLUDE DISCARDABLE
BEGIN
    "resource.h\0"
END

2 TEXTINCLUDE DISCARDABLE
BEGIN
    "#include ""afxres.h""\r\n"
    "\0"
END

3 TEXTINCLUDE DISCARDABLE
BEGIN
    "#include ""res\\custom.rc2"" // non-App Studio edited resources\r\n"
    "\r\n"
    "#include ""afxres.rc"" \011// Standard components\r\n"
    "#include ""afxprint.rc""\011// printing/print preview resources\r\n"
    "\0"
END

/////////////////////////////////////////////////////////////////////////////
#endif // APSTUDIO_INVOKED

/////////////////////////////////////////////////////////////////////////////
//
// Icon
//

IDR_MAINFRAME   ICON DISCARDABLE  "RES\\CUSTOM.ICO"

/////////////////////////////////////////////////////////////////////////////
```

```
//
// Bitmap
//

IDR_MAINFRAME   BITMAP MOVEABLE PURE "RES\\TOOLBAR.BMP"

//////////////////////////////////////////////////////////////////////////////
//
// Menu
//

IDR_MAINFRAME MENU PRELOAD DISCARDABLE
BEGIN
    POPUP "&File"
    BEGIN
            MENUITEM "&New\tCtrl+N",                ID_FILE_NEW
            MENUITEM "&Open...\tCtrl+O",            ID_FILE_OPEN
            MENUITEM "&Save\tCtrl+S",               ID_FILE_SAVE
            MENUITEM "Save &As...",                 ID_FILE_SAVE_AS
            MENUITEM SEPARATOR
            MENUITEM "&Print...\tCtrl+P",           ID_FILE_PRINT
            MENUITEM "Print Pre&view",              ID_FILE_PRINT_PREVIEW
            MENUITEM "P&rint Setup...",             ID_FILE_PRINT_SETUP
            MENUITEM SEPARATOR
            MENUITEM "Recent File",                 ID_FILE_MRU_FILE1, GRAYED
            MENUITEM SEPARATOR
            MENUITEM "E&xit",                       ID_APP_EXIT
 END
 POPUP "&Edit"
 BEGIN
            MENUITEM "&Undo\tCtrl+Z",               ID_EDIT_UNDO
            MENUITEM SEPARATOR
            MENUITEM "Cu&t\tCtrl+X",                ID_EDIT_CUT
            MENUITEM "&Copy\tCtrl+C",               ID_EDIT_COPY
            MENUITEM "&Paste\tCtrl+V",              ID_EDIT_PASTE
 END
 POPUP "&View"
 BEGIN
            MENUITEM "&Toolbar",                    ID_VIEW_TOOLBAR
            MENUITEM "&Status Bar",                 ID_VIEW_STATUS_BAR
 END
 POPUP "&Help"
 BEGIN
            MENUITEM "&About Custom...",            ID_APP_ABOUT
 END
 POPUP "Custom"
 BEGIN
            MENUITEM "Button...",                   ID_CUSTOM_BUTTON
 END
 END

 //////////////////////////////////////////////////////////////////////////////
 //
```

```
// Accelerator
//

IDR_MAINFRAME ACCELERATORS PRELOAD MOVEABLE PURE
BEGIN
    "N",            ID_FILE_NEW,    VIRTKEY,CONTROL
    "O",            ID_FILE_OPEN,   VIRTKEY,CONTROL
    "S",            ID_FILE_SAVE,   VIRTKEY,CONTROL
    "P",            ID_FILE_PRINT,  VIRTKEY,CONTROL
    "Z",            ID_EDIT_UNDO,   VIRTKEY,CONTROL
    "X",            ID_EDIT_CUT,    VIRTKEY,CONTROL
    "C",            ID_EDIT_COPY,   VIRTKEY,CONTROL
    "V",            ID_EDIT_PASTE,  VIRTKEY,CONTROL
    VK_BACK,        ID_EDIT_UNDO,   VIRTKEY,ALT
    VK_DELETE,      ID_EDIT_CUT,    VIRTKEY,SHIFT
    VK_INSERT,      ID_EDIT_COPY,   VIRTKEY,CONTROL
    VK_INSERT,      ID_EDIT_PASTE,  VIRTKEY,SHIFT
    VK_F6,          ID_NEXT_PANE,   VIRTKEY
    VK_F6,          ID_PREV_PANE,   VIRTKEY,SHIFT
END

//////////////////////////////////////////////////////////////////////////
//
// Dialog
//

IDD_ABOUTBOX DIALOG DISCARDABLE 34, 22, 217, 55
STYLE DS_MODALFRAME | WS_POPUP | WS_CAPTION | WS_SYSMENU
CAPTION "About Custom"
FONT 8, "MS Sans Serif"
BEGIN
    ICON            IDR_MAINFRAME,IDC_STATIC,11,17,20,20
    LTEXT           "Custom Application Version 1.0",IDC_STATIC,40,10,119,8
    LTEXT           "Copyright \251 1993",IDC_STATIC,40,25,119,8
    DEFPUSHBUTTON   "OK",IDOK,176,6,32,14,WS_GROUP
END

IDD_DIALOG1 DIALOG DISCARDABLE 0, 0, 185, 92
STYLE DS_MODALFRAME | WS_POPUP | WS_VISIBLE | WS_CAPTION | WS_SYSMENU
CAPTION "Custom Button"
FONT 8, "MS Sans Serif"
BEGIN
    DEFPUSHBUTTON   "OK",IDOK,129,6,50,14
    PUSHBUTTON      "Cancel",IDCANCEL,129,23,50,14
    CONTROL         "Button1",IDC_BUTTON1,"Button",BS_OWNERDRAW | WS_TABSTOP,
                    17,17,55,32
END

//////////////////////////////////////////////////////////////////////////
//
// String Table
//
```

```
STRINGTABLE PRELOAD DISCARDABLE
BEGIN
    IDR_MAINFRAME    "Custom Windows Application\nCustom\nCustom
                              Document\n\n\nCustom.Document\nCustom Document"
END

STRINGTABLE PRELOAD DISCARDABLE
BEGIN
    AFX_IDS_APP_TITLE         "Custom Windows Application"
    AFX_IDS_IDLEMESSAGE       "Ready"
END

STRINGTABLE DISCARDABLE
BEGIN
    ID_INDICATOR_EXT          "EXT"
    ID_INDICATOR_CAPS         "CAP"
    ID_INDICATOR_NUM          "NUM"
    ID_INDICATOR_SCRL         "SCRL"
    ID_INDICATOR_OVR          "OVR"
    ID_INDICATOR_REC          "REC"
END

STRINGTABLE DISCARDABLE
BEGIN
    ID_FILE_NEW               "Create a new document"
    ID_FILE_OPEN              "Open an existing document"
    ID_FILE_CLOSE             "Close the active document"
    ID_FILE_SAVE              "Save the active document"
    ID_FILE_SAVE_AS           "Save the active document with a new name"
    ID_FILE_PAGE_SETUP        "Change the printing options"
    ID_FILE_PRINT_SETUP       "Change the printer and printing options"
    ID_FILE_PRINT             "Print the active document"
    ID_FILE_PRINT_PREVIEW     "Display full pages"
END

STRINGTABLE DISCARDABLE
BEGIN
    ID_APP_ABOUT              "Display program information, version number and
                                       copyright"
    ID_APP_EXIT               "Quit the application; prompts to save documents"
END

STRINGTABLE DISCARDABLE
BEGIN
    ID_FILE_MRU_FILE1         "Open this document"
    ID_FILE_MRU_FILE2         "Open this document"
    ID_FILE_MRU_FILE3         "Open this document"
    ID_FILE_MRU_FILE4         "Open this document"
END

STRINGTABLE DISCARDABLE
BEGIN
    ID_NEXT_PANE              "Switch to the next window pane"
```

```
    ID_PREV_PANE              "Switch back to the previous window pane"
END

STRINGTABLE DISCARDABLE
BEGIN
    ID_EDIT_CLEAR             "Erase the selection"
    ID_EDIT_CLEAR_ALL         "Erase everything"
    ID_EDIT_COPY              "Copy the selection and put it on the Clipboard"
    ID_EDIT_CUT               "Cut the selection and put it on the Clipboard"
    ID_EDIT_FIND              "Find the specified text"
    ID_EDIT_PASTE             "Insert Clipboard contents"
    ID_EDIT_REPEAT            "Repeat the last action"
    ID_EDIT_REPLACE           "Replace specific text with different text"
    ID_EDIT_SELECT_ALL        "Select the entire document"
    ID_EDIT_UNDO              "Undo the last action"
    ID_EDIT_REDO              "Redo the previously undone action"
END

STRINGTABLE DISCARDABLE
BEGIN
    ID_VIEW_TOOLBAR           "Show or hide the toolbar"
    ID_VIEW_STATUS_BAR        "Show or hide the status bar"
END

STRINGTABLE DISCARDABLE
BEGIN
    AFX_IDS_SCSIZE            "Change the window size"
    AFX_IDS_SCMOVE            "Change the window position"
    AFX_IDS_SCMINIMIZE        "Reduce the window to an icon"
    AFX_IDS_SCMAXIMIZE        "Enlarge the window to full size"
    AFX_IDS_SCNEXTWINDOW      "Switch to the next document window"
    AFX_IDS_SCPREVWINDOW      "Switch to the previous document window"
    AFX_IDS_SCCLOSE           "Close the active window and prompts to
                                      save the documents"
END

STRINGTABLE DISCARDABLE
BEGIN
        AFX_IDS_SCRESTORE     "Restore the window to normal size"
        AFX_IDS_SCTASKLIST    "Activate Task List"
END

IMAGEUP       BITMAP MOVEABLE PURE "RES\\IMAGEU.BMP"
IMAGEDOWN     BITMAP MOVEABLE PURE "RES\\IMAGED.BMP"
IMAGEFOCUS    BITMAP MOVEABLE PURE "RES\\IMAGEF.BMP"

#ifndef APSTUDIO_INVOKED
//////////////////////////////////////////////////////////////////////////////
//
// Generated from the TEXTINCLUDE 3 resource.
//
#include "res\custom.rc2" // non-App Studio edited resources
```

```
#include "afxres.rc" // Standard components
#include "afxprint.rc" // printing/print preview resources

/////////////////////////////////////////////////////////////////////////////
#endif // not APSTUDIO_INVOKED
```

Now that you've seen how to customize a toolbar, a status bar, and control buttons, in the next chapter you'll find out how to create and work with bitmaps in code.

Advanced Graphics, Part I: Bitmaps

This chapter, the first of two on more complex graphical concepts, explains and demonstrates some advanced techniques for handling bitmaps, expanding on what you've learned so far. Our first project will be to create and use a Windows bitmap. Once it's on the screen, we'll stretch it and display it in several mapping modes. In the process, you'll learn something about the difference between *logical coordinates* and *device coordinates* on the screen, and about *viewport origins* and *extents*. Next, you'll see how to let the user drag the bitmap representation around the screen. Finally, we'll install a bitmap into a menu, using two different methods. All this bitmap power provides the Windows programmer with quite a graphics arsenal, so let's get started.

Creating and Working with Bitmaps

Let's begin our exploration of bitmaps by creating a new Visual C++ project named BITMAP.MAK. Make this an SDI program. We'll start with the OnDraw() function in BITMAPVW.CPP, which currently looks like this:

```
void CBitmapView::OnDraw(CDC* pDC)
{
    CBitmapDoc* pDoc = GetDocument();
    ASSERT_VALID(pDoc);

    //TODO: add draw code for native data here
}
```

Change that function as follows, to declare and create a bitmap object of class CBitmap:

```
void CBitmapView::OnDraw(CDC* pDC)
{
    CBitmap bmp;
        .
        .
        .
}
```

Our next task is to draw in this bitmap, which we can do with the normal drawing functions associated with a Windows device context: Ellipse(), Rectangle(), and so forth. To do that, we have to intialize the bitmap (that is, give it an x and y range of bits, etc.), and then install it into a device context in memory. Once we've connected the bitmap to a device context, we can use the normal device context drawing functions in the bitmap.

The first step is to initialize the bitmap. Before we can use the bitmap object, bmp, we have to use one of these bitmap initialization functions:

FUNCTION	PURPOSE
CreateBitmap()	Creates bitmap with your specified bitmap size and bit pattern
CreateBitmapIndirect()	Same as CreateBitmap(), except it gets initialization information from the specified BITMAP structure
CreateCompatibleBitmap()	Creates a bitmap compatible with the specified device
CreateDiscardableBitmap()	Creates a discardable bitmap
LoadBitmap()	Loads in a bitmap resource
LoadOEMBitmap()	Loads in an existing bitmap

For our purposes, consider CreateCompatibleBitmap(), which creates a bitmap compatible with a given device. Since a pointer to our client window's device context is passed in OnDraw (the pointer pDC), we can use that to create a bitmap compatible with our client window, making it 50 by 50 bits. We add this line to OnDraw():

```
bmp.CreateCompatibleBitmap(pDC, 50, 50);
```

Next we have to associate this bitmap with a device context, so we can draw in it. Our device context will not be connected to any specific device; although it will be compatible with our window, it will exist only in memory. This lets us perform actions "offstage," copying the results to the display when they're needed.

First, we create our memory-only device context:

```
void CBitmapView::OnDraw(CDC* pDC)
{
    CBitmap bmp;
➤   CDC dcMem;
```

```
        bmp.CreateCompatibleBitmap(pDC, 50, 50);
            .
            .
            .
```

As with the bitmap, we use an intialization function with the memory device context. To make dcMem compatible with our client area, we use the handy Windows function CreateCompatibleDC(). The next line added to OnDraw() is:

```
dcMem.CreateCompatibleDC(pDC);
```

Each device context has a bitmap associated with it. Here we install our bitmap, bmp, in dcMem with the device context function SelectObject():

```
void CBitmapView::OnDraw(CDC* pDC)
{
    CBitmap bmp;
    CDC dcMem;

    bmp.CreateCompatibleBitmap(pDC, 50, 50);

    dcMem.CreateCompatibleDC(pDC);

➢   CBitmap* pOldBitmap = dcMem.SelectObject(&bmp);
        .
        .
        .
```

Now, drawing in dcMem will be exactly like drawing in the program's client area except that we'll actually be drawing in the bitmap, instead. When we're ready, we can transfer our bitmap to the screen. (Fast bitmap transfers like these can be the basis of graphics animation in Windows.)

Filling In the Background Color

Our next task in preparing the bitmap is one that is important but easy to forget. As things stand right now, we haven't yet drawn anything in the bitmap, which really means that the bits in it have not been set to any particular color. If you were to draw the bitmap on the screen now, you'd see a confetti-like image of colored pixels. Since we want to draw an image in the bitmap and then put it on screen, we need to fill in the entire bitmap with the same color as our window.

The usual way of filling a bitmap with the window's background color is to use the device context function FillRect(). First, we have to create a brush of the desired color. Then we specify a rectangle covering the entire bitmap and fill it using the brush.

About Pens and Brushes: You may not be familiar with device context *pens and brushes*. To draw in Visual C++, we use objects of class Cpen, and objects of class CBrush to fill images with color. When creating CPen objects, we can specify such things as the width and color of the pen. After loading the new pen object into a device context, we can use it to draw lines or other graphics. Similiarly, we can specify the color and even the bit pattern used by a CBrush object. We then can use that brush object to fill graphics regions.

So let's get on with creating the brush, which we will name brBackground. We give it the same color as our window by using the handy Windows function GetSysColor (COLOR_WINDOW). Here is the next line, then, in OnDraw():

```
void CBitmapView::OnDraw(CDC* pDC)
{
     CBitmap bmp;
     CDC dcMem;

     bmp.CreateCompatibleBitmap(pDC, 50, 50);

     dcMem.CreateCompatibleDC(pDC);

     CBitmap* pOldBitmap = dcMem.SelectObject(&bmp);

➤    CBrush brBackground(::GetSysColor(COLOR_WINDOW));
               .
               .
               .
```

Next, we create a rectangle that will cover the bitmap, with this next line:

```
CRect brect (0, 0, 50, 50);
```

And finally, we fill the bitmap with the window's background color using FillRect():

```
dcMem.FillRect(brect, &brBackground);
```

So, thus far we've managed to create a bitmap of the same color as the background of our window. Placed in our window as is, it would be invisible — not much to show for all this work. It's time to start setting some bits. For example, we can draw in the memory device context dcMem using Ellipse(). This function, and others such as LineTo() and Rectangle(), use the *default pen* (black, and one pixel wide).

To inscribe a circle in our bitmap, we use Ellipse() this way:

```
void CBitmapView::OnDraw(CDC* pDC)
{
   CBitmap bmp;
   CDC dcMem;

   bmp.CreateCompatibleBitmap(pDC, 50, 50);

   dcMem.CreateCompatibleDC(pDC);

   CBitmap* pOldBitmap = dcMem.SelectObject(&bmp);

   CBrush brBackground(::GetSysColor(COLOR_WINDOW));
   CRect brect(0, 0, 50, 50);
   dcMem.FillRect(brect, &brBackground);
```

```
        dcMem.Ellipse(0, 0, 50, 50);
                .
                .
                .
```

That's all it takes to enable drawing in the bitmap. Notice that although we can set the bits of a bitmap individually with such CBitmap functions as SetBitmapBits(), which takes a BYTE array of bit values, it is far easier to connect the bitmap with a memory device context and then use the normal device context drawing functions.

Displaying the Bitmap

Now that we've drawn an ellipse, let's take a look at our work on screen. To make the bitmap visible, we have to transfer it to the screen, and we do that with the function BitBlt(). (It stands for "bit blast," although in common usage, programmers speak of "blitting" bits.)

We want to paste the bitmap starting at the center of the client area. We can find that location with the handy Windows function GetClientRect(), which always returns the size of the client area in terms of *device coordinates* (pixels, when the device is the screen). First we fill a CRect object with the dimensions of our client area. Then use BitBlt() to transfer bits from the bitmap (in dcMem) to the client area device context (pointed to by pDC). That entire process looks like this:

```
    void CBitmapView::OnDraw(CDC* pDC)
    {
        CBitmap bmp;
        CDC dcMem;

        bmp.CreateCompatibleBitmap(pDC, 50, 50);

        dcMem.CreateCompatibleDC(pDC);

        CBitmap* pOldBitmap = dcMem.SelectObject(&bmp);

        CBrush brBackground(::GetSysColor(COLOR_WINDOW));
        CRect brect(0, 0, 50, 50);
        dcMem.FillRect(brect, &brBackground);

        dcMem.Ellipse(0, 0, 50, 50);

➢       CRect rect;
➢       GetClientRect(&rect);
➢       pDC->BitBlt(rect.right / 2, rect.bottom / 2, 50, 50,
➢           &dcMem, 0, 0, SRCCOPY);
            .
            .
            .
```

Here's the general syntax for using BitBlt():

```
BOOL BitBlt (int x, int y, int nWidth, int nHeight,  CDC* pSrcDC, int xSrc,
     int ySrc, DWORD dwRop);
```

Table 4-1 lists the various parameters for BitBlt().

TABLE 4-1: BitBlt() Parameters

PREFIX	DEFINITION	
x	The logical x-coordinate of the upper-left corner of the destination rectangle	
y	The logical y-coordinate of the upper-left corner of the destination rectangle	
nWidth	The width (in logical units) of the destination rectangle and source bitmap	
nHeight	The height (in logical units) of the destination rectangle and source bitmap	
pSrcDC	Pointer to a CDC object identifying the device context from which the bitmap will be copied	
xSrc	The logical x-coordinate of the upper-left corner of the source bitmap	
ySrc	The logical y-coordinate of the upper-left corner of the source bitmap	
dwRop	The raster operation to be performed. *Possible values:*	
	BLACKNESS	Turns all output black
	DSTINVERT	Inverts the destination bitmap
	MERGECOPY	Combines the pattern and the source bitmap using Boolean AND
	MERGEPAINT	Combines the inverted source bitmap with the destination bitmap using the Boolean OR
	NOTSRCCOPY	Copies the inverted source bitmap to the destination
	NOTSRCERASE	Inverts the result of combining the destination and source bitmaps using the Boolean OR
	PATCOPY	Copies the pattern to the destination bitmap
	PATINVERT	Combines the destination bitmap with the pattern using the Boolean XOR
	PATPAINT	Combines the inverted source bitmap with the pattern using the Boolean OR; combines the result of this operation with the destination bitmap using Boolean OR
	SRCAND	Combines pixels of the destination and source bitmaps using the Boolean AND
	SRCCOPY	Copies the source bitmap to the destination bitmap
	SRCERASE	Inverts the destination bitmap and combines the result with the source bitmap using the Boolean AND
	SRCINVERT	Combines pixels of the destination and source bitmaps using the Boolean XOR
	SRCPAINT	Combines pixels of the destination and source bitmaps using the Boolean OR
	WHITENESS	Turns all output white

The results of our BitBlt() operation appear in Figure 4-1. Notice that the bitmap's upper-left corner does, indeed, correspond to the center of the client area.

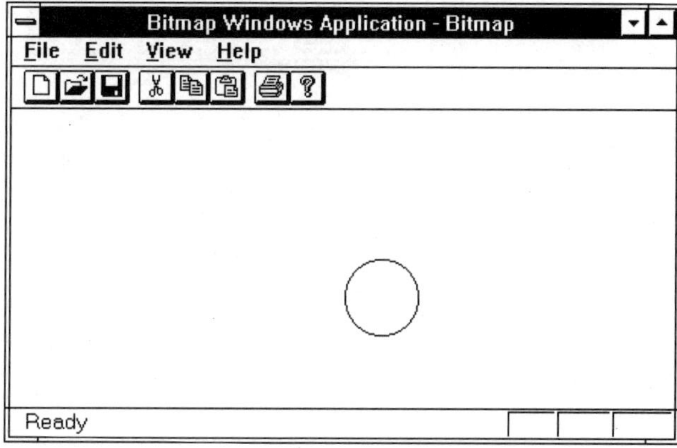

FIGURE 4-1: This circle is drawn by our BitBlt() operation.

With this knowledge of BitBlt() under your belt, consider that we may not want to make a perfect copy of what's in our bitmap, but rather to stretch the image in the bitmap to fit a different area. We do that with StretchBlt(), which is similar to BitBlt(). Here is the syntax for StretchBlt():

```
BOOL StretchBlt(int x, int y, int nWidth, int nHeight, CDC* pSrcDC, int xSrc,
     int ySrc, int nSrcWidth, int nSrcHeight, DWORD dwRop);
```

The parameters for StretchBlt() are the same as for BitBlt(), plus the specifiers for the width, nSrcWidth, and height, nSrcHeight, of the source bitmap. It's no longer possible to determine the source bitmap dimensions from the destination bitmap dimensions, because we want to stretch the source to fit the destination.

To see StretchBlt() in action, we'll stretch our dcMem bitmap until it fills the upper-left quarter of the client area: (0, 0) to (rect.right / 2, rect.bottom / 2). Our bitmap is still just 50 pixels by 50 pixels, so we can use StretchBlt() this way:

```
  pDC->BitBlt(rect.right / 2, rect.bottom / 2, 50, 50,
       &dcMem, 0, 0, SRCCOPY);
➢ pDC->StretchBlt(0, 0, rect.right / 2, rect.bottom / 2, &dcMem 0, 0,
➢      50, 50, SRCCOPY);
              .
              .
              .
```

That's it; we have now stretched the bitmap as shown in Figure 4-2.

At this point, we've examined the rudiments of creating bitmaped images. Let's press on to more advanced topics.

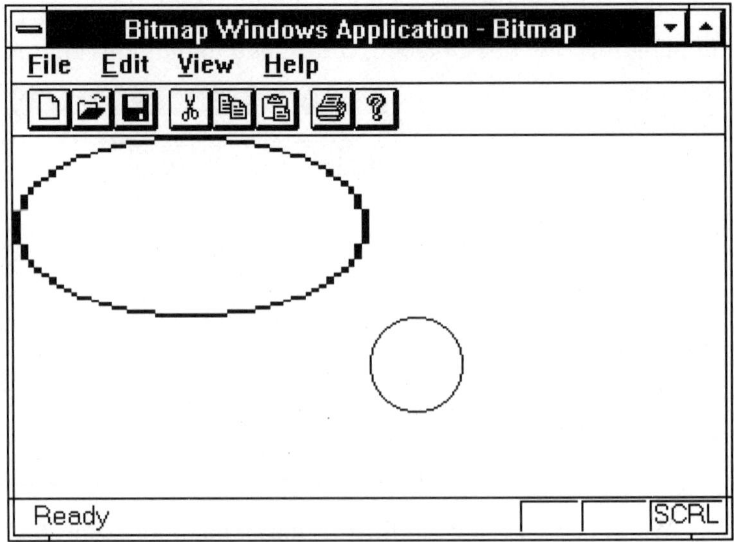

FIGURE 4-2: This circle is stretched to an ellipse, with StretchBlt().

LOGICAL COORDINATES VS. DEVICE COORDINATES

To get the dimensions of the client window, we used the function GetClientRect(), which always returns *device coordinates* (in this case, pixels). On the other hand, the BitBlt() function (like most GDI functions) uses *logical coordinates* to describe areas and locations of bitmaps. What's the difference, and how do we translate between these two types of screen coordinates?

➤ *Note:* The following discussion of logical vs. device coordinates, and the related mapping modes, is somewhat complex. And when we start moving viewport and window origins around, it can get pretty confusing. If you need to know this stuff, there is no substitute for reading on, but if you are satisfied with the default (MM_TEXT) coordinate system in Windows, you can just as well skip ahead to the next topic, "Dragging Bitmaps around the Screen." Advanced Windows programmers, however, should certainly have these skills under their belts, so stick with us.

Device coordinates for the screen are fairly straightforward. They're in terms of pixels: x increases to the right; y increases downward. Device coordinates are often used in three different systems:

- The client window, the dimensions of which are returned by GetClientRect().
- The entire window, including the menu bar, et al. You can get a device context to the whole window using GetWindowDC().

- The entire screen. You'll see how to get a device context for the whole screen later in this chapter.

These three systems are all in device coordinates, and you can move among them using such functions as ClientToScreen() and ScreenToClient().

Logical coordinates, on the other hand, depend on the Windows *mapping mode,* and the *window* and *viewport origins* (all of which we'll examine shortly). Most, but not all GDI functions use logical coordinates. For example, in the MM_HIMETRIC mapping mode, measurements would be in units of 0.01 millimeter, and most GDI functions (such as Textout()) would use those units. Functions such as GetClientRect(), however, would still return device coordinates.

You can switch between logical and device coordinates with two handy Windows functions: DPtoLP() and LPtoDP(). For example, to convert the results of GetClient-Rect() from device points to logical points, tell DptoLP() to convert two points:

```
dc.GetClientRect(&rect);
dc.DPtoLP((LPPOINT) &rect, 2);
```

Keep DPtolP() and LPtoDP() in mind; most programs that handle extensive graphics use them a great deal.

Window and Viewport Origins

There are two primary functions for setting drawing origins in Windows — SetViewportOrg() and SetWindowOrg()— and the difference between the two is often confusing.

When we use the term *viewport* in this context, we're seeing things from the device's point of view, using device coordinates. If we use SetViewportOrg(), which takes device coordinates, and set the viewport origin to (x, y), that point in the window will become the new (logical) origin when you use GDI functions. For example, if we execute SetViewportOrg(x, y) and then TextOut(0, 0, string), the string will actually start at device location (x, y), which is now logical (0, 0).

On the other hand, the term *window* in this context looks at things in terms of logical coordinates. If we use SetWindowOrg(), which takes logical coordinates, to set the window origin to (x, y), that logical point will correspond to device point (0, 0). For example, if we execute SetWindowOrg(x, y) and then TextOut(x, y, string...), the string will appear at device location (0, 0), which is now logical (x, y).

It's easier to understand this relationship when you remember that SetViewportOrg() moves the logical origin to the specified device point, and SetWindowOrg() moves the specified logical point to the device origin. Neither SetViewportOrg() nor SetWindow-Org() can change the device origin, which is always at the upper-left corner of the client area, window, or screen, depending on the device context.

Window and Viewport Extents

Besides movable origins, viewports and windows have associated x and y *extents*. These x and y extents are not real measurements of windows, just as logical windows aren't real windows on the screen. What's important is not the absolute values of the x and y extents, but rather their *ratios*. The ratios provide scaling factors between logical and device coordinates, as described in the following equations:

$$\text{Xviewport} = (\text{Xwindow} - \text{XwinOrg}) \frac{\text{XviewExt}}{\text{XwinExt}} + \text{XviewOrg}$$

$$\text{Yviewport} = (\text{Ywindow} - \text{YwinOrg}) \frac{\text{YviewExt}}{\text{YwinExt}} + \text{YviewOrg}$$

$$\text{Xwindow} = (\text{Xviewport} - \text{XviewOrg}) \frac{\text{XwinExt}}{\text{XviewExt}} + \text{XwinOrg}$$

$$\text{Ywindow} = (\text{Yviewport} - \text{YviewOrg}) \frac{\text{YwinExt}}{\text{YviewExt}} + \text{YwinOrg}$$

For the MM_TEXT mapping mode (the default mapping mode and by far the most common one in use), both the x and y extents are 1, so those ratios drop out, and we have this relationship between window and viewport coordinates:

```
Xviewport =    (Xwindow - XwinOrg)      + XviewOrg
Yviewport =    (Ywindow - YwinOrg)      + YviewOrg
Xwindow   =    (Xviewport - XviewOrg)  + XwinOrg
Ywindow   =    (Yviewport - YviewOrg)  + YwinOrg
```

In fact, you can set the x and y extents for only two mapping modes: MM_ISOTROPIC and MM_ANISOTROPIC — which means you can set the scaling factor between device and logical coordinates only in these modes.

We'll take a look at all the available mapping modes in the next section.

Windows Mapping Modes

The eight Windows mapping modes listed are fully defined in Table 4-2. As you study Table 4-2, note in particular that in some of these modes, the positive y-axis goes upward, not downward. Consider the familiar MM_TEXT mapping mode, which works like the illustration following.

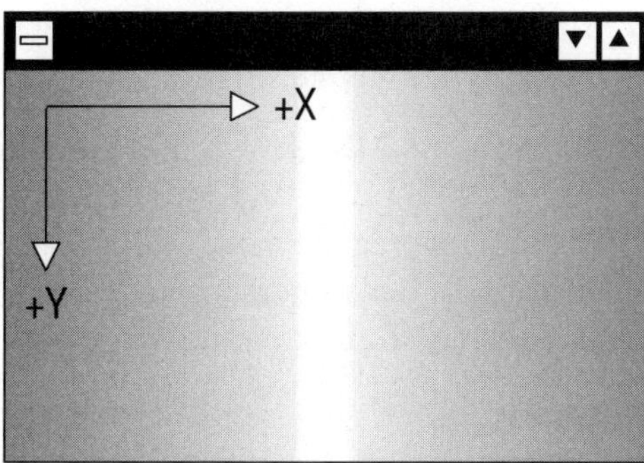

In the MM_HIENGLISH mode, however, the positive y-axis goes upward, as shown here (where the logical units are now .001 inch):

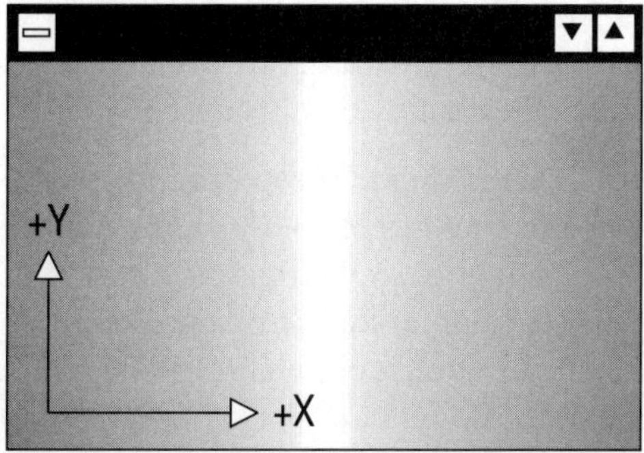

TABLE 4-2: Windows Mapping Modes (Sets the Graph Scale and Orientation)

MODE	FUNCTION
MM_ANISOTROPIC	Sets the scaling factor; x and y extents need not match
MM_HIENGLISH	Maps one logical unit to 0.001 inch; positive y-axis extends upward
MM_HIMETRIC	Maps one logical unit to 0.01 millimeter; positive y-axis extends upward
MM_ISOTROPIC	Maps one logical unit to an arbitrary physical unit; one unit along x-axis is always equal to one unit along y-axis
MM_LOENGLISH	Maps one logical unit to 0.01 inch; positive y-axis extends upward
MM_LOMETRIC	Maps one logical unit to 0.1 millimeter; positive y-axis extends upward
MM_TEXT	Maps one logical unit to 1 pixel; positive y-axis extends downward
MM_TWIPS	Maps one logical unit to 1/1440 inch (1/20 of a point; a point is 1/72 inch); positive y-axis extends upward

Unless you're aware of this difference between mapping modes, it can lead to some unexpected results — for instance, your graphics figures might come out upside down.

Caution: On some displays, the MM_HIENGLISH, MM_HIMETRIC, MM_LOENGLISH, MM_LOMETRIC, and MM_TWIPS modes may map logical units to device units in ways that do not exactly match the distances given in Table 4-1. For example, on a VGA display, there is a 33-percent increase in the dimensions of the device units, to make the result readable. To find out what the scaling factor actually is, you can use the handy Windows function GetDeviceCaps() with the LOGPIXELSX and LOGPIXELSY indices.

There is still more to be said of two of the mapping modes in Table 4-1: MM_ISOTROPIC and MM_ANISOTROPIC. In both of these modes, you can set window and viewport extents with two functions: SetWindowExt() and SetViewportExt(). In the MM_ISOTROPIC mode, the x extent must equal the y extent (so the scaling is *isotropic*). This is not necessarily the case, however, in the MM_ANISOTROPIC mode; in that mode, you can set the x and y extents independently.

The MM_ANISOTROPIC mode is especially popular for plotting graph data in a chart. You can set the x and y ranges of your window to match the x and y ranges of your data. Then all you have to do is draw your points directly — that is, without translating their positions into new coordinates before plotting them — with a device context function such as SetPixel(). In addition, your graph will be automatically redrawn correctly when the window is resized (if you have drawn the points from the OnDraw() function).

Mapping Modes at Work

Let's see some of these mapping modes in practice. Returning to our CBitmapView::OnDraw() function, we can set the logical origin to the center of our window with SetViewportOrg(), as shown in the last line of this segment:

```
void CBitmapView::OnDraw(CDC* pDC)
{
    CBitmap bmp;
    CDC dcMem;
        .
        .
        .
    pDC->BitBlt(rect.right / 2, rect.bottom / 2, 50, 50,
        &dcMem, 0, 0, SRCCOPY);
    pDC->StretchBlt(0, 0, rect.right / 2, rect.bottom / 2, &dcMem, 0, 0,
        50, 50, SRCCOPY);

➢   pDC->SetViewportOrg(rect.right/2, rect.bottom/2); //takes dev pts
        .
        .
        .
```

Since we're still in the default MM_TEXT mapping mode, that means the positive y-axis is still downward, and our coordinate system now looks like this:

DIAMGRAM4-3

In this mapping mode, we might draw a rectangle like this one:

```
pDC->SetViewportOrg(rect.right/2, rect.bottom/2); //takes dev pts
pDC->Rectangle(0, 0, 50, 50);
```

However, we've already drawn an ellipse (from the circle bitmap) using the same coordinates, so let's use the upper-right quadrant of our coordinate system, as follows:

```
pDC->SetViewportOrg(rect.right/2, rect.bottom/2); //takes dev pts
pDC->Rectangle(0, 0, 50, -50);
```

Now our rectangle will go from (0, 0) to positive 50 on the x-axis, and -50 on the y-axis (upward, in MM_TEXT), as demonstrated in Figure 4-3. We've been able to change the viewport origin effectively.

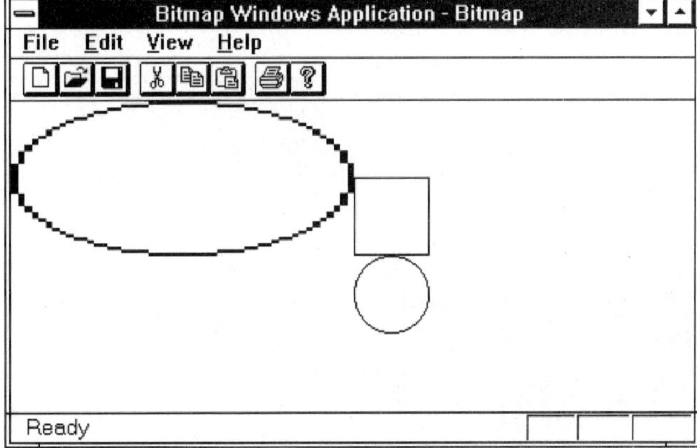

FIGURE 4-3: Drawing after resetting the viewport origin proves that our change is effective.

Next, let's try the MM_HIENGLISH mode. This statement sets the mode:

```
void CBitmapView::OnDraw(CDC* pDC)
{
    CBitmap bmp;
    CDC dcMem;

    bmp.CreateCompatibleBitmap(pDC, 50, 50);
        .
        .
        .
    pDC->SetViewportOrg(rect.right/2, rect.bottom/2); //takes dev pts
    pDC->Rectangle(0, 0, 50, -50);

➢   pDC->SetMapMode(MM_HIENGLISH); // default = MM_TEXT like reading text
        .
        .
        .
```

Now the positive y-axis goes up, not down. Let's emphasize this by setting the origin back to the default location for MM_HIENGLISH — the bottom-left of the window, as shown earlier in the chapter. We do it with this statement:

```
    pDC->SetMapMode(MM_HIENGLISH); // default = MM_TEXT like reading text
➢   pDC->SetViewportOrg(0, rect.bottom); //now positive y goes up!
        .
        .
        .
```

In the MM_HIENGLISH mapping mode, one logical unit is the same as 0.001 inch (one-thousandth of an inch). To draw a one-inch square rectangle, then, we add this statement:

```
    pDC->SetMapMode(MM_HIENGLISH); // default = MM_TEXT like reading text
    pDC->SetViewportOrg(0, rect.bottom); //now positive y goes up!
➢   pDC->Rectangle(0, 0, 1000, 1000);  //draw rect at bottom left
        .
        .
        .
```

The result appears in Figure 4-4.

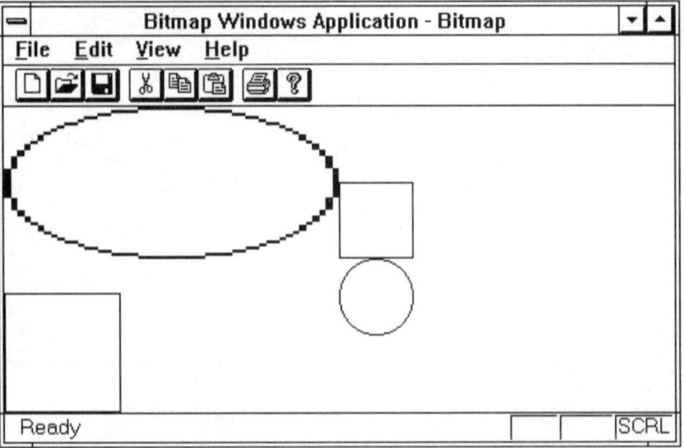

FIGURE 4-4: Here we use the MM_HIENGLISH mapping mode to draw a rectangle.

Now let's try changing the window origin. First, we reset the viewport origin back to the upper-left:

```
void CBitmapView::OnDraw(CDC* pDC)
{
    CBitmap bmp;
    CDC dcMem;

   bmp.CreateCompatibleBitmap(pDC, 50, 50);
        .
        .
        .
   pDC->SetViewportOrg(rect.right/2, rect.bottom/2); //takes dev pts
   pDC->Rectangle(0, 0, 50, -50);
```

```
    pDC->SetMapMode(MM_HIENGLISH); // default = MM_TEXT like reading text
    pDC->SetViewportOrg(0, rect.bottom); //now positive y goes up!
    pDC->Rectangle(0, 0, 1000, 1000);  //draw rect at bottom left

➢   pDC->SetViewportOrg(0, 0);  //reset viewport org

}
```

To set the window origin to the bottom-left, we'll need to execute a line something like this:

```
pDC->SetWindowOrg(0, rect.bottom);
```

Earlier we filled the CRect object named rect with the coordinates of our client area, as shown here:

```
CRect rect;
GetClientRect(&rect);  //returns device coords
```

You will recall that GetClientRect() always returns device coordinates but now we're operating in the MM_HIENGLISH mapping mode, and SetWindowOrg() takes logical coordinates. That means we have to convert the coordinates in rect to logical points, using DPtoLP():

```
➢   pDC->DPtoLP((LPPOINT) &rect, 2); //SetWindowOrg takes log pts
            .
            .
            .

}
```

Since the positive y-axis goes upward in MM_HIENGLISH, the actual location of the bottom-left corner is (0, -rect.bottom), and we set the window origin there:

```
pDC->SetWindowOrg (0, -rect.bottom); //make log org bottom left
```

Finally, we can draw an ellipse starting at the new logical point (0, 0)— the bottom left of the client area — which fits right inside our one-inch square:

```
➢   pDC->Ellipse(0, 0, 1000, 1000);
```

The result appears in Figure 4-5. We've been able to change the window origin and still draw in the MM_HIENGLISH mapping mode.

That's it for our coverage of mapping modes and moving the origin while drawing graphics. For your further study, BITMAVW.H and BITMAVW.CPP follow.

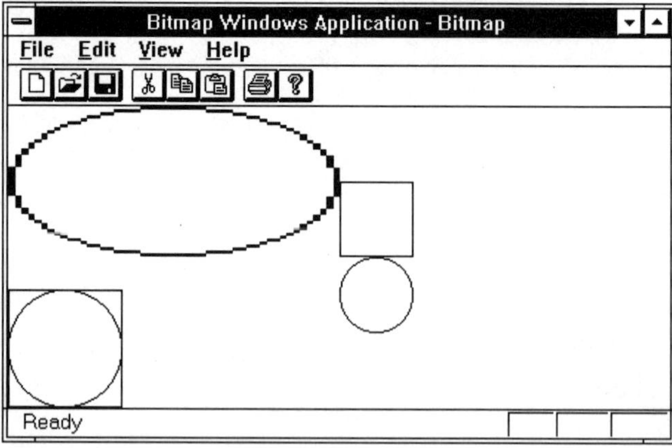

FIGURE 4-5: After changing the window origin, we can still draw another ellipse.

LISTING 4-1: BITMAVW.H and BITMAVW.CPP

```
// bitmavw.h : interface of the CBitmapView class
//
/////////////////////////////////////////////////////////////////////////////

class CBitmapView : public CView
{
protected: // create from serialization only
    CBitmapView();
    DECLARE_DYNCREATE(CBitmapView)

// Attributes
public:
    CBitmapDoc* GetDocument();

// Operations
public:

// Implementation
public:
    virtual ~CBitmapView();
    virtual void OnDraw(CDC* pDC); // overridden to draw this view
#ifdef _DEBUG
    virtual void AssertValid() const;
    virtual void Dump(CDumpContext& dc) const;
#endif

protected:

    // Printing support
    virtual BOOL OnPreparePrinting(CPrintInfo* pInfo);
    virtual void OnBeginPrinting(CDC* pDC, CPrintInfo* pInfo);
    virtual void OnEndPrinting(CDC* pDC, CPrintInfo* pInfo);

// Generated message map functions
```

```
protected:
    //{{AFX_MSG(CBitmapView)
        // NOTE-the ClassWizard will add and remove member functions here.
        // DO NOT EDIT what you see in these blocks of generated code !
    //}}AFX_MSG
    DECLARE_MESSAGE_MAP()
};

#ifndef _DEBUG // debug version in bitmavw.cpp
inline CBitmapDoc* CBitmapView::GetDocument()
   { return (CBitmapDoc*)m_pDocument; }
#endif

/////////////////////////////////////////////////////////////////////////////

// bitmavw.cpp : implementation of the CBitmapView class
//

#include "stdafx.h"
#include "bitmap.h"

#include "bitmadoc.h"
#include "bitmavw.h"

#ifdef _DEBUG
#undef THIS_FILE
static char BASED_CODE THIS_FILE[] = __FILE__;
#endif

/////////////////////////////////////////////////////////////////////////////
// CBitmapView

IMPLEMENT_DYNCREATE(CBitmapView, CView)

BEGIN_MESSAGE_MAP(CBitmapView, CView)
    //{{AFX_MSG_MAP(CBitmapView)
        // NOTE - the ClassWizard will add and remove mapping macros here.
        // DO NOT EDIT what you see in these blocks of generated code!
    //}}AFX_MSG_MAP
    // Standard printing commands
    ON_COMMAND(ID_FILE_PRINT, CView::OnFilePrint)
    ON_COMMAND(ID_FILE_PRINT_PREVIEW, CView::OnFilePrintPreview)
END_MESSAGE_MAP()

/////////////////////////////////////////////////////////////////////////////
// CBitmapView construction/destruction

CBitmapView::CBitmapView()
{
    // TODO: add construction code here
}

CBitmapView::~CBitmapView()
```

```
{
}

//////////////////////////////////////////////////////////////////////////////
// CBitmapView drawing

void CBitmapView::OnDraw(CDC* pDC)
{
    CBitmap bmp;
    CDC dcMem;
    dcMem.CreateCompatibleDC(pDC);

    bmp.CreateCompatibleBitmap(pDC, 50, 50);

    CBitmap* pOldBitmap = dcMem.SelectObject(&bmp);

    CRect brect(0, 0, 50, 50);
    CBrush brBackground(::GetSysColor(COLOR_WINDOW));
    dcMem.FillRect(brect, &brBackground);

    dcMem.Ellipse(0, 0, 50, 50);

    CRect rect;
    GetClientRect(&rect);  //returns device coords
    pDC->BitBlt(rect.right / 2, rect.bottom / 2, 50, 50,
         &dcMem, 0, 0, SRCCOPY);
    pDC->StretchBlt(0, 0, rect.right / 2, rect.bottom / 2,
         &dcMem, 0, 0, 50, 50, SRCCOPY);

    //Almost all DC functions (like TextOut()) use logical coords
    // SetViewportOrg = set log org to this dev pt
    // SetWindowOrg = call dev org this log pt
    pDC->SetViewportOrg(rect.right/2, rect.bottom/2); //takes dev pts
    pDC->Rectangle(0, 0, 50, -50);

    pDC->SetMapMode(MM_HIENGLISH); // default = MM_TEXT like reading text
    pDC->SetViewportOrg(0, rect.bottom); //now positive y goes up!
    pDC->Rectangle(0, 0, 1000, 1000);  //draw rect at bottom left

    pDC->SetMapMode(MM_HIENGLISH); //default = MM_TEXT like reading text
    pDC->SetViewportOrg(0, 0);  //reset viewport org
    pDC->DPtoLP((LPPOINT) &rect, 2); //SetWindowOrg takes log pts
    //rect.bottom < 0; pos y goes up, so make dev (0, 0) pos
    pDC->SetWindowOrg(0, -rect.bottom); //make log org bottom left
    pDC->Ellipse(0, 0, 1000, 1000);

}

//////////////////////////////////////////////////////////////////////////////
// CBitmapView printing

BOOL CBitmapView::OnPreparePrinting(CPrintInfo* pInfo)
{
```

```
    // default preparation
    return DoPreparePrinting(pInfo);
}

void CBitmapView::OnBeginPrinting(CDC* /*pDC*/, CPrintInfo* /*pInfo*/)
{
    // TODO: add extra initialization before printing
}

void CBitmapView::OnEndPrinting(CDC* /*pDC*/, CPrintInfo* /*pInfo*/)
{
    // TODO: add cleanup after printing
}

/////////////////////////////////////////////////////////////////////////////
// CBitmapView diagnostics

#ifdef _DEBUG
void CBitmapView::AssertValid() const
{
    CView::AssertValid();
}

void CBitmapView::Dump(CDumpContext& dc) const
{
    CView::Dump(dc);
}

CBitmapDoc* CBitmapView::GetDocument() // non-debug version is inline
{
    ASSERT(m_pDocument->IsKindOf(RUNTIME_CLASS(CBitmapDoc)));
    return (CBitmapDoc*)m_pDocument;
}
#endif //_DEBUG

/////////////////////////////////////////////////////////////////////////////
// CBitmapView message handlers
```

Next, we'll study bitmap handling of a different sort: letting the user drag a bitmap around the screen.

Dragging Bitmaps on the Screen

There's more to BitBlt() than simply copying a bitmap onto the screen. As you saw earlier in Table 4-1, BitBlt() has many different ways of sending bitmaps to the screen. Besides using the SRCCOPY drawing mode, as we did to draw the circle and ellipse in Figures 4-1 and 4-2, you can draw a bitmap on the screen using the SRCINVERT parameter with BitBlt(). This combines what's on the screen with the bitmap you're drawing, using the XOR operator. If you XOR a bitmap with what's already on the screen, you can display your bitmap. Then you XOR the bitmap again at the same location, and you'll retrieve the original screen display (that is, value1 XOR value2 XOR value2 = value1). This is handy for moving bitmaps around the screen, because you don't have to store what your bitmap is covering in order to replace it later. All you have to do is XOR the bitmap a second time in the same place, and the bitmap vanishes.

Let's put this to work here. Using the SRCINVERT drawing mode, we'll create a bitmap that the user can drag around the window using the mouse. Start by creating an SDI application now and name it DRAG.MAK.

Open DRAGVIEW.CPP, and take a look at the OnDraw() function:

```
void CDragView::OnDraw(CDC* pDC)
{
    CDragDoc* pDoc = GetDocument();
    ASSERT_VALID(pDoc);

    //TODO: add draw code for native data here
}
```

This is where we'll create our bitmap, *not* in the view's constructor. Remember: You should *not* create and work with client device contexts in a window's constructor. We only want to create the bitmap once, so we established a memory device context — the bitmap object itself — and a flag named bBmpCreated, both in the view's header (DRAGVIEW.H):

```
// dragview.h : interface of the CDragView class
//
/////////////////////////////////////////////////////////////////////////////

class CDragView : public CView
{
protected: // create from serialization only
    CDragView();
    DECLARE_DYNCREATE(CDragView)

// Attributes
public:
    CDragDoc* GetDocument();
➢   CDC dcMem;
➢   CBitmap bmp;
➢   BOOL bBmpCreated;
        .
        .
        .
```

We also set bBmpCreated to FALSE in the view's constructor:

```
CDragView::CDragView()
{
➢   bBmpCreated = FALSE;
}
```

If the bitmap has not been created when the user starts to draw, we need to create it and install it in the memory device context, dcMem. In this case, we'll use a simple 50-pixel-by-50 pixel box. We'll give our bitmap the same color as the window itself. Note that XORing any color with itself will *invert* that color, so the bitmap will appear on the screen as a box colored with the *inverse* color of the window. Thus, when drawn in the window using the SRCINVERT drawing mode, the bitmap will stand out. Here, then, is how we will color the bitmap:

```
void CDragView::OnDraw(CDC* pDC)
{
        CDragDoc* pDoc = GetDocument();
        ASSERT_VALID(pDoc);
➤       if(!bBmpCreated){  //create bmp here, not in constructor
➤               dcMem.CreateCompatibleDC(pDC);
➤               bmp.CreateCompatibleBitmap(pDC, 50, 50);
➤               CBitmap* pOldBitmap = dcMem.SelectObject(&bmp);
➤               CRect brect(0, 0, 50, 50);
➤               CBrush brBox(::GetSysColor(COLOR_WINDOW));
➤               dcMem.FillRect(brect, &brBox);
➤               bBmpCreated = TRUE;
        }
                .
                .
                .
        }
```

Adding Grid Lines

Next in OnDraw(), we can add other graphics to the window to show how the bitmap will work when it is dragged over figures already on the screen. For example, we can draw a grid of lines in the client area, and make the lines stand out by drawing them in the inverse of the window's color. We do this by creating a pen of color ~::GetSysColor-(COLOR_WINDOW) using the 1's complement operator, tilde(~):

```
CPen penInvert(PS_SOLID, 1, ~::GetSysColor(COLOR_WINDOW));
CPen* pOldPen = pDC->SelectObject(&penInvert);
```

Then we draw the grid using the inverted color pen:

```
void CDragView::OnDraw(CDC* pDC)
{
        CDragDoc* pDoc = GetDocument();
        ASSERT_VALID(pDoc);
        if(!bBmpCreated){  //create bmp here, not in constructor
                dcMem.CreateCompatibleDC(pDC);
                bmp.CreateCompatibleBitmap(pDC, 50, 50);
                CBitmap* pOldBitmap = dcMem.SelectObject(&bmp);
                CRect brect(0, 0, 50, 50);
                CBrush brBox(::GetSysColor(COLOR_WINDOW));
                dcMem.FillRect(brect, &brBox);
                bBmpCreated = TRUE;
        }
```

```
➢       CRect rect;
➢       GetClientRect(&rect);  //returns device coords
        CPen penInvert(PS_SOLID, 1, ~::GetSysColor(COLOR_WINDOW));
        CPen* pOldPen = pDC->SelectObject(&penInvert);
➢       for(int x_index = 0; x_index < rect.right; x_index += rect.right/10){
➢           pDC->MoveTo(x_index, 0);
➢           pDC->LineTo(x_index, rect.bottom);
        }

➢       for(int y_index = 0; y_index < rect.bottom; y_index += rect.bottom/10){
➢           pDC->MoveTo(0, y_index);
➢           pDC->LineTo(rect.right, y_index);
➢       }
➢       pDC->SelectObject(pOldPen);
                .
                .
                .
```

Drawing the Bitmap

At this point, now that we have the grid in place, we're ready to draw the bitmap on the screen. Since the user will be able to drag the bitmap around, we'll need to keep track of its screen coordinates. Let's set aside two ints for this purpose, *x* and *y* (in DRAGVIEW.H):

```
// dragview.h : interface of the CDragView class
//
/////////////////////////////////////////////////////////////////////////////

class CDragView : public CView
{
protected: // create from serialization only
    CDragView();
    DECLARE_DYNCREATE(CDragView)

// Attributes
public:
    CDragDoc* GetDocument();
    CDC dcMem;
    CBitmap bmp;
➢   int x, y;
    BOOL bBmpCreated;
        .
        .
        .
```

Set them to 0 in the view's constructor (DRAGVIEW.CPP):

```
CDragView::CDragView()
{
➢   x = y = 0;
    bBmpCreated = FALSE;
}
```

Then we XOR the bitmap onto the screen, as follows:

```
void CDragView::OnDraw(CDC* pDC)
{
        CDragDoc* pDoc = GetDocument();
        ASSERT_VALID(pDoc);
        if(!bBmpCreated){  //create bmp here, not in constructor
                dcMem.CreateCompatibleDC(pDC);
                bmp.CreateCompatibleBitmap(pDC, 50, 50);
                CBitmap* pOldBitmap = dcMem.SelectObject(&bmp);
                CRect brect(0, 0, 50, 50);
                CBrush brBox(::GetSysColor(COLOR_WINDOW));
                dcMem.FillRect(brect, &brBox);
                bBmpCreated = TRUE;
        }

        CRect rect;
        GetClientRect(&rect);  //returns device coords
        CPen penInvert(PS_SOLID, 1, ~::GetSysColor(COLOR_WINDOW));
        CPen* pOldPen = pDC->SelectObject(&penInvert);
                for(int x_index = 0; x_index < rect.right; x_index +=
rect.right/10){
                        pDC->MoveTo(x_index, 0);
                        pDC->LineTo(x_index, rect.bottom);
                }

                for(int y_index = 0; y_index < rect.bottom; y_index += rect.bot-
tom/10){
                        pDC->MoveTo(0, y_index);
                        pDC->LineTo(rect.right, y_index);
                }
                pDC->SelectObject(pOldPen);

➢               pDC->BitBlt(x, y, 50, 50, &dcMem, 0, 0, SRCINVERT);
}
```

Now the bitmap appears, as shown in Figure 4-6, with the inverse grid lines showing through.

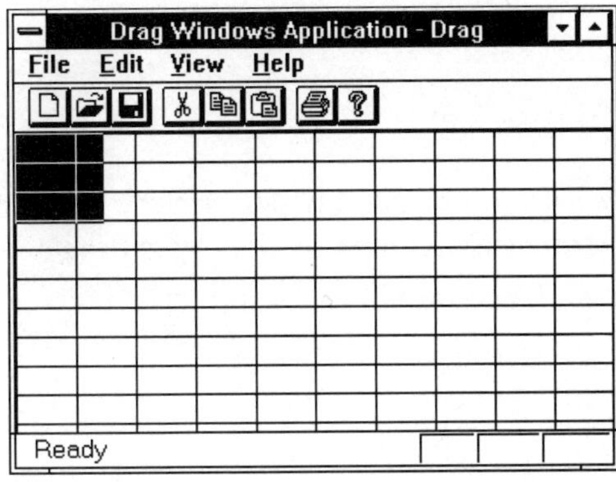

FIGURE 4-6: The user will drag this bitmap over the grid.

Connecting to the Mouse

The next task is to connect the bitmap to the mouse. We'll have to keep track of when the dragging operation starts and finishes, so we return to the view's header, DRAGVIEW.H, and add a new Boolean variable, bCanDrag:

```
BOOL bCanDrag, bBmpCreated;
```

and set bCanDrag to FALSE in the view's constructor (DRAGVIEW.CPP):

```
    CDragView::CDragView()
    {
        x = y = 0;
➢       bCanDrag = bBmpCreated = FALSE;
    }
```

Next, in Class Wizard, we connect the mouse messages WM_LBUTTONDOWN, WM_LBUTTONUP, and WM_MOUSEMOVE to the view functions OnLButtonDown(), OnLButtonUp(), and OnMouseMove(). First, open OnLButtonDown(). If the user presses the left mouse button when the mouse cursor is in our bitmap on the screen, we want to start dragging (indicated by setting bCanDrag to TRUE). To check if we should start dragging, use the CRect function, PtInRect(), as shown here:

```
    void CDragView::OnLButtonDown(UINT nFlags, CPoint point)
    {
➢       CRect rect(x, y, x+50, y+50);
➢       if(rect.PtInRect(point)){
➢           bCanDrag = TRUE;
➢       }
        CView::OnLButtonDown(nFlags, point);
    }
```

And when the left mouse button is released, we want to stop dragging. So we set bCanDrag to FALSE in OnLButtonUp():

```
    void CDragView::OnLButtonUp(UINT nFlags, CPoint point)
    {
        // TODO: Add your message handler code here and/or call default

➢       bCanDrag = FALSE;

        CView::OnLButtonUp(nFlags, point);
    }
```

Finally, we want to actually perform the dragging operation itself is accommodated in OnMouseMove(). Start that function by getting a client area device context:

```
void CDragView::OnMouseMove(UINT nFlags, CPoint point)
{
    CClientDC dc(this);
            .
            .
            .
```

```
        CView::OnMouseMove(nFlags, point);
    }
```

If dragging is enabled, we want to move the bitmap to the new location of the mouse (as held in the CPoint object point). First we check if dragging is indeed enabled:

```
    void CDragView::OnMouseMove(UINT nFlags, CPoint point)
    {
        CClientDC dc(this);

➢       if(bCanDrag){
            .
            .
            .
➢       }

        CView::OnMouseMove(nFlags, point);
    }
```

If so, we want to erase the bitmap at its current position and draw it at the new position. Erasing it is easy now that we've drawn it once — we just have to draw it again at the same location, using the same drawing mode, SRCINVERT:

```
    void CDragView::OnMouseMove(UINT nFlags, CPoint point)
    {
        CClientDC dc(this);

        if(bCanDrag){
➢           dc.BitBlt(x, y, 50, 50, &dcMem, 0, 0, SRCINVERT);
                .
                .
                .
        }

        CView::OnMouseMove(nFlags, point);
    }
```

Now that the bitmap is erased, we can draw it at its new location, as follows:

```
    void CDragView::OnMouseMove(UINT nFlags, CPoint point)
    {
        CClientDC dc(this);

        if(bCanDrag){
                dc.BitBlt(x, y, 50, 50, &dcMem, 0, 0, SRCINVERT);
➢               x = point.x;
➢               y = point.y;
➢               dc.BitBlt(x, y, 50, 50, &dcMem, 0, 0, SRCINVERT);
        }

        CView::OnMouseMove(nFlags, point);
    }
```

And that's it — now we're set up for the next mouse movement. The user can drag the bitmap around the screen, as shown in Figure 4-7. Our program is a success.

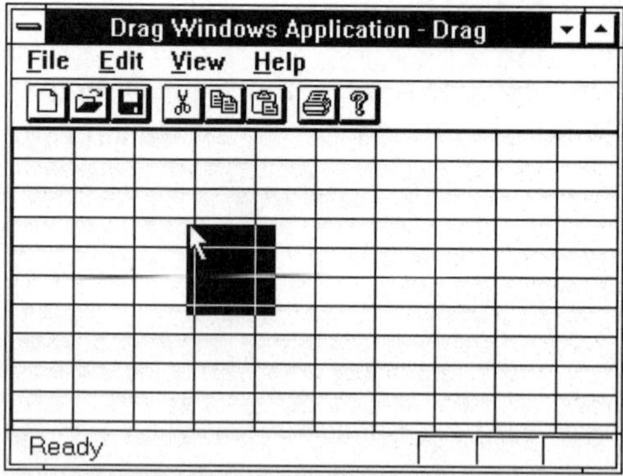

FIGURE 4-7: Besides erasing bitmaps, the user may drag them on the screen.

For your further study, the source code for DRAGVIEW.H and DRAGVIEW.CPP is listed here.

LISTING 4-2: DRAGVIEW.H and DRAGVIEW.CPP

```
// dragview.h : interface of the CDragView class
//
/////////////////////////////////////////////////////////////////////////////

class CDragView : public CView
{
protected: // create from serialization only
    CDragView();
    DECLARE_DYNCREATE(CDragView)

// Attributes
public:
    CDragDoc* GetDocument();
    CDC dcMem;
    CBitmap bmp;
    int x, y;
    BOOL bCanDrag, bBmpCreated;
// Operations
public:

// Implementation
public:
    virtual ~CDragView();
    virtual void OnDraw(CDC* pDC); // overridden to draw this view
#ifdef _DEBUG
    virtual void AssertValid() const;
    virtual void Dump(CDumpContext& dc) const;
#endif

protected:

    // Printing support
```

```
    virtual BOOL OnPreparePrinting(CPrintInfo* pInfo);
    virtual void OnBeginPrinting(CDC* pDC, CPrintInfo* pInfo);
    virtual void OnEndPrinting(CDC* pDC, CPrintInfo* pInfo);

// Generated message map functions
protected:
    //{{AFX_MSG(CDragView)
    afx_msg void OnLButtonDown(UINT nFlags, CPoint point);
    afx_msg void OnLButtonUp(UINT nFlags, CPoint point);
    afx_msg void OnMouseMove(UINT nFlags, CPoint point);
    //}}AFX_MSG
    DECLARE_MESSAGE_MAP()
};

#ifndef _DEBUG // debug version in dragview.cpp
inline CDragDoc* CDragView::GetDocument()
   { return (CDragDoc*)m_pDocument; }
#endif

/////////////////////////////////////////////////////////////////////////////


// dragview.cpp : implementation of the CDragView class
//

#include "stdafx.h"
#include "drag.h"

#include "dragdoc.h"
#include "dragview.h"

#ifdef _DEBUG
#undef THIS_FILE
static char BASED_CODE THIS_FILE[] = __FILE__;
#endif

/////////////////////////////////////////////////////////////////////////////
// CDragView

IMPLEMENT_DYNCREATE(CDragView, CView)

BEGIN_MESSAGE_MAP(CDragView, CView)
    //{{AFX_MSG_MAP(CDragView)
    ON_WM_LBUTTONDOWN()
    ON_WM_LBUTTONUP()
    ON_WM_MOUSEMOVE()
    //}}AFX_MSG_MAP
    // Standard printing commands
    ON_COMMAND(ID_FILE_PRINT, CView::OnFilePrint)
    ON_COMMAND(ID_FILE_PRINT_PREVIEW, CView::OnFilePrintPreview)
END_MESSAGE_MAP()

/////////////////////////////////////////////////////////////////////////////
```

```
// CDragView construction/destruction

CDragView::CDragView()
{
    x = y = 0;
    bCanDrag = bBmpCreated = FALSE;
}

CDragView::~CDragView()
{
}

/////////////////////////////////////////////////////////////////////////////
// CDragView drawing

void CDragView::OnDraw(CDC* pDC)
{
    CDragDoc* pDoc = GetDocument();
    ASSERT_VALID(pDoc);
    if(!bBmpCreated){  //create bmp here, not in constructor
            dcMem.CreateCompatibleDC(pDC);
            bmp.CreateCompatibleBitmap(pDC, 50, 50);
            CBitmap* pOldBitmap = dcMem.SelectObject(&bmp);
            CRect brect(0, 0, 50, 50);
            CBrush brBox(::GetSysColor(COLOR_WINDOW));
            dcMem.FillRect(brect, &brBox);
            bBmpCreated = TRUE;
 }

 CRect rect;
 GetClientRect(&rect);  //returns device coords
 CPen penInvert(PS_SOLID, 1, ~::GetSysColor(COLOR_WINDOW));
 CPen* pOldPen = pDC->SelectObject(&penInvert);
      for(int x_index = 0; x_index < rect.right; x_index += rect.right/10){
              pDC->MoveTo(x_index, 0);
              pDC->LineTo(x_index, rect.bottom);
      }
     for(int y_index = 0; y_index < rect.bottom; y_index +=rect.bottom/10){
     pDC->MoveTo(0, y_index);
     pDC->LineTo(rect.right, y_index);
}
     pDC->SelectObject(pOldPen);

     pDC->BitBlt(x, y, 50, 50, &dcMem, 0, 0, SRCINVERT);
}

/////////////////////////////////////////////////////////////////////////////
// CDragView printing

BOOL CDragView::OnPreparePrinting(CPrintInfo* pInfo)
{
    // default preparation
    return DoPreparePrinting(pInfo);
```

```
}
void CDragView::OnBeginPrinting(CDC* /*pDC*/, CPrintInfo* /*pInfo*/)
{
    // TODO: add extra initialization before printing
}

void CDragView::OnEndPrinting(CDC* /*pDC*/, CPrintInfo* /*pInfo*/)
{
    // TODO: add cleanup after printing
}

/////////////////////////////////////////////////////////////////////////////
// CDragView diagnostics

#ifdef _DEBUG
void CDragView::AssertValid() const
{
     CView::AssertValid();
}

void CDragView::Dump(CDumpContext& dc) const
{
     CView::Dump(dc);
}

CDragDoc* CDragView::GetDocument() // non-debug version is inline
{
     ASSERT(m_pDocument->IsKindOf(RUNTIME_CLASS(CDragDoc)));
     return (CDragDoc*)m_pDocument;
}
#endif //_DEBUG

/////////////////////////////////////////////////////////////////////////////
// CDragView message handlers

void CDragView::OnLButtonDown(UINT nFlags, CPoint point)
{
     CRect rect(x, y, x+50, y+50);
     if(rect.PtInRect(point)){ bCanDrag = TRUE;
     }
     CView::OnLButtonDown(nFlags, point);
}

void CDragView::OnLButtonUp(UINT nFlags, CPoint point)
{
     // TODO: Add your message handler code here and/or call default

     bCanDrag = FALSE;

     CView::OnLButtonUp(nFlags, point);
}

void CDragView::OnMouseMove(UINT nFlags, CPoint point)
```

```
{
    CClientDC dc(this);

    if(bCanDrag){
        dc.BitBlt(x, y, 50, 50, &dcMem, 0, 0, SRCINVERT);
        x = point.x;
        y = point.y;
        dc.BitBlt(x, y, 50, 50, &dcMem, 0, 0, SRCINVERT);
        }

        CView::OnMouseMove(nFlags, point);
}
```

Using Bitmaps in Menus

Once a bitmap is created, it can be drawn in a window, as you've already seen. Another likely place for displayed bitmaps is in a menu. We'll examine this process next, so, create a new SDI project named BMPMENU.MAK. Add a menu named Bitmap with one item in it, Click Me, as shown in Figure 4-8. This is the menu item that we'll replace with a bitmap.

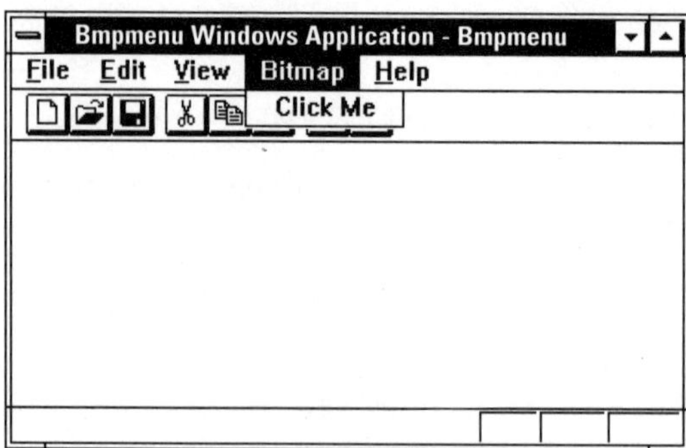

Figure 4-8: The Click Me menu item will be replaced with a bitmap.

Connect the Click Me item to a function in the view class, which Class Wizard will name CBmpmenuView::OnBitmapClickme(), and open that function. We'll first just acknowledge that this menu item was chosen, with a message box like this:

```
void CBmpmenuView::OnBitmapClickme()
{
➢   MessageBox("You clicked the bitmap menu item.");
}
```

Next we have to install the bitmap in the menu. To do that, we'll use the CMenu function ModifyMenu(). As mentioned in Chapter 3, we get a message when the menu is about to be displayed. There are actually two messages for our Click Me item to which we can connect functions in Class Wizard — WM_COMMAND and WM_UPDATE_COMMAND_UI. Our view function will be connected to the WM_UPDATE_COMMAND_UI message. Using Class Wizard, connect the message for the Click Me menu item to a view function. Class Wizard names the view OnUpdateBitmapClickme(). Open that function and check to see if we've already initialized the menu item to the bitmap. Use a flag, BitmapMenuinitialized, as shown here:

```
void CBmpmenuView::OnUpdateBitmapClickme(CCmdUI* pCmdUI)
{
➢       if(!bBitmapMenuInitialized){
                .
                .
                .
        }
}
```

We set aside space for this variable in the view's header (BMPMEVW.H):

```
// bmpmevw.h : interface of the CBmpmenuView class
//
/////////////////////////////////////////////////////////////////////////////

class CBmpmenuView : public CView
{
protected: // create from serialization only
        CBmpmenuView();

        DECLARE_DYNCREATE(CBmpmenuView)

// Attributes
public:
        CBmpmenuDoc* GetDocument();
➢       BOOL bBitmapMenuInitialized;
            .
            .
            .
```

And set bBitmapMenuInitialized to FALSE in the view's constructor (BMPMEVW.CPP):

```
CBmpmenuView::CBmpmenuView()
{
➢    bBitmapMenuInitialized = FALSE;
}
```

If the bitmap has not been set up, we first create a new bitmap object and create it as we've seen before:

```
void CBmpmenuView::OnUpdateBitmapClickme(CCmdUI* pCmdUI)
{
        CClientDC dc(this);

        if(!bBitmapMenuInitialized){
        CBitmap* pbmp = new CBitmap;

➢       pbmp->CreateCompatibleBitmap(&dc, 15, 15);
                .
                .
                .
```

Note that we use the new operator, to create our CBitmap object. This is because the bitmap we install with the ModifyMenu() function will have to persist even after we've left the OnUpdateBitmapClickme() function.

Next, we can draw in our bitmap. Let's simply draw an ellipse, as we've done before:

```
void CBmpmenuView::OnUpdateBitmapClickme(CCmdUI* pCmdUI)
{
    CDC dcMem;
    CClientDC dc(this);
    dcMem.CreateCompatibleDC(&dc);

    if(!bBitmapMenuInitialized){
        CBitmap* pbmp = new CBitmap;
        pbmp->CreateCompatibleBitmap(&dc, 15, 15);
➤       CBitmap* pOldBitmap = dcMem.SelectObject(pbmp);
➤       CRect brect(0, 0, 15, 15);
➤       CBrush brBackground(RGB(255, 255, 255));
➤       dcMem.FillRect(brect, &brBackground);
➤       dcMem.Ellipse(0, 0, 15, 15);
        .
        .
        .
```

Now that the bitmap is ready, our final step is to insert it into the Bitmap menu. That raises a small problem: The menu system is not attached to our *current* view, but rather to the *parent* window of the view. To reach the parent window's menu system, we have to use the functions GetParent() and GetMenu(). After gaining access to the parent window's menu system, we use the ModifyMenu() function to insert our Click Me bitmap into the menu. Here is that function's syntax:

```
BOOL ModifyMenu(UINT nPosition, UINT nFlags, UINT nIDNewItem,
        const CBitmap* pBmp);
```

The first argument, *nPosition*, indicates the menu item we want to change. There are two ways to indicate this item: by position (passing the argument MF_BYPOSITION in *nFlags*) or by ID (passing the argument MF_BYCOMMAND in *nFlags*). First, consider what would be needed to indicate the Click Me item's position. We would start by noting that the first menu in the menu bar, File, is menu 0; the next menu, Edit, is menu 1; and so on. To reach the Bitmap menu (menu 3), we'd have to get a CMenu object corresponding to the whole menu system, then get a new CMenu object just for menu 3 with the GetSubMenu() function, and then use ModifyMenu() to modify the first item (item 0) in that menu.

It's easier, instead, to simply indicate the ID of the item we want to change. Since menu IDs are unique in a menu system, we only have to pass the ID of the Click Me item, rather than get a new CMenu object corresponding to the Bitmap menu itself. So we'll set *nPosition* to ID_BITMAP_CLICKME, and *nFlags* to MF_BYPOSITION.

The third argument passed to the ModifyMenu() function, *nIDNewItem*, indicates the menu item's new ID value; we don't want to change that, so we leave it as ID_BITMAP-
_CLICKME. The final argument in ModifyMenu() function, pBmp, is the pointer to the new bitmap.

Altogether, the call looks like this:

```
        if(!(GetParent()->GetMenu())->ModifyMenu(ID_BITMAP_CLICKME,
            MF_BYCOMMAND, ID_BITMAP_CLICKME, pbmp))MessageBeep(-1);
        bBitmapMenuInitialized = TRUE;
    }
  }
```

Our bitmap for Click Me now appears in the menu, as shown in Figure 4-9.

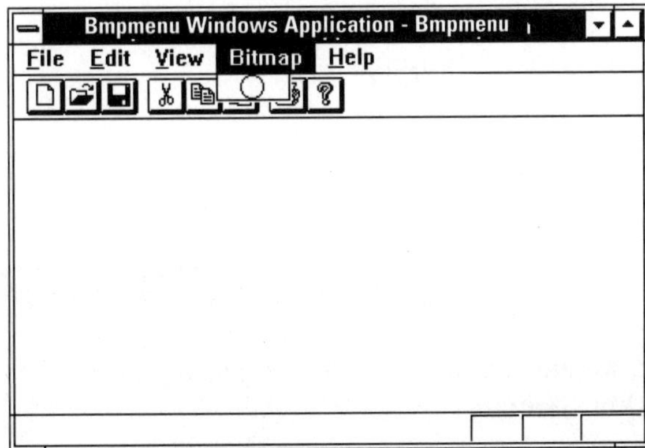

FIGURE 4-9: Now our bitmap item is successfully displayed.

Selecting that item results in the message box that we've put into our program already, as shown in Figure 4-10.

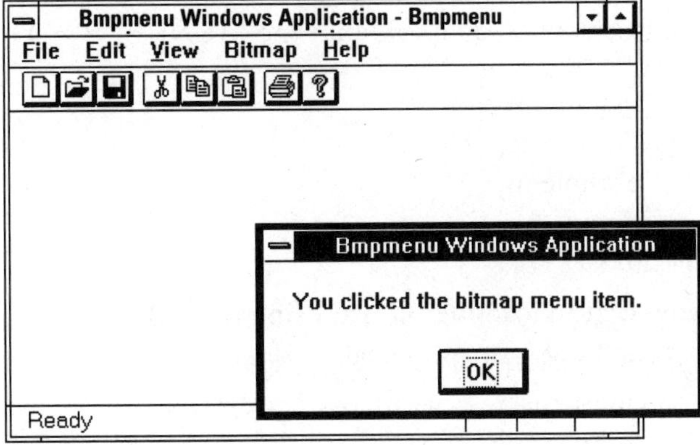

FIGURE 4-10: After selecting the Bitmap menu item we see this message.

Loading Bitmaps into the Menu From Disk

You can also load a bitmap into the menu from disk. This is preferable when you want to use a paint program, such as Windows Paintbrush, to create your bitmaps. For example, using Paintbrush, we can create the small box bitmap shown in Figure 4-11. We then select a small region containing the bitmap (also shown in Figure 4-11). Using the Copy To item in Paintbrush's Edit menu, we save this selected bitmap in a file named BMP-MENU\RES\MENUITEM.BMP.

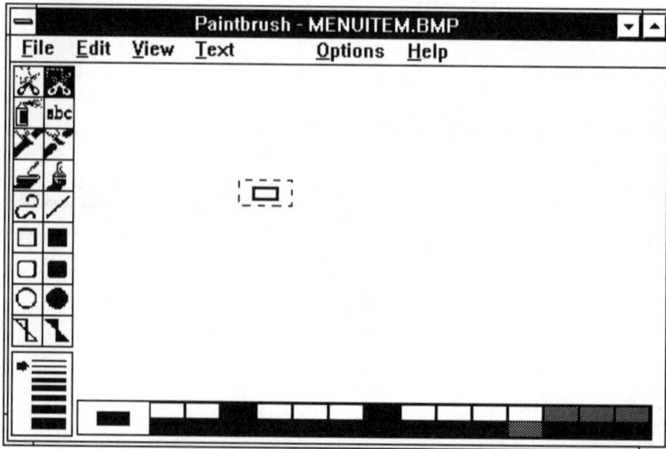

FIGURE 4-11: Selecting a customized bitmap.

Next, we make that bitmap file a resource in BMPMENU.RC, with the ID MENUBMP, like this:

```
//////////////////////////////////////////////////////////////////////////////
// Bitmap
//

IDR_MAINFRAME    BITMAP MOVEABLE PURE "RES\\TOOLBAR.BMP"
MENUBMP          BITMAP MOVEABLE PURE "RES\\MENUITEM.BMP"
```

and (manually) add a value for the MENUBMP ID in RESOURCE.H, like this:

```
// App Studio generated include file.
// Used by BMPMENU.RC
//
#define IDR_MAINFRAME          2
#define IDD_ABOUTBOX           100
#define ID_BITMAP_CLICKME      32771
➢ #define MENUBMP               7000
```

Now we can load the bitmap using the CBitmap function LoadBitmap(), passing to that function the bitmap's resource ID, as shown here:

```
void CBmpmenuView::OnUpdateBitmapClickme(CCmdUI* pCmdUI)
{
 CDC dcMem;
```

```
    CClientDC dc(this);
    dcMem.CreateCompatibleDC(&dc);

    if(!bBitmapMenuInitialized){
        CBitmap* pbmp = new CBitmap;
➢       if(!pbmp->LoadBitmap(MENUBMP))MessageBeep(-1);
        if(!(GetParent()->GetMenu())->ModifyMenu(ID_BITMAP_CLICKME,
            MF_BYCOMMAND, ID_BITMAP_CLICKME, pbmp))MessageBeep(-1);
        bBitmapMenuInitialized = TRUE;
    }
}
```

After the bitmap is loaded in, we can continue to draw in it as we have before, resulting in the menu item shown in Figure 4-12.

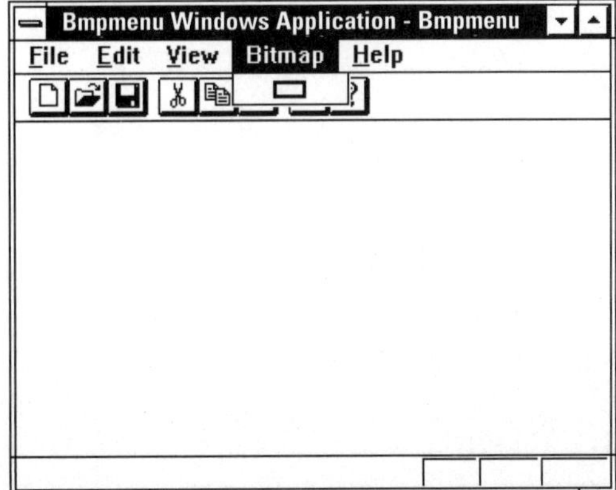

FIGURE 4-12: Click Me is now represented by the bitmap loaded from disk.

That's it for the BMPMENU program. For your further study, the code for BMPMEVW.H and BMPMEVW.CPP appears in Listing 4-3.

LISTING 4-3: BMPMEVW.H and BMPMEVW.CPP

```
// bmpmevw.h : interface of the CBmpmenuView class
//
/////////////////////////////////////////////////////////////////////////////

class CBmpmenuView : public CView
{
protected: // create from serialization only
        CBmpmenuView();
        DECLARE_DYNCREATE(CBmpmenuView)

// Attributes
public:
        CBmpmenuDoc* GetDocument();
        BOOL bBitmapMenuInitialized;
// Operations
public:
```

```
// Implementation
public:
	virtual ~CBmpmenuView();
	virtual void OnDraw(CDC* pDC); // overridden to draw this view
#ifdef _DEBUG
	virtual void AssertValid() const;
	virtual void Dump(CDumpContext& dc) const;
#endif

protected:

	// Printing support
	virtual BOOL OnPreparePrinting(CPrintInfo* pInfo);
	virtual void OnBeginPrinting(CDC* pDC, CPrintInfo* pInfo);
	virtual void OnEndPrinting(CDC* pDC, CPrintInfo* pInfo);

// Generated message map functions
protected:
	//{{AFX_MSG(CBmpmenuView)
	afx_msg void OnUpdateBitmapClickme(CCmdUI* pCmdUI);
	afx_msg void OnBitmapClickme();
	//}}AFX_MSG
	DECLARE_MESSAGE_MAP()
};

#ifndef _DEBUG // debug version in bmpmevw.cpp
inline CBmpmenuDoc* CBmpmenuView::GetDocument()
	{ return (CBmpmenuDoc*)m_pDocument; }
#endif

/////////////////////////////////////////////////////////////////////////////

// bmpmevw.cpp : implementation of the CBmpmenuView class
//

#include "stdafx.h"
#include "bmpmenu.h"

#include "bmpmedoc.h"
#include "bmpmevw.h"

#ifdef _DEBUG
#undef THIS_FILE
static char BASED_CODE THIS_FILE[] = __FILE__;
#endif

/////////////////////////////////////////////////////////////////////////////
// CBmpmenuView

IMPLEMENT_DYNCREATE(CBmpmenuView, CView)

BEGIN_MESSAGE_MAP(CBmpmenuView, CView)
	//{{AFX_MSG_MAP(CBmpmenuView)
```

```
	ON_UPDATE_COMMAND_UI(ID_BITMAP_CLICKME, OnUpdateBitmapClickme)
	ON_COMMAND(ID_BITMAP_CLICKME, OnBitmapClickme)
	//}}AFX_MSG_MAP
	// Standard printing commands
	ON_COMMAND(ID_FILE_PRINT, CView::OnFilePrint)
	ON_COMMAND(ID_FILE_PRINT_PREVIEW, CView::OnFilePrintPreview)
END_MESSAGE_MAP()

/////////////////////////////////////////////////////////////////////////////
// CBmpmenuView construction/destruction

CBmpmenuView::CBmpmenuView()
{
	bBitmapMenuInitialized = FALSE;
}

CBmpmenuView::~CBmpmenuView()
{
}

/////////////////////////////////////////////////////////////////////////////
// CBmpmenuView drawing

void CBmpmenuView::OnDraw(CDC* pDC)
{
	CBmpmenuDoc* pDoc = GetDocument();
	ASSERT_VALID(pDoc);

	// TODO: add draw code for native data here
}

/////////////////////////////////////////////////////////////////////////////
// CBmpmenuView printing

BOOL CBmpmenuView::OnPreparePrinting(CPrintInfo* pInfo)
{
	// default preparation
	return DoPreparePrinting(pInfo);
}

void CBmpmenuView::OnBeginPrinting(CDC* /*pDC*/, CPrintInfo* /*pInfo*/)
{
	// TODO: add extra initialization before printing
}

void CBmpmenuView::OnEndPrinting(CDC* /*pDC*/, CPrintInfo* /*pInfo*/)
{
	// TODO: add cleanup after printing
}

/////////////////////////////////////////////////////////////////////////////
// CBmpmenuView diagnostics
```

```
#ifdef _DEBUG
void CBmpmenuView::AssertValid() const
{
        CView::AssertValid();
}

void CBmpmenuView::Dump(CDumpContext& dc) const
{
        CView::Dump(dc);
}

CBmpmenuDoc* CBmpmenuView::GetDocument() // non-debug version is inline
{
        ASSERT(m_pDocument->IsKindOf(RUNTIME_CLASS(CBmpmenuDoc)));
        return (CBmpmenuDoc*)m_pDocument;
}
#endif //_DEBUG

/////////////////////////////////////////////////////////////////////////////
// CBmpmenuView message handlers

void CBmpmenuView::OnUpdateBitmapClickme(CCmdUI* pCmdUI)
{
        CDC dcMem;
        CClientDC dc(this);
        dcMem.CreateCompatibleDC(&dc);

        if(!bBitmapMenuInitialized){
              CBitmap* pbmp = new CBitmap;
              pbmp->CreateCompatibleBitmap(&dc, 15, 15);

              if(!pbmp->LoadBitmap(MENUBMP))MessageBeep(-1);

              CBitmap* pOldBitmap = dcMem.SelectObject(pbmp);
              CRect brect(0, 0, 15, 15);
              CBrush brBackground(RGB(255, 255, 255));
              dcMem.FillRect(brect, &brBackground);
              dcMem.Ellipse(0, 0, 15, 15);
              if(!(GetParent()->GetMenu())->ModifyMenu(ID_BITMAP_CLICKME,
              MF_BYCOMMAND, ID_BITMAP_CLICKME, pbmp))MessageBeep(-1);
              bBitmapMenuInitialized = TRUE;
 }
}

void CBmpmenuView::OnBitmapClickme()
{
        MessageBox("You clicked the bitmap menu item.");
}
```

But we've only introduced half of the graphics techniques that we're going to discuss. In the next chapter, you'll some more advanced techniques, including metafiles, screen animation using metafiles, and screen capture.

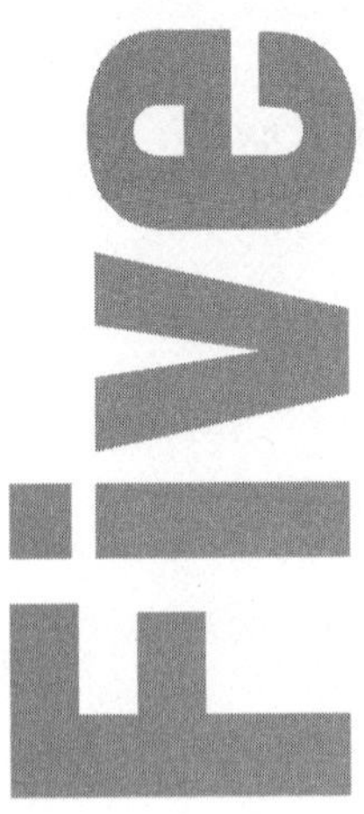

Advanced Graphics II: Metafiles, Animation, and Screen Capture

As we continue our survey of more advanced Windows graphics in this chapter, we'll work with *metafiles* and screen animation using metafiles. We'll also investigate some power techniques for working with the whole screen, not just our window.

Working with Metafiles

Metafiles make up a powerful aspect of Visual C++ graphics. With metafiles, we can store the GDI function calls made in creating graphics figures and replay the calls when we want to. This will have some happy consequences We'll put together a 15-line snippet of code that will address a persistent problem for the Windows programmer: how to restore the window when another window uncovers it or when the window is resized — that is, when OnDraw() is called.

Up until now, we've had to store all data in the document, and reconstruct the entire sequence of events that led to the original display in the view. Now, however, we'll be able to duplicate all GDI calls in a metafile at the same time that the user draws in the view. In OnDraw(), we can use that metafile to recreate the view in a flash.

Start by creating an SDI application and naming it METAFILE.MAK. Open CMetafileView::OnDraw().

```
void CMetafileView::OnDraw(CDC* pDC)
{
      CMetafileDoc* pDoc = GetDocument();
      ASSERT_VALID(pDoc);

      //TODO: add draw code for native data here
}
```

In this example, we'll put together a metafile, draw in it, and replay what we've done — but when we replay the metafile, we'll do it on the screen.

First, create an object named metaDC of class CMetaFileDC:

```
➢     CMetaFileDC metaDC;
```

As with many other Visual C++ classes, you have to call CMetaFileDC's Create() function after you declare an object of that class. We do that like this:

```
CMetaFileDC metaDC;
metaDC.Create();
```

Now that we have the CMetaFileDC object, we can use the normal CDC class functions with it (CMetaFileDC is derived from CDC). For example, let's place a "Hello, world." string in metaDC, like this:

```
➢           CString out_string("Hello, world.");
➢           metaDC.TextOut(0, 0, out_string, out_string.GetLength());
```

To play this metafile in our client area's device context, we have to close the metafile, giving us a handle to it of type HMETAFILE:

```
➢           HMETAFILE hmf = metaDC.Close();
```

With this handle, we can play the metafile in the view — the device context pointed to by the pDC parameter in OnDraw(). We use the CDC PlayMetaFile() function, like this:

```
➢           pDC->PlayMetaFile(hmf);
```

And that's the whole point of a metafile: It can be played like this in a device context. We now close the metafile, and the CMetaFileDC object, metaDC, will be destroyed when we leave OnDraw():

```
void CMetafileView::OnDraw(CDC* pDC)
{
      CMetafileDoc* pDoc = GetDocument();
      ASSERT_VALID (pDoc);

      CMetaFileDC MetaDC;
      metaDC.Create();

      Cstring out_string ("Hello, world.");
      metaDC.TextOut (1,1,out_string, out_string.GetLength());
      HMETAFILE hmf = metaDC.Close();
```

```
        pDC->PlayMetaFile (hmf);
➢       DeleteMetaFile (hmf);
    }
```

Now, as shown in Figure 5-1, “Hello, world.” appears in the window’s client area.

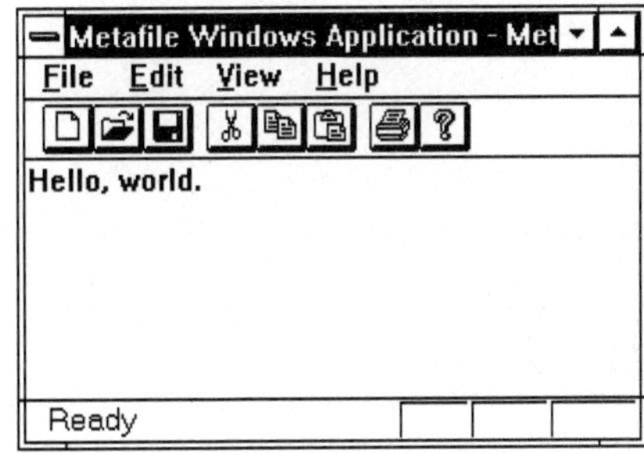

FIGURE 5-1: The first run of our metafile example displays the words “Hello, World.”

Drawing a Box

Of course, there are more device context functions that we can use here. For example, we can draw a box around our text, using the CDC function Rectangle(). To draw that rectangle, we’ll need to know the size of the text in the metafile — and that raises an interesting problem.

As you can imagine, it’s not difficult to store a sequence of output function calls, such as TextOut() and so on, in a metafile. But what about GetTextExtent(), for instance, which tells us something about the device context in which we’re operating? Because there is no physical device tied to our metafile, we couldn’t use GetTextExtent(). The solution is to actually connect a physical device’s device context to the metafile. (Doing so will only affect functions that return attributes *from* the metafile.) In this case, we can use SetAttribDC() to connect the device context passed to us in OnDraw(), in this way:

```
void CMetafileView::OnDraw(CDC* pDC)
{
    CMetafileDoc* pDoc = GetDocument();
    ASSERT_VALID(pDoc);

    CMetaFileDC metaDC;
    metaDC.Create();
➢   metaDC.SetAttribDC(pDC->m_hDC);   //Enable GetTextExt()

    CString out_string(“Hello, world.”);
    metaDC.TextOut(0, 0, out_string, out_string.GetLength());

    HMETAFILE hmf = metaDC.Close();

    pDC->PlayMetaFile(hmf);
```

```
        DeleteMetaFile(hmf);
    }
```

Thus we are passing a handle to the view's device context, as stored in the CDC member m_hDC, to the metafile. Now we can use GetTextExtent() as follows, to get the string's extent as it will appear on the screen:

```
            .
            .
            .
        metaDC.SetAttribDC(pDC->m_hDC);  //Enable GetTextExt()

        CString out_string("Hello, world.");
➢       CSize size = metaDC.GetTextExtent(out_string, out_string.GetLength());
        metaDC.TextOut(0, 0, out_string, out_string.GetLength());

        HMETAFILE hmf = metaDC.Close();

        pDC->PlayMetaFile(hmf);
        DeleteMetaFile(hmf);
    }
```

Now that we have the appropriate size of the text string, we can create a rectangle of that size:

```
            .
            .
            .
        metaDC.SetAttribDC(pDC->m_hDC);  //Enable GetTextExt()

        CString out_string("Hello, world.");
        CSize size = metaDC.GetTextExtent(out_string, out_string.GetLength());
➢       CRect rect(0, 0, size.cx, size.cy);
        metaDC.TextOut(1, 1, out_string, out_string.GetLength());

        HMETAFILE hmf = metaDC.Close();

        pDC->PlayMetaFile(hmf);
        DeleteMetaFile(hmf);
    }
```

In addition, we inflate the rectangle so it surrounds the text string, and then display it:

```
            .
            .
            .
        metaDC.SetAttribDC(pDC->m_hDC);  //Enable GetTextExt()

        CString out_string("Hello, world.");
        CSize size = metaDC.GetTextExtent(out_string, out_string.GetLength());
        CRect rect(0, 0, size.cx, size.cy);
➢       rect.InflateRect(2, 2);
```

```
➢       metaDC.Rectangle(rect);
➢       metaDC.TextOut(1, 1, out_string, out_string.GetLength());

        HMETAFILE hmf = metaDC.Close();

        pDC->PlayMetaFile(hmf);
        DeleteMetaFile(hmf);
    }
```

Now the rectangle appears around the text, as illustrated in Figure 5-2.

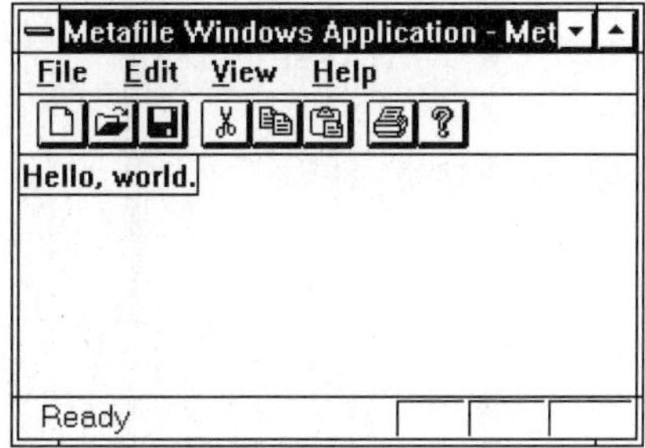

FIGURE 5-2: We can create a box around the text string, once we know its size.

Using Metafiles in Context

It's important to realize that when we play a metafile in the view's device context, we will be using that device context as it's been set up. For example, we might give the device context a dashed pen to draw with:

```
                .
                .
                .
        metaDC.SetAttribDC(pDC->m_hDC);  //Enable GetTextExt()

        CString out_string("Hello, world.");
        CSize size = metaDC.GetTextExtent(out_string, out_string.GetLength());
        CRect rect(0, 0, size.cx, size.cy);
        rect.InflateRect(2, 2);
        metaDC.Rectangle(rect);
        metaDC.TextOut(1, 1, out_string, out_string.GetLength());

            HMETAFILE hmf = metaDC.Close();

➢       CPen dash_pen(PS_DASH, 1, RGB(0, 0, 0));
➢       CPen* old_pen = pDC->SelectObject(&dash_pen);
        pDC->PlayMetaFile(hmf);
        DeleteMetaFile(hmf);
➢       pDC->SelectObject(old_pen);
    }
```

The box surrounding the text appears dashed (even though it wasn't when we first drew the rectangle in metaDC), as shown in Figure 5-3. Our program is a success, and that's it for our first metafile example. For your further study, you'll find the code for METAFVW.H and METAFVW.CPP in Listing 5-1.

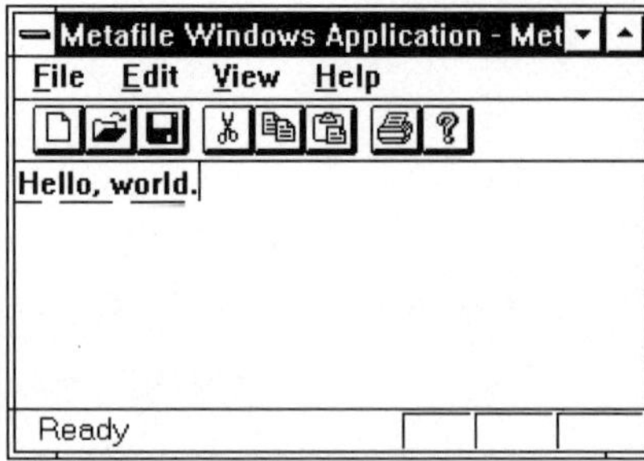

FIGURE 5-3: Here, a dashed pen creates the box around our text string.

LISTING 5-1: METAFVW.H and METAFVW.CPP

```
// metafvw.h : interface of the CMetafileView class
//
/////////////////////////////////////////////////////////////////////////////

class CMetafileView : public CView
{
protected: // create from serialization only
    CMetafileView();
    DECLARE_DYNCREATE(CMetafileView)

// Attributes
public:
    CMetafileDoc* GetDocument();

// Operations
public:

// Implementation
public:
    virtual ~CMetafileView();
    virtual void OnDraw(CDC* pDC); // overridden to draw this view
#ifdef _DEBUG
    virtual void AssertValid() const;
    virtual void Dump(CDumpContext& dc) const;
#endif

protected:

    // Printing support
    virtual BOOL OnPreparePrinting(CPrintInfo* pInfo);
    virtual void OnBeginPrinting(CDC* pDC, CPrintInfo* pInfo);
    virtual void OnEndPrinting(CDC* pDC, CPrintInfo* pInfo);

// Generated message map functions
protected:
    //{{AFX_MSG(CMetafileView)
```

```
        // NOTE-the ClassWizard will add and remove member functions here.
        // DO NOT EDIT what you see in these blocks of generated code !
    //}}AFX_MSG
    DECLARE_MESSAGE_MAP()
};

#ifndef _DEBUG // debug version in metafvw.cpp
inline CMetafileDoc* CMetafileView::GetDocument()
   { return (CMetafileDoc*)m_pDocument; }
#endif

/////////////////////////////////////////////////////////////////////////////
// metafvw.cpp : implementation of the CMetafileView class
//

#include "stdafx.h"
#include "metafile.h"

#include "metafdoc.h"
#include "metafvw.h"

#ifdef _DEBUG
#undef THIS_FILE
static char BASED_CODE THIS_FILE[] = __FILE__;
#endif

/////////////////////////////////////////////////////////////////////////////
// CMetafileView

IMPLEMENT_DYNCREATE(CMetafileView, CView)

BEGIN_MESSAGE_MAP(CMetafileView, CView)
    //{{AFX_MSG_MAP(CMetafileView)
        // NOTE - the ClassWizard will add and remove mapping macros here.
        // DO NOT EDIT what you see in these blocks of generated code!
    //}}AFX_MSG_MAP
    // Standard printing commands
    ON_COMMAND(ID_FILE_PRINT, CView::OnFilePrint)
    ON_COMMAND(ID_FILE_PRINT_PREVIEW, CView::OnFilePrintPreview)
END_MESSAGE_MAP()

/////////////////////////////////////////////////////////////////////////////
// CMetafileView construction/destruction

CMetafileView::CMetafileView()
{
    // TODO: add construction code here
}

CMetafileView::~CMetafileView()
{
}
```

```
//////////////////////////////////////////////////////////////////////////////
// CMetafileView drawing

void CMetafileView::OnDraw(CDC* pDC)
{
      CMetafileDoc* pDoc = GetDocument();
      ASSERT_VALID(pDoc);

      CMetaFileDC metaDC;
      metaDC.Create();
      metaDC.SetAttribDC(pDC->m_hDC);  //Enable GetTextExt()

      CString out_string("Hello, world.");
      CSize size = metaDC.GetTextExtent(out_string, out_string.GetLength());
      CRect rect(0, 0, size.cx, size.cy);
      rect.InflateRect(2, 2);
      metaDC.Rectangle(rect);
      metaDC.TextOut(1, 1, out_string, out_string.GetLength());

      HMETAFILE hmf = metaDC.Close();

      CPen dash_pen(PS_DASH, 1, RGB(0, 0, 0));
      CPen* old_pen = pDC->SelectObject(&dash_pen);
      pDC->PlayMetaFile(hmf);
      DeleteMetaFile(hmf);
      pDC->SelectObject(old_pen);

}

//////////////////////////////////////////////////////////////////////////////
// CMetafileView printing

BOOL CMetafileView::OnPreparePrinting(CPrintInfo* pInfo)
{
      // default preparation
      return DoPreparePrinting(pInfo);
}

void CMetafileView::OnBeginPrinting(CDC* /*pDC*/, CPrintInfo* /*pInfo*/)
{
      // TODO: add extra initialization before printing
}

void CMetafileView::OnEndPrinting(CDC* /*pDC*/, CPrintInfo* /*pInfo*/)
{
      // TODO: add cleanup after printing
}

//////////////////////////////////////////////////////////////////////////////
// CMetafileView diagnostics

#ifdef _DEBUG
void CMetafileView::AssertValid() const
```

```
{
     CView::AssertValid();
}

void CMetafileView::Dump(CDumpContext& dc) const
{
     CView::Dump(dc);
}

CMetafileDoc* CMetafileView::GetDocument() // non-debug version is inline
{
     ASSERT(m_pDocument->IsKindOf(RUNTIME_CLASS(CMetafileDoc)));
     return (CMetafileDoc*)m_pDocument;
}
#endif //_DEBUG

/////////////////////////////////////////////////////////////////////////////
// CMetafileView message handlers
```

Using Metafiles to Automatically Redraw a Window in OnDraw()

As mentioned at the beginning of this chapter, one of the most common issues faced by a Windows programmer is how to restore a view in the OnDraw() function — especially if the preceding sequence of completed graphical events have been particularly complex. It's easy to see that metafiles might help us in this situation. Whenever we make a call to a GDI function, we can do the same in a metafile. When it comes time to refresh the screen, all we'll have to do is play our metafile.

For example, recall the MOUSER.EXE program in Chapter 3 that let us draw on the screen with the mouse. Keeping track of each individual stroke made with the mouse would be fairly difficult, but a metafile can do it for us. Here is what the OnMouseMove() function in MOUSER currently looks like (in MOUEVW.CPP); note the use of MoveTo() and LineTo():

```
void CMouserView::OnMouseMove(UINT nFlags, CPoint point)
{
     if(bDrawing && bDrawTool){
        CClientDC dc(this);
        dc.MoveTo(beg_point);
        dc.LineTo(point);
        beg_point = point;
     }
     CView::OnMouseMove(nFlags, point);
}
```

With a metafile set up as a backup device context, we could add the following lines to keep that metafile up to date:

```
void CMouserView::OnMouseMove(UINT nFlags, CPoint point)
{
    if(bDrawing && bDrawTool){
        CClientDC dc(this);
        dc.MoveTo(beg_point);
        dc.LineTo(point);
        backupDC.MoveTo(beg_point);
➤       backupDC.LineTo(point);
➤       beg_point = point;
    }
    CView::OnMouseMove(nFlags, point);
}
```

Then, when we wanted to refresh the screen in OnDraw(), we'd only have to play the metafile backupDC.

Creating the CBackupDC Class

Next we'll develop an all-purpose class named CBackupDC to use metafiles for handling the common task of refreshing the screen. To use your programs, you can start by declaring an object of this class. Then, when you draw with a GDI function, you automatically do the same in theCBackupDC object like this:

```
pDC->LineTo(x, y);    //Draw line now
backupDC.pDC->LineTo(x, y);  //Keep backup up to date
```

Thus all our GDI calls are stored in the backup metafile. Then, when it is time to refresh the screen in OnDraw(), you can simply use play(), a member function of the CBackupDC class, to play the metafile in the desired device context, as shown here:

```
void CProgView::OnDraw(CDC* pDC)
{
    CMouserDoc* pDoc = GetDocument();
    ASSERT_VALID(pDoc);

➤   backupDC.play(pDC);
}
```

And that takes care of all the screen refreshing issues. Let's develop the CBackupDC class now. First, we'll need a way of reaching the metafile so we can draw in it. So start this way, setting up a public pointer to the metafile:

```
class CBackupDC{
public:
➤   CMetaFileDC* pDC;
        .
        .
        .
};
```

Now when we draw with a GDI function, we will also draw in the backup metafile using the pDC member:

```
pDC->LineTo(x, y);    //Draw line now
backupDC.pDC->LineTo(x, y);  //Keep backup up to date
```

In CBackupDC's constructor we can create the new metafile and attach it to the pDC pointer:

```
class CBackupDC{
public:
    CMetaFileDC* pDC;
➢   CBackupDC(){pDC = new CMetaFileDC();
➢               pDC->Create();}
            .
            .
            .
```

At this point, then, all we have to do is create an object of class CBackupDC, and duplicate all drawing functions with that object's pDC member.

Next, to play back the metafile, we need to write a function named play(). There is one problem here, however: To play a metafile, we need a handle to it; and to get a handle to a metafile, we have to close it. Once the metafile is closed, it cannot be opened again, preventing us from any further drawing. The work around for this is to play the metafile twice — once into the device context passed to us, and once into a new (and still open) metafile that will pick up where the old one left off.

We start the play() function as follows, where we are passed a pointer to the device context in which we will play the metafile:

```
class CBackupDC{
public:
    CMetaFileDC* pDC;
    CBackupDC(){pDC = new CMetaFileDC();
                pDC->Create();}
➢   void play(CDC* pTargetDC){
            .
            .
            .
};
```

First, we close the metafile and get a handle to it:

```
➢   HMETAFILE hmf = pDC->Close();
```

Next, we play the metafile in the device context passed to us, restoring the screen:

```
➢   pTargetDC->PlayMetaFile(hmf);
```

Now we create a new metafile, pointed to by the temporary pointer new_metafile:

```
➢   CMetaFileDC* new_metafile = new CMetaFileDC();
➢   new_metafile->Create();
```

This new metafile will pick up where the old one finished, which means we have to play the old metafile in the new one to save everything that's been done until now, with:

```
new_metafile->PlayMetaFile(hmf);
```

Next, we clean up a little, getting rid of the old metafile's handle and deleting the old metafile object:

```
public:
    CMetaFileDC* pDC;
    CBackupDC(){pDC = new CMetaFileDC();
                pDC->Create();}
    void play(CDC* pTargetDC){
        HMETAFILE hmf = pDC->Close();
        pTargetDC->PlayMetaFile(hmf);
        CMetaFileDC* new_metafile = new CMetaFileDC();
        new_metafile->Create();
        new_metafile->PlayMetaFile(hmf);
        DeleteMetaFile(hmf);
        delete pDC;
        .
        .
        .
```

As the last step in play(), we replace the old metafile with the new one, by filling the pDC member from the temporary pointer new_metafile:

```
        pDC = new_metafile;}
};
```

The final step is to add a destructor to the class, cleaning up the memory we've allocated for ourselves:

```
        ~CBackupDC(){delete pDC;}
};
```

And that's it; now the CBackupDC class is complete.

Using the CBackupDC Class

To use it, we follow these steps:

1. Declare or allocate a new CBackupDC object.
2. Duplicate all drawing function calls with that object's pDC member.
3. Use the object's play() function in OnDraw().

Let's examine how this works in practice. Earlier, we saw how to modify OnMouseMove() in our MOUSER program, so let's use that as an example. First, enter the CBackupDC class definition into a file named, say, BACKUPDC.H. Then include that file in MOUSER'S view class header. Next, create an object of class CBackupDC. All this happens in MOUSEVW.H. CBackupDC's constructor will take care of creating the metafile for us.

```
// mousevw.h : interface of the CMouserView class
//
//////////////////////////////////////////////////////////////////////////////
#include "backupDC.h"

class CMouserView : public CView
{
protected: // create from serialization only
    CMouserView();
    DECLARE_DYNCREATE(CMouserView)

// Attributes
public:
    CMouserDoc* GetDocument();
    BOOL bDrawing;
    BOOL bDrawTool;
    CPoint beg_point;
➢   CBackupDC backupDC;
                .
                .
                .
```

Our next job is to duplicate all drawing calls in the metafile. As shown in this section on using metafiles in OnDraw(), the calls to MoveTo() and LineTo() are in CMouserView::OnMouseMove().We parallel those calls with calls made to our metafile:

```
void CMouserView::OnMouseMove(UINT nFlags, CPoint point)
{
    if(bDrawing && bDrawTool){
        CClientDC dc(this);
        dc.MoveTo(beg_point);
        dc.LineTo(point);
➢       backupDC.pDC->MoveTo(beg_point);
➢       backupDC.pDC->LineTo(point);
        beg_point = point;
    }
    CView::OnMouseMove(nFlags, point);
}
```

Now, when we're asked to refresh the screen, we simply use CBackupDC's play() function:

```
void CMouserView::OnDraw(CDC* pDC)
{
    CMouserDoc* pDoc = GetDocument();
    ASSERT_VALID(pDoc);

➢   backupDC.play(pDC);
}
```

And that's it. Now the user can draw in the window, and what is drawn will be restored when the window is uncovered or resized, as shown in Figure 5-4. Using metafiles and our CBackupDC class, it was that easy.

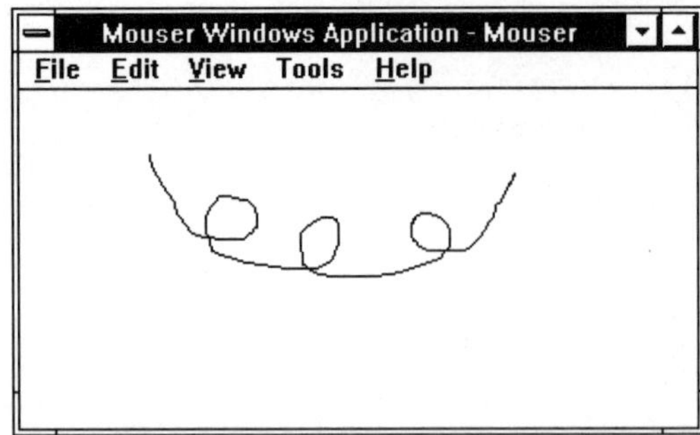

FIGURE 5-4: Restoring the view is easy with metafiles!

The code for our include file, BACKUPDC.H, appears in Listing 5-2, and the amplified code for MOUSEVW.H and MOUSEVW.CPP appears in Listing 5-3.

LISTING 5-2: BACKUPDC.H

```
class CBackupDC{
public:
     CMetaFileDC* pDC;
     CBackupDC(){pDC = new CMetaFileDC();
                    pDC->Create();}
     void play(CDC* pTargetDC){
         HMETAFILE hmf = pDC->Close();
         pTargetDC->PlayMetaFile(hmf);
         CMetaFileDC* new_metafile = new CMetaFileDC();
         new_metafile->Create();
         new_metafile->PlayMetaFile(hmf);
         DeleteMetaFile(hmf);
         delete pDC;
         pDC = new_metafile;}
     ~CBackupDC(){delete pDC;}
};
```

LISTING 5-3: MOUSEVW.H and MOUSEVW.CPP

```
// mousevw.h : interface of the CMouserView class
//
///////////////////////////////////////////////////////////////////////////
#include "backupDC.h"

class CMouserView : public CView
{
protected: // create from serialization only
     CMouserView();
     DECLARE_DYNCREATE(CMouserView)

// Attributes
public:
```

```
        CMouserDoc* GetDocument();
        BOOL bDrawing;
        BOOL bDrawTool;
        CPoint beg_point;
        CBackupDC backupDC;
// Operations
public:

// Implementation
public:
    virtual ~CMouserView();
    virtual void OnDraw(CDC* pDC); // overridden to draw this view
#ifdef _DEBUG
    virtual void AssertValid() const;
    virtual void Dump(CDumpContext& dc) const;
#endif

protected:

    // Printing support
    virtual BOOL OnPreparePrinting(CPrintInfo* pInfo);
    virtual void OnBeginPrinting(CDC* pDC, CPrintInfo* pInfo);
    virtual void OnEndPrinting(CDC* pDC, CPrintInfo* pInfo);

// Generated message map functions
protected:
    //{{AFX_MSG(CMouserView)
    afx_msg void OnLButtonDown(UINT nFlags, CPoint point);
    afx_msg void OnMouseMove(UINT nFlags, CPoint point);
    afx_msg void OnLButtonUp(UINT nFlags, CPoint point);
    afx_msg void OnToolsDrawwithmouse();
    //}}AFX_MSG
    DECLARE_MESSAGE_MAP()
};

#ifndef _DEBUG // debug version in mousevw.cpp
inline CMouserDoc* CMouserView::GetDocument()
   { return (CMouserDoc*)m_pDocument; }
#endif

////////////////////////////////////////////////////////////////////////////
// mousevw.cpp : implementation of the CMouserView class
//

#include "stdafx.h"
#include "mouser.h"
#include "mainfrm.h"
#include "mousedoc.h"
#include "mousevw.h"

#ifdef _DEBUG
#undef THIS_FILE
static char BASED_CODE THIS_FILE[] = __FILE__;
```

```
#endif
/////////////////////////////////////////////////////////////////////////////
// CMouserView

IMPLEMENT_DYNCREATE(CMouserView, CView)

BEGIN_MESSAGE_MAP(CMouserView, CView)
    //{{AFX_MSG_MAP(CMouserView)
    ON_WM_LBUTTONDOWN()
    ON_WM_MOUSEMOVE()
    ON_WM_LBUTTONUP()
    ON_COMMAND(ID_TOOLS_DRAWWITHMOUSE, OnToolsDrawwithmouse)
    //}}AFX_MSG_MAP
    // Standard printing commands
    ON_COMMAND(ID_FILE_PRINT, CView::OnFilePrint)
    ON_COMMAND(ID_FILE_PRINT_PREVIEW, CView::OnFilePrintPreview)
END_MESSAGE_MAP()

/////////////////////////////////////////////////////////////////////////////
// CMouserView construction/destruction

CMouserView::CMouserView()
{
    bDrawing = FALSE;
    bDrawTool = FALSE;
}

CMouserView::~CMouserView()
{
}

/////////////////////////////////////////////////////////////////////////////
// CMouserView drawing

void CMouserView::OnDraw(CDC* pDC)
{
    CMouserDoc* pDoc = GetDocument();
    ASSERT_VALID(pDoc);

    backupDC.play(pDC);
}

/////////////////////////////////////////////////////////////////////////////
// CMouserView printing

BOOL CMouserView::OnPreparePrinting(CPrintInfo* pInfo)
{
    // default preparation
    return DoPreparePrinting(pInfo);
}

void CMouserView::OnBeginPrinting(CDC* /*pDC*/, CPrintInfo* /*pInfo*/)
{
```

```
    // TODO: add extra initialization before printing
}

void CMouserView::OnEndPrinting(CDC* /*pDC*/, CPrintInfo* /*pInfo*/)
{
    // TODO: add cleanup after printing
}

/////////////////////////////////////////////////////////////////////////////
// CMouserView diagnostics

#ifdef _DEBUG
void CMouserView::AssertValid() const
{
    CView::AssertValid();
}

void CMouserView::Dump(CDumpContext& dc) const
{
    CView::Dump(dc);
}

CMouserDoc* CMouserView::GetDocument() // non-debug version is inline
{
    ASSERT(m_pDocument->IsKindOf(RUNTIME_CLASS(CMouserDoc)));
    return (CMouserDoc*)m_pDocument;
}
#endif //_DEBUG

/////////////////////////////////////////////////////////////////////////////
// CMouserView message handlers

void CMouserView::OnLButtonDown(UINT nFlags, CPoint point)
{
    bDrawing = TRUE;
    beg_point = point;
    CView::OnLButtonDown(nFlags, point);
}

void CMouserView::OnMouseMove(UINT nFlags, CPoint point)
{
    if(bDrawing && bDrawTool){
        CClientDC dc(this);
        dc.MoveTo(beg_point);
        dc.LineTo(point);
        backupDC.pDC->MoveTo(beg_point);
        backupDC.pDC->LineTo(point);
        bWeHaveDrawn = TRUE;
        beg_point = point;
    }
    CView::OnMouseMove(nFlags, point);
}
```

```
void CMouserView::OnLButtonUp(UINT nFlags, CPoint point)
{
    bDrawing = FALSE;

    CView::OnLButtonUp(nFlags, point);
}

void CMouserView::OnToolsDrawwithmouse()
{
    bDrawTool = TRUE;

    //Turn off toolbar and status bar to allow more room for drawing

    if(((CMainFrame*) GetParent())->m_wndToolBar.IsWindowVisible())
        GetParent()->SendMessage(WM_COMMAND, ID_VIEW_TOOLBAR, 0L);

    if(((CMainFrame*) GetParent())->m_wndStatusBar.IsWindowVisible())
        GetParent()->SendMessage(WM_COMMAND, ID_VIEW_STATUS_BAR, 0L);

}
```

Screen Animation with Metafiles

Since metafiles can be played as many times as you like, they are also useful in setting up graphics animation. We can create a figure, store it in a metafile, and move that figure across the window. In this case, we'll draw a small ship that will sail across the client area.

To see this in action, start by creating a new SDI program, ANIMATE.MAK. Add a new menu to the program, named Animate, with a single menu item in it: Show. When the user selects this item, we want to display our ship and move it.

We connect a function to the Animate menu's Show item in the view class, and open it. Then, we create a new metafile, like this:

```
void CAnimateView::OnAnimateShow()
{
➤   CMetaFileDC* pmdc = new CMetaFileDC();
    pmdc->Create();
        .
        .
        .
}
```

Next, we draw the figure of a ship in that metafile, using GDI calls:

```
pmdc->MoveTo(0, 30);
pmdc->LineTo(100, 30);
pmdc->LineTo(75, 50);
pmdc->LineTo(0, 50);
pmdc->LineTo(0, 30);
pmdc->MoveTo(33, 30);
```

```
    pmdc->LineTo(33, 0);
    pmdc->MoveTo(66, 30);
    pmdc->LineTo(66, 0);
```

Then we close the metafile and get a handle to it:

```
    HMETAFILE hmf = pmdc->Close();
```

Now that we have a handle to the metafile, we can even send it out to disk and read a copy of it back in. Many Windows programs, such as Microsoft Word for Windows, can read and display Windows metafiles. We send the metafile out to a file named SHIP.WMF, using the function CopyMetaFile(), and read it back in with GetMetaFile():

```
    HMETAFILE hmf = pmdc->Close();
➢   CopyMetaFile(hmf, "ship.wmf");
➢   HMETAFILE hmfcopy = GetMetaFile("ship.wmf");
        .
        .
        .
```

In our ANIMATE program, we can use the new metafile handle, hmfcopy, to draw with. Since we want to sail the ship across our window, we'll need some way of erasing it, so we set up an erasing pen named erasepen which is the same color as the window itself. We also set aside a pointer to store the current pen, drawpen. Here is the code for these steps:

```
➢       CPen* erasepen = new CPen(PS_SOLID, 1, ::GetSysColor(COLOR_WINDOW));
➢       CPen* drawpen;

    }
```

Now we're ready to animate the ship. In this case, the animation is really only a process of drawing the ship, erasing it, and drawing it again a little distance away. Although the ship was designed to be drawn starting at (0,0) in our device context, we can position it as we like by moving the viewport origin, with the function SetViewportOrg():

```
    void CAnimateView::OnAnimateShow()
    {
➢       CClientDC dc(this);
        CMetaFileDC* pmdc = new CMetaFileDC();
            .
            .
            .
        HMETAFILE hmf = pmdc->Close();
        CopyMetaFile(hmf, "ship.wmf");
        HMETAFILE hmfcopy = GetMetaFile("ship.wmf");
        CPen* erasepen = new CPen(PS_SOLID, 1, ::GetSysColor(COLOR_WINDOW));
        CPen* drawpen;

➢       for(int loop_index = 0; loop_index < 400; loop_index++){
➢           dc.SetViewportOrg(loop_index, 80);
➢           dc.PlayMetaFile(hmfcopy);
```

```
➢               drawpen = dc.SelectObject(erasepen);
➢               dc.PlayMetaFile(hmfcopy);
➢               dc.SelectObject(drawpen);
          }
     }
```

Finally, we clean up the memory objects we've allocated:

```
          DeleteMetaFile(hmf);
          DeleteMetaFile(hmfcopy);
          delete pmdc;
          delete erasepen;
     }
```

As shown in Figure 5-5, the ship appears to sail across the client area. For your further study, the code for this program, ANIMAVW.H and AMINAVW.CPP, appears in Listing 5-4.

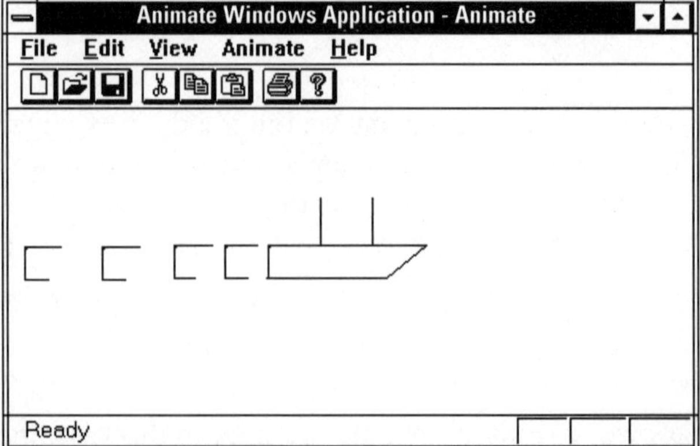

FIGURE 5-5: The window shows our animated ship saiing across the screen.

LISTING 5-4: ANIMAVW.H and ANIMAVW.CPP

```
// animavw.h : interface of the CAnimateView class
//
/////////////////////////////////////////////////////////////////////////////

class CAnimateView : public CView
{
protected: // create from serialization only
      CAnimateView();
      DECLARE_DYNCREATE(CAnimateView)

// Attributes
public:
      CAnimateDoc* GetDocument();

// Operations
public:

// Implementation
public:
```

```
    virtual ~CAnimateView();

    virtual void OnDraw(CDC* pDC); // overridden to draw this view
#ifdef _DEBUG
    virtual void AssertValid() const;
    virtual void Dump(CDumpContext& dc) const;
#endif

protected:

 // Printing support
    virtual BOOL OnPreparePrinting(CPrintInfo* pInfo);
    virtual void OnBeginPrinting(CDC* pDC, CPrintInfo* pInfo);
    virtual void OnEndPrinting(CDC* pDC, CPrintInfo* pInfo);

// Generated message map functions
protected:
    //{{AFX_MSG(CAnimateView)
    afx_msg void OnAnimateShow();
    //}}AFX_MSG
    DECLARE_MESSAGE_MAP()
};

#ifndef _DEBUG // debug version in animavw.cpp
inline CAnimateDoc* CAnimateView::GetDocument()
   { return (CAnimateDoc*)m_pDocument; }
#endif

/////////////////////////////////////////////////////////////////////////////
// animavw.cpp : implementation of the CAnimateView class
//

#include "stdafx.h"
#include "animate.h"

#include "animadoc.h"
#include "animavw.h"

#ifdef _DEBUG
#undef THIS_FILE
static char BASED_CODE THIS_FILE[] = __FILE__;
#endif

/////////////////////////////////////////////////////////////////////////////
// CAnimateView

IMPLEMENT_DYNCREATE(CAnimateView, CView)


BEGIN_MESSAGE_MAP(CAnimateView, CView)
```

```
    //{{AFX_MSG_MAP(CAnimateView)
    ON_COMMAND(ID_ANIMATE_SHOW, OnAnimateShow)
    //}}AFX_MSG_MAP
    // Standard printing commands
    ON_COMMAND(ID_FILE_PRINT, CView::OnFilePrint)
    ON_COMMAND(ID_FILE_PRINT_PREVIEW, CView::OnFilePrintPreview)
END_MESSAGE_MAP()

/////////////////////////////////////////////////////////////////////////////
// CAnimateView construction/destruction

CAnimateView::CAnimateView()
{
    // TODO: add construction code here
}

CAnimateView::~CAnimateView()
{
}

/////////////////////////////////////////////////////////////////////////////
// CAnimateView drawing

void CAnimateView::OnDraw(CDC* pDC)
{
    CAnimateDoc* pDoc = GetDocument();
    ASSERT_VALID(pDoc);

   // TODO: add draw code for native data here
}

/////////////////////////////////////////////////////////////////////////////
// CAnimateView printing

BOOL CAnimateView::OnPreparePrinting(CPrintInfo* pInfo)
{
       // default preparation
       return DoPreparePrinting(pInfo);
}

void CAnimateView::OnBeginPrinting(CDC* /*pDC*/, CPrintInfo* /*pInfo*/)
{
       // TODO: add extra initialization before printing
}

void CAnimateView::OnEndPrinting(CDC* /*pDC*/, CPrintInfo* /*pInfo*/)
{
       // TODO: add cleanup after printing
}

/////////////////////////////////////////////////////////////////////////////
// CAnimateView diagnostics

#ifdef _DEBUG
```

```
void CAnimateView::AssertValid() const
{
    CView::AssertValid();
}

void CAnimateView::Dump(CDumpContext& dc) const
{
    CView::Dump(dc);
}

CAnimateDoc* CAnimateView::GetDocument() // non-debug version is inline
{
    ASSERT(m_pDocument->IsKindOf(RUNTIME_CLASS(CAnimateDoc)));
    return (CAnimateDoc*)m_pDocument;
}
#endif //_DEBUG

/////////////////////////////////////////////////////////////////////////////
// CAnimateView message handlers

void CAnimateView::OnAnimateShow()
{
    CClientDC dc(this);
    CMetaFileDC* pmdc = new CMetaFileDC();
    pmdc->Create();

    pmdc->MoveTo(0, 30);
    pmdc->LineTo(100, 30);
    pmdc->LineTo(75, 50);
    pmdc->LineTo(0, 50);
    pmdc->LineTo(0, 30);
    pmdc->MoveTo(33, 30);
    pmdc->LineTo(33, 0);
    pmdc->MoveTo(66, 30);
    pmdc->LineTo(66, 0);

    HMETAFILE hmf = pmdc->Close();
    CopyMetaFile(hmf, "ship.wmf");
    HMETAFILE hmfcopy = GetMetaFile("ship.wmf");
    CPen* erasepen = new CPen(PS_SOLID, 1, ::GetSysColor(COLOR_WINDOW));
    CPen* drawpen;

    for(int loop_index = 0; loop_index < 400; loop_index++){
        dc.SetViewportOrg(loop_index, 80);
        dc.PlayMetaFile(hmfcopy);
        drawpen = dc.SelectObject(erasepen);
        dc.PlayMetaFile(hmfcopy);
        dc.SelectObject(drawpen);
    }

    DeleteMetaFile(hmf);
    DeleteMetaFile(hmfcopy);
    delete pmdc;
    delete erasepen;
}
```

A Screen Capture Program

We'll next study a screen capture program that allows us to capture graphics from anywhere on the screen. In this example, we'll let the user click any window on the screen, and then our program will capture the client area of that screen. This program is easy to adapt for capturing any area on the screen as specified by the mouse, if that's what you want to do.

First, create an SDI application with App Wizard, named CAPTURE.MAK. Add a new menu named Screen, with one item in it: Capture. When the user selects Screen|Capture, the program's capture process will start. That means we have to take control of the mouse (even if it leaves the window), wait until a window is clicked, and create an object corresponding to that window so we can work with it.

To begin the process in OnScreenCapture(), then, we capture the mouse with the handy Windows function SetCapture()in CAPTUVW.CPP. This gives us control of the mouse, no matter where it goes. To indicate to the user that the program is about to capture the client area of the next window clicked, we will change the mouse cursor to, say, a crosshair. That's done with the CWinApp function, LoadStandardCursor(), as shown here:

```
void CCaptureView::OnScreenCapture()
{
    SetCapture();

➢   SetCursor(AfxGetApp()->LoadStandardCursor(IDC_CROSS));
        .
        .
        .
```

Here's a list of some other standard cursors:

```
IDC_ARROW       Arrow
IDC_IBEAM       Text-insertion indicator
IDC_WAIT        Hourglass
IDC_CROSS       Selection crosshair
IDC_UPARROW     Arrow that points straight up
IDC_SIZE        Cursor for resizing a window
IDC_ICON        Cursor for dragging a file
IDC_SIZENWSE    Two-headed arrow pointing to upper-left and lower-right
IDC_SIZENESW    Two-headed arrow pointing to upper-right and lower-left
IDC_SIZEWE      Horizontal two-headed arrow
IDC_SIZENS      Vertical two-headed arrow
```

There's an easy way to display the hourglass cursor to tell the user to wait for the program to finish a process. Turn on the hourglass with AfxGetApp()->DoWaitCursor(1); turn it off again with AfxGetApp()->DoWaitCursor(0).

Next, the program has to wait for the user to select a window. We do that with a while loop that checks a BOOL variable. We'll name the variable WindowSelected, and set it inside the loop:

```
    void CCaptureView::OnScreenCapture()
    {
        SetCapture();
➢       BOOL WindowSelected = FALSE;

        SetCursor(AfxGetApp()->LoadStandardCursor(IDC_CROSS));
➢       while (!WindowSelected){

        }
            .
            .
            .
```

Inside the while loop, the program waits until a message is ready to be read, with the WaitMessage() function:

```
    void CCaptureView::OnScreenCapture()
    {
        SetCapture();
        BOOL WindowSelected = FALSE;

        SetCursor(AfxGetApp()->LoadStandardCursor(IDC_CROSS));
        while (!WindowSelected){
➢           WaitMessage();
                .
                .
                .
    }
```

When a message is ready in the message queue, we read it with the handy Windows function PeekMessage(). Using this function, we indicate that we're interested in mouse messages (as held in a structure of type MSG, which we'll name msg) and that we want to remove them from the queue. Here is the code for these steps:

```
    void CCaptureView::OnScreenCapture()
    {
➢        MSG msg;
            .
            .
            .

        while (!WindowSelected){
            WaitMessage();
➢           if (PeekMessage(&msg,NULL,WM_MOUSEFIRST,WM_MOUSELAST,PM_REMOVE)){
➢       }
     }
            .
            .
            .
```

The message we're waiting for is WM_LBUTTONUP, indicating that the user has released the mouse button. The type of message is stored in the msg.message field, and the actual location of the mouse cursor is held in the high and low words of a long parameter, msg.lparam. We decode the mouse information as follows, using the HIWORD and LOWORD macros and placing the mouse location in a CPoint object named pt:

```
void CCaptureView::OnScreenCapture()
{
➢    CPoint pt;   // Stores mouse position on a mouse click
     MSG msg;
          .
          .
          .

     while (!WindowSelected){
          WaitMessage();
          if (PeekMessage(&msg,NULL,WM_MOUSEFIRST,WM_MOUSELAST,PM_REMOVE)){
➢            if (msg.message == WM_LBUTTONUP){

➢                pt.x = LOWORD(msg.lParam);
➢                pt.y = HIWORD(msg.lParam);
                      .
                      .
                      .
          }
     }
}
```

Now that the program knows where the mouse button was released, how do we get the window to that location? A Windows function comes to our aid again — WindowFromPoint(). We use it as shown next to get a pointer to the target window's object. Note that we also set the BOOL variable WindowSelected to TRUE, ending the while loop.

```
void CCaptureView::OnScreenCapture()
{
     CPoint pt;   // Stores mouse position on a mouse click
➢    CWnd* WndClicked;
     MSG msg;

     SetCapture();
     BOOL WindowSelected = FALSE;

     SetCursor(AfxGetApp()->LoadStandardCursor(IDC_CROSS));
     while (!WindowSelected){
          WaitMessage();
          if (PeekMessage(&msg,NULL,WM_MOUSEFIRST,WM_MOUSELAST,PM_REMOVE)){
             if (msg.message == WM_LBUTTONUP){

                pt.x = LOWORD(msg.lParam);
                pt.y = HIWORD(msg.lParam);
                ClientToScreen(&pt);
➢               WndClicked = WindowFromPoint(pt);
➢               WindowSelected = TRUE;
          }
     }
}
```

At this point, we exit the while loop, and we have a pointer to the window object corresponding to the window that the user wants to capture. So far, we've been successful.

Capturing the Screen

The next steps are these: Release the mouse; get the screen coordinates of the target window's client area; get a device context corresponding to the whole screen, and capture the required client area. (By the way, if we wanted to capture an arbitrary section of the screen as defined with the mouse, we could simply modify the while loop to check for *both* the WM_LBUTTONDOWN and WM_LBUTTONUP messages, letting the user outline the desired rectangle on the screen.)

In the following code segment, we release the mouse and then start capturing the desired window's client area, using the GetClientRect() function:

```
➢       ReleaseCapture();

➢       CRect rectClient;

➢       WndClicked->GetClientRect(&rectClient);
              .
              .
              .
```

Of course, GetClientRect() returns the local coordinates of the target window, so we have to change them into whole-screen coordinates. For this we use the handy Windows function ClientToScreen(). Then, to actually capture the rectangle, we obtain a device context corresponding to the whole screen by requesting a device context for the device called DISPLAY:

```
        WndClicked->GetClientRect(&rectClient);
        WndClicked->ClientToScreen(&rectClient);

➢       CDC ScrDC;
➢       ScrDC.CreateDC("DISPLAY", NULL, NULL, NULL);
              .
              .
              .
```

At this point, then, we have a device context for the whole display, and we have the coordinates of the section we want to capture. It's wise to add some code here to make sure the coordinates are valid. (If a section of the target client area were off the screen, for instance, ClientToScreen() may well set some coordinates to negative values.) To check this, we use a device context function named GetDeviceCaps() to get the dimensions of the screen, as shown next. Additional parameters for GetDeviceCaps() are listed in Table 5-1.

```
➢       int xScrn, yScrn;   // screen resolution
```

```
➤       xScrn = ScrDC.GetDeviceCaps(HORZRES);
➤       yScrn = ScrDC.GetDeviceCaps(VERTRES);
           .
           .
           .
```

TABLE 5-1: GetDeviceCaps() Parameters

PARAMETER	VALUE RETURNED
ASPECTX	Relative width of a device pixel
ASPECTXY	Diagonal width of a device pixel
ASPECTY	Relative height of a device pixel
BITSPIXEL	Number of adjacent color bits for each pixel
CLIPCAPS	Clipping capabilities of the device
COLORRES	Actual color resolution o the device, in bit per pixel
CURVECAPS	The curve capabilities of the device
DRIVERVERSION	Version number
HORZRES	Width of the display (in pixels)
HORZSIZE	Width of the physical display (in millimeters)
LINECAPS	Line capabilities supported by the device
LOGPIXELSX	Number of pixels per logical inch along display width
LOGPIXELSY	Number of pixels per logical inch along display height
NUMBRUSHES	Number of device-specific brushes
NUMCOLORS	Number of entries in the device's color table
NUMFONTS	Number of device-specific fonts
NUMPENS	Number of device-specific pens
NUMRESERVED	Number of reserved entries in the system palette
PDEVICESIZE	Size of the PDEVICE internal data structure
PLANES	Number of color planes
POLYGONALCAPS	Polygonal capabilities supported by the device
RASTERCAPS	Raster capabilities of the device
SIZEPALETTE	Number of entries in the system palette
TECHNOLOGY	Device technology (e.g. plotter, printer)
TEXTCAPS	Text capabilities supported by the device
VERTRES	Height of the display (in raster lines)
VERTSIZE	Height of the physical display (in millimeters)

Now we make sure the screen coordinates of the target client area are actually showing:

```
if(rectClient.left < 0)
     rectClient.left = 0;
if(rectClient.top < 0)
     rectClient.top = 0;
if(rectClient.right > xScrn)
     rectClient.right = xScrn;
if(rectClient.bottom > yScrn)
     rectClient.bottom = yScrn;
```

The Actual Bit Transfer

As you might expect, we'll use BitBlt() to copy from the screen. For this we'll need the dimensions of the region we want to capture. We'll store those dimensions in two variables named nWidth and nHeight, as shown here:

```
void CCaptureView::OnScreenCapture()
{
      while (!WindowSelected){
           .
           .
           .
      }

      ReleaseCapture();
      CRect rectClient;
      WndClicked->GetClientRect(&rectClient);
      WndClicked->ClientToScreen(&rectClient);
      CDC ScrDC;
      ScrDC.CreateDC("DISPLAY", NULL, NULL, NULL);

➢     int nWidth, nHeight;
      int xScrn, yScrn;   // screen resolution

      xScrn = ScrDC.GetDeviceCaps(HORZRES);
      yScrn = ScrDC.GetDeviceCaps(VERTRES);

      if(rectClient.left < 0)
          rectClient.left = 0;
      if(rectClient.top < 0)
          rectClient.top = 0;
      if(rectClient.right > xScrn)
          rectClient.right = xScrn;
      if(rectClient.bottom > yScrn)
          rectClient.bottom = yScrn;

➢     nWidth = rectClient.right - rectClient.left;
➢     nHeight = rectClient.bottom - rectClient.top;
            .
            .
            .
}
```

In this next segment, we use BitBlt() to copy from the screen into our own program's client area. Note that we also reset the mouse cursor at the end.

```
        .
        .
        .
        nWidth = rectClient.right - rectClient.left;
        nHeight = rectClient.bottom - rectClient.top;

➢       CClientDC dc(this);
➢       dc.BitBlt(0, 0, nWidth, nHeight, &ScrDC, rectClient.left,
➢          rectClient.top, SRCCOPY) ;

➢       SetCursor(AfxGetApp()->LoadStandardCursor(IDC_ARROW));
    }
```

The target window's client area has now been copied into our own. If you want to try running the capture program, follow these steps:

- Start it with Visual C++'s Execute CAPTURE.EXE menu item.
- Size and position the window you want to capture. Or you can use functions such as BringWindowToTop(), SetWindowPos(), and SetWindowExt() in code to prepare the target window.
- Select the Capture menu item, and click the target window's client area.

A copy of the clicked window's client area appears in the program's client area, as demonstrated in Figure 5-6.

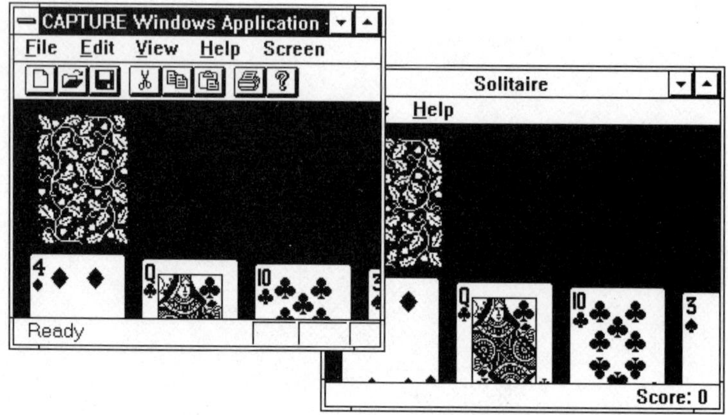

FIGURE 5-6: Use CAPTURE.EXE to copy from the target window's client area to the program's client area.

That's it — our screen capture program is a success. For your further study, the code for CAPTUVW.H and CAPTUVW.CPP appears in Listing 5-5.

LISTING 5-5: CAPTUVW.H and CAPTUVW.CPP

```
// captuvw.h : interface of the CCaptureView class
//
/////////////////////////////////////////////////////////////////////////////

class CCaptureView : public CView
{
protected: // create from serialization only
    CCaptureView();
    DECLARE_DYNCREATE(CCaptureView)

// Attributes
public:
    CCaptureDoc* GetDocument();

// Operations
public:

// Implementation
public:
    virtual ~CCaptureView();
    virtual void OnDraw(CDC* pDC); // overridden to draw this view
#ifdef _DEBUG
    virtual void AssertValid() const;
    virtual void Dump(CDumpContext& dc) const;
#endif

 // Printing support
protected:
    virtual BOOL OnPreparePrinting(CPrintInfo* pInfo);
    virtual void OnBeginPrinting(CDC* pDC, CPrintInfo* pInfo);
    virtual void OnEndPrinting(CDC* pDC, CPrintInfo* pInfo);

// Generated message map functions
protected:
     //{{AFX_MSG(CCaptureView)
     afx_msg void OnScreenCapture();
     //}}AFX_MSG
     DECLARE_MESSAGE_MAP()
};

#ifndef _DEBUG // debug version in captuvw.cpp
inline CCaptureDoc* CCaptureView::GetDocument()
    { return (CCaptureDoc*) m_pDocument; }
#endif

/////////////////////////////////////////////////////////////////////////////
// captuvw.cpp : implementation of the CCaptureView class
//

#include "stdafx.h"
#include "capture.h"
```

```
#include "captudoc.h"
#include "captuvw.h"

#ifdef _DEBUG
#undef THIS_FILE
static char BASED_CODE THIS_FILE[] = __FILE__;
#endif

/////////////////////////////////////////////////////////////////////////
// CCaptureView

IMPLEMENT_DYNCREATE(CCaptureView, CView)

BEGIN_MESSAGE_MAP(CCaptureView, CView)
    //{{AFX_MSG_MAP(CCaptureView)
    ON_COMMAND(ID_SCREEN_CAPTURE, OnScreenCapture)
    //}}AFX_MSG_MAP
    // Standard printing commands
    ON_COMMAND(ID_FILE_PRINT, CView::OnFilePrint)
    ON_COMMAND(ID_FILE_PRINT_PREVIEW, CView::OnFilePrintPreview)
END_MESSAGE_MAP()

/////////////////////////////////////////////////////////////////////////
// CCaptureView construction/destruction

CCaptureView::CCaptureView()
{
    // TODO: add construction code here
}

CCaptureView::~CCaptureView()
{
}

/////////////////////////////////////////////////////////////////////////
// CCaptureView drawing

void CCaptureView::OnDraw(CDC* pDC)
{
    CCaptureDoc* pDoc = GetDocument();

    // TODO: add draw code here
}

/////////////////////////////////////////////////////////////////////////
// CCaptureView printing

BOOL CCaptureView::OnPreparePrinting(CPrintInfo* pInfo)
{
    // default preparation
    return DoPreparePrinting(pInfo);
}
```

```
void CCaptureView::OnBeginPrinting(CDC* /*pDC*/, CPrintInfo* /*pInfo*/)
{
    // TODO: add extra initialization before printing
}

void CCaptureView::OnEndPrinting(CDC* /*pDC*/, CPrintInfo* /*pInfo*/)
{
    // TODO: add cleanup after printing
}

/////////////////////////////////////////////////////////////////////////////
// CCaptureView diagnostics

#ifdef _DEBUG
void CCaptureView::AssertValid() const
{
    CView::AssertValid();
}

void CCaptureView::Dump(CDumpContext& dc) const
{
    CView::Dump(dc);
}

CCaptureDoc* CCaptureView::GetDocument() // non-debug version is inline
{
    ASSERT(m_pDocument->IsKindOf(RUNTIME_CLASS(CCaptureDoc)));
    return (CCaptureDoc*) m_pDocument;
}

#endif //_DEBUG

/////////////////////////////////////////////////////////////////////////////
// CCaptureView message handlers

void CCaptureView::OnScreenCapture()
{
     CPoint pt;   // Stores mouse position on a mouse click
     CWnd* WndClicked;
     MSG msg;

     SetCapture();
     BOOL WindowSelected = FALSE;

     SetCursor(AfxGetApp()->LoadStandardCursor(IDC_CROSS));
     while (!WindowSelected){
     WaitMessage();
     if (PeekMessage(&msg,NULL,WM_MOUSEFIRST,WM_MOUSELAST,PM_REMOVE)){
            if (msg.message == WM_LBUTTONUP){
                pt.x = LOWORD(msg.lParam);
                pt.y = HIWORD(msg.lParam);
                ClientToScreen(&pt);
```

```
                WndClicked = WindowFromPoint(pt);
                WindowSelected = TRUE;
                }
            }
        }

        ReleaseCapture();

        CRect rectClient;

        WndClicked->GetClientRect(&rectClient);
        WndClicked->ClientToScreen(&rectClient);

        int nWidth, nHeight;
        int xScrn, yScrn;   // screen resolution

        CDC ScrDC;
        ScrDC.CreateDC("DISPLAY", NULL, NULL, NULL);

        xScrn = ScrDC.GetDeviceCaps(HORZRES);
        yScrn = ScrDC.GetDeviceCaps(VERTRES);

        if(rectClient.left < 0)
            rectClient.left = 0;
        if(rectClient.top < 0)
            rectClient.top = 0;
        if(rectClient.right > xScrn)
            rectClient.right = xScrn;
        if(rectClient.bottom > yScrn)
            rectClient.bottom = yScrn;
        nWidth = rectClient.right - rectClient.left;
        nHeight = rectClient.bottom - rectClient.top;

        CClientDC dc(this);
        dc.BitBlt(0, 0, nWidth, nHeight, &ScrDC, rectClient.left,
            rectClient.top, SRCCOPY) ;

        SetCursor(AfxGetApp()->LoadStandardCursor(IDC_ARROW));
    }
```

We've covered a good deal in the last two chapters in our discussion of graphics, and you have seen ways of working with bitmaps and metafiles. In the next chapter, we'll give some more attention to the C++ part of Visual C++, as we tackle a powerful C++ technique: operator overloading.

Visual C++ Operator Overloading

The Windows API is extensive, and it would be easy to spend all our time working with it — but there's more to writing Visual C++ programs than just calling Windows functions and using the MFC predefined classes. As you get more experience programming Visual C++ and your programs get more extensive, you will realize that your programs have to be as carefully designed as the Windows libraries or the MFC classes. And much of that design has to do with C++. This chapter elaborates on some C++ skills — in particular, overloading operators, friend functions, windows timers, and copy constructors.

When a program is getting bigger and bigger, it pays to wrap as much code as you can into objects, and even to design you own class libraries. In this chapter, we'll write a timer program called TICKS, which counts seconds using a Windows timer that sends our program WM_TIMER messages. We'll create our own class, CTicks. To increment the number of ticks detected, we'll use the ++ operator on objects of the CTicks class, like this: ticks++. Then, we'll examine how to use the + and = operators on classes that we define.

Continuing on to more advanced territory, we'll look at the role of copy constructors, and why they can be essential to the classes we set up.

Overloading the ++ Operator

As we already know, it's easy to overload functions in C++. For example, consider a class named CGrow_String that contains a private CString member named internal_string, and a member function named add_to_string(), which adds characters to internal_string:

```
class CGrow_String{
    CString internal_string;
public:
    void add_to_string(char a_char);
};

void CGrow_String::add_to_string(char a_char)
{
    internal_string += a_char;
}
```

Using add_to_string(), we can add characters to the internal string, like this:

```
test_string.add_to_string('c')
```

On the other hand, Visual C++ often treats characters as integer values — for example, in OnChar() functions — so we can overload the add_to_string() function to handle integers, as well:

```
    class CGrow_String{
        CString internal_string;
    public:
        void add_to_string(char a_char);
➢       void add_to_string(int ASCII_character);
    };

    void CGrow_String::add_to_string(char a_char)
    {
        internal_string += a_char;
    }

➢   void CGrow_String::att_to_string(int ASCII_character)
➢   {
➢       internal_string += (char) ASCII_character;
➢   }
```

In this way, we can call add_to_string() with either char arguments or integer arguments, and the compiler will choose the correct version of add_to_string() depending on the argument's type.

Overloading operators works in much the same way. We already know that we can use the ++ operator on many different types of variables — like this, for instance, for ints and longs:

```
int   a_int;
long  a_long;
```

```
a_int++;
a_long++;
```

We can perform these operations because the ++ operator is already overloaded with respect to ints and longs. That's fine as far as it goes — but what if we want to define our own classes, and overload ++ with respect to them? This can make for much clearer code, and in C++, it is possible.

Be aware that there *are* a few C++ operators that you can't overload — ., ::, .*, and ?. However, you *can* overload the rest.

Let's set up a class named CTicks, which will count timer messages sent to our program by Windows. You could use such a program to see how long jobs take in Windows. Our goal here is to be able to execute instructions such as ticks++, where ticks is a CTicks object. First we establish the internal counter and set it to 0 in the default constructor (a default constructor takes no arguments). Next we want to overload the ++ operator with respect to our class. We do that by setting up a prototype for a function named operator++(), as follows:

```
class CTicks{
    int number_ticks;
public:
    CTicks(){number_ticks = 0;};
➢   CTicks operator++(void);
};
```

Notice that operator++ takes no arguments and that it returns an object of class CTicks. The reason we return a CTicks object is to accommodate a line such as the following:

```
updated_ticks = old_ticks++;
```

In this case, we have to increment the internal counter number_ticks in the old_ticks object, and return the entire old_ticks object so it can be copied over into the updated_ticks object. Here, then, is how operator++() looks so far:

```
CTicks CTicks::operator++(void)
{

}
```

Although this function takes no arguments, it is a member function of the CTicks class, so we have access to CTicks's internal data. (Member functions like this one are passed an implicit this pointer, pointing to the object we're currently working on.) This lets us increment the internal counter. We also have to return the newly updated object so that we can chain our operations. Here is the code for these two elements of operator++:

```
CTicks CTicks::operator++(void)
{
➢   number_ticks++;
➢   return *this;
}
```

That's all there is to overloading the *postfix* operator ++. Now we can execute code like this:

```
void CTicksView::OnDraw(CDC* pDC)
{
    CTicks ticks;

    ticks++;
}
```

On the other hand, we have not yet overloaded ++ as a *prefix* operator, so we can't execute code like this:

```
void CTicksView::OnDraw(CDC* pDC)
{
    CTicks ticks;

➤   ++ticks;
}
```

In early versions of C++, overloading the prefix and postfix versions of an operator involved the same procedure, but now that's changed. To overload the prefix version of ++, we have to add to our CTicks class a new operator function that takes a (dummy) int argument:

```
    CTicks operator++(int);
```

As far as code goes, however, operator++(int) is the same as operator++(void):

```
CTicks CTicks::operator++(int)
{
    number_ticks++;
    return *this;
}
```

Our CTicks class is now complete:

```
class CTicks{
    int number_ticks;
public:
    CTicks(){number_ticks = 0;};
    CTicks operator++(void);
    CTicks operator++(int);
};

CTicks CTicks::operator++(void)
{
    number_ticks++;
    return *this;
}

CTicks CTicks::operator++(int)
{
    number_ticks++;
    return *this;
}
```

The TICKS Program

Let's put the CTicks class to work in a program called TICKS.EXE. This program will also teach us how to use and program Windows timers. To start, create a new SDI project named TICKS.MAK. Add the declaration of the CTicks class to the document's header, and embed a CTicks object named ticks in the document, as follows:

```
    // ticksdoc.h : interface of the CTicksDoc class
    //
    /////////////////////////////////////////////////////////////////////////////

➤   class CTicks{
        int number_ticks;
    public:
        CTicks(){number_ticks = 0;};
        CTicks operator++(void);
        CTicks operator++(int);
    };

    class CTicksDoc : public CDocument
    {
    protected: // create from serialization only
        CTicksDoc();
        DECLARE_DYNCREATE(CTicksDoc)

    // Attributes
    public:
➤       CTicks ticks;
                .
                .
                .
```

Now, add the operator++() definitions in the document's .CPP file (TICKSDOC.CPP):

```
    // ticksdoc.cpp : implementation of the CTicksDoc class
    //

    #include "stdafx.h"
    #include "ticks.h"

    #include "ticksdoc.h"
        .
        .
        .
➤   CTicks CTicks::operator++(void)
    {
         number_ticks++;
         return *this;
    }

➤   CTicks CTicks::operator++(int)
```

```
{
        number_ticks++;
        return *this;
}
```

With our ticks object set up, we can start the timer. Add a menu named Timer to the view, and give it one item: Start. Connect a function to that menu item in the view class. Class Wizard will name the function OnTimerStart().

Our next goal is to set up a Windows timer, which will send a stream of WM_TIMER messages to our program at a frequency that we will specify. We'll intercept those messages in an OnTimer() function. To set up a Windows timer, you use the SetTimer() function. Its arguments are a (nonzero) timer identifier; the timer interval, nInt, in milliseconds; and a pointer to a callback function. The callback function will be called every nInt milliseconds. If the pointer to the callback function is NULL, Windows will send us WM_TIMER messages instead of calling a particular function, and that's the method we use here.

So, with OnTimerStart() open, we call SetTimer() as follows, requesting a time interval of one-tenth of a second:

```
void CTicksView::OnTimerStart()
{
➢    m_timerID = SetTimer(1, 100, NULL);
        .
        .
        .
}
```

Here, m_timerID holds the identifier for our timer, and we set aside space for it in the view class:

```
class CTicksView : public CView
{
protected: // create from serialization only
    CTicksView();
    DECLARE_DYNCREATE(CTicksView)

// Attributes
public:
    CTicksDoc* GetDocument();
➢    UINT m_timerID;
        .
        .
        .
```

In addition, we should check to see if m_timerID is zero upon return from SetTimer(). If so, there was no Windows timer available for us to use.

```
void CTicksView::OnTimerStart()
{
    m_timerID = SetTimer(1, 100, NULL);
```

```
➤       if(!m_timerID){
➤           MessageBeep(-1);
        }
    }
```

Windows timers are a limited resource, so we also need to release our timer in the view's destructor, using the KillTimer() function:

```
    CTicksView::~CTicksView()
    {
➤       KillTimer(m_timerID);
    }
```

➤ *Note:* It's contrary to the spirit of Windows to rely too much on timers. Windows is intended to be a multitasking environment, and preempting other tasks with a timer and using great amounts of computing time in a timer event handler essentially drags Windows back toward single-tasking.

After executing OnTimerStart(), WM_TIMER messages will be sent to our program every tenth of a second. Using Class Wizard, connect a function in the view class, CTicksView, to the WM_TIMER message. Class Wizard gives that function the name OnTimer(). This is where we want to increment our CTicks object.

First, we check if the ID of the timer sending us the message (passed in the parameter nIDEvent) is the same as our timer's ID:

```
    void CTicksView::OnTimer(UINT nIDEvent)
    {
➤       if(nIDEvent == m_timerID){

        }
        CView::OnTimer(nIDEvent);
    }
```

If so, we can have our program beep and increment the ticks object, as follows. Note that we also get a pointer to the document.

```
    void CTicksView::OnTimer(UINT nIDEvent)
    {
➤       CTicksDoc* pDoc = GetDocument();
➤       ASSERT_VALID(pDoc);
        if(nIDEvent == m_timerID){
➤           MessageBeep(-1);
➤           pDoc->ticks++;
                .
                .
                .
        }
        CView::OnTimer(nIDEvent);
    }
```

Now that the internal counter in ticks is successfully incremented every tenth of a second, we might want to see how many ticks have passed. To do this, we can have our program keep a running total on the screen by adding a function named printout() to the CTicks class:

```
// ticksdoc.h : interface of the CTicksDoc class
//
/////////////////////////////////////////////////////////////////////////////

class CTicks{
    int number_ticks;
public:
    CTicks(){number_ticks = 0;};
    CTicks operator++(void);
    CTicks operator++(int);
➢   void printout(CClientDC* pDC);
};
```

The printout() function will print just the CTicks internal member, number_ticks.

```
void CTicks::printout(CClientDC* pDC)
{
➢   char out_string[50];
➢   wsprintf(out_string, "Number of ticks seen: %d", number_ticks);
➢   pDC->TextOut(0, 0, out_string, strlen(out_string));
}
```

And we can call printout() to keep a running tally on the screen in OnTimer(), as follows:

```
void CTicksView::OnTimer(UINT nIDEvent)
{
    CTicksDoc* pDoc = GetDocument();
    ASSERT_VALID(pDoc);
    if(nIDEvent == m_timerID){
        MessageBeep(-1);
        pDoc->ticks++;
➢       CClientDC dc(this);
➢       pDoc->ticks.printout(&dc);
    }
    CView::OnTimer(nIDEvent);
}
```

That's it; our timer program works, as shown in Figure 6-1. For your furthur study, TICKSDOC.H and TICKSDOC.CPP appear in Listing 6-1. You'll find TICKSVW.H and TICKSVW.CPP in Listing 6-2.

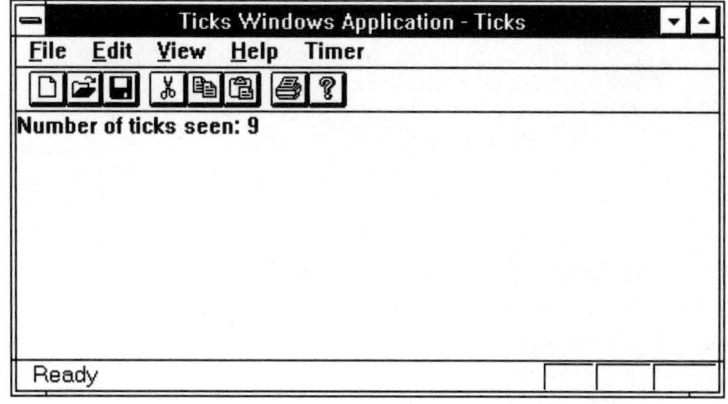

FIGURE 6-1: The TICKS program keeps a running total of the ticks counted by the Windows timer.

LISTING 6-1: TICKSDOC.H and TICKSDOC.CPP

```
// ticksdoc.h : interface of the CTicksDoc class
//
/////////////////////////////////////////////////////////////////////////////

class CTicks{
    int number_ticks;
public:
    CTicks(){number_ticks = 0;};
    CTicks operator++(void);
    CTicks operator++(int);
    void printout(CClientDC* pDC);
};

class CTicksDoc : public CDocument
{
protected: // create from serialization only
    CTicksDoc();
    DECLARE_DYNCREATE(CTicksDoc)

// Attributes
public:
    CTicks ticks;
// Operations
public:

// Implementation
public:
    virtual ~CTicksDoc();
    virtual void Serialize(CArchive& ar);  // overridden for document i/o
#ifdef _DEBUG
    virtual void AssertValid() const;
    virtual void Dump(CDumpContext& dc) const;
#endif

protected:
    virtual BOOL OnNewDocument();

// Generated message map functions
protected:
```

```
    //{{AFX_MSG(CTicksDoc)
        // NOTE - the ClassWizard will add and remove member functions here.
        //  DO NOT EDIT what you see in these blocks of generated code!
    //}}AFX_MSG
    DECLARE_MESSAGE_MAP()
};

/////////////////////////////////////////////////////////////////////////////
//  ticksdoc.cpp : implementation of the CTicksDoc class
//

#include "stdafx.h"
#include "ticks.h"

#include "ticksdoc.h"

#ifdef _DEBUG
#undef THIS_FILE
static char BASED_CODE THIS_FILE[] = __FILE__;
#endif

/////////////////////////////////////////////////////////////////////////////
// CTicksDoc

IMPLEMENT_DYNCREATE(CTicksDoc, CDocument)

BEGIN_MESSAGE_MAP(CTicksDoc, CDocument)
    //{{AFX_MSG_MAP(CTicksDoc)
        // NOTE - the ClassWizard will add and remove mapping macros here.
        //  DO NOT EDIT what you see in these blocks of generated code!
    //}}AFX_MSG_MAP
END_MESSAGE_MAP()

/////////////////////////////////////////////////////////////////////////////
// CTicksDoc construction/destruction

CTicksDoc::CTicksDoc()
{
    // TODO: add one-time construction code here
}

CTicksDoc::~CTicksDoc()
{
}

BOOL CTicksDoc::OnNewDocument()
{
    if (!CDocument::OnNewDocument())
        return FALSE;

    // TODO: add reinitialization code here
    // (SDI documents will reuse this document)
    return TRUE;
}
```

```
///////////////////////////////////////////////////////////////////////////
// CTicksDoc serialization

void CTicksDoc::Serialize(CArchive& ar)
{
	if (ar.IsStoring())
	{
		// TODO: add storing code here
	}
	else
	{
		// TODO: add loading code here
	}
}

///////////////////////////////////////////////////////////////////////////
// CTicksDoc diagnostics

#ifdef _DEBUG
void CTicksDoc::AssertValid() const
{
	CDocument::AssertValid();
}

void CTicksDoc::Dump(CDumpContext& dc) const
{
	CDocument::Dump(dc);
}
#endif //_DEBUG

///////////////////////////////////////////////////////////////////////////
// CTicksDoc commands

CTicks CTicks::operator++(void)
{
	number_ticks++;
	return *this;
}

CTicks CTicks::operator++(int)
{
	number_ticks++;
	return *this;
}

void CTicks::printout(CClientDC* pDC)
{
	char out_string[50];
	wsprintf(out_string, "Number of ticks seen: %d", number_ticks);
	pDC->TextOut(0, 0, out_string, strlen(out_string));
}
```

LISTING 6-2: TICKSVW.H and TICKSVW.CPP

```
// ticksvw.h : interface of the CTicksView class
//
/////////////////////////////////////////////////////////////////////////////


class CTicksView : public CView
{
protected: // create from serialization only
    CTicksView();
    DECLARE_DYNCREATE(CTicksView)

// Attributes
public:
    CTicksDoc* GetDocument();
    UINT m_timerID;
// Operations
public:

// Implementation
public:
    virtual ~CTicksView();
    virtual void OnDraw(CDC* pDC); // overridden to draw this view
#ifdef _DEBUG
    virtual void AssertValid() const;
    virtual void Dump(CDumpContext& dc) const;
#endif

protected:

    // Printing support
    virtual BOOL OnPreparePrinting(CPrintInfo* pInfo);
    virtual void OnBeginPrinting(CDC* pDC, CPrintInfo* pInfo);
    virtual void OnEndPrinting(CDC* pDC, CPrintInfo* pInfo);

// Generated message map functions
protected:
    //{{AFX_MSG(CTicksView)
    afx_msg void OnTimer(UINT nIDEvent);
    afx_msg void OnTimerStart();
    //}}AFX_MSG
    DECLARE_MESSAGE_MAP()
};

#ifndef _DEBUG // debug version in ticksvw.cpp
inline CTicksDoc* CTicksView::GetDocument()
   { return (CTicksDoc*)m_pDocument; }
#endif
```

```
///////////////////////////////////////////////////////////////////////////
// ticksvw.cpp : implementation of the CTicksView class
//

#include "stdafx.h"
#include "ticks.h"

#include "ticksdoc.h"
#include "ticksvw.h"

#ifdef _DEBUG
#undef THIS_FILE
static char BASED_CODE THIS_FILE[] = __FILE__;
#endif

///////////////////////////////////////////////////////////////////////////
// CTicksView

IMPLEMENT_DYNCREATE(CTicksView, CView)

BEGIN_MESSAGE_MAP(CTicksView, CView)
    //{{AFX_MSG_MAP(CTicksView)
    ON_WM_TIMER()
    ON_COMMAND(ID_TIMER_START, OnTimerStart)
    //}}AFX_MSG_MAP
    // Standard printing commands
    ON_COMMAND(ID_FILE_PRINT, CView::OnFilePrint)
    ON_COMMAND(ID_FILE_PRINT_PREVIEW, CView::OnFilePrintPreview)
END_MESSAGE_MAP()

///////////////////////////////////////////////////////////////////////////
// CTicksView construction/destruction

CTicksView::CTicksView()
{
}

CTicksView::~CTicksView()
{
    KillTimer(m_timerID);
}

///////////////////////////////////////////////////////////////////////////
// CTicksView drawing

void CTicksView::OnDraw(CDC* pDC)
{
    CTicksDoc* pDoc = GetDocument();
    ASSERT_VALID(pDoc);

    // TODO: add draw code for native data here
}
```

```
///////////////////////////////////////////////////////////////////////////
// CTicksView printing

BOOL CTicksView::OnPreparePrinting(CPrintInfo* pInfo)
{
    // default preparation
    return DoPreparePrinting(pInfo);
}

void CTicksView::OnBeginPrinting(CDC* /*pDC*/, CPrintInfo* /*pInfo*/)
{
    // TODO: add extra initialization before printing
}

void CTicksView::OnEndPrinting(CDC* /*pDC*/, CPrintInfo* /*pInfo*/)
{
    // TODO: add cleanup after printing
}

///////////////////////////////////////////////////////////////////////////
// CTicksView diagnostics

#ifdef _DEBUG
void CTicksView::AssertValid() const
{
    CView::AssertValid();
}

void CTicksView::Dump(CDumpContext& dc) const
{
    CView::Dump(dc);
}

CTicksDoc* CTicksView::GetDocument() // non-debug version is inline
{
    ASSERT(m_pDocument->IsKindOf(RUNTIME_CLASS(CTicksDoc)));
    return (CTicksDoc*)m_pDocument;
}
#endif //_DEBUG

///////////////////////////////////////////////////////////////////////////
// CTicksView message handlers


void CTicksView::OnTimer(UINT nIDEvent)
{
    CTicksDoc* pDoc = GetDocument();
    ASSERT_VALID(pDoc);
    if(nIDEvent == m_timerID){
        MessageBeep(-1);
        pDoc->ticks++;
        CClientDC dc(this);
        pDoc->ticks.printout(&dc);
}
```

```
    CView::OnTimer(nIDEvent);
}

void CTicksView::OnTimerStart()
{
    m_timerID = SetTimer(1, 100, NULL);
    if(!m_timerID){
        MessageBeep(-1);
    }
}
```

OVERLOADING THE + AND = OPERATORS

Now let's explore some more sophisticated operator overloading. When we overloaded the ++ operator with respect to the CTicks class, the only pointer passed was an implicit one. It's implicit because it doesn't appear in the parameter list. When we executed the line

```
pDoc->ticks++
```

our CTicks::operator++() function got a pointer to the ticks object.

But what if there are two objects? That is, what if we're trying to overload the + operator like this:

```
ticks1 + ticks2
```

In this case, the CTicks::operator+() function will get a this pointer to ticks1, and a *copy* of ticks2 will be passed to this function as an argument. We can set up the CTicks::operator+() function as follows:

```
CTicks CTicks::operator+(CTicks operand2)
{
}
```

Inside the function, we can work directly with the private data of ticks1, and refer to the members of ticks2 like this:

```
operand2.number_ticks
```

Let's put this to work. In particular, we will write a new program that lets us create objects of class CWords:

```
CWords wHello("Hello"), wWorld(" world.");
```

Now the CWords object wHello contains the word "Hello" and the wWorld object contains the word " world.". We'll be able to add them together as follows:

```
CWords words, wHello("Hello"), wWorld(" world.");

➢ total_words = wHello + wWorld;
```

The resulting object, total_words, now contains "Hello world.". Using this example, we'll see in the next section how to define the + and = operators for the CWords class.

The WORDS Program

Create a new SDI project named WORDS.MAK. We will start the program by developing the CWords class in the document's header, WORDSDOC.H. Declare the CWords class there, and set aside a CString object to hold the word's internal data:

```
class CWords {
private:
    CString internal_data;
            .
            .
            .
```

Next, we set up a default constructor, and a constructor that lets us initialize the internal_data CString object from a character array. Then we can set up a printout() function. Finally, we declare the operator+() and operator=() functions we'll need to overload the + and = operators with respect to our CWords class:

```
class CWords {
private:
    CString internal_data;
public:
➢   CWords(){};
➢   CWords(char* init_string){internal_data = CString(init_string);};
➢   void printout(CClientDC* pDC){pDC->TextOut(0, 0, internal_data);};
➢   CWords operator+(CWords word2);
➢   CWords operator=(CWords word2);
};
```

Note that we get one argument passed to us in both operator+() and operator=(). That is, if we want to execute *x* + *y*, where both *x* and *y* are CWords objects, we would get a this pointer to *x* (the left-hand object) in operator+(), and a copy of *y* (the right hand object) would be passed to us. Let's write operator+() now in the document's WORDSDOC.-CPP file:

```
CWords CWords::operator+(CWords word2)
{

}
```

We want to add the internal strings of these two CWords objects together and return the result. Since we don't want to change either of the original two CWords objects, we will declare a new CWords object, as follows:

```
CWords CWords::operator+(CWords word2)
{
    CWords temp;
            .
            .
            .
}
```

First, we fill the temporary object's internal string with the string from the left-hand object. Then we add the word from the second (right-hand) CWords object from the copy of that object that was passed to us. Finally, we return the temporary object as the result of this operation. Returning a local object like this (which is only allocated on the stack frame and so will go out of space when we exit the function) might give you pause — but we are really returning a copy of temp, not a pointer to it. So even after temp goes out of scope, there will be no problem. Here is the code to accomplish all of this:

```
CWords CWords::operator+(CWords word2)
{
    CWords temp;

➤   temp.internal_data = internal_data;
➤   temp.internal_data += word2.internal_data;
➤   return temp;  //send back a copy of temp object
}
```

That's it for operator+(). Now let's move on to operator=(), which is used in cases like this:

```
CWords x, y("Hello.");

x = y;
```

Here, we get a this pointer to *x* and a copy of *y* is passed to us. Our task is to copy over *y*'s internal data into *x*, as shown here:

```
CWords CWords::operator=(CWords words)
{
    internal_data = words.internal_data;
                .
                .
                .
}
```

In addition, since the = operator can be chained like this:

```
CWords x, y, z;

x = y = z;
```

we will return the current object so that it can be passed to the next object's operator=() function:

```
CWords CWords::operator=(CWords words)
{
    internal_data = words.internal_data;
    return *this;
}
```

Now we can execute these lines:

```
void CWordsView::OnDraw(CDC* pDC)
{
    CWords words, wHello("Hello"), wWorld(" world.");

➤   words = wHello + wWorld;

    words.printout(pDC);
}
```

which print out "Hello world." in the view. Our program so far is a success. However, there's more that we can do here. We can overload the << and >> operators, as well.

Overloading the << and >> Operators

In Visual C++, the << and >> operators are used to send and receive data to and from archives. We studied that process earlier, when we looked at the Serialize() function in Chapter 2. Here is Serialize() again:

```
void CWordsDoc::Serialize(CArchive& ar)
{
    if (ar.IsStoring())
    {
        ar << the_data;
    }
    else
    {
        ar >> the_data;
    }
}
```

Let's return to the WORDS.EXE program, and overload the << and >> archive operators. This will allow us to use them with the CWords objects we set up in the WORDS program. We will wait, however, to serialize CWords objects, because additional preparation is needed for that. We'll get to that in Chapter 7.

Start by setting up the operator<<() function:

```
CArchive& operator<<(CArchive& ar, CWords &words)
{

}
```

Note that operator<< receives a reference to an archive object, as well as a reference to the CWords object to put into the archive. We must also return the reference to the archive we got because the << operator can be chained:

```
ar << words1 << words2;
```

In this function, we simply send to the archive the internal data passed to us from the CWords object. Then we return the archive reference, as follows:

```
CArchive& operator<<(CArchive& ar, CWords &words)
{
    ar << words.internal_data;
    return ar;
}
```

One more point about operator<<(): The internal_data member of the CWords class is private, which means we can't reach it in the operator<<() function. The operator>>()

```
class CWords {

 private:
➢       CString internal_data;
 public:
        CWords(){};
        CWords(char* init_string){internal_data = CString(init_string);};
        void printout(CClientDC* pDC){pDC->TextOut(0, 0, internal_data);};
        CWords operator+(CWords word2);
        CWords operator=(CWords word2);
 };
```

That means the line

```
ar << words.internal_data
```

in operator<<() won't work. The way to give operator>>() *and* operator<<() access to CWords internal data is to declare those functions as *friend functions* of the class Cwords, like this:

```
class CWords {
private:
       CString internal_data;
public:
       CWords(){};
       CWords(char* init_string){internal_data = CString(init_string);};
       void printout(CClientDC* pDC){pDC->TextOut(0, 0, internal_data);};
       CWords operator+(CWords word2);
       CWords operator=(CWords word2);
➢      friend CArchive& operator>>(CArchive& ar, CWords &words);
➢      friend CArchive& operator<<(CArchive& ar, CWords &words);
};
```

Declaring a function to be a friend of a class gives that function access to the class's private data. That's exactly what we need here, because neither operator<<() nor operator>>() are members of CWords. Let's complete operator<<() and operator>>():

```
CArchive& operator<<(CArchive& ar, CWords &words)
{
       ar << words.internal_data;
➢      return ar;
}
CArchive& operator>>(CArchive& ar, CWords &words)
{
       ar >> words.internal_data;
       return ar;
}
```

Now we're ready to use the << and >> operators. Add a menu item to the WORDS program's File menu, named Write. When selected, this item will write a CWords object to disk, read it back in, and display the result.

Use Class Wizard to connect the function OnFileWrite() to the view. First, we create the CWords objects, and then add wHello and wWorld together to put "Hello world."

into the CWord object, CWords:

```
void CWordsView::OnFileWrite()
{
➢      CWords words1, words2, wHello("Hello"), wWorld(" world.");

➢      words1 = wHello + wWorld;
           .
           .
           .
}
```

Now we will create an archive object. To do that, we need to associate it with a file on disk, called HELLO.DAT:

```
void CWordsView::OnFileWrite()
{
    CWords words1, wHello("Hello"), wWorld(" world.");

    words1 = wHello + wWorld;

    CFile the_file;
    CFileException exc;
➢   char* pfilename = "hello.dat";
    .
    .
    .
```

Note that we also create an object of class CFileException to handle possible exceptions thrown when we work with our file, as well as an object of class CFile to represent the file itself. We open the file, and then connect the archive object to it. At this point, we're ready to send our object out to disk. Finally, we close the archive object and the file itself. This segment shows these steps:

```
void CWordsView::OnFileWrite()
{
     CWords words1, words2, wHello("Hello"), wWorld(" world.");

     words1 = wHello + wWorld;

    CFile the_file;
    CFileException exc;
    char* pfilename = "hello.dat";

➢   the_file.Open(pfilename, CFile::modeCreate | CFile::modeWrite, &exc);
➢   CArchive the_out_Archive(&the_file, CArchive::store);
➢   the_out_Archive << words1;
➢   the_out_Archive.Close();
➢   the_file.Close();
        .
        .
        .
}
```

Now that the CWords object has been written to disk, we're writing our own objects out to disk. Let's read the object back in and store it in a new CWords object named words2:

```
            .
            .
            .
➤       the_file.Open(pfilename, CFile::modeRead, &exc);
➤       CArchive the_in_Archive(&the_file, CArchive::load);
➤       the_in_Archive >> words2;
➤       the_in_Archive.Close();
➤       the_file.Close();
            .
            .
            .
    }
```

Finally, we can print out the words in the words2 object, with the printout() function:

```
            .
            .
            .
        the_file.Open(pfilename, CFile::modeRead, &exc);
        CArchive the_in_Archive(&the_file, CArchive::load);
        the_in_Archive >> words2;
        the_in_Archive.Close();
        the_file.Close();

➤       CClientDC dc(this);
➤       words2.printout(&dc);
    }
```

That's it; we've overloaded the +, =, <<, and >> operators. WORDS.EXE now produces the results shown in Figure 6-2. For your further study, the files WORDSDOC.H and WORDSDOC.CPP appear in Listing 6-3; WORDSVW.H and WORDSVW.CPP are in Listing 6-4.

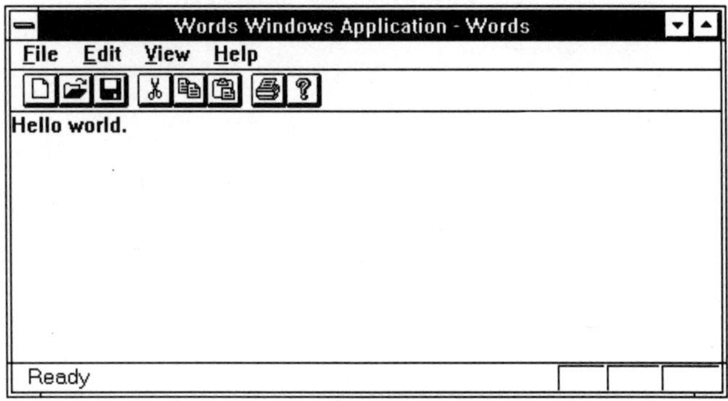

FIGURE 6-2: Here, the WORDS program's menu item, Write, displays the result of an operator-overloading program.

LISTING 6-3: WORDSDOC.H and WORDSDOC.CPP

```
// wordsdoc.h : interface of the CWordsDoc class
//
/////////////////////////////////////////////////////////////////////////////

class CWords {
private:
    CString internal_data;
public:
    CWords(){};
    CWords(char* init_string){internal_data = CString(init_string);};
    void printout(CClientDC* pDC){pDC->TextOut(0, 0, internal_data);};
    CWords operator+(CWords word2);
    CWords operator=(CWords word2);
    friend CArchive& operator>>(CArchive& ar, CWords &words);
    friend CArchive& operator<<(CArchive& ar, CWords &words);
};

class CWordsDoc : public CDocument
{
protected: // create from serialization only
    CWordsDoc();
    DECLARE_DYNCREATE(CWordsDoc)

// Attributes
public:
// Operations
public:

// Implementation
public:
    virtual ~CWordsDoc();
    virtual void Serialize(CArchive& ar);  // overridden for document i/o
#ifdef _DEBUG
    virtual void AssertValid() const;
    virtual void Dump(CDumpContext& dc) const;
#endif

protected:
    virtual BOOL OnNewDocument();

// Generated message map functions
protected:
    //{{AFX_MSG(CWordsDoc)
    // NOTE - the ClassWizard will add and remove member functions here.
    // DO NOT EDIT what you see in these blocks of generated code!
    //}}AFX_MSG
    DECLARE_MESSAGE_MAP()
};

/////////////////////////////////////////////////////////////////////////////
// wordsdoc.cpp : implementation of the CWordsDoc class
//
```

```
#include "stdafx.h"
#include "words.h"

#include "wordsdoc.h"

#ifdef _DEBUG
#undef THIS_FILE
static char BASED_CODE THIS_FILE[] = __FILE__;
#endif

/////////////////////////////////////////////////////////////////////////////
// CWordsDoc

IMPLEMENT_DYNCREATE(CWordsDoc, CDocument)

BEGIN_MESSAGE_MAP(CWordsDoc, CDocument)
    //{{AFX_MSG_MAP(CWordsDoc)
        // NOTE - the ClassWizard will add and remove mapping macros here.
        //  DO NOT EDIT what you see in these blocks of generated code!
    //}}AFX_MSG_MAP
END_MESSAGE_MAP()

/////////////////////////////////////////////////////////////////////////////
// CWordsDoc construction/destruction

CWordsDoc::CWordsDoc()
{
    // TODO: add one-time construction code here
}

CWordsDoc::~CWordsDoc()
{
}

BOOL CWordsDoc::OnNewDocument()
{
    if (!CDocument::OnNewDocument())
    return FALSE;

    // TODO: add reinitialization code here
    // (SDI documents will reuse this document)

    return TRUE;
}

/////////////////////////////////////////////////////////////////////////////
// CWordsDoc serialization

void CWordsDoc::Serialize(CArchive& ar)
{
    if (ar.IsStoring())
```

```
        {
            // TODO: add storing code here
        }
        else
        {
            // TODO: add loading code here
        }
}

/////////////////////////////////////////////////////////////////////////////
// CWordsDoc diagnostics

#ifdef _DEBUG
void CWordsDoc::AssertValid() const
{
    CDocument::AssertValid();
}

void CWordsDoc::Dump(CDumpContext& dc) const
{
    CDocument::Dump(dc);
}
#endif //_DEBUG

/////////////////////////////////////////////////////////////////////////////
// CWordsDoc commands

CWords CWords::operator+(CWords word2)
{
    CWords temp;
    temp.internal_data = internal_data;
    temp.internal_data += word2.internal_data;
    return temp;  //send back a copy of temp object
}

CWords CWords::operator=(CWords words)
{
    internal_data = words.internal_data;
    return *this;
}

CArchive& operator>>(CArchive& ar, CWords &words)
{
    ar >> words.internal_data;
    return ar;
}

CArchive& operator<<(CArchive& ar, CWords &words)
{
    ar << words.internal_data;
    return ar;
}
```

LISTING 6-4: WORDSVW.H and WORDSVW.CPP

```
// wordsvw.h : interface of the CWordsView class
//
/////////////////////////////////////////////////////////////////////////////

class CWordsView : public CView
{
protected: // create from serialization only
    CWordsView();
    DECLARE_DYNCREATE(CWordsView)

// Attributes
public:
    CWordsDoc* GetDocument();

// Operations
public:

// Implementation
public:
    virtual ~CWordsView();
    virtual void OnDraw(CDC* pDC); // overridden to draw this view
#ifdef _DEBUG
    virtual void AssertValid() const;
    virtual void Dump(CDumpContext& dc) const;
#endif

protected:

    // Printing support
    virtual BOOL OnPreparePrinting(CPrintInfo* pInfo);
    virtual void OnBeginPrinting(CDC* pDC, CPrintInfo* pInfo);
    virtual void OnEndPrinting(CDC* pDC, CPrintInfo* pInfo);

// Generated message map functions
protected:
    //{{AFX_MSG(CWordsView)
    afx_msg void OnFileWrite();
    //}}AFX_MSG
    DECLARE_MESSAGE_MAP()
};

#ifndef _DEBUG // debug version in wordsvw.cpp
inline CWordsDoc* CWordsView::GetDocument()
   { return (CWordsDoc*)m_pDocument; }
#endif

/////////////////////////////////////////////////////////////////////////////
// wordsvw.cpp : implementation of the CWordsView class
//
#include "stdafx.h"
#include "words.h"
```

```
#include "wordsdoc.h"
#include "wordsvw.h"

#ifdef _DEBUG
#undef THIS_FILE
static char BASED_CODE THIS_FILE[] = __FILE__;
#endif

/////////////////////////////////////////////////////////////////////////////
// CWordsView

IMPLEMENT_DYNCREATE(CWordsView, CView)

BEGIN_MESSAGE_MAP(CWordsView, CView)
    //{{AFX_MSG_MAP(CWordsView)
    ON_COMMAND(ID_FILE_WRITE, OnFileWrite)
    //}}AFX_MSG_MAP
    // Standard printing commands
    ON_COMMAND(ID_FILE_PRINT, CView::OnFilePrint)
    ON_COMMAND(ID_FILE_PRINT_PREVIEW, CView::OnFilePrintPreview)
END_MESSAGE_MAP()

/////////////////////////////////////////////////////////////////////////////
// CWordsView construction/destruction

CWordsView::CWordsView()
{
    // TODO: add construction code here
}

CWordsView::~CWordsView()
{
}

/////////////////////////////////////////////////////////////////////////////
// CWordsView drawing

void CWordsView::OnDraw(CDC* pDC)
{
    CWordsDoc* pDoc = GetDocument();
    ASSERT_VALID(pDoc);

    // TODO: add draw code for native data here
}

/////////////////////////////////////////////////////////////////////////////
// CWordsView printing

BOOL CWordsView::OnPreparePrinting(CPrintInfo* pInfo)
{
    // default preparation
    return DoPreparePrinting(pInfo);
}
```

```
void CWordsView::OnBeginPrinting(CDC* /*pDC*/, CPrintInfo* /*pInfo*/)
{
    // TODO: add extra initialization before printing
}

void CWordsView::OnEndPrinting(CDC* /*pDC*/, CPrintInfo* /*pInfo*/)
{
    // TODO: add cleanup after printing
}

/////////////////////////////////////////////////////////////////////////////
// CWordsView diagnostics

#ifdef _DEBUG
void CWordsView::AssertValid() const
{
    CView::AssertValid();
}

void CWordsView::Dump(CDumpContext& dc) const
{
    CView::Dump(dc);
}

CWordsDoc* CWordsView::GetDocument() // non-debug version is inline
{
    ASSERT(m_pDocument->IsKindOf(RUNTIME_CLASS(CWordsDoc)));
    return (CWordsDoc*)m_pDocument;
}
#endif //_DEBUG

/////////////////////////////////////////////////////////////////////////////
// CWordsView message handlers

void CWordsView::OnFileWrite()
{
    CWords words1, words2, wHello("Hello"), wWorld(" world.");

    words1 = wHello + wWorld;

    CFile the_file;
    CFileException exc;
    char* pfilename = "hello.dat";

    the_file.Open(pfilename, CFile::modeCreate | CFile::modeWrite, &exc);
    CArchive the_out_Archive(&the_file, CArchive::store);
    the_out_Archive << words1;
    the_out_Archive.Close();
    the_file.Close();

    the_file.Open(pfilename, CFile::modeRead, &exc);
    CArchive the_in_Archive(&the_file, CArchive::load);
    the_in_Archive >> words2;
```

```
        the_in_Archive.Close();
        the_file.Close();

        CClientDC dc(this);
        words2.printout(&dc);
    }
```

Copy Constructors

The CWords class works well as we've employed it so far, but there's yet more to learn, including one sticky issue. When you're writing your own classes, you may want to allocate memory using the new operator in those classes, and that will have consequences when you overload operators such as + and =.

For example, let's say that we convert the CWords class from using an embedded CString object to using simply a pointer to a CString object:

```
class CWords {
private:
    CString* internal_ptr;
        .
        .
        .
```

In the class's constructors, we use the new operator to set up a CString in memory and load the pointer to it into the internal_ptr member. We must also discard the CString when the program finishes, and we accomplish that in CWords's destructor. Here is the code for these steps:

```
class CWords {
private:
     CString* internal_ptr;
public:
➢    CWords(){internal_ptr = new CString;};
➢    CWords(char* init_string){internal_ptr = new CString(init_string);};
➢    ~CWords(){delete internal_ptr;};
        .
        .
        .
```

However, there's another circumstance we need to provide for. Recall that in the operator+() function, we return a copy of a temporary CWords object:

```
CWords CWords::operator+(CWords word2)
{
    CWords temp;
    temp.internal_data = internal_data;
    temp.internal_data += word2.internal_data;
➢   return temp;  //send back a copy of temp object
}
```

That object, temp, will contain a pointer to a CString object. When we return from the function, temp will go out of scope; its destructor will be called, deallocating that CString object. The copy of temp returned from the function will be left with a pointer to a deallocated section of memory, which is clearly a problem. The solution is to use a *copy constructor*.

First, let's finish the process of converting our program from using an embedded CString object to using a pointer to a CString object. We've already converted both constructors and added a destructor. Next, we convert the printout() function this way:

```
class CWords {
private:
    CString* internal_ptr;
public:
    CWords(){internal_ptr = new CString;};
    CWords(char* init_string){internal_ptr = new CString(init_string);};
    ~CWords(){delete internal_ptr;};
➤   void printout(CClientDC* pDC){pDC->TextOut(0, 0, *internal_ptr);};
    CWords operator+(CWords word2);
    CWords operator=(CWords word2);
    friend CArchive& operator>>(CArchive& ar, CWords &words);
    friend CArchive& operator<<(CArchive& ar, CWords &words);
};
```

Now we'll work on the operator functions. In operator+(), we first create a temporary object. Next, we copy over the internal data of the object whose pointer we have. Then we add the internal data of the CWords object passed to us. Finally, we return a copy of the temp object, keeping in mind that we still need to fix the object's problem with its internal pointer. Here is the code for all these steps:

```
CWords CWords::operator+(CWords word2)
{
     CWords temp;
➤    *(temp.internal_ptr) = *internal_ptr;
➤    *(temp.internal_ptr) += *(word2.internal_ptr);
➤    return temp;  //send back a copy of temp object
}
```

The = operator works much as it did before; all we do is copy the internal data from the object passed to us, into the current object. Then we return the current object, as follows:

```
CWords CWords::operator=(CWords words)
{
    *internal_ptr = *(words.internal_ptr);
    return *this;
}
```

Similarly, operator>>() and operator<<() now use internal_ptr instead of the internal_data member:

```
CArchive& operator>>(CArchive& ar, CWords &words)
{
➤    ar >> *(words.internal_ptr);
     return ar;
```

```
}
CArchive& operator<<(CArchive& ar, CWords &words)
{
➢     ar << *(words.internal_ptr);
      return ar;
}
```

Now let's tackle the issue of bad pointers returned in temporary objects. As mentioned earlier, we need to write a copy constructor. Whenever a copy of one of our objects is created, it is created with the class's copy constructor. The copy constructor is used when a copy of temp is returned, as shown here:

```
CWords CWords::operator+(CWords word2)
{
    CWords temp;
    *(temp.internal_ptr) = *internal_ptr;
    *(temp.internal_ptr) += *(word2.internal_ptr);
➢   return temp;  //send back a copy of temp object
}
```

The copy constructor will be called to copy temp, so that the copy can be returned to the calling function. In the copy constructor, we'll set up a new CString object that will not be destroyed when temp goes out of scope. We declare the copy constructor like this:

```
class CWords {
private:
    CString* internal_ptr;
public:
     CWords(){internal_ptr = new CString;};
     CWords(char* init_string){internal_ptr = new CString(init_string);};
     ~CWords(){delete internal_ptr;};
     void printout(CClientDC* pDC){pDC->TextOut(0, 0, *internal_ptr);};
     CWords operator+(CWords word2);
     CWords operator=(CWords word2);
     friend CArchive& operator>>(CArchive& ar, CWords &words);
     friend CArchive& operator<<(CArchive& ar, CWords &words);
➢    CWords(const CWords &the_words)
        .
        .
        .
};
```

Visual C++ knows that we're creating a copy constructor in the above statement because of the parameter we pass to it: a constant reference to an object of our class. In the copy constructor, we first allocate a new CString object — one that will not be destroyed when temp goes out of scope:

```
CWords(const CWords &the_words){internal_ptr = new CString;
```

Now we can copy over the data from the temp object to the object copy that we're creating:

```
CWords(const CWords &the_words){internal_ptr = new CString;
➢   *internal_ptr = *the_words.internal_ptr;};
```

Now our program works as before, and safely, even though we allocate memory in temporary objects that go out of scope. The complete new version of our WORDS program appears in Listing 6-5, WORDSDOC.H and WORDSDOC.CPP, and Listing 6-6, WORDSVW.H and WORDSVW.CPP.

LISTING 6-5: WORDSDOC.H and WORDSDOC.CPP with Copy Constructors

```
// wordsdoc.h : interface of the CWordsDoc class
//
/////////////////////////////////////////////////////////////////////////////

class CWords {
// This class can be either array or pointer based.
// To make it array based, uncomment the lines marked //array
// and comment out the lines marked //ptr
private:
//array CString internal_data;
    CString* internal_ptr;        //ptr
public:
//array  CWords(){};
//array  CWords(char* init_string){internal_data = CString(init_string);};
//array  void printout(CClientDC* pDC){pDC->TextOut(0, 0, internal_data);};
    CWords(){internal_ptr = new CString;};                               //ptr
    CWords(char* init_string){internal_ptr = new CString(init_string);}; //ptr
    CWords(const CWords &the_words){internal_ptr = new CString;         //ptr
         *internal_ptr = *the_words.internal_ptr;};                      //ptr
    ~CWords(){delete internal_ptr;};                                     //ptr
    void printout(CClientDC* pDC){pDC->TextOut(0, 0, *internal_ptr);};   //ptr
    CWords operator+(CWords word2);
    CWords operator=(CWords word2);
    friend CArchive& operator>>(CArchive& ar, CWords &words);
    friend CArchive& operator<<(CArchive& ar, CWords &words);
};

class CWordsDoc : public CDocument
{
protected: // create from serialization only
    CWordsDoc();
    DECLARE_DYNCREATE(CWordsDoc)

// Attributes
public:
// Operations
public:

// Implementation
public:
    virtual ~CWordsDoc();
    virtual void Serialize(CArchive& ar);  // overridden for document i/o
#ifdef _DEBUG
    virtual void AssertValid() const;
    virtual void Dump(CDumpContext& dc) const;
```

```
#endif

protected:
    virtual BOOL OnNewDocument();

// Generated message map functions
protected:
    //{{AFX_MSG(CWordsDoc)
        // NOTE - the ClassWizard will add and remove member functions here.
        //  DO NOT EDIT what you see in these blocks of generated code!
    //}}AFX_MSG
    DECLARE_MESSAGE_MAP()
};

/////////////////////////////////////////////////////////////////////////////
// wordsdoc.cpp : implementation of the CWordsDoc class
//

#include "stdafx.h"
#include "words.h"

#include "wordsdoc.h"

#ifdef _DEBUG
#undef THIS_FILE
static char BASED_CODE THIS_FILE[] = __FILE__;
#endif

/////////////////////////////////////////////////////////////////////////////
// CWordsDoc

IMPLEMENT_DYNCREATE(CWordsDoc, CDocument)

BEGIN_MESSAGE_MAP(CWordsDoc, CDocument)
    //{{AFX_MSG_MAP(CWordsDoc)
        // NOTE - the ClassWizard will add and remove mapping macros here.
        //  DO NOT EDIT what you see in these blocks of generated code!
    //}}AFX_MSG_MAP
END_MESSAGE_MAP()

/////////////////////////////////////////////////////////////////////////////
// CWordsDoc construction/destruction

CWordsDoc::CWordsDoc()
{
    // TODO: add one-time construction code here
}

CWordsDoc::~CWordsDoc()
{
}

BOOL CWordsDoc::OnNewDocument()
```

```
{
    if (!CDocument::OnNewDocument())
        return FALSE;

    // TODO: add reinitialization code here
    // (SDI documents will reuse this document)

    return TRUE;
}

/////////////////////////////////////////////////////////////////////////////
// CWordsDoc serialization

void CWordsDoc::Serialize(CArchive& ar)
{
    if (ar.IsStoring())
    {
        // TODO: add storing code here
    }
    else
    {
        // TODO: add loading code here
    }
}

/////////////////////////////////////////////////////////////////////////////
// CWordsDoc diagnostics

#ifdef _DEBUG
void CWordsDoc::AssertValid() const
{
    CDocument::AssertValid();
}

void CWordsDoc::Dump(CDumpContext& dc) const
{
    CDocument::Dump(dc);
}
#endif //_DEBUG

/////////////////////////////////////////////////////////////////////////////
// CWordsDoc commands

CWords CWords::operator+(CWords word2)
{
    CWords temp;
// This class can be either array or pointer based.
// To make it array based, uncomment the lines marked //array
// and comment out the lines marked //ptr
// array temp.internal_data = internal_data;
// array temp.internal_data += word2.internal_data;
    *(temp.internal_ptr) = *internal_ptr;   //ptr
    *(temp.internal_ptr) += *(word2.internal_ptr);   //ptr
```

```
    return temp;  //send back a copy of temp object
}

CWords CWords::operator=(CWords words)
{
//array  internal_data = words.internal_data;
    *internal_ptr = *(words.internal_ptr);   //ptr
    return *this;
}

CArchive& operator>>(CArchive& ar, CWords &words)
{
//array  ar >> words.internal_data;
    ar >> *(words.internal_ptr);      //ptr
    return ar;
}

CArchive& operator<<(CArchive& ar, CWords &words)
{
//array  ar << words.internal_data;
    ar << *(words.internal_ptr);      //ptr
    return ar;
}
```

LISTING 6-6: WORDSVW.H and WORDSVW.CPP

```
// wordsvw.h : interface of the CWordsView class
//
/////////////////////////////////////////////////////////////////////////////

class CWordsView : public CView
{
protected: // create from serialization only
    CWordsView();
    DECLARE_DYNCREATE(CWordsView)

// Attributes
public:
    CWordsDoc* GetDocument();

// Operations
public:

// Implementation
public:
    virtual ~CWordsView();
    virtual void OnDraw(CDC* pDC); // overridden to draw this view
#ifdef _DEBUG
    virtual void AssertValid() const;
    virtual void Dump(CDumpContext& dc) const;
#endif
```

```
protected:

    // Printing support
    virtual BOOL OnPreparePrinting(CPrintInfo* pInfo);
    virtual void OnBeginPrinting(CDC* pDC, CPrintInfo* pInfo);
    virtual void OnEndPrinting(CDC* pDC, CPrintInfo* pInfo);

// Generated message map functions
protected:
    //{{AFX_MSG(CWordsView)
    afx_msg void OnFileWrite();
    //}}AFX_MSG
    DECLARE_MESSAGE_MAP()
};

#ifndef _DEBUG // debug version in wordsvw.cpp
inline CWordsDoc* CWordsView::GetDocument()
   { return (CWordsDoc*)m_pDocument; }
#endif

/////////////////////////////////////////////////////////////////////////////
// wordsvw.cpp : implementation of the CWordsView class
//

#include "stdafx.h"
#include "words.h"

#include "wordsdoc.h"
#include "wordsvw.h"

#ifdef _DEBUG
#undef THIS_FILE
static char BASED_CODE THIS_FILE[] = __FILE__;
#endif

/////////////////////////////////////////////////////////////////////////////
// CWordsView

IMPLEMENT_DYNCREATE(CWordsView, CView)

BEGIN_MESSAGE_MAP(CWordsView, CView)
    //{{AFX_MSG_MAP(CWordsView)
   ON_COMMAND(ID_FILE_WRITE, OnFileWrite)
    //}}AFX_MSG_MAP
    // Standard printing commands
    ON_COMMAND(ID_FILE_PRINT, CView::OnFilePrint)
    ON_COMMAND(ID_FILE_PRINT_PREVIEW, CView::OnFilePrintPreview)
END_MESSAGE_MAP()

/////////////////////////////////////////////////////////////////////////////
// CWordsView construction/destruction

CWordsView::CWordsView()
```

```
{
    // TODO: add construction code here
}

CWordsView::~CWordsView()
{
}

/////////////////////////////////////////////////////////////////////////////
// CWordsView drawing

void CWordsView::OnDraw(CDC* pDC)
{
    CWordsDoc* pDoc = GetDocument();
    ASSERT_VALID(pDoc);

    // TODO: add draw code for native data here
}

/////////////////////////////////////////////////////////////////////////////
// CWordsView printing

BOOL CWordsView::OnPreparePrinting(CPrintInfo* pInfo)
{
    // default preparation
    return DoPreparePrinting(pInfo);
}

void CWordsView::OnBeginPrinting(CDC* /*pDC*/, CPrintInfo* /*pInfo*/)
{
    // TODO: add extra initialization before printing
}

void CWordsView::OnEndPrinting(CDC* /*pDC*/, CPrintInfo* /*pInfo*/)
{
    // TODO: add cleanup after printing
}

/////////////////////////////////////////////////////////////////////////////
// CWordsView diagnostics

#ifdef _DEBUG
void CWordsView::AssertValid() const
{
    CView::AssertValid();
}

void CWordsView::Dump(CDumpContext& dc) const
{
    CView::Dump(dc);
}

CWordsDoc* CWordsView::GetDocument() // non-debug version is inline
```

```
{
    ASSERT(m_pDocument->IsKindOf(RUNTIME_CLASS(CWordsDoc)));
    return (CWordsDoc*)m_pDocument;
}
#endif //_DEBUG

/////////////////////////////////////////////////////////////////////////////
// CWordsView message handlers

void CWordsView::OnFileWrite()
{
    CWords words1, words2, wHello("Hello"), wWorld(" world.");

    words1 = wHello + wWorld;

    CFile the_file;
    CFileException exc;
    char* pfilename = "hello.dat";

    the_file.Open(pfilename, CFile::modeCreate | CFile::modeWrite, &exc);
    CArchive the_out_Archive(&the_file, CArchive::store);
    the_out_Archive << words1;
    the_out_Archive.Close();
    the_file.Close();

    the_file.Open(pfilename, CFile::modeRead, &exc);
    CArchive the_in_Archive(&the_file, CArchive::load);
    the_in_Archive >> words2;
    the_in_Archive.Close();
    the_file.Close();

    CClientDC dc(this);
    words2.printout(&dc);
}
```

That's it for our coverage of operator overloading in Visual C++. Next, we'll explore the MFC class library more thoroughly, digging up some real gems for Visual C++ programmers.

Exploring the Microsoft Foundation Class Library

In this chapter, we're going to explore some of the powerful, predefined classes in the Microsoft Foundation Class Library. As you know, this library is packed with C++ classes, many of which we've already seen. But there's much more to the MFC library, just waiting to be used in Windows applications. We'll start with MFC arrays and lists, including such container classes as CStringArray and CObList. We'll study how to customize the serialization process, using the CObject class. The MFC control classes, too, such as CButton and CEdit, will go under examination.

MFC Array Classes

The MFC array classes help us maintain arrays of data items. Here are the available classes:

- CByteArray
- CDWordArray
- CObArray
- CPtrArray
- CStringArray
- CWordArray

These classes maintain pointers to their elements. You can also use the CObArray member functions listed in Table 7-1 to manage Visual C++ arrays.

TABLE 7-1: CObArray Member Functions

FUNCTION	OPERATION
Add	Adds element to end of array
CObArray	Constructor
ElementAt	Returns element pointer
FreeExtra	Frees unused memory
GetAt	Returns element at specified location
GetSize	Gets number of elements
GetUpperBound	Gets largest possible index
InsertAt	Inserts element at specified index
Operator []	Normal [] array operator
RemoveAll	Removes all elements
RemoveAt	Removes element at specified location
SetAt	Sets value at specified index
SetAtGrow	Sets value at specified index; array can grow
SetSize	Sets size of this array
~CObArray	CObArray destructor

In general, you use the Add(), InsertAt(), or Set() functions to add members to an array, and the GetAt() function or [] operator to retrieve members from the array. For example, let's create a new SDI project named STRARRAY.MAK. In the OnDraw() function, we'll create a CStringArray() named StrArray, with four Cstring objects:

```
void CStrarrayView::OnDraw(CDC* pDC)
{
    CStringArray StrArray;

    CString s0 = "Now";
    CString s1 = "is";
    CString s2 = "the";
    CString s3 = "time.";
        .
        .
        .
```

Now we can add our new CString objects to the string array. What this really does is add pointers to the CString objects to the array.

```
void CStrarrayView::OnDraw(CDC* pDC)
{
    CStringArray StrArray;

    CString s0 = "Now";
    CString s1 = "is";
    CString s2 = "the";
    CString s3 = "time.";

➢   StrArray.Add(s0);
➢   StrArray.Add(s1);
➢   StrArray.Add(s2);
➢   StrArray.Add(s3);
        .
        .
        .
```

And we can print them out using GetSize() and GetAt(), using the CDC function GetTextMetrics() to determine the line height of text in our window, as follows:

```
        .
        .
        .
➢   TEXTMETRIC tm;
➢   CClientDC dc(this);
➢   dc.GetTextMetrics(&tm);

➢   for(int loop_index = 0; loop_index < StrArray.GetSize();loop_index++){
➢       dc.TextOut(0, tm.tmHeight * loop_index, StrArray.GetAt(loop_index));

➢   }
```

If we want to change a member string, all we have to do is create a new string and use SetAt(), and then print out the results (Figure 7-1). In code, it looks like this:

```
        .
        .
        .
➢   CString s4 = "isn't";
➢   StrArray.SetAt(1, s4);

➢   for(int loop_index2 = 0; loop_index2 < StrArray.GetSize(); loop_index2++){
➢       dc.TextOut(0, tm.tmHeight * loop_index2, StrArray.GetAt(loop_index2));
➢   }
}
```

And that's it — it's that easy to use MFC arrays. A significant advantage of MFC arrays is that, since they are based on CObject, they can be serialized easily, as you'll see demonstrated later in this chapter. For your study, STRARVW.H and STRARVW.CPP appear in Listing 7-1.

FIGURE 7-1: We use the CStringArray class to display text in this window.

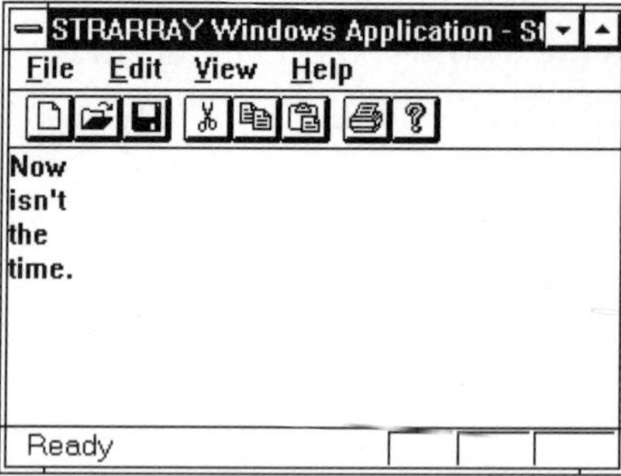

LISTING 7-1: STRARVW.H and STRARVW.CPP//

```
// strarvw.h : interface of the CStrarrayView class
/////////////////////////////////////////////////////////////////////////////

class CStrarrayView : public CView
{
protected: // create from serialization only
    CStrarrayView();
    DECLARE_DYNCREATE(CStrarrayView)

// Attributes
public:
    CStrarrayDoc* GetDocument();

// Operations
public:

// Implementation
public:
    virtual ~CStrarrayView();
    virtual void OnDraw(CDC* pDC); // overridden to draw this view
#ifdef _DEBUG
    virtual void AssertValid() const;
    virtual void Dump(CDumpContext& dc) const;
#endif

  // Printing support
protected:
    virtual BOOL OnPreparePrinting(CPrintInfo* pInfo);
    virtual void OnBeginPrinting(CDC* pDC, CPrintInfo* pInfo);
    virtual void OnEndPrinting(CDC* pDC, CPrintInfo* pInfo);

// Generated message map functions
protected:
    //{{AFX_MSG(CStrarrayView)
    //}}AFX_MSG
    DECLARE_MESSAGE_MAP()
};
```

```
#ifndef _DEBUG  // debug version in strarvw.cpp
inline CStrarrayDoc* CStrarrayView::GetDocument()
   { return (CStrarrayDoc*) m_pDocument; }
#endif

/////////////////////////////////////////////////////////////////////////////
// strarvw.cpp : implementation of the CStrarrayView class
//

#include "stdafx.h"
#include "strarray.h"

#include "strardoc.h"
#include "strarvw.h"

#ifdef _DEBUG
#undef THIS_FILE
static char BASED_CODE THIS_FILE[] = __FILE__;
#endif

/////////////////////////////////////////////////////////////////////////////
// CStrarrayView

IMPLEMENT_DYNCREATE(CStrarrayView, CView)

BEGIN_MESSAGE_MAP(CStrarrayView, CView)
     //{{AFX_MSG_MAP(CStrarrayView)
     //}}AFX_MSG_MAP
     // Standard printing commands
     ON_COMMAND(ID_FILE_PRINT, CView::OnFilePrint)
     ON_COMMAND(ID_FILE_PRINT_PREVIEW, CView::OnFilePrintPreview)
END_MESSAGE_MAP()

/////////////////////////////////////////////////////////////////////////////
// CStrarrayView construction/destruction

CStrarrayView::CStrarrayView()
{
     // TODO: add construction code here
}

CStrarrayView::~CStrarrayView()
{
}

/////////////////////////////////////////////////////////////////////////////
// CStrarrayView drawing

void CStrarrayView::OnDraw(CDC* pDC)
{
     CStringArray StrArray;
```

```
        CString s0 = "Now";
        CString s1 = "is";
        CString s2 = "the";
        CString s3 = "time.";

        StrArray.Add(s0);
        StrArray.Add(s1);
        StrArray.Add(s2);
        StrArray.Add(s3);

        TEXTMETRIC tm;
        CClientDC dc(this);
        dc.GetTextMetrics(&tm);

        for(int loop_index = 0; loop_index < StrArray.GetSize(); loop_index++){
            dc.TextOut(0, tm.tmHeight * loop_index, StrArray.GetAt(loop_index));
        }

        CString s4 = "isn't";
        StrArray.SetAt(1, s4);

        for(int loop_index2 = 0; loop_index2 < StrArray.GetSize(); loop_index2++){
            dc.TextOut(0, tm.tmHeight * loop_index2, StrArray.GetAt(loop_index2));
        }
}

/////////////////////////////////////////////////////////////////////////////
// CStrarrayView printing

BOOL CStrarrayView::OnPreparePrinting(CPrintInfo* pInfo)
{
    // default preparation
    return DoPreparePrinting(pInfo);
}

void CStrarrayView::OnBeginPrinting(CDC* /*pDC*/, CPrintInfo* /*pInfo*/)
{
    // TODO: add extra initialization before printing
}

void CStrarrayView::OnEndPrinting(CDC* /*pDC*/, CPrintInfo* /*pInfo*/)
{
    // TODO: add cleanup after printing
}

/////////////////////////////////////////////////////////////////////////////
// CStrarrayView diagnostics

#ifdef _DEBUG
void CStrarrayView::AssertValid() const
{
    CView::AssertValid();
}
```

```
void CStrarrayView::Dump(CDumpContext& dc) const
{
    CView::Dump(dc);
}

CStrarrayDoc* CStrarrayView::GetDocument() // non-debug version is inline
{
    ASSERT(m_pDocument->IsKindOf(RUNTIME_CLASS(CStrarrayDoc)));
    return (CStrarrayDoc*) m_pDocument;
}

#endif //_DEBUG

/////////////////////////////////////////////////////////////////////////////
// CStrarrayView message handlers
```

MFC List Classes

Besides arrays, the MFC library also offers lists. In programming, a list is a specific type of construction. Although it looks like an array, a list maintains two active indices: a head and a tail.

When you place an element into a list, you place it at the current location of the list's head:

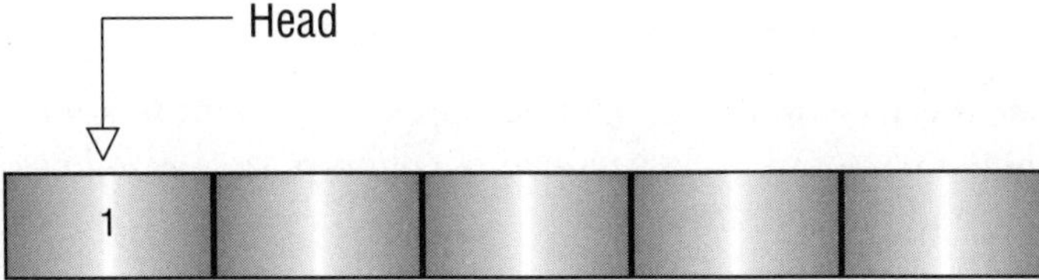

As you add other elements, the head advances:

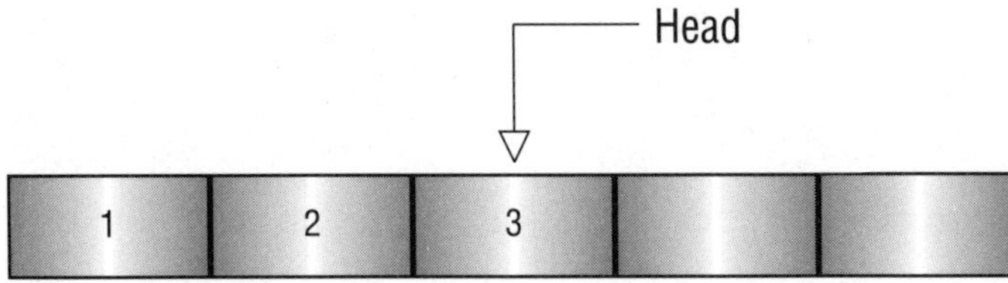

The location of the next element to be read is called the tail:

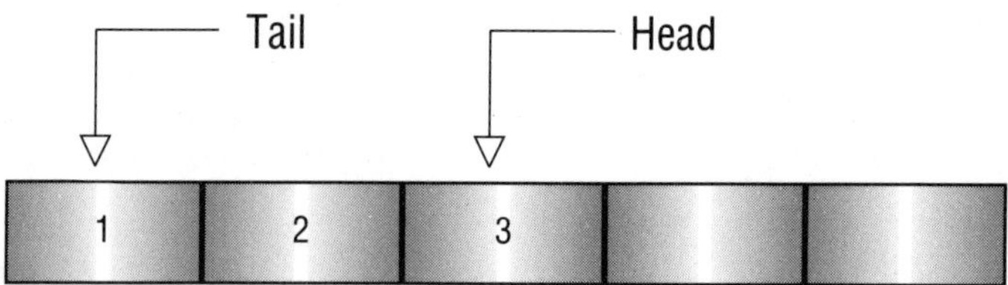

When you read an element, the tail advances:

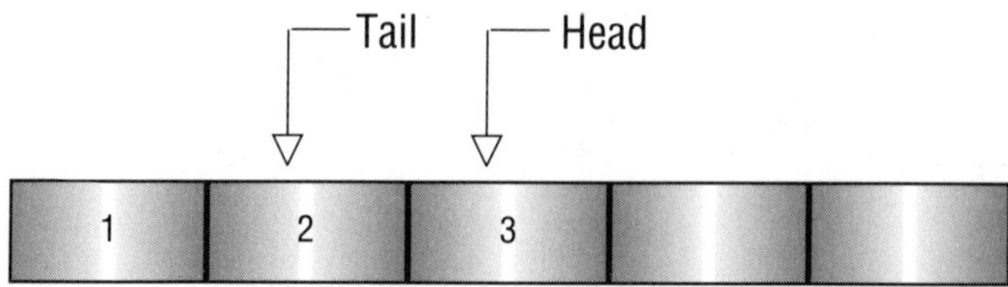

In this way, you can write and read data to and from a list at different rates. The keyboard buffer in your PC operates much like a list, maintaining a head and a tail.

Here are the MFC list classes:

```
CObList   CPtrList   CStringList
```

These classes are based on CObList: its member functions are described in Table 7-2. You can use these functions to manage Visual C++ lists.

Let's see this in action. For example, suppose we want to keep track of some customer accounts. We set up a class named Accounts_Class, as follows, for storing a customer's name and the amount owed:

```
class Accounts_Class : public CObject
{
public:
    Accounts_Class(){};
    Accounts_Class(CString Name, CString MoneyOwed);
    CString         PersonName;
    CString         Owes;
};
```

Our constructor just loads the person's name and the amount they owed:

```
Accounts_Class::Accounts_Class(CString Name, CString MoneyOwed)
{
    PersonName = Name;
    Owes = MoneyOwed;
}
```

Note that we derive Accounts_Class from CObject, allowing us to use the MFC list classes. We create a list class named Accounts_ClassList, derived from CObList:

```
class Accounts_ClassList : public CObList
{
```

```
public:
    Accounts_ClassList(){};
};
```

TABLE 7-2: CObList Member Functions

FUNCTION	OPERATION
AddHead	Adds element at head
AddTail	Adds element at tail
CObList	Constructor
Find	Gets position of indicated element
GetAt	Gets element at indication location
GetCount	Gets total number of elements
GetHead	Gets element at head of list
GetHeadPosition	Gets position of head
GetNext	Gets next element
GetPrev	Gets previous element
GetTail	Gets element at tail
GetTailPosition	Gets position of tail
InsertAfter	Inserts new element after indicated position
InsertBefore	Inserts new element before indicated position
IsEmpty	Returns TRUE if list is empty
RemoveAll	Removes all elements
RemoveAt	Removes element from list
RemoveHead	Removes element at head location
RemoveTail	Removes element at tail location
SetAt	Sets element

Now we can add elements to our list. Create a new SDI project named STRLIST.MAK, and add the above class declarations and the constructor's definition to the document class. Next, open CStrlistView::OnDraw() from STRILVW.CPP, and create a couple of Accounts_Class objects:

```
void CStrlistView::OnDraw(CDC* pDC)
{
    CStrlistDoc* pDoc = GetDocument();
    ASSERT_VALID(pDoc);

    Accounts_Class* customer_ptr_1 = new Accounts_Class("Mary Waldorf", "$5");
    Accounts_Class* customer_ptr_2 = new Accounts_Class("Sam Partridge", "$23");
      .
      .
      .
```

Then we create a list:

```
➢   Accounts_ClassList* customer_list_ptr = new Accounts_ClassList;
```

Next, we add the Accounts_Class elements to the list with the AddHead() function. Note that we add pointers to the elements, not the elements themselves.

```
     void CStrlistView::OnDraw(CDC* pDC)
     {
         CStrlistDoc* pDoc = GetDocument();
         ASSERT_VALID(pDoc);

         Accounts_Class* customer_ptr_1 = new Accounts_Class("Mary Waldorf", "$5");
         Accounts_Class* customer_ptr_2 = new Accounts_Class("Sam Partridge", "$23");
         Accounts_ClassList* customer_list_ptr = new Accounts_ClassList;

➢        customer_list_ptr->AddHead(customer_ptr_1);
➢        customer_list_ptr->AddHead(customer_ptr_2);
             .
             .
             .
```

Now our customer_list is set up this way:

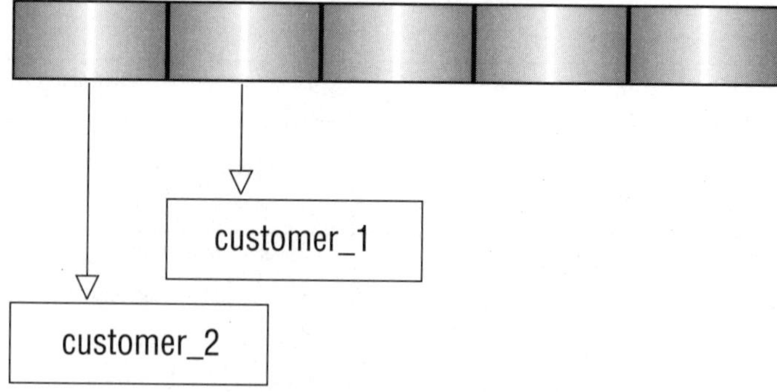

To read from the list, we get the position of the tail (which will be at the start of the list here) with the GetTailPosition() function. This function returns a value of type POSITION (as defined in the MFC libraries). Using GetNext(), we can iterate through our list if we want to. For example, we will get the stored pointer to the first element in the list and print that element. GetNext() automatically moves us on to the next pointer, ready for the next iteration, if there is one. Here is the code for these steps in OnDraw():

```
         .
         .
         .
POSITION pos = customer_list_ptr->GetTailPosition();
pDC->TextOut(0, 0,
     ((Accounts_Class*)customer_list_ptr->GetNext(pos))->PersonName);
         .
         .
         .
```

We've retrieved the first customer from our list, so the name that appears on the screen is Mary Waldorf, as shown in Figure 7-2.

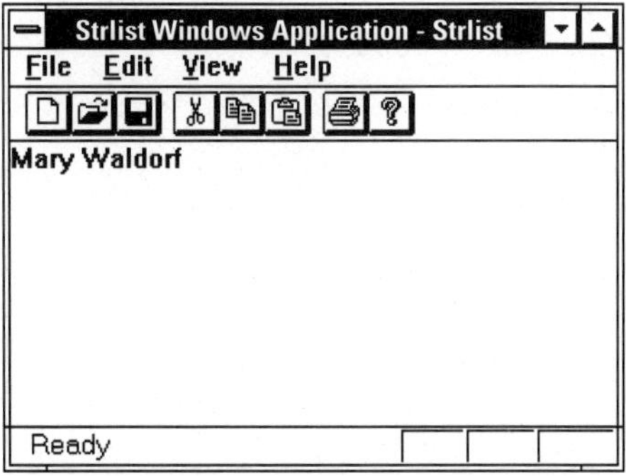

FIGURE 7-2: Retrieved on the screen is the first customer from our list.

And finally, we delete the allocated memory, and exit:

```
        .
        .
        .
      POSITION pos = customer_list_ptr->GetTailPosition();
      pDC->TextOut(0, 0,
          ((Accounts_Class*)customer_list_ptr->GetNext(pos))->PersonName);

➢     delete customer_ptr_1;
➢     delete customer_ptr_2;
➢     delete customer_list_ptr;
  }
```

Let's review how using these functions — GetTailPosition() and GetNext() — lets you iterate through an MFC list. Simply start a POSITION variable at the current tail position:

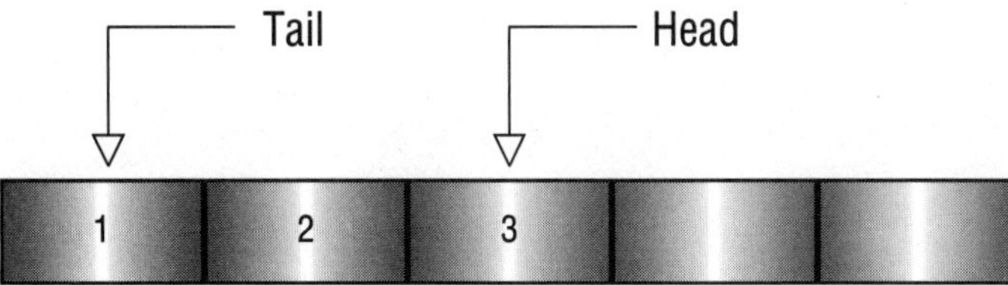

Then work up, toward the list's head, with GetNext():

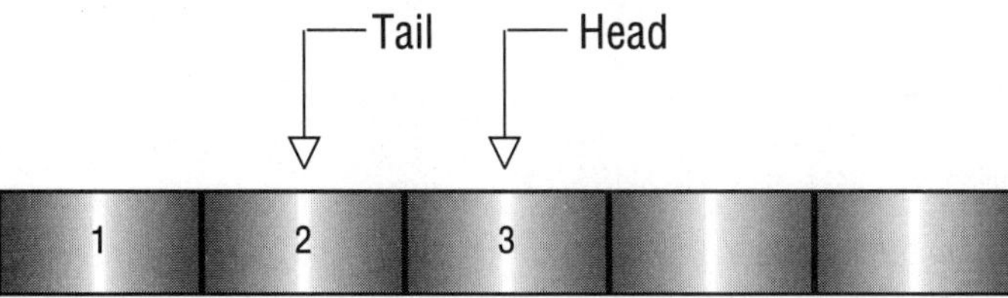

Also, use GetHeadPosition() so you know when to stop reading elements from the list.

For your further study, the code for STRLIDOC.H and STRLIDOC.CPP appears in Listing 7-2, and the code for STRLIVW.H and STRLIVW.CPP appears in Listing 7-3.

Listing 7-2: STRLIDOC.H and STRLICDOC.CPP

```
/ strlidoc.h : interface of the CStrlistDoc class
//
/////////////////////////////////////////////////////////////////////////////

class Accounts_Class : public CObject
{
public:
    Accounts_Class(){};
    Accounts_Class(CString Name, CString MoneyOwed);
    CString  PersonName;
    CString  Owes;
};

class Accounts_ClassList : public CObList
{
public:
    Accounts_ClassList(){};
};

class CStrlistDoc : public CDocument
{
protected: // create from serialization only
    CStrlistDoc();
    DECLARE_DYNCREATE(CStrlistDoc)

// Attributes
public:
// Operations
public:

// Implementation
public:
    virtual ~CStrlistDoc();
    virtual void Serialize(CArchive& ar); // overridden for document i/o
#ifdef _DEBUG
    virtual void AssertValid() const;
    virtual void Dump(CDumpContext& dc) const;
#endif

protected:
    virtual BOOL OnNewDocument();

// Generated message map functions
protected:
    //{{AFX_MSG(CStrlistDoc)
        // NOTE - the ClassWizard will add and remove member functions here.
        //  DO NOT EDIT what you see in these blocks of generated code!
```

```
    //}}AFX_MSG
    DECLARE_MESSAGE_MAP()
};

/////////////////////////////////////////////////////////////////////////////
// strlidoc.cpp : implementation of the CStrlistDoc class
//

#include "stdafx.h"
#include "strlist.h"

#include "strlidoc.h"

#ifdef _DEBUG
#undef THIS_FILE
static char BASED_CODE THIS_FILE[] = __FILE__;
#endif

/////////////////////////////////////////////////////////////////////////////
// CStrlistDoc

IMPLEMENT_DYNCREATE(CStrlistDoc, CDocument)

BEGIN_MESSAGE_MAP(CStrlistDoc, CDocument)
    //{{AFX_MSG_MAP(CStrlistDoc)
        // NOTE - the ClassWizard will add and remove mapping macros here.
        //  DO NOT EDIT what you see in these blocks of generated code!
    //}}AFX_MSG_MAP
END_MESSAGE_MAP()

/////////////////////////////////////////////////////////////////////////////
// CStrlistDoc construction/destruction

CStrlistDoc::CStrlistDoc()
{
    // TODO: add one-time construction code here
}

CStrlistDoc::~CStrlistDoc()
{
}

BOOL CStrlistDoc::OnNewDocument()
{
    if (!CDocument::OnNewDocument())
        return FALSE;

    // TODO: add reinitialization code here
    // (SDI documents will reuse this document)

    return TRUE;
}
```

```
/////////////////////////////////////////////////////////////////////////////
// CStrlistDoc serialization

void CStrlistDoc::Serialize(CArchive& ar)
{
    if (ar.IsStoring())
    {
        // TODO: add storing code here
    }
    else
    {
        // TODO: add loading code here
    }
}

/////////////////////////////////////////////////////////////////////////////
// CStrlistDoc diagnostics

#ifdef _DEBUG
void CStrlistDoc::AssertValid() const
{
    CDocument::AssertValid();
}

void CStrlistDoc::Dump(CDumpContext& dc) const
{
    CDocument::Dump(dc);
}
#endif //_DEBUG

/////////////////////////////////////////////////////////////////////////////
// CStrlistDoc commands

Accounts_Class::Accounts_Class(CString Name, CString MoneyOwed)
{
    PersonName = Name;
    Owes = MoneyOwed;
}
```

LISTING 7-3: STRLIVW.H and STRLIVW.CPP

```
// strlivw.h : interface of the CStrlistView class
//
/////////////////////////////////////////////////////////////////////////////

class CStrlistView : public CView
{
protected: // create from serialization only
    CStrlistView();
    DECLARE_DYNCREATE(CStrlistView)

// Attributes
public:
    CStrlistDoc* GetDocument();
```

```
// Operations
public:

// Implementation
public:
    virtual ~CStrlistView();
    virtual void OnDraw(CDC* pDC); // overridden to draw this view
#ifdef _DEBUG
    virtual void AssertValid() const;
    virtual void Dump(CDumpContext& dc) const;
#endif

protected:

    // Printing support
    virtual BOOL OnPreparePrinting(CPrintInfo* pInfo);
    virtual void OnBeginPrinting(CDC* pDC, CPrintInfo* pInfo);
    virtual void OnEndPrinting(CDC* pDC, CPrintInfo* pInfo);

// Generated message map functions
protected:
    //{{AFX_MSG(CStrlistView)
        // NOTE - the ClassWizard will add and remove member functions here.
        //  DO NOT EDIT what you see in these blocks of generated code!
    //}}AFX_MSG
    DECLARE_MESSAGE_MAP()
};

#ifndef _DEBUG // debug version in strlivw.cpp
inline CStrlistDoc* CStrlistView::GetDocument()
   { return (CStrlistDoc*)m_pDocument; }
#endif

/////////////////////////////////////////////////////////////////////////////
// strlivw.cpp : implementation of the CStrlistView class
//

#include "stdafx.h"
#include "strlist.h"

#include "strlidoc.h"
#include "strlivw.h"

#ifdef _DEBUG
#undef THIS_FILE
static char BASED_CODE THIS_FILE[] = __FILE__;
#endif
/////////////////////////////////////////////////////////////////////////////
// CStrlistView

IMPLEMENT_DYNCREATE(CStrlistView, CView)

BEGIN_MESSAGE_MAP(CStrlistView, CView)
```

```
    //{{AFX_MSG_MAP(CStrlistView)
        // NOTE - the ClassWizard will add and remove mapping macros here.
        //  DO NOT EDIT what you see in these blocks of generated code!
    //}}AFX_MSG_MAP
    // Standard printing commands
    ON_COMMAND(ID_FILE_PRINT, CView::OnFilePrint)
    ON_COMMAND(ID_FILE_PRINT_PREVIEW, CView::OnFilePrintPreview)
END_MESSAGE_MAP()

/////////////////////////////////////////////////////////////////////////////
// CStrlistView construction/destruction

CStrlistView::CStrlistView()
{
    // TODO: add construction code here
}

CStrlistView::~CStrlistView()
{
}

/////////////////////////////////////////////////////////////////////////////
// CStrlistView drawing

void CStrlistView::OnDraw(CDC* pDC)
{
    CStrlistDoc* pDoc = GetDocument();
    ASSERT_VALID(pDoc);

 Accounts_Class* customer_ptr_1 = new Accounts_Class("Mary Waldorf", "$5");
 Accounts_Class* customer_ptr_2 = new Accounts_Class("Sam Partridge", "$23");
 Accounts_ClassList* customer_list_ptr = new Accounts_ClassList;

 customer_list_ptr->AddHead(customer_ptr_1);
 customer_list_ptr->AddHead(customer_ptr_2);

 POSITION pos = customer_list_ptr->GetTailPosition();
 pDC->TextOut(0, 0,
      ((Accounts_Class*)customer_list_ptr->GetNext(pos))->PersonName);

 delete customer_ptr_1;
 delete customer_ptr_2;
 delete customer_list_ptr;
}

/////////////////////////////////////////////////////////////////////////////
// CStrlistView printing

BOOL CStrlistView::OnPreparePrinting(CPrintInfo* pInfo)
{
    // default preparation
    return DoPreparePrinting(pInfo);
}
```

```
void CStrlistView::OnBeginPrinting(CDC* /*pDC*/, CPrintInfo* /*pInfo*/)
{
    // TODO: add extra initialization before printing
}

void CStrlistView::OnEndPrinting(CDC* /*pDC*/, CPrintInfo* /*pInfo*/)
{
    // TODO: add cleanup after printing
}

/////////////////////////////////////////////////////////////////////////////
// CStrlistView diagnostics

#ifdef _DEBUG
void CStrlistView::AssertValid() const
{
    CView::AssertValid();
}

void CStrlistView::Dump(CDumpContext& dc) const
{
    CView::Dump(dc);
}

CStrlistDoc* CStrlistView::GetDocument() // non-debug version is inline
{
    ASSERT(m_pDocument->IsKindOf(RUNTIME_CLASS(CStrlistDoc)));
    return (CStrlistDoc*)m_pDocument;
}
#endif //_DEBUG

/////////////////////////////////////////////////////////////////////////////
// CStrlistView message handlers
```

Serializing with Overloaded << and >> Operators

Because we've derived our Accounts_Class class from CObject, we can serialize it. Serialization is based on the CObject class, and, since we're exploring the MFC library, we'll take a look at that process here. To serialize our class, we have to include the DECLARE_SERIAL() macro in its declaration, this way:

```
class Accounts_Class : public CObject
{
➢    DECLARE_SERIAL(Accounts_Class);
public:
    Accounts_Class(){};
    Accounts_Class(CString Name, CString MoneyOwed);
    CString         PersonName;
    CString         Owes;
};
```

In addition, we have to use the IMPLEMENT_SERIAL() macro in our code (just as you've seen from Class Wizard). Create a new SDI project now, named SERIAL.MAK. Add the Accounts_Class class declaration to SERIADOC.H, and add this line to SERIADOC.CPP:

```
// seriadoc.cpp : implementation of the CSerialDoc class
//

#include "stdafx.h"
#include "serial.h"

#include "seriadoc.h"

#ifdef _DEBUG
#undef THIS_FILE
static char BASED_CODE THIS_FILE[] = __FILE__;
#endif

/////////////////////////////////////////////////////////////////////////////
// CSerialDoc

IMPLEMENT_DYNCREATE(CSerialDoc, CDocument)
➤ IMPLEMENT_SERIAL(Accounts_Class, CObject, 0)
        .
        .
        .
```

Here we indicate that Accounts_Class is derived from CObject. The last argument, 0, is a version number that we can set to whatever we want.

Also, we'll have to set up a Serialize() function for Accounts_Class, in SERIADOC.H:

```
class Accounts_Class : public CObject
{
    DECLARE_SERIAL(Accounts_Class);
public:
    Accounts_Class(){};
    Accounts_Class(CString Name, CString MoneyOwed);
    CString        PersonName;
    CString        Owes;
➤   void Serialize(CArchive& archive);
};
```

This function gets passed a reference to an archive, and we have to send our data to that archive. First, we serialize the base class, CObject, in Accounts_Class::Serialize(). Next, if we're storing data, we send our data (the CStrings named PersonName and Owes) out to the archive:

```
void Accounts_Class::Serialize(CArchive& archive)
{
    CObject::Serialize(archive);
➤   if (archive.IsStoring()) archive << PersonName << Owes;
        .
        .
        .
```

```
}
```

Otherwise, we read data in from the archive:

```
void Accounts_Class::Serialize(CArchive& archive)
{
    CObject::Serialize(archive);
    if (archive.IsStoring()) archive << PersonName << Owes;
    else archive >> PersonName >> Owes;
}
```

Now that we have written the Accounts_Class Serialize() function, let's set up our program's document. In particular, we set up a single object of class Accounts_Class, named customer, in the document to hold the data:

Document

customer

In the document's header file (SERIADOC.H), the code looks like this:

```
class CSerialDoc : public CDocument
{
protected: // create from serialization only
    CSerialDoc();
    DECLARE_DYNCREATE(CSerialDoc)

// Attributes
public:
// Operations
public:
    Accounts_Class customer;
        .
        .
        .
```

With the Serialize() function defined for Accounts_Class, we can serialize our document as follows, in CSerialDoc::Serialize():

```
void CSerialDoc::Serialize(CArchive& ar)
{
    if (ar.IsStoring())
    {

    }
    else
    {

    }
    customer.Serialize();
}
```

On the other hand, if we overload the << and >> operators for the Accounts_Class, we could execute lines like these to keep in the spirit of C++ I/O:

```
    void CSerialDoc::Serialize(CArchive& ar)
    {
        if (ar.IsStoring())
        {
➢           ar << customer;
        }
        else
        {
➢           ar >> customer;
        }
    }
```

Overloading these operators is easy to do. In particular, for the operator<<() — the insertion operator — function, all we have to do is serialize the object passed to us, and return the archive reference we got passed to us earlier:

```
    CArchive& operator<<(CArchive& ar, Accounts_Class &a_customer)
    {
        a_customer.Serialize(ar);
        return ar;
    }
```

Likewise, the operator>>() — the extraction operator — function looks like this:

```
    CArchive& operator>>(CArchive& ar, Accounts_Class &a_customer)
    {
        a_customer.Serialize(ar);
        return ar;
    }
```

We add these two functions to our document's code in SERIADOC.CPP.

Now let's see all this technology at work. We display the customer's name this way, in CSerialView::OnDraw():

```
    void CSerialView::OnDraw(CDC* pDC)
    {
        CSerialDoc* pDoc = GetDocument();
        ASSERT_VALID(pDoc);

➢       pDC->TextOut(0, 0, pDoc->customer.PersonName);
    }
```

This will keep the customer's name on the screen. We load that name in the document's constructor as follows:

```
CSerialDoc::CSerialDoc()
{
      customer.PersonName = "Sam Partridge";
      customer.Owes = "$23.00";
}
```

Now the name "Sam Partridge" appears in the window, as shown in Figure 7-3.

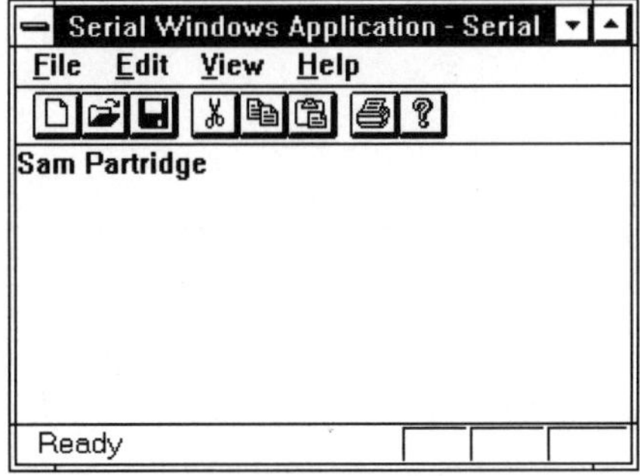

FIGURE 7-3: Our first custom serialization shows the name "Sam Partridge."

When you select the File|Save As and File|Open menu items, the customer object is sent out to disk and read back in. To see this in action, we might change the customer's name along the way from Sam Partridge to, say, Balthazzar Bosch. When the data is read back in, all views are updated to make sure the new name is displayed.

```
void CSerialDoc::Serialize(CArchive& ar)
{
     if (ar.IsStoring())
     {
➢        customer.PersonName = "Balthazzar Bosch";  //Change name
         ar << customer;
     }
     else
     {
         ar >> customer;
➢        UpdateAllViews(NULL);  //update display of first name
     }
}
```

Give this a try; when you run the program the first time, you'll see "Sam Partridge." Save (that is, serialize) the document to a file and quit. Next time you run the program, open that file and you'll see Balthazzar Bosch in the window (Figure 7-4). We've successfully overloaded the << and >> operators to serialize our own objects. You can study the code for SERIADOC.H and SERIADOC.CPP in Listing 7-4; SERIAVW.H and SERIAVW.CPP are in Listing 7-5.

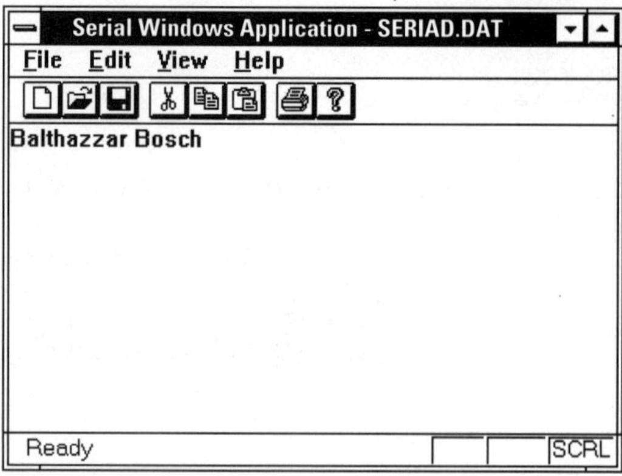

FIGURE 7-4: Now we've replaced the name "Sam Partridge" with the name "Balthazzar Bosch" using a custom serialization.

LISTING 7-4: SERIADOC.H and SERIADOC.CPP

```
// seriadoc.h : interface of the CSerialDoc class
//
/////////////////////////////////////////////////////////////////////////////
class Accounts_Class : public CObject
{
    DECLARE_SERIAL(Accounts_Class);
public:
    Accounts_Class(){};
    Accounts_Class(CString Name, CString MoneyOwed);
    CString        PersonName;
    CString        Owes;
    void Serialize(CArchive& archive);
};

class CSerialDoc : public CDocument
{
protected: // create from serialization only
    CSerialDoc();
    DECLARE_DYNCREATE(CSerialDoc)

// Attributes
public:
// Operations
public:
    Accounts_Class customer;
// Implementation
public:
    virtual ~CSerialDoc();
    virtual void Serialize(CArchive& ar); // overridden for document i/o
#ifdef _DEBUG
    virtual void AssertValid() const;
    virtual void Dump(CDumpContext& dc) const;
#endif

protected:
```

```
    virtual BOOL OnNewDocument();

// Generated message map functions
protected:
    //{{AFX_MSG(CSerialDoc)
        // NOTE - the ClassWizard will add and remove member functions here.
        //  DO NOT EDIT what you see in these blocks of generated code!
    //}}AFX_MSG
    DECLARE_MESSAGE_MAP()
};

/////////////////////////////////////////////////////////////////////////////
// seriadoc.cpp : implementation of the CSerialDoc class
//

#include "stdafx.h"
#include "serial.h"

#include "seriadoc.h"

#ifdef _DEBUG
#undef THIS_FILE
static char BASED_CODE THIS_FILE[] = __FILE__;
#endif

/////////////////////////////////////////////////////////////////////////////
// CSerialDoc

IMPLEMENT_DYNCREATE(CSerialDoc, CDocument)
IMPLEMENT_SERIAL(Accounts_Class, CObject, 0)

BEGIN_MESSAGE_MAP(CSerialDoc, CDocument)
    //{{AFX_MSG_MAP(CSerialDoc)
        // NOTE - the ClassWizard will add and remove mapping macros here.
        //  DO NOT EDIT what you see in these blocks of generated code!
    //}}AFX_MSG_MAP
END_MESSAGE_MAP()

/////////////////////////////////////////////////////////////////////////////
// CSerialDoc construction/destruction

CSerialDoc::CSerialDoc()
{
    customer.PersonName = "Sam Partridge";
    customer.Owes = "$23.00";
}

CSerialDoc::~CSerialDoc()
{
}
BOOL CSerialDoc::OnNewDocument()
{
    if (!CDocument::OnNewDocument())
```

```
        return FALSE;

    // TODO: add reinitialization code here
    // (SDI documents will reuse this document)

    return TRUE;
}

/////////////////////////////////////////////////////////////////////////////
// CSerialDoc serialization
CArchive& operator<<(CArchive& ar, Accounts_Class &a_customer)
{
    a_customer.Serialize(ar);
    return ar;
}

CArchive& operator>>(CArchive& ar, Accounts_Class &a_customer)
{
    a_customer.Serialize(ar);
    return ar;
}

void CSerialDoc::Serialize(CArchive& ar)
{
    if (ar.IsStoring())
    {
        customer.PersonName = "Balthazzar Bosch";  //Change name
        ar << customer;
    }
    else
    {
        ar >> customer;
        UpdateAllViews(NULL);  //update display of first name
    }
}

/////////////////////////////////////////////////////////////////////////////
// CSerialDoc diagnostics

#ifdef _DEBUG
void CSerialDoc::AssertValid() const
{
    CDocument::AssertValid();
}

void CSerialDoc::Dump(CDumpContext& dc) const
{
    CDocument::Dump(dc);
}
#endif //_DEBUG
/////////////////////////////////////////////////////////////////////////////
// CSerialDoc commands
void Accounts_Class::Serialize(CArchive& archive)
```

```
{
    CObject::Serialize(archive);
    if (archive.IsStoring()) archive << PersonName << Owes;
    else archive >> PersonName >> Owes;
}
```

LISTING 7-5: SERIAVW.H and SERIAVW.CPP

```
// seriavw.h : interface of the CSerialView class
//
/////////////////////////////////////////////////////////////////

class CSerialView : public CView
{
protected: // create from serialization only
    CSerialView();
    DECLARE_DYNCREATE(CSerialView)

// Attributes
public:
    CSerialDoc* GetDocument();
    void OnUpdate(CView* pSender, LPARAM lHint, CObject* pHint);

// Operations
public:

// Implementation
public:
    virtual ~CSerialView();
    virtual void OnDraw(CDC* pDC); // overridden to draw this view
#ifdef _DEBUG
    virtual void AssertValid() const;
    virtual void Dump(CDumpContext& dc) const;
#endif

protected:

    // Printing support
    virtual BOOL OnPreparePrinting(CPrintInfo* pInfo);
    virtual void OnBeginPrinting(CDC* pDC, CPrintInfo* pInfo);
    virtual void OnEndPrinting(CDC* pDC, CPrintInfo* pInfo);

// Generated message map functions
protected:
    //{{AFX_MSG(CSerialView)
        // NOTE - the ClassWizard will add and remove member functions here.
        //  DO NOT EDIT what you see in these blocks of generated code
```

```
!
    //}}AFX_MSG
    DECLARE_MESSAGE_MAP()
};

#ifndef _DEBUG // debug version in seriavw.cpp
inline CSerialDoc* CSerialView::GetDocument()
   { return (CSerialDoc*)m_pDocument; }
#endif

////////////////////////////////////////////////////////////////////////////
// seriavw.cpp : implementation of the CSerialView class
//

#include "stdafx.h"
#include "serial.h"

#include "seriadoc.h"
#include "seriavw.h"

#ifdef _DEBUG
#undef THIS_FILE
static char BASED_CODE THIS_FILE[] = __FILE__;
#endif

////////////////////////////////////////////////////////////////////////////
// CSerialView

IMPLEMENT_DYNCREATE(CSerialView, CView)

BEGIN_MESSAGE_MAP(CSerialView, CView)
    //{{AFX_MSG_MAP(CSerialView)
        // NOTE - the ClassWizard will add and remove mapping macros here.
        //  DO NOT EDIT what you see in these blocks of generated code!
    //}}AFX_MSG_MAP
    // Standard printing commands
    ON_COMMAND(ID_FILE_PRINT, CView::OnFilePrint)
    ON_COMMAND(ID_FILE_PRINT_PREVIEW, CView::OnFilePrintPreview)
END_MESSAGE_MAP()

////////////////////////////////////////////////////////////////////////////
// CSerialView construction/destruction

CSerialView::CSerialView()
{
    // TODO: add construction code here
}

CSerialView::~CSerialView()
{
}
```

```
/////////////////////////////////////////////////////////////////////////////
// CSerialView drawing

void CSerialView::OnDraw(CDC* pDC)
{
    CSerialDoc* pDoc = GetDocument();
    ASSERT_VALID(pDoc);

    pDC->TextOut(0, 0, pDoc->customer.PersonName);
}

/////////////////////////////////////////////////////////////////////////////
// CSerialView printing

BOOL CSerialView::OnPreparePrinting(CPrintInfo* pInfo)
{
    // default preparation
    return DoPreparePrinting(pInfo);
}

void CSerialView::OnBeginPrinting(CDC* /*pDC*/, CPrintInfo* /*pInfo*/)
{
    // TODO: add extra initialization before printing
}

void CSerialView::OnEndPrinting(CDC* /*pDC*/, CPrintInfo* /*pInfo*/)
{
    // TODO: add cleanup after printing
}

/////////////////////////////////////////////////////////////////////////////
// CSerialView diagnostics

#ifdef _DEBUG
void CSerialView::AssertValid() const
{
    CView::AssertValid();
}

void CSerialView::Dump(CDumpContext& dc) const
{
    CView::Dump(dc);
}

CSerialDoc* CSerialView::GetDocument() // non-debug version is inline
{
    ASSERT(m_pDocument->IsKindOf(RUNTIME_CLASS(CSerialDoc)));
    return (CSerialDoc*)m_pDocument;
}
#endif //_DEBUG

/////////////////////////////////////////////////////////////////////////////
// CSerialView message handlers
```

```
void CSerialView::OnUpdate(CView* pSender, LPARAM lHint, CObject* pHint)
{
    CSerialDoc* pDoc = GetDocument();
    ASSERT_VALID(pDoc);
    CClientDC dc(this);
    dc.TextOut(0, 0, pDoc->customer.PersonName);
}
```

The MFC Control Classes

You have probably taken advantage of App Studio's tools for setting up buttons, scroll bars, and other controls in dialog boxes. Many programmers, however, would like to use similar controls in their main windows, not just in dialog boxes. App Studio can't help significantly here. Although you can derive a view from a dialog box you've designed using the special MFC CFormView class, this limits the available types of views you can use, as well as much of the functionality you normally want to build into a Visual C++ program. It's usually easier to create a control from one of the MFC control classes — CButton, CEdit, CListBox, CComboBox, or CScrollBar — and to position the control in your main window. Starting with Cbutton, let's examine how to use these handy classes.

CButton

Suppose you want to add a button or two directly to our view, and to tie that button to your code. Doing so is easy with the MFC CButton class. Create a new SDI project now, named BUTTON.MAK, and declare a CButton object named button in the view's header file (BUTTON.H):

```
// buttovw.h : interface of the CButtonView class
//
/////////////////////////////////////////////////////////////////////
class CButtonView : public CView
{
protected: // create from serialization only
    CButtonView();
    DECLARE_DYNCREATE(CButtonView)

// Attributes
public:
    CButtonDoc* GetDocument();
>   CButton button;
        .
        .
        .
```

Our task is to initialize the new button object using CButton's Create() function. This will display the button and watch for button clicks. We will add a new menu named Button to our program, and place a single menu item named Show in that menu. We use

Class Wizard to connect the view function OnButtonShow() to that item. Then, to initialize the button object, we have to set up a rectangle in which to display it (using device coordinates). Here is that code:

```
void CButtonView::OnButtonShow()
{
    CRect rect(0, 0, 100, 50);
                .
                .
                .
}
```

We also have to assign an ID value to the control (a task usually handled by App Studio). We do that in the view's header file (BUTTOVW.H), as follows:

```
// buttovw.h : interface of the CButtonView class
//
/////////////////////////////////////////////////////////////////////////////

➢ #define IDC_BUTTON1 127

class CButtonView : public CView
{
protected: // create from serialization only
    CButtonView();
    DECLARE_DYNCREATE(CButtonView)

// Attributes
public:
    CButtonDoc* GetDocument();
    CButton button;
        .
        .
        .
```

Now we create and show the button, giving it the caption Button1. Since the button is really a child window of the view, we indicate that the view is its parent by passing this pointer as the fourth argument:

```
void CButtonView::OnButtonShow()
{
    CRect rect(0, 0, 100, 50);
➢   button.Create("Button1", WS_VISIBLE | WS_CHILD, rect, this, IDC_BUTTON1);
}
```

Figure 7-5 shows the new button.

The next step is to connect the button to our code. When the button is clicked, it generates a button notification message, BN_CLICKED, which it sends to its parent window (the view). If we were using Class Wizard with an App Studio-designed button, we could connect a click event to an event-handling function, using ON_BN_CLICKED().

In this case, however, we simply add that code ourselves to the message map macro in BUTTONVW.CPP:

```
//////////////////////////////////////////////////////////////////////////
// CButtonView

IMPLEMENT_DYNCREATE(CButtonView, CView)

BEGIN_MESSAGE_MAP(CButtonView, CView)
    //{{AFX_MSG_MAP(CButtonView)
    ON_COMMAND(ID_BUTTON_SHOW, OnButtonShow)
    //}}AFX_MSG_MAP
    // Standard printing commands
    ON_COMMAND(ID_FILE_PRINT, CView::OnFilePrint)
    ON_COMMAND(ID_FILE_PRINT_PREVIEW, CView::OnFilePrintPreview)
➢   ON_BN_CLICKED(IDC_BUTTON1, OnButton1)
END_MESSAGE_MAP()
```

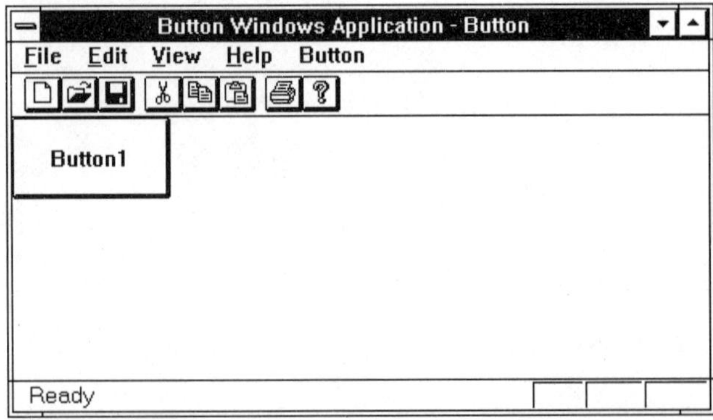

FIGURE 7-5: This new button in the main window is really a child window of the view.

Notice that we've set this up so a function named OnButton1() will handle button clicks. To declare that function in the message map function declaration section of BUTTONVW.H, the keyword afx_msg indicates that OnButton1() is an event handler:

```
// buttovw.h : interface of the CButtonView class
//
//////////////////////////////////////////////////////////////////////////
#define IDC_BUTTON1 127
            .
            .
            .
// Generated message map functions
protected:
    //{{AFX_MSG(CButtonView)
    afx_msg void OnButtonShow();
➢   afx_msg void OnButton1();
    //}}AFX_MSG
    DECLARE_MESSAGE_MAP()
};
```

Finally, we add OnButton1() to our view's code, BUTTONVW.CPP. In this case, we'll simply display a message box confirming that we did get a button click:

```
void CButtonView::OnButton1()
{
➢       MessageBox("You clicked the button.");
}
```

Now we can click our button and handle that event in code, as shown in Figure 7-6. The button program is a success; we have added a control directly to our view. You can study the code for this program, BUTTONVW.H and BUTTONVW.CPP, in Listing 7-6.

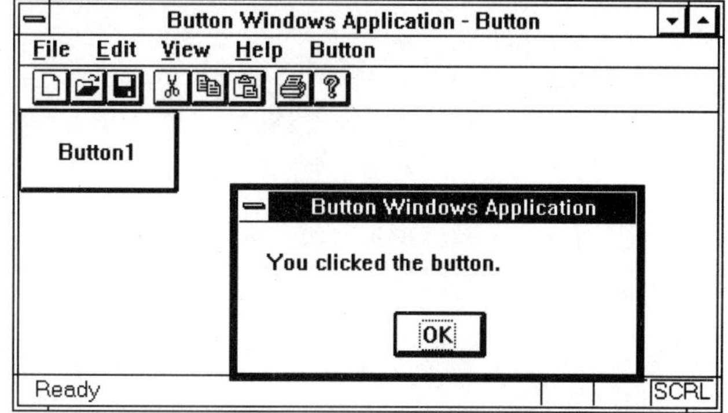

FIGURE 7-6: A message box in the window shows that we indeed got a button click.

LISTING 7-6: BUTTONVW.H AND BUTTONVW.CPP

```
// buttovw.h : interface of the CButtonView class
//
/////////////////////////////////////////////////////////////////////////////
#define IDC_BUTTON1 127
class CButtonView : public CView
{
protected: // create from serialization only
    CButtonView();
    DECLARE_DYNCREATE(CButtonView)

// Attributes
public:
    CButtonDoc* GetDocument();
    CButton button;

// Operations
public:

// Implementation
public:
    virtual ~CButtonView();
    virtual void OnDraw(CDC* pDC); // overridden to draw this view
#ifdef _DEBUG
    virtual void AssertValid() const;
    virtual void Dump(CDumpContext& dc) const;
```

```
#endif

protected:

    // Printing support
    virtual BOOL OnPreparePrinting(CPrintInfo* pInfo);
    virtual void OnBeginPrinting(CDC* pDC, CPrintInfo* pInfo);
    virtual void OnEndPrinting(CDC* pDC, CPrintInfo* pInfo);

// Generated message map functions
protected:
    //{{AFX_MSG(CButtonView)
    afx_msg void OnButtonShow();
    afx_msg void OnButton1();
    //}}AFX_MSG
    DECLARE_MESSAGE_MAP()
};

#ifndef _DEBUG // debug version in buttovw.cpp
inline CButtonDoc* CButtonView::GetDocument()
   { return (CButtonDoc*)m_pDocument; }
#endif

/////////////////////////////////////////////////////////////////////////////
// buttovw.cpp : implementation of the CButtonView class
//

#include "stdafx.h"
#include "button.h"

#include "buttodoc.h"
#include "buttovw.h"

#ifdef _DEBUG
#undef THIS_FILE
static char BASED_CODE THIS_FILE[] = __FILE__;
#endif

/////////////////////////////////////////////////////////////////////////////
// CButtonView

IMPLEMENT_DYNCREATE(CButtonView, CView)

BEGIN_MESSAGE_MAP(CButtonView, CView)
    //{{AFX_MSG_MAP(CButtonView)
    ON_COMMAND(ID_BUTTON_SHOW, OnButtonShow)
    //}}AFX_MSG_MAP
    // Standard printing commands
    ON_COMMAND(ID_FILE_PRINT, CView::OnFilePrint)
    ON_COMMAND(ID_FILE_PRINT_PREVIEW, CView::OnFilePrintPreview)
    ON_BN_CLICKED(IDC_BUTTON1, OnButton1)
END_MESSAGE_MAP()
```

```
/////////////////////////////////////////////////////////////////////////////
// CButtonView construction/destruction

CButtonView::CButtonView()
{
    // TODO: add construction code here
}

CButtonView::~CButtonView()
{
}

/////////////////////////////////////////////////////////////////////////////
// CButtonView drawing

void CButtonView::OnDraw(CDC* pDC)
{
    CButtonDoc* pDoc = GetDocument();
    ASSERT_VALID(pDoc);

    // TODO: add draw code for native data here
}

/////////////////////////////////////////////////////////////////////////////
// CButtonView printing

BOOL CButtonView::OnPreparePrinting(CPrintInfo* pInfo)
{
    // default preparation
    return DoPreparePrinting(pInfo);
}

void CButtonView::OnBeginPrinting(CDC* /*pDC*/, CPrintInfo* /*pInfo*/)
{
    // TODO: add extra initialization before printing
}

void CButtonView::OnEndPrinting(CDC* /*pDC*/, CPrintInfo* /*pInfo*/)
{
    // TODO: add cleanup after printing
}

/////////////////////////////////////////////////////////////////////////////
// CButtonView diagnostics

#ifdef _DEBUG
void CButtonView::AssertValid() const
{
    CView::AssertValid();
}

void CButtonView::Dump(CDumpContext& dc) conWt
{
    CView::Dump(dc);
```

```
}

CButtonDoc* CButtonView::GetDocument() // non-debug version is inline
{
    ASSERT(m_pDocument->IsKindOf(RUNTIME_CLASS(CButtonDoc)));
    return (CButtonDoc*)m_pDocument;
}
#endif //_DEBUG

//////////////////////////////////////////////////////////////////////////////
// CButtonView message handlers

void CButtonView::OnButtonShow()
{
    CRect rect(0, 0, 100, 50);
    button.Create("Button1", WS_VISIBLE | WS_CHILD, rect, this, IDC_BUTTON1);
}

void CButtonView::OnButton1()
{
    MessageBox("You clicked the button.");

}
```

CEdit

As the CButton class allows us to put buttons in our windows, the CEdit class does the same for edit controls (also called text boxes), in a process similiar to what we've just done with CButton. First, we create a program named EDIT.MAK and embed an edit object in the view. In this segment from EDITVIEW.H, note that Class Wizard calls our view class CMyEditView to avoid confusion with the CEditView class:

```
// editview.h : interface of the CMyEditView class
//
//////////////////////////////////////////////////////////////////////////////

class CMyEditView : public CView
{
protected: // create from serialization only
    CMyEditView();
    DECLARE_DYNCREATE(CMyEditView)

// Attributes
public:
    CEditDoc* GetDocument();
➢   CEdit edit;
        .
        .
        .
```

Next, we add a menu named EditBox to the view class, containing a single item named Show. We create OnEditboxShow() with Class Wizard, open that function, and create a rectangle in which to place the new edit control:

```
void CMyEditView::OnEditboxShow()
{
    CRect rect(0, 0, 100, 30);
        .
        .
        .
}
```

In this segment from EDITVIEW.H, we give the edit control its own ID in the view's header file:

```
// editview.h : interface of the CMyEditView class
//
/////////////////////////////////////////////////////////////////////////////

➢ #define IDC_EDIT1 127

class CMyEditView : public CView
{
protected: // create from serialization only
    CMyEditView();
    DECLARE_DYNCREATE(CMyEditView)

// Attributes
public:
    CEditDoc* GetDocument();
    CEdit edit;
        .
        .
        .
```

Then we create and show the edit control. The edit style ES_LEFT argument creates a text box with left-justified text:

```
void CMyEditView::OnEditboxShow()
{
    CRect rect(1, 1, 99, 29);
    edit.Create(WS_CHILD | WS_VISIBLE | ES_LEFT, rect, this, IDC_EDIT1);
        .
        .
        .
}
```

Now the edit control is displayed — but it is invisible because edit controls do not display a border by default. One way to add a border would be by deriving a class from CEdit, attaching a message map to it, and using the WS_BORDER window style when the text box window is created. However, since edit controls usually have just a simple, single-pixel border around them, we can draw one ourselves.

First, we shrink the edit control a little, and then we can place a box around it, like this:

```
void CMyEditView::OnEditboxShow()
{
➤   CRect rect(1, 1, 99, 29);
    edit.Create(WS_CHILD | WS_VISIBLE | ES_LEFT, rect, this, IDC_EDIT1);
➤   CClientDC dc(this);
➤   rect = CRect(0, 0, 100, 30);
➤   dc.Rectangle(rect);
        .
        .
        .
}
```

We also set a Boolean flag named bVisible to TRUE, so that we can coordinate drawing the border with the OnDraw() function, as well. We declare bVisible in the view's header, and set it to FALSE in the view's construtor:

```
void CMyEditView::OnEditboxShow()
{
    CRect rect(1, 1, 99, 29);
    edit.Create(WS_CHILD | WS_VISIBLE | ES_LEFT, rect, this, IDC_EDIT1);
    CClientDC dc(this);
    rect = CRect(0, 0, 100, 30);
    dc.Rectangle(rect);
➤   bVisible = TRUE;
}
```

The OnDraw() function will look like this:

```
void CMyEditView::OnDraw(CDC* pDC)
{
    CEditDoc* pDoc = GetDocument();
    ASSERT_VALID(pDoc);
    if(bVisible){
          CRect rect(0, 0, 100, 30);
          CClientDC dc(this);
          dc.Rectangle(rect);
    }
}
```

Now the text box appears in our window, and we can type text in it, as shown in Figure 7-7. Eventually, that text will also appear in our message box.

When text is typed in the edit control text box, we must generate EN_CHANGE edit notification messages and intercept them with the ON_EN_CHANGE() macro. This code segment is from EDITVIEW.CPP:

```
/////////////////////////////////////////////////////////////////////////////
// CMyEditView

IMPLEMENT_DYNCREATE(CMyEditView, CView)

BEGIN_MESSAGE_MAP(CMyEditView, CView)
```

```
    //{{AFX_MSG_MAP(CMyEditView)
    ON_COMMAND(ID_EDITBOX_SHOW, OnEditboxShow)
    //}}AFX_MSG_MAP
    // Standard printing commands
    ON_COMMAND(ID_FILE_PRINT, CView::OnFilePrint)
    ON_COMMAND(ID_FILE_PRINT_PREVIEW, CView::OnFilePrintPreview)
➢   ON_EN_CHANGE(IDC_EDIT1, OnEdit1Change)
END_MESSAGE_MAP()
```

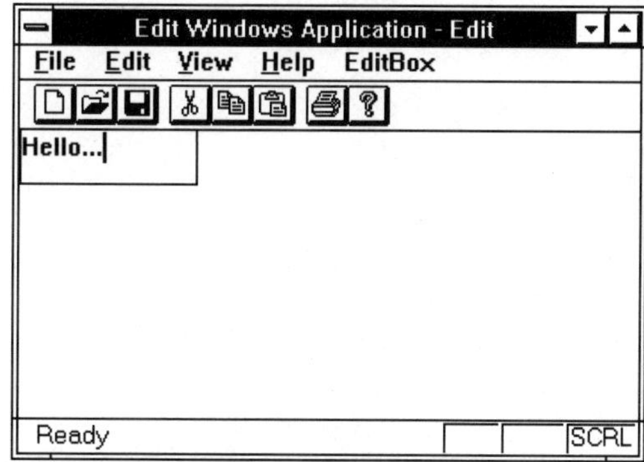

FIGURE 7-7: Here, we typed "Hello..." in the text box.

Since we've added a new function, OnEdit1Change(), to our view, we must include its prototype in the view's header, like this:

```
// editview.h : interface of the CMyEditView class
//
/////////////////////////////////////////////////////////////////////////////
#define IDC_EDIT1 127

class CMyEditView : public CView
{
protected: // create from serialization only
            .
            .
            .
// Generated message map functions
protected:
    //{{AFX_MSG(CMyEditView)
    afx_msg void OnEditboxShow();
➢   afx_msg void OnEdit1Change();
    //}}AFX_MSG
    DECLARE_MESSAGE_MAP()
};
```

Finally, we set up the OnEdit1Change() function in EDITVIEW.CPP. When this function is called, it means the user has changed something in the text box. We get the new text and display it, like this:

```
void CMyEditView::OnEdit1Change()
{
    CString text;
```

```
        edit.GetWindowText(text);
        MessageBox(text);
            .
            .
            .
}
```

After the message box is removed from the screen, we set the focus back to the edit control, using the handy CWnd function SetFocus(), so the user can keep typing:

```
void CMyEditView::OnEdit1Change()
{
    CString text;
    edit.GetWindowText(text);
    MessageBox(text);
➢   edit.SetFocus();
}
```

Now every time a change is made to the edit control (text box), the message box appears, displaying the new text, as shown in Figure 7-8. You'll find the complete code for this program, EDITVW.H and EDITVW.CPP, in Listing 7-7.

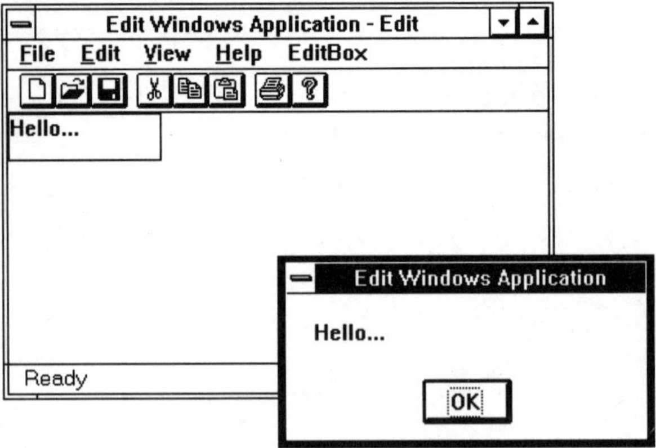

FIGURE 7-8: A message box appears displaying the text we typed in the text box.

LISTING 7-7: EDITVW.H and EDITVW.CPP

```
// editview.h : interface of the CMyEditView class
//
/////////////////////////////////////////////////////////////////////////////
#define IDC_EDIT1 127

class CMyEditView : public CView
{
protected: // create from serialization only
    CMyEditView();
    DECLARE_DYNCREATE(CMyEditView)

// Attributes
public:
    CEditDoc* GetDocument();
```

```
    CEdit edit;
    BOOL bVisible;
// Operations
public:

// Implementation
public:
    virtual ~CMyEditView();
    virtual void OnDraw(CDC* pDC); // overridden to draw this view
#ifdef _DEBUG
    virtual void AssertValid() const;
    virtual void Dump(CDumpContext& dc) const;
#endif

protected:

    // Printing support
    virtual BOOL OnPreparePrinting(CPrintInfo* pInfo);
    virtual void OnBeginPrinting(CDC* pDC, CPrintInfo* pInfo);
    virtual void OnEndPrinting(CDC* pDC, CPrintInfo* pInfo);

// Generated message map functions
protected:
    //{{AFX_MSG(CMyEditView)
    afx_msg void OnEditboxShow();
    afx_msg void OnEdit1Change();
    //}}AFX_MSG
    DECLARE_MESSAGE_MAP()
};

#ifndef _DEBUG // debug version in editview.cpp
inline CEditDoc* CMyEditView::GetDocument()
   { return (CEditDoc*)m_pDocument; }
#endif

/////////////////////////////////////////////////////////////////////////////
// editview.cpp : implementation of the CMyEditView class
//

#include "stdafx.h"
#include "edit.h"

#include "editdoc.h"
#include "editview.h"

#ifdef _DEBUG
#undef THIS_FILE
static char BASED_CODE THIS_FILE[] = __FILE__;
#endif

/////////////////////////////////////////////////////////////////////////////
// CMyEditView
```

```
IMPLEMENT_DYNCREATE(CMyEditView, CView)

BEGIN_MESSAGE_MAP(CMyEditView, CView)
    //{{AFX_MSG_MAP(CMyEditView)
    ON_COMMAND(ID_EDITBOX_SHOW, OnEditboxShow)
    //}}AFX_MSG_MAP
    // Standard printing commands
    ON_COMMAND(ID_FILE_PRINT, CView::OnFilePrint)
    ON_COMMAND(ID_FILE_PRINT_PREVIEW, CView::OnFilePrintPreview)
    ON_EN_CHANGE(IDC_EDIT1, OnEdit1Change)
END_MESSAGE_MAP()

/////////////////////////////////////////////////////////////////////////////
// CMyEditView construction/destruction

CMyEditView::CMyEditView()
{
    bVisible = FALSE;
}

CMyEditView::~CMyEditView()
{
}

/////////////////////////////////////////////////////////////////////////////
// CMyEditView drawing

void CMyEditView::OnDraw(CDC* pDC)
{
    CEditDoc* pDoc = GetDocument();
    ASSERT_VALID(pDoc);
    if(bVisible){
        CRect rect(0, 0, 100, 30);
        CClientDC dc(this);
        dc.Rectangle(rect);
    }
}

/////////////////////////////////////////////////////////////////////////////
// CMyEditView printing

BOOL CMyEditView::OnPreparePrinting(CPrintInfo* pInfo)
{
    // default preparation
    return DoPreparePrinting(pInfo);
}

void CMyEditView::OnBeginPrinting(CDC* /*pDC*/, CPrintInfo* /*pInfo*/)
{
    // TODO: add extra initialization before printing
}

void CMyEditView::OnEndPrinting(CDC* /*pDC*/, CPrintInfo* /*pInfo*/)
```

```
{
    // TODO: add cleanup after printing
}

/////////////////////////////////////////////////////////////////////////////
// CMyEditView diagnostics

#ifdef _DEBUG
void CMyEditView::AssertValid() const
{
    CView::AssertValid();
}

void CMyEditView::Dump(CDumpContext& dc) const
{
    CView::Dump(dc);
}

CEditDoc* CMyEditView::GetDocument() // non-debug version is inline
{
    ASSERT(m_pDocument->IsKindOf(RUNTIME_CLASS(CEditDoc)));
    return (CEditDoc*)m_pDocument;
}
#endif //_DEBUG

/////////////////////////////////////////////////////////////////////////////
// CMyEditView message handlers

void CMyEditView::OnEditboxShow()
{
    CRect rect(1, 1, 99, 29);
    edit.Create(WS_CHILD | WS_VISIBLE | ES_LEFT, rect, this, IDC_EDIT1);
    CClientDC dc(this);
    rect = CRect(0, 0, 100, 30);
    dc.Rectangle(rect);
    bVisible = TRUE;
}

void CMyEditView::OnEdit1Change()
{
    CString text;
    edit.GetWindowText(text);
    MessageBox(text);
    edit.SetFocus();
}
```

CListBox

With the CListBox class, we can place list boxes in our main window. To see this at work, we create a new SDI project named LIST.MAK, and add a menu named ListBox to the view, containing the item Show. Next, we create an object of our control's class and give it an ID number in the view's header. Like edit controls, list boxes do not have a border by default, so we'll draw one. To do that, we also add a Boolean variable named bVisible to coordinate drawing with OnDraw(). Here, from LISTVIEW.H, is the code for all these elements:

```
     // listview.h : interface of the CListView class
     //
     /////////////////////////////////////////////////////////////////////////////

➢    #define IDC_LIST1 127

     class CListView : public CView
     {
     protected: // create from serialization only
         CListView();
         DECLARE_DYNCREATE(CListView)

     // Attributes
     public:
         CListDoc* GetDocument();
➢        CListBox listbox;
➢        BOOL bVisible;
             .
             .
             .
```

Our next step, in OnListboxShow(), is to create the list box and show it. Note: It is very important at this point to include the list box style LBS_NOTIFY, so that messages will be sent when the user changes the selection in the listbox, or double-clicks on it:

```
     void CListView::OnListboxShow()
     {
         CRect rect(2, 2, 198, 198);
➢        listbox.Create(WS_CHILD | WS_VISIBLE | LBS_NOTIFY, rect, this, IDC_LIST1);
             .
             .
             .
     }
```

To add selectable data to the list box, we use the CListBox member function AddString(). And finally, we display a rectangle around the list box and set bVisible to TRUE:

```
     void CListView::OnListboxShow()
     {
         CRect rect(2, 2, 198, 198);
         listbox.Create(WS_CHILD | WS_VISIBLE | LBS_NOTIFY, rect, this, IDC_LIST1);
➢        listbox.AddString(CString("Hello"));
```

```
➤       listbox.AddString(CString("world."));
➤       rect = CRect(0, 0, 200, 200);
➤       CClientDC dc(this);
➤       dc.Rectangle(rect);
➤       bVisible = TRUE;
    }
```

In the OnDraw() function, we also must draw the rectangle around the list box when the function as called:

```
    void CListView::OnDraw(CDC* pDC)
    {
        CListDoc* pDoc = GetDocument();
        ASSERT_VALID(pDoc);

        CRect rect(0, 0, 200, 200);
        if(bVisible){
            CClientDC dc(this);
            dc.Rectangle(rect);
        }
    }
```

Figure 7-9 shows how our list box now appears in the window. So far, our program is a success.

FIGURE 7-9: The main window now contains a list box.

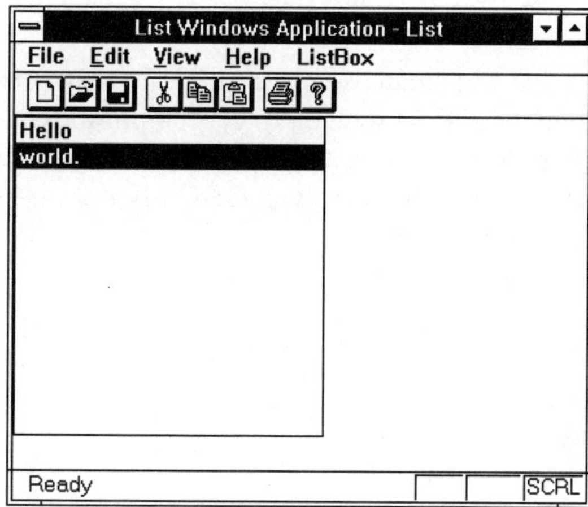

When the user double-clicks something in the list box, a LBN_DBLCLK list-box notification is sent to our view, and we intercept it as follows in a function named OnList1DblClick(), in LISTVIEW.CPP:

```
////////////////////////////////////////////////////////////////////////////
// CListView

IMPLEMENT_DYNCREATE(CListView, CView)

BEGIN_MESSAGE_MAP(CListView, CView)
    //{{AFX_MSG_MAP(CListView)
```

```
        ON_COMMAND(ID_LISTBOX_SHOW, OnListboxShow)
        //}}AFX_MSG_MAP
        // Standard printing commands
        ON_COMMAND(ID_FILE_PRINT, CView::OnFilePrint)
        ON_COMMAND(ID_FILE_PRINT_PREVIEW, CView::OnFilePrintPreview)
➢       ON_LBN_DBLCLK(IDC_LIST1, OnList1DblClick)
    END_MESSAGE_MAP()
```

We also declare OnList1DblClick() in LISTVIEW.H:

```
    // listview.h : interface of the CListView class
    //
    /////////////////////////////////////////////////////////////////////////////

    #define IDC_LIST1 127
        .
        .
        .
    // Generated message map functions
    protected:
        //{{AFX_MSG(CListView)
        afx_msg void OnListboxShow();
➢       afx_msg void OnList1DblClick();
        //}}AFX_MSG
        DECLARE_MESSAGE_MAP()
    };
```

Now we have to create the function CListView::OnList1DblClick() in the view (LISTVIEW.CPP). We also need to get the number of the item that was double-clicked. (The top item in the list box is item 0, the next item down is item 1, and so on.) To do this, we use the CListBox function, GetCurSel(). These steps, including displaying the item's number, are shown here:

```
    void CListView::OnList1DblClick()
    {
➢       int nSelection = listbox.GetCurSel();
➢       char out_string[50];
➢       wsprintf(out_string, "Item number selected: %d", nSelection);
➢       MessageBox(CString(out_string));
    }
```

Now when LIST.EXE runs, the user can double-click either "Hello" or "world," and the message box will display the number of the selected item, as shown in Figure 7-10. The code for this program, LISTVIEW.H and LISTVW.CPP, appears for your further study in Listing 7-8.

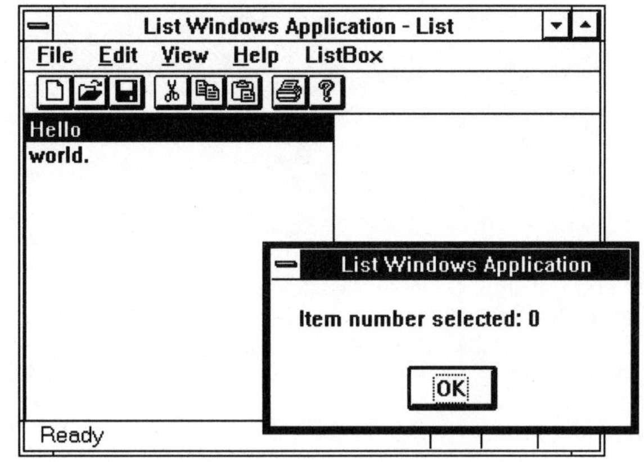

FIGURE 7-10: When the user double-clicks on the top item in the list box, the message box displays the item number selected.

LISTING 7-8: LISTVIEW.H and LISTVW.CPP

```
// listview.h : interface of the CListView class
//
/////////////////////////////////////////////////////////////////////////////

#define IDC_LIST1 127

class CListView : public CView
{
protected: // create from serialization only
    CListView();
    DECLARE_DYNCREATE(CListView)

// Attributes
public:
    CListDoc* GetDocument();
    CListBox listbox;
    BOOL bVisible;
// Operations
public:

// Implementation
public:
    virtual ~CListView();
    virtual void OnDraw(CDC* pDC); // overridden to draw this view
#ifdef _DEBUG
    virtual void AssertValid() const;
    virtual void Dump(CDumpContext& dc) const;
#endif

protected:

    // Printing support
    virtual BOOL OnPreparePrinting(CPrintInfo* pInfo);
    virtual void OnBeginPrinting(CDC* pDC, CPrintInfo* pInfo);
    virtual void OnEndPrinting(CDC* pDC, CPrintInfo* pInfo);
```

```
// Generated message map functions
protected:
    //{{AFX_MSG(CListView)
    afx_msg void OnListboxShow();
    afx_msg void OnList1DblClick();
    //}}AFX_MSG
    DECLARE_MESSAGE_MAP()
};

#ifndef _DEBUG // debug version in listview.cpp
inline CListDoc* CListView::GetDocument()
   { return (CListDoc*)m_pDocument; }
#endif

/////////////////////////////////////////////////////////////////////////////
// listview.cpp : implementation of the CListView class
//

#include "stdafx.h"
#include "list.h"

#include "listdoc.h"
#include "listview.h"

#ifdef _DEBUG
#undef THIS_FILE
static char BASED_CODE THIS_FILE[] = __FILE__;
#endif

/////////////////////////////////////////////////////////////////////////////
// CListView

IMPLEMENT_DYNCREATE(CListView, CView)

BEGIN_MESSAGE_MAP(CListView, CView)
    //{{AFX_MSG_MAP(CListView)
    ON_COMMAND(ID_LISTBOX_SHOW, OnListboxShow)
    //}}AFX_MSG_MAP
    // Standard printing commands
    ON_COMMAND(ID_FILE_PRINT, CView::OnFilePrint)
    ON_COMMAND(ID_FILE_PRINT_PREVIEW, CView::OnFilePrintPreview)
    ON_LBN_DBLCLK(IDC_LIST1, OnList1DblClick)
END_MESSAGE_MAP()

/////////////////////////////////////////////////////////////////////////////
// CListView construction/destruction

CListView::CListView()
{
    bVisible = FALSE;
}

CListView::~CListView()
```

```
{
}

///////////////////////////////////////////////////////////////////////////
// CListView drawing

void CListView::OnDraw(CDC* pDC)
{
    CListDoc* pDoc = GetDocument();
    ASSERT_VALID(pDoc);

    CRect rect(0, 0, 200, 200);
    if(bVisible){
        CClientDC dc(this);
        dc.Rectangle(rect);
    }
}

///////////////////////////////////////////////////////////////////////////
// CListView printing

BOOL CListView::OnPreparePrinting(CPrintInfo* pInfo)
{
    // default preparation
    return DoPreparePrinting(pInfo);
}

void CListView::OnBeginPrinting(CDC* /*pDC*/, CPrintInfo* /*pInfo*/)
{
    // TODO: add extra initialization before printing
}

void CListView::OnEndPrinting(CDC* /*pDC*/, CPrintInfo* /*pInfo*/)
{
    // TODO: add cleanup after printing
}

///////////////////////////////////////////////////////////////////////////
// CListView diagnostics

#ifdef _DEBUG
void CListView::AssertValid() const
{
    CView::AssertValid();
}

void CListView::Dump(CDumpContext& dc) const
{
    CView::Dump(dc);
}

CListDoc* CListView::GetDocument() // non-debug version is inline
{
    ASSERT(m_pDocument->IsKindOf(RUNTIME_CLASS(CListDoc)));
```

```
        return (CListDoc*)m_pDocument;
    }
    #endif //_DEBUG

    ///////////////////////////////////////////////////////////////////////////
    // CListView message handlers

    void CListView::OnListboxShow()
    {
        CRect rect(2, 2, 198, 198);
        listbox.Create(WS_CHILD | WS_VISIBLE | LBS_NOTIFY, rect, this, IDC_LIST1);
        listbox.AddString(CString("Hello"));
        listbox.AddString(CString("world."));
        bVisible = TRUE;
    }

    void CListView::OnList1DblClick()
    {
        int nSelection = listbox.GetCurSel();
        char out_string[50];
        wsprintf(out_string, "Item number selected: %d", nSelection);
        MessageBox(CString(out_string));
    }
```

CComboBox

Now that you've worked with a CListBox object, you'll find that CComboBox is very similar: A combo box is really just a list box with an edit control added. First, we set up an embedded combo box named Combo in the view class of a new SDI project, COMBO.MAK:

```
    // combovw.h : interface of the CComboView class
    //
    ///////////////////////////////////////////////////////////////////////////

➢   #define IDC_COMBO1 127

    class CComboView : public CView
    {
    protected: // create from serialization only
        CComboView();
        DECLARE_DYNCREATE(CComboView)

    // Attributes
    public:
        CComboDoc* GetDocument();
➢       CComboBox combo;
            .
            .
            .
```

Then, as with the list box, we connect a menu item named Show in a menu named Combo to a function called OnComboboxshow(). We first just create our combo box and add a few strings to it. This time, however, we don't have to draw it, because combo boxes do come with a default border.

```
void CComboView::OnComboboxShow()
{
➢     CRect rect(0, 0, 100, 200);
➢     combo.Create(WS_CHILD | WS_VISIBLE | CBS_SIMPLE,rect, this, IDC_COMBO1);
➢     combo.AddString(CString("Hello"));
➢     combo.AddString(CString("world."));
}
```

At this point, our combo box appears as shown in Figure 7-11.

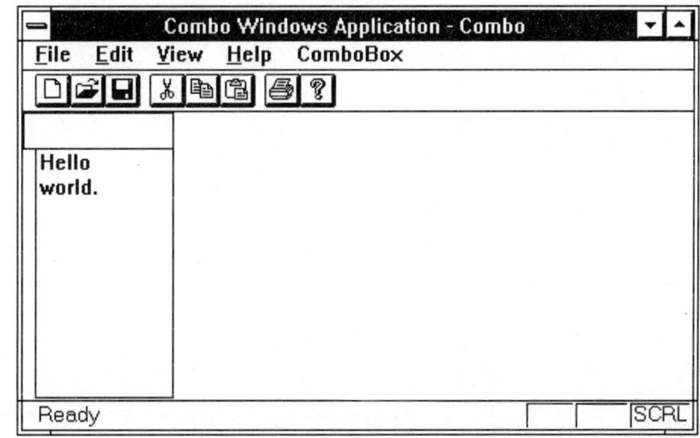

FIGURE 7-11: The main window displays a combo box with the strings "Hello" and "World."

You've already learned how to use list-box events such as double-clicks. In this case, we need to use the edit control in the combo box, instead. When a change is made to the edit control (the text box), a CBN_EDITCHANGE message is sent, and we connect a function named OnCombo1() to that message, as shown here in COMBOVW.CPP:

```
/////////////////////////////////////////////////////////////////////////////
// CComboView

IMPLEMENT_DYNCREATE(CComboView, CView)

BEGIN_MESSAGE_MAP(CComboView, CView)
    //{{AFX_MSG_MAP(CComboView)
    ON_COMMAND(ID_COMBOBOX_SHOW, OnComboboxShow)
    //}}AFX_MSG_MAP
    // Standard printing commands
    ON_COMMAND(ID_FILE_PRINT, CView::OnFilePrint)
    ON_COMMAND(ID_FILE_PRINT_PREVIEW, CView::OnFilePrintPreview)
➢   ON_CBN_EDITCHANGE(IDC_COMBO1, OnCombo1)
END_MESSAGE_MAP()
```

We also declare that function as a message map function in the view's header file (COMBOVW.H):

```
// combovw.h : interface of the CComboView class
//
/////////////////////////////////////////////////////////////////////////////

#define IDC_COMBO1 127
        .
        .
        .
// Generated message map functions
protected:
    //{{AFX_MSG(CComboView)
    afx_msg void OnComboboxShow();
➢   afx_msg void OnCombo1();
    //}}AFX_MSG
    DECLARE_MESSAGE_MAP()
};
```

Now we can add the OnCombo1() function to the view's code file (COMBOVW.CPP). This function will be called when the user makes a change to the edit control in the combo box. We get the edit control's text with GetWindowText(), and display it in a message box this way:

```
void CComboView::OnCombo1()
{
    CString out_string;
    combo.GetWindowText(out_string);
    MessageBox(out_string);
}
```

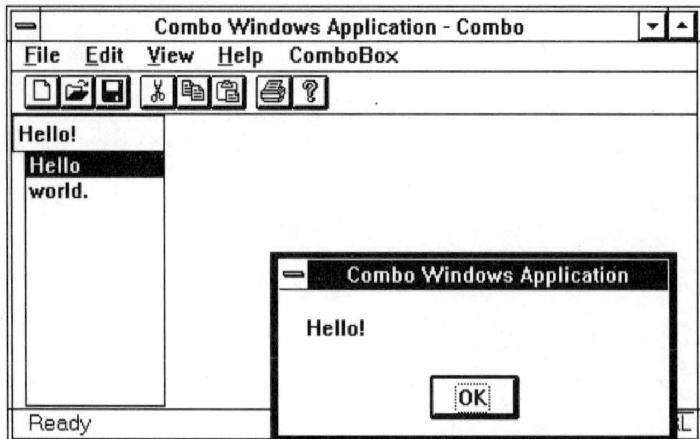

FIGURE 7-12: The message box shows the highlighted text from the combo box.

Now when the user makes a change to the edit control, the new text is displayed in a message box as shown in Figure 7-12. For your further study, the code for COMBOVW.H and COMBOVW.CP, appears in Listing 7-9.

LISTING 7-9: COMBOVW.H and COMBOVW.CPP

```
// combovw.h : interface of the CComboView class
//
/////////////////////////////////////////////////////////////////////////

#define IDC_COMBO1 127

class CComboView : public CView
{
protected: // create from serialization only
    CComboView();
    DECLARE_DYNCREATE(CComboView)

// Attributes
public:
    CComboDoc* GetDocument();
    CComboBox combo;
// Operations
public:

// Implementation
public:
    virtual ~CComboView();
    virtual void OnDraw(CDC* pDC); // overridden to draw this view
#ifdef _DEBUG
    virtual void AssertValid() const;
    virtual void Dump(CDumpContext& dc) const;
#endif

protected:

    // Printing support
    virtual BOOL OnPreparePrinting(CPrintInfo* pInfo);
    virtual void OnBeginPrinting(CDC* pDC, CPrintInfo* pInfo);
    virtual void OnEndPrinting(CDC* pDC, CPrintInfo* pInfo);

// Generated message map functions
protected:
    //{{AFX_MSG(CComboView)
    afx_msg void OnComboboxShow();
    afx_msg void OnCombo1();
    //}}AFX_MSG
    DECLARE_MESSAGE_MAP()
};

#ifndef _DEBUG // debug version in combovw.cpp
inline CComboDoc* CComboView::GetDocument()
   { return (CComboDoc*)m_pDocument; }
#endif

/////////////////////////////////////////////////////////////////////////
// combovw.cpp : implementation of the CComboView class
```

```
//

#include "stdafx.h"
#include "combo.h"

#include "combodoc.h"
#include "combovw.h"

#ifdef _DEBUG
#undef THIS_FILE
static char BASED_CODE THIS_FILE[] = __FILE__;
#endif

/////////////////////////////////////////////////////////////////////////////
// CComboView

IMPLEMENT_DYNCREATE(CComboView, CView)

BEGIN_MESSAGE_MAP(CComboView, CView)
    //{{AFX_MSG_MAP(CComboView)
    ON_COMMAND(ID_COMBOBOX_SHOW, OnComboboxShow)
    //}}AFX_MSG_MAP
    // Standard printing commands
    ON_COMMAND(ID_FILE_PRINT, CView::OnFilePrint)
    ON_COMMAND(ID_FILE_PRINT_PREVIEW, CView::OnFilePrintPreview)
    ON_CBN_EDITCHANGE(IDC_COMBO1, OnCombo1)
END_MESSAGE_MAP()

/////////////////////////////////////////////////////////////////////////////
// CComboView construction/destruction

CComboView::CComboView()
{
    // TODO: add construction code here
}

CComboView::~CComboView()
{
}

/////////////////////////////////////////////////////////////////////////////
// CComboView drawing

void CComboView::OnDraw(CDC* pDC)
{
    CComboDoc* pDoc = GetDocument();
    ASSERT_VALID(pDoc);

    // TODO: add draw code for native data here
}

/////////////////////////////////////////////////////////////////////////////
// CComboView printing
```

```
BOOL CComboView::OnPreparePrinting(CPrintInfo* pInfo)
{
    // default preparation
    return DoPreparePrinting(pInfo);
}

void CComboView::OnBeginPrinting(CDC* /*pDC*/, CPrintInfo* /*pInfo*/)
{
    // TODO: add extra initialization before printing
}

void CComboView::OnEndPrinting(CDC* /*pDC*/, CPrintInfo* /*pInfo*/)
{
    // TODO: add cleanup after printing
}

/////////////////////////////////////////////////////////////////////////////
// CComboView diagnostics

#ifdef _DEBUG
void CComboView::AssertValid() const
{
    CView::AssertValid();
}

void CComboView::Dump(CDumpContext& dc) const
{
    CView::Dump(dc);
}

CComboDoc* CComboView::GetDocument() // non-debug version is inline
{
    ASSERT(m_pDocument->IsKindOf(RUNTIME_CLASS(CComboDoc)));
    return (CComboDoc*)m_pDocument;
}
#endif //_DEBUG

/////////////////////////////////////////////////////////////////////////////
// CComboView message handlers

void CComboView::OnComboboxShow()
{
    CRect rect(0, 0, 100, 200);
    combo.Create(WS_CHILD | WS_VISIBLE | CBS_SIMPLE,rect, this, IDC_COMBO1);
    combo.AddString(CString("Hello"));
    combo.AddString(CString("world."));
}

void CComboView::OnCombo1()
{
    CString out_string;
    combo.GetWindowText(out_string);
    MessageBox(out_string);
}
```

CScrollBar

The last of the MFC control classes we'll examine in this chapter is CScrollBar. You use this class differently from the other MFC control classes, as you'll see later. Start by creating an SDI project named SCROLL.MAK now, and set up a CSrollBar object named Scroll. (Note that App Wizard calls our class CMyScrollView, to avoid confusion with the MFC class CScrollView.)

```
    // scrolvw.h : interface of the CMyScrollView class
    //
    ////////////////////////////////////////////////////////////////////////////

➤   #define IDC_SCROLL1 127

    class CMyScrollView : public CView
    {
    protected: // create from serialization only
        CMyScrollView();
        DECLARE_DYNCREATE(CMyScrollView)

    // Attributes
    public:
        CScrollDoc* GetDocument();
➤       CScrollBar scroll;
            .
            .
            .
```

Next, we connect a menu named ScrollBar to our view, and give that menu one item: Show. We connect to our view a function named OnScrollbarShow(). As before, with all the other controls we've discussed in this chapter, we initialize our control with the Create() member function. Here, we create a vertical scroll bar:

```
    void CMyScrollView::OnScrollbarShow()
    {
        CRect rect(0, 0, 20, 100);
        scroll.Create(SBS_VERT | WS_CHILD | WS_VISIBLE, rect, this, IDC_SCROLL1);
            .
            .
            .
    }
```

Our next step is to set the scroll bar's *range*, indicating the values of the scroll bar's top and bottom positions. The range will be from 0 to 100. Then we can show the scroll bar with the ShowScrollBar() function. Here is the code to accomplish all this:

```
    void CMyScrollView::OnScrollbarShow()
    {
        CRect rect(0, 0, 20, 100);
        scroll.Create(SBS_VERT | WS_CHILD | WS_VISIBLE, rect, this, IDC_SCROLL1);
➤       scroll.SetScrollRange(0, 100);
➤       scroll.ShowScrollBar();
    }
```

At this point, our new scroll bar appears in the window, as shown in Figure 7-13.

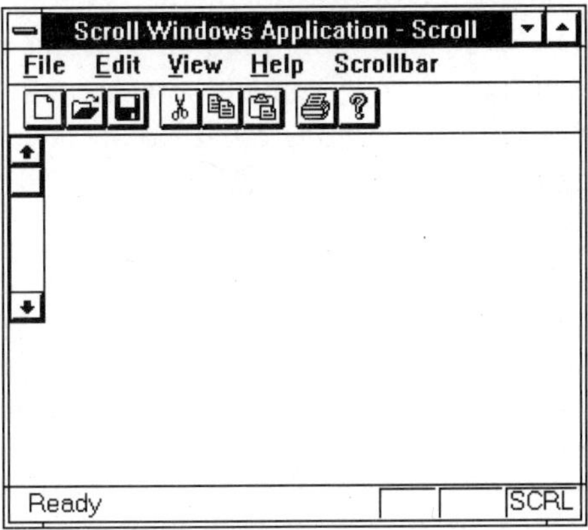

FIGURE 7-13: A scroll bar appears in the main window.

Now we have to connect the scroll bar's messages to the view class. This is where the scroll bar differs from the other controls we've handled: Since a view can have a number of scroll bars attached to it (for instance, at the right edge and at the bottom), the view already has two handler functions for scroll bars: OnVScroll(), for vertical scroll bars, and OnHScroll(), for horizontal scroll bars. Any scroll bar that is a child window of our view will send messages, which can be intercepted by one of these functions.

Use Class Wizard now to connect the OnVScroll() function to the WM_VSCROLL message in the view:

```
void CMyScrollView::OnVScroll(UINT nSBCode, UINT nPos, CScrollBar* pScrollBar)
{

    CView::OnVScroll(nSBCode, nPos, pScrollBar);
}
```

Here, we'll handle the SB_THUMBPOSITION scroll bar message, which indicates that the user has moved the scroll bar's *thumb* (the small square that moves up and down in the scroll bar). There can be a number of scroll bars connected to our view, so we have to make sure the program knows which one sent the message. Because a pointer to the scroll bar object is passed to us by OnVScroll(), we can get the scroll bar's control ID with the handy GetDlgCtrlID() function. This function works whether or not the control is in a dialog box. The following code shows how we check to make sure we want to handle this message:

```
     void CMyScrollView::OnVScroll(UINT nSBCode, UINT nPos, CScrollBar* pScrollBar)
     {
➢        if(nSBCode == SB_THUMBPOSITION && pScrollBar->GetDlgCtrlID() ==
➢            IDC_SCROLL1){
         }
            .
            .
            .
➢        CView::OnVScroll(nSBCode, nPos, pScrollBar);
     }
```

It's also important to update the position of the scroll bar's thumb to the new location. This is *not* done automatically by the CScrollbar object. Since the new thumb position may be invalid as far as your program is concerned, the CScrollbar object simply passes the new position on to you and lets you take the appropriate action. If the thumb position were not explicitly updated, it would spring back to its original position when the user releases it. We set the thumb's position like this:

```
void CMyScrollView::OnVScroll(UINT nSBCode, UINT nPos, CScrollBar* pScrollBar)
{
    if(nSBCode == SB_THUMBPOSITION && pScrollBar->GetDlgCtrlID() ==
        IDC_SCROLL1){
➤               pScrollBar->SetScrollPos(nPos);
    }

    CView::OnVScroll(nSBCode, nPos, pScrollBar);
}
```

And that's it; now we can move the scroll bar's thumb as shown in Figure 7-14. You can study the code for this program, SCROLVW.H and SCROLVW.CPP, in Listing 7-10.

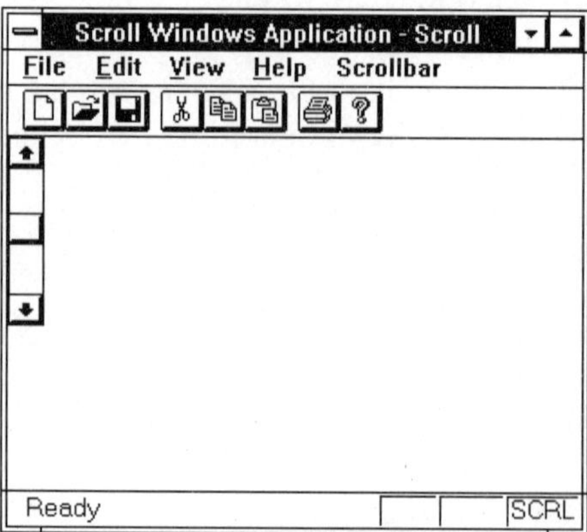

FIGURE 7-14: Here, the scroll bar's thumb has moved to a new location.

LISTING 7-10: SCROLVW.H and SCROLVW.CPP

```
// scrolvw.h : interface of the CMyScrollView class
//
/////////////////////////////////////////////////////////////////////////////

#define IDC_SCROLL1 127

class CMyScrollView : public CView
{
protected: // create from serialization only
    CMyScrollView();
    DECLARE_DYNCREATE(CMyScrollView)

// Attributes
```

```
public:
    CScrollDoc* GetDocument();
    CScrollBar scroll;
// Operations
public:

// Implementation
public:
    virtual ~CMyScrollView();
    virtual void OnDraw(CDC* pDC); // overridden to draw this view
#ifdef _DEBUG
    virtual void AssertValid() const;
    virtual void Dump(CDumpContext& dc) const;
#endif

protected:

    // Printing support
    virtual BOOL OnPreparePrinting(CPrintInfo* pInfo);
    virtual void OnBeginPrinting(CDC* pDC, CPrintInfo* pInfo);
    virtual void OnEndPrinting(CDC* pDC, CPrintInfo* pInfo);

// Generated message map functions
protected:
    //{{AFX_MSG(CMyScrollView)
    afx_msg void OnScrollbarShow();
    afx_msg void OnVScroll(UINT nSBCode, UINT nPos, CScrollBar* pScrollBar);
    //}}AFX_MSG
    DECLARE_MESSAGE_MAP()
};

#ifndef _DEBUG // debug version in scrolvw.cpp
inline CScrollDoc* CMyScrollView::GetDocument()
    { return (CScrollDoc*)m_pDocument; }
#endif

/////////////////////////////////////////////////////////////////////////////
// scrolvw.cpp : implementation of the CMyScrollView class
//

#include "stdafx.h"
#include "scroll.h"

#include "scroldoc.h"
#include "scrolvw.h"

#ifdef _DEBUG
#undef THIS_FILE
static char BASED_CODE THIS_FILE[] = __FILE__;
#endif

/////////////////////////////////////////////////////////////////////////////
// CMyScrollView
```

```
IMPLEMENT_DYNCREATE(CMyScrollView, CView)

BEGIN_MESSAGE_MAP(CMyScrollView, CView)
    //{{AFX_MSG_MAP(CMyScrollView)
    ON_COMMAND(ID_SCROLLBAR_SHOW, OnScrollbarShow)
    ON_WM_VSCROLL()
    //}}AFX_MSG_MAP
    // Standard printing commands
    ON_COMMAND(ID_FILE_PRINT, CView::OnFilePrint)
    ON_COMMAND(ID_FILE_PRINT_PREVIEW, CView::OnFilePrintPreview)
END_MESSAGE_MAP()

/////////////////////////////////////////////////////////////////////////////
// CMyScrollView construction/destruction

CMyScrollView::CMyScrollView()
{
}

CMyScrollView::~CMyScrollView()
{
}

/////////////////////////////////////////////////////////////////////////////
// CMyScrollView drawing

void CMyScrollView::OnDraw(CDC* pDC)
{
    CScrollDoc* pDoc = GetDocument();
    ASSERT_VALID(pDoc);

    // TODO: add draw code for native data here
}

/////////////////////////////////////////////////////////////////////////////
// CMyScrollView printing

BOOL CMyScrollView::OnPreparePrinting(CPrintInfo* pInfo)
{
    // default preparation
    return DoPreparePrinting(pInfo);
}

void CMyScrollView::OnBeginPrinting(CDC* /*pDC*/, CPrintInfo* /*pInfo*/)
{
    // TODO: add extra initialization before printing
}

void CMyScrollView::OnEndPrinting(CDC* /*pDC*/, CPrintInfo* /*pInfo*/)
{
    // TODO: add cleanup after printing
}
```

```
/////////////////////////////////////////////////////////////////////////////
// CMyScrollView diagnostics

#ifdef _DEBUG
void CMyScrollView::AssertValid() const
{
    CView::AssertValid();
}

void CMyScrollView::Dump(CDumpContext& dc) const
{
    CView::Dump(dc);
}

CScrollDoc* CMyScrollView::GetDocument() // non-debug version is inline
{
    ASSERT(m_pDocument->IsKindOf(RUNTIME_CLASS(CScrollDoc)));
    return (CScrollDoc*)m_pDocument;
}
#endif //_DEBUG

/////////////////////////////////////////////////////////////////////////////
// CMyScrollView message handlers

void CMyScrollView::OnScrollbarShow()
{
    CRect rect(0, 0, 20, 100);
    scroll.Create(SBS_VERT | WS_CHILD | WS_VISIBLE, rect, this, IDC_SCROLL1);
    scroll.SetScrollRange(0, 100);
    scroll.ShowScrollBar();
}

void CMyScrollView::OnVScroll(UINT nSBCode, UINT nPos, CScrollBar* pScrollBar)
{
    if(nSBCode == SB_THUMBPOSITION && pScrollBar->GetDlgCtrlID() ==
    IDC_SCROLL1){
         pScrollBar->SetScrollPos(nPos);
    }

    CView::OnVScroll(nSBCode, nPos, pScrollBar);
}
```

In this chapter, then, you've seen many useful MFC classes — from arrays and lists to the predefined control classes. Using the control classes, it's easy to place buttons, list boxes, and even scroll bars in a program's view.

In the next chapter, we move on to something that's an asset to almost any Windows program: OLE.

OLE 2.0: Containers!

One of Window's most significant aspects is Object Linking and Embedding (OLE), and it's one of the areas for which extra support was specifically added to Visual C++ in version 1.5. Writing OLE programs is no longer a difficult, unrewarding task.

Using OLE, the user can embed part of a document from one program into a document in another program. In this way, they can include spreadsheet sections in a word processing document and add a Microsoft Paintbrush picture in that same document, as well. As you can imagine, OLE provides great potential for applications programming. In addition, the user can click an embedded OLE item to edit it right there, or double-click it to open it in the original program of creation.

Programs that can hold and display OLE items are called OLE *containers*, and programs that create the OLE items for insertion into a container are called *servers*. In this chapter, we'll look at OLE container programs. In Chapter 9, we'll examine OLE servers.

In a beginning book about OLE programming, you might see a container program that supported just a single OLE item, which you could open with a double-click. Here, however, you will work with a container program that supports in-place editing, multiple OLE items, moving and resizing OLE items, double-click opening of OLE items, item selection in the container, and more.

How OLE Container Programs Work

Let's say we have an OLE container program named CONTAIN.EXE:

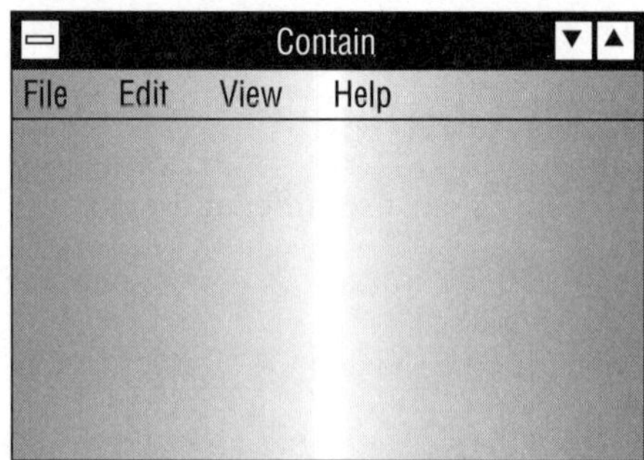

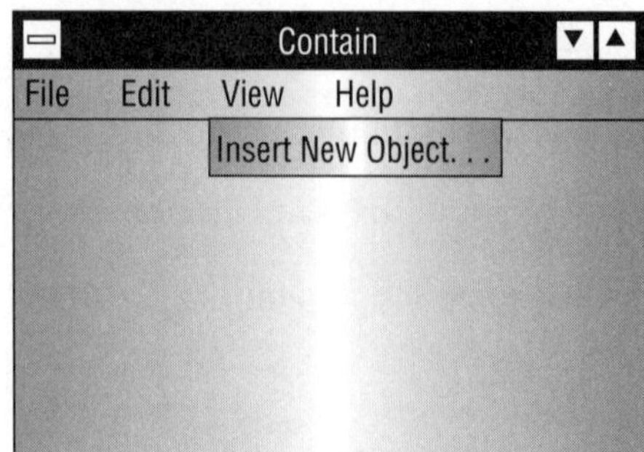

To insert OLE items from servers such as Paintbrush or Word for Windows into our container program, we use the Insert New Object item in the Edit menu.

➤ *Note:* The Edit menu refers to an OLE item as an *object*, as do most OLE programs. In this book, however, we'll use the terminology *OLE item*, to distinguish such items from C++ objects.

Selecting Edit|Insert New Object opens the Insert New Object dialog box, which lists the available servers (all servers must register with Windows). If we choose Word for Windows, that program will open. We can create some text there — the familiar "Hello, world." perhaps — then mark it, choose Update in the Word for Windows File menu, and then quit Word for Windows. That process would create an embedded OLE item in our container program, like this:

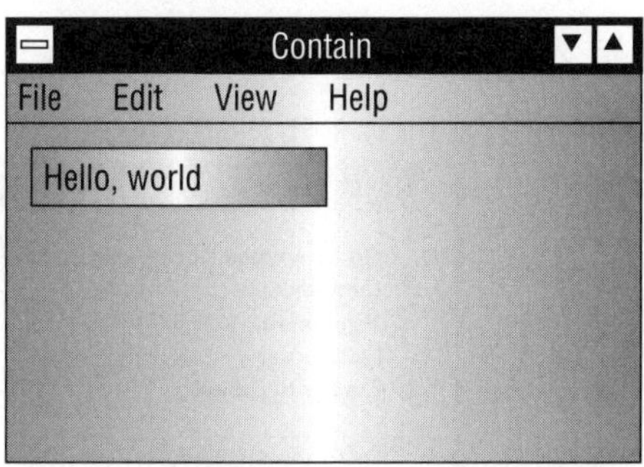

Now we can move that item around, placing it in our document as desired:

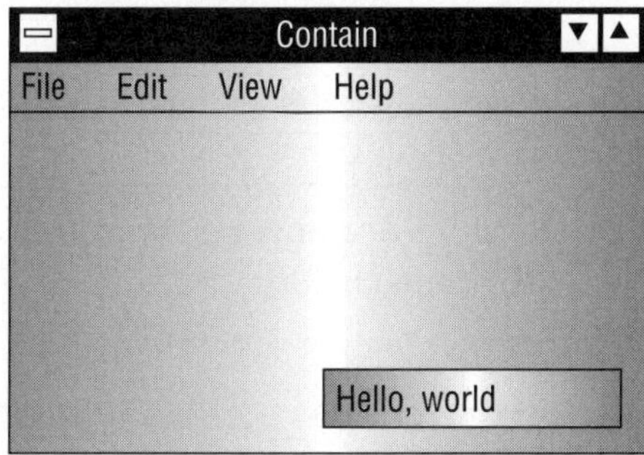

For servers that support in-place editing, we can simply click the OLE item, and CONTAIN.EXE's menu system will be taken over by the server's menus, so we can edit using the server's tools. Otherwise, we would double-click the OLE item in the container, opening the server application with the item already in it, ready to be edited there. After editing, we would use File|Update as before to update the OLE item.

Let's put some of this to use now, as we create an OLE container program.

Creating an OLE Container Program

Our container project will be called CONTAIN.MAK, and it will be an SDI program, so deselect the MDI option. Select the OLE Classes button in App Wizard, opening the corresponding dialog box (Figure 8-1).

Select the Container option and turn on the Automation Support option, as shown in Figure 8-1. Then create the project with App Wizard. This new SDI program has a great deal of OLE support already built in.

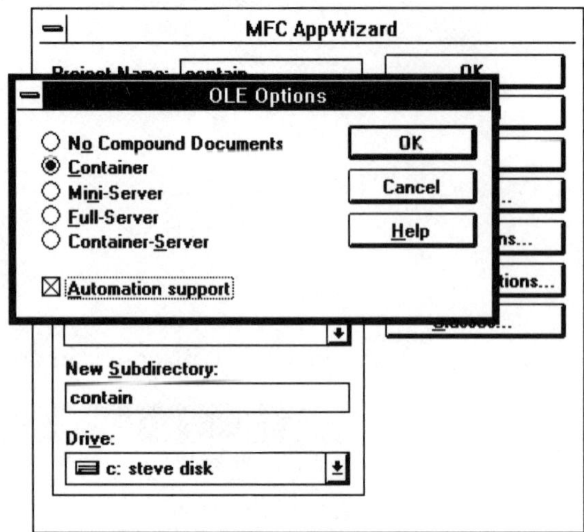

FIGURE 8-1: Using the OLE Classes button, you can select these options for a new application.

For example, the program's document is derived from the COleDocument class (not CDocument as in non-OLE programs):

```
// contadoc.h : interface of the CContainDoc class
//
/////////////////////////////////////////////////////////////////////////////

➢   class CContainDoc : public COleDocument
    {
    protected: // create from serialization only
        CContainDoc();
        DECLARE_DYNCREATE(CContainDoc)
            .
            .
            .
```

Documents of this class hold a list of contained COleClientItem objects, each of which corresponds to an embedded OLE item. That's the way we maintain the OLE items in our container: as COleClientItem objects.

A class named CContainCntrItem has already been derived for us from the COleClientItem class, like this (in CNTRITEM.H):

```
// cntritem.h : interface of the CContainCntrItem class
//

class CContainDoc;
class CContainView;
➢   class CContainCntrItem : public COleClientItem
    {
        DECLARE_SERIAL(CContainCntrItem)
            .
            .
            .
```

When we insert a new OLE item, we'll use the new operator to create an object of class CContainCntrItem, and connect it to our OLE document. Let's examine how this process works.

The Insert New Object Menu Item

As stated earlier, the CONTAIN program already has OLE support built in. For example, CONTAIN's Edit menu already has an active Insert New Object item, which the user selects to embed OLE items in the container. That menu item is connected to the function CContainView::OnInsertObject().

First, let's take a look at the code that App Wizard has installed in this function for us. (Do not add the following code to the CONTAIN program.) All servers register themselves with Windows, and you'll see how in the next chapter. To find out what type of OLE server object is to be inserted in our program, the name of the server application is obtained with a dialog box of class COleInsertDialog:

```
void CContainView::OnInsertObject()
{
    // Invoke the standard Insert Object dialog box to obtain information
    // for new CContainCntrItem object.
    COleInsertDialog dlg;
    if (dlg.DoModal() != IDOK)
        return;
          .
          .
          .
```

When the user selects a server application, our program first gets a pointer to the document, and then creates a new client item and initializes it. In the following segment, note that the program also places the wait cursor — the hourglass cursor indicating the program is processing something that takes time — on the screen, using the MFC function BeginWaitCursor():

```
➢       BeginWaitCursor();
    :
    :   CContainCntrItem* pItem = NULL;
    :   TRY
    :   {
    :       // Create new item connected to this document.
    :       CContainDoc* pDoc = GetDocument();
    :       ASSERT_VALID(pDoc);
    :       pItem = new CContainCntrItem(pDoc); .
    :       ASSERT_VALID(pItem);

    :       // Initialize the item from the dialog data.
    :       if (!dlg.CreateItem(pItem))
    :           AfxThrowMemoryException(); // any exception will do
➢           ASSERT_VALID(pItem);
              .
              .
              .
```

Using the COleInsertDialog function createNewItem(), the server application is now started so that the user can enter data in the OLE item. When the server's File|Update item is selected, the item is passed back to our program. At this point, by executing pItem->DoVerb(OLEIVERB_SHOW, this) the new item appears in our program's window. Here is the code for all these steps:

```
    // If item created from class list (not from file) then launch
    //   the server to edit the item.
        if (dlg.GetSelectionType() == COleInsertDialog::createNewItem)
➢           pItem->DoVerb(OLEIVERB_SHOW, this);
        ASSERT_VALID(pItem);
            .
            .
            .
```

Using this DoVerb() function, OLE client items can execute OLE *verbs*. Besides OLEIVERB_SHOW (which shows the OLE item), other actions we can ask DoVerb() to initiate include OLEIVERB_OPEN (to open the OLE item in the server) and OLEIVERB_HIDE (to hide the OLE item).

Finally, the program indicates that the newest OLE client item, which has just been added, will be the current item selected. The program supports several OLE items in the view, and clicking one with the mouse makes it the current selection. It becomes the current selection via the setting of the view's m_pSelection pointer — a pointer of type CContainCntrItem* that has already been added to our view class — to pItem, the pointer to the item just created.

```
    ASSERT_VALID(pItem);
    // As an arbitrary user interface design, this sets the selection
    // to the last item inserted.
    // TODO: reimplement selection as appropriate for your application

➢   m_pSelection = pItem; // set selection to last inserted item
```

The rest of OnInsertObject() involves exception handling to handle possible errors. When we're launching another program and coordinating actions between programs as we do in OLE, the possibility of errors is great.

```
    }
    CATCH(CException, e)
    {
    if (pItem != NULL)
    {
        ASSERT_VALID(pItem);
        pItem->Delete();
    }
    AfxMessageBox(IDP_FAILED_TO_CREATE);
        }
        END_CATCH

        EndWaitCursor();
    }
```

That's it; now the new OLE client item is installed in our program's window. To see this at work, create and run CONTAIN.EXE now. Select Edit|Insert New Object, opening the Insert Object dialog box, as shown in Figure 8-2.

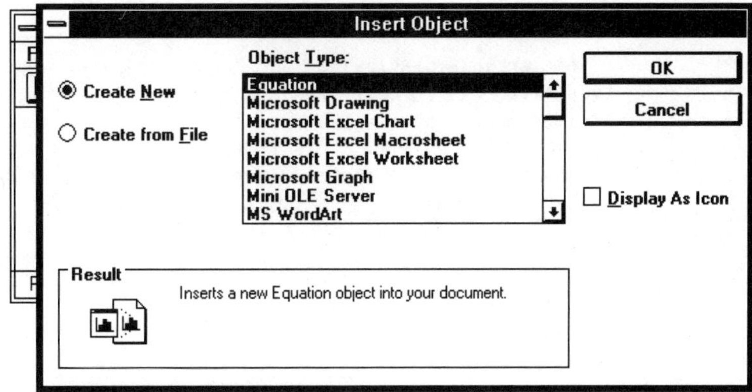

FIGURE 8-2: Open the Insert Object dialog box.

Here, we'll select the Microsoft Excel Worksheet object type. This opens Microsoft Excel, as shown in Figure 8-3. (If you don't have Excel but want to follow along, you can use Windows Paintbrush as the server type.)

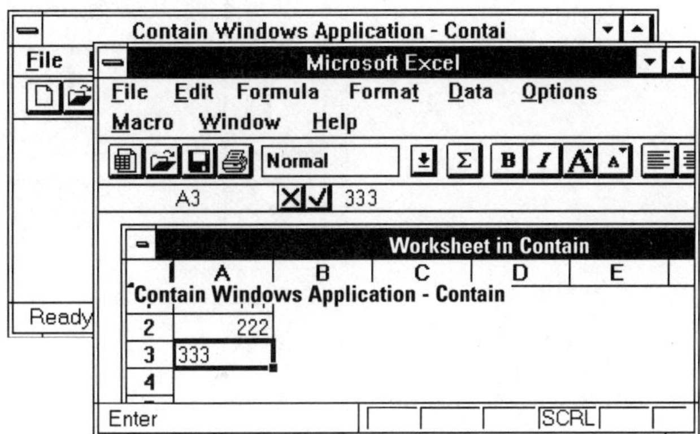

FIGURE 8-3: After we select the Microsoft Excel Worksheet object type, an Excel worksheet opens within our container.

We type in some data in a few cells, select those cells, choose Update from the Excel File menu, and then close Excel. This creates and inserts the OLE object you see in Figure 8-4 — all this support is already built into CONTAIN.EXE.

SIZING AN OLE ITEM CORRECTLY

As you can see in Figure 8-4, the size of this worksheet object is inappropriate, even though the data is there. That's because the size and position of the OLE item is determined in the CContainCntrItem function, OnGetItemPosition(). As is, our program simply returns an arbitrary size, and the OLE item is stretched to fit:

```
void CContainCntrItem::OnGetItemPosition(CRect& rPosition)
{
    ASSERT_VALID(this);

    // During in-place activation, CContainCntrItem::OnGetItemPosition
    // will be called to determine the location of this item. The default
    // implementation created from AppWizard simply returns a hard-coded
    // rectangle. Usually, this rectangle would reflect the current
    // position of the item relative to the view used for activation.
    // You can obtain the view by calling CContainCntrItem::GetActiveView.

    // TODO: return correct rectangle (in pixels) in rectPos

➢   rPosition.SetRect(10, 10, 210, 210);
}
```

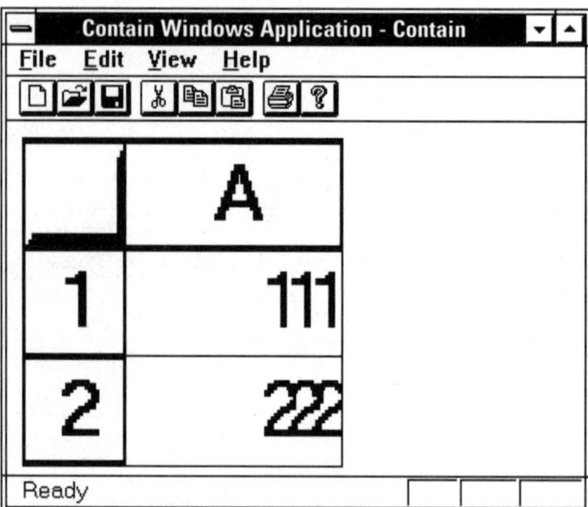

FIGURE 8-4: Our program returns an edited Excel OLE object of arbitrary size within our container.

Of course, we can do better than this. In fact, we'll get the size of the OLE item directly from the server itself, in the function OnInsertObject(). This will be the default size of the item, before we enter our data and select the Excel cells we want to place in the item. Once we have entered data, selected cells, and chosen File|Update in Excel, an OLE OnChange() event is generated. In that function, the server (Excel) will inform our program of the item's new size, and we'll store it for later use.

To track the correct size of the OLE item, we use a CRect object called m_ItemRect. We add this object to the declaration of CContainCntrItem, because it's appropriate to store the size of each item in each item's object:

```
class CContainCntrItem : public COleClientItem
{
    DECLARE_SERIAL(CContainCntrItem)
```

```
// Constructors
public:
    CContainCntrItem(CContainDoc* pContainer = NULL);
      // Note: pContainer is allowed to be NULL to enable IMPLEMENT_SERIALIZE.
      //  IMPLEMENT_SERIALIZE requires the class have a constructor with
      //  zero arguments. Normally, OLE items are constructed with a
      //  non-NULL document pointer.

// Attributes
public:
    CContainDoc* GetDocument()
        { return (CContainDoc*)COleClientItem::GetDocument(); }
    CContainView* GetActiveView()
        { return (CContainView*)COleClientItem::GetActiveView(); }
➤   CRect m_ItemRect;
// Implementation
public:
            .
            .
            .
```

Now each OLE item will have its own associated m_ItemRect rectangle to keep track of its size in the view. To make that rectangle "official," we'll have to return it from the function OnGetItemPosition() — but first, we have to make sure that the item's true size is loaded into it.

In CContainCntrItem's constructor, we set a default size for m_ItemRect:

```
CContainCntrItem::CContainCntrItem(CContainDoc* pContainer)
    : COleClientItem(pContainer)
{
➤   m_ItemRect.SetRect(10, 10, 200, 200);
}
```

In addition, the size of the OLE item can change when the OnChangeItemPosition() function is called by the server. To handle that case, we reload m_ItemRect by adding this code to OnChangeItemPosition():

```
BOOL CContainCntrItem::OnChangeItemPosition(const CRect& rectPos)
{
    ASSERT_VALID(this);

    // During in-place activation CContainCntrItem::OnChangeItemPosition
    //  is called by the server to change the position of the in-place
    //  window. Usually, this is a result of the data in the server
    //  document changing such that the extent has changed or as a result
    //  of in-place resizing.
    //
    // The default here is to call the base class, which will call
    //  COleClientItem::SetItemRects to move the item
    //  to the new position.
```

```
        if (!COleClientItem::OnChangeItemPosition(rectPos))
            return FALSE;

        // TODO: update any cache you may have of the item's rectangle/extent

➢       m_ItemRect = rectPos;
➢       GetDocument()->UpdateAllViews(NULL);
➢       GetDocument()->SetModifiedFlag();

        return TRUE;
    }
```

We can also add m_ItemRect to the Serialize() function, so it is saved when the user saves the document:

```
    void CContainCntrItem::Serialize(CArchive& ar)
    {
        ASSERT_VALID(this);

        // Call base class first to read in COleClientItem data.
        // Since this sets up the m_pDocument pointer returned from
        //  CContainCntrItem::GetDocument, it is a good idea to call
        //  the base class Serialize first.
        COleClientItem::Serialize(ar);

        // now store/retrieve data specific to CContainCntrItem
        if (ar.IsStoring())
        {
➢           ar << m_ItemRect;
        }
        else
        {
➢           ar >> m_ItemRect;
        }
        }
```

As stated earlier, our m_ItemRect data member will be most important in OnGetItemPosition(). This is where the COleClientItem class functions get the size of the item in the window, so they can draw the item in the client area. Currently, OnGetItemPosition() is still using the arbitrarily-set size for the worksheet object.

So we will change it as follows, to:

```
    void CContainCntrItem::OnGetItemPosition(CRect& rPosition)
    {
        ASSERT_VALID(this);

        // During in-place activation, CContainCntrItem::OnGetItemPosition
        //  will be called to determine the location of this item. The default
        //  implementation created from AppWizard simply returns a hard-coded
        //  rectangle. Usually, this rectangle would reflect the current
        //  position of the item relative to the view used for activation.
        //  You can obtain the view by calling CContainCntrItem::GetActiveView.
```

```
➢       // TODO: return correct rectangle (in pixels) in rectPos

        rPosition = m_ItemRect;
    }
```

Next, we have to fill m_ItemRect with the actual size of the item, as set by the server, and later by the user. First we create a function, named UpdateSizeFromServer(), to get the OLE item's actual size from the server. (We add its prototype to the declaration of our OLE item's class, CContainCntrItem, in CNTRITEM.H; and the code itself to CNTRITEM.CPP.) All we have to do is use the COleClientItem function GetExtent() to get the item's size, returned in HIMETRIC units. (The function also returns FALSE if unsuccessful.) If we got the size of the item, we convert it into device coordinates (pixels). This value will be stored in the cx and cy members of our CSize object. Next, we update m_ItemRect with this new size. And finally, we call UpdateAllViews() to redraw all OLE items and set the document's modified flag to indicate the change. Here is the code for these steps in UpdateSizeFromServer():

```
void CContainCntrItem::UpdateSizeFromServer()
{
    CSize size;
    if (GetExtent(&size))
    {
        CClientDC dc(NULL);
        dc.HIMETRICtoDP(&size);
        m_ItemRect.bottom = m_ItemRect.top + size.cy;
        m_ItemRect.right = m_ItemRect.left + size.cx;
➢       GetDocument()->UpdateAllViews(NULL);
➢       GetDocument()->SetModifiedFlag();
    }
}
```

With this update function, we can update OnInsertObject(), which is called when the object is first inserted. We want OnInsertObject() to get the item's original size from the server (the original size for an Excel OLE item is only one cell). The following segment shows how we get and set the OLE item's original size, in OnInsertObject(). The function UpdateLink() is called to update the OLE item from the server:

```
void CContainView::OnInsertObject()
{
    // Invoke the standard Insert Object dialog box to obtain information
    //  for new CContainCntrItem object.
    COleInsertDialog dlg;
    if (dlg.DoModal() != IDOK)
        return;

    BeginWaitCursor();

    CContainCntrItem* pItem = NULL;
    TRY
    {
```

```
    // Create new item connected to this document.
    CContainDoc* pDoc = GetDocument();
    ASSERT_VALID(pDoc);
    pItem = new CContainCntrItem(pDoc);
    ASSERT_VALID(pItem);

    // Initialize the item from the dialog data.
    if (!dlg.CreateItem(pItem))
        AfxThrowMemoryException(); // any exception will do
    ASSERT_VALID(pItem);

➢   pItem->UpdateLink();
➢   pItem->UpdateSizeFromServer();

    // If item created from class list (not from file) then launch
    //  the server to edit the item.
    if (dlg.GetSelectionType()=COleInsertDialog::createNewItem)
    pItem->DoVerb(OLEIVERB_SHOW, this);
    ASSERT_VALID(pItem);

    // As an arbitrary user interface design, this sets the selection
    //  to the last item inserted.

    // TODO: reimplement selection as appropriate for your application

    m_pSelection = pItem; // set selection to last inserted item
➢   Invalidate();
    .
    .
    .
```

Note that we also add Invalidate() at the end of OnInsertObject(), so that the view is invalidated and redrawn. Thus our item item will appear with the size as stored in m_ItemRect.

When the OLE item is edited or updated from the server (that is, after we select a few cells and choose File|Update in Excel), the server generates a message, which is intercepted by the COleClientItem OnChange() function. Here is the code to make sure the new object size reflects the actual size of the OLE item:

```
void CContainCntrItem::OnChange(OLE_NOTIFICATION nCode, DWORD dwParam)
{
    ASSERT_VALID(this);

    COleClientItem::OnChange(nCode, dwParam);

    // When an item is being edited (either in-place or fully open)
    //  it sends OnChange notifications for changes in the state of the
    //  item or visual appearance of its content.

    // TODO: invalidate the item by calling UpdateAllViews
    //  (with hints appropriate to your application)
```

```
        //GetDocument()->UpdateAllViews(NULL);
             // for now just update ALL views/no hints
➢       if(nCode == OLE_CHANGED){
➢            UpdateSizeFromServer();
➢            GetDocument()->UpdateAllViews(NULL);
➢       {
    }
```

At this point, then, the server gets the OLE item's original size in OnInsertObject(), and its new size in OnChange(). This size is stored in the CRect object m_ItemRect, and we return that object in the function OnGetItemPosition(). That becomes the OLE item's "official" size.

There is one last change to make: Currently, in the view's OnDraw() function, we draw the OLE item in a hard-coded rectangle that goes from (10,10) to (210,210):

```
    void CContainView::OnDraw(CDC* pDC)
    {
        CContainDoc* pDoc = GetDocument();
        ASSERT_VALID(pDoc);

        // TODO: add draw code for native data here
        // TODO: also draw all OLE items in the document

        // Draw the selection at an arbitrary position. This code should be
        //  removed once your real drawing code is implemented. This position
        //  corresponds exactly to the rectangle returned by CContainCntrItem,
        //  to give the effect of in-place editing.

        // TODO: remove this code when final draw code is complete.

        if (m_pSelection == NULL)
        {
            POSITION pos = pDoc->GetStartPosition();
            m_pSelection = (CContainCntrItem*)pDoc->GetNextClientItem(pos);
        }
        if (m_pSelection != NULL)
➢           m_pSelection->Draw(pDC, CRect(10, 10, 210, 210));
    }
```

Notice how this works. The document maintains a list of the OLE items, and we handle that list with two COleDocument functions: GetStartPosition(), which returns a variable of the MFC type POSITION, and GetNextClientItem(). Once an OLE item has been selected, we draw it using the COleClientItem function, Draw(). Since we want to use the item's real rectangle, m_ItemRect, we make that change, too, in OnDraw(). Here is the altered OnDraw():

```
    void CContainView::OnDraw(CDC* pDC)
    {
        CContainDoc* pDoc = GetDocument();
        ASSERT_VALID(pDoc);
            .
            .
            .
```

```
        // TODO: remove this code when final draw code is complete.

        if (m_pSelection == NULL)
        {
            POSITION pos = pDoc->GetStartPosition();
➢           m_pSelection = (CContainCntrItem*)pDoc->GetNextClientItem(pos);
        }
        if (m_pSelection != NULL)
➢           m_pSelection->Draw(pDC, m_pSelection->m_ItemRect);
    }
```

Now when we run our program, the size of the OLE item appears as it should, as shown in Figure 8-5.

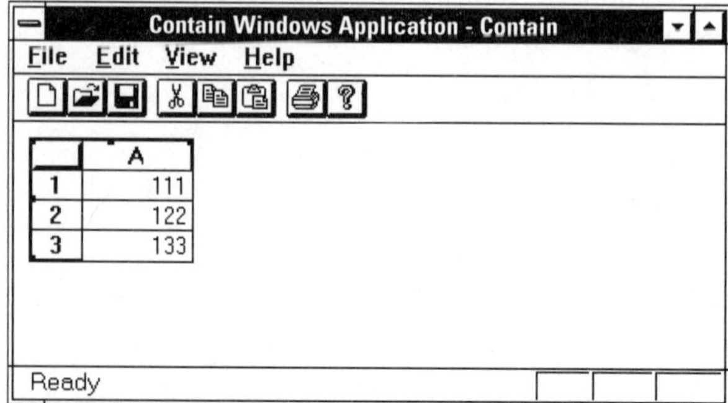

FIGURE 8-5: The Excel OLE object, sized correctly.

However, this is only part of the story. What if the user wants to open the OLE item in Excel? We'll work on that next.

SELECTING AND DRAGGING OLE ITEMS WITH THE MOUSE

The next function to be added to our container program will accommodate the user's need to position the mouse cursor over an item in order to drag or resize that item. For this we need to add handlers to the view class, for two mouse events: WM_LBUTTONDOWN (OnLButtonDown()) and WM_LBUTTONDBLCLK (OnLButtonDblClk()). First, in OnLButtonDown(), we want to arrange for the item on which the user pressed the mouse button on is made into the current selection. This selection is held in the member pointer m_pSelection. We start by getting the location at which the mouse button went down. Then we have to check if that point is inside any of the m_ItemRect rectangles of the various OLE items in document.

Here, we get a pointer to the document, and set up a pointer to an OLE item if one was hit:

```
void CContainView::OnLButtonDown(UINT nFlags, CPoint point)
{
    CContainDoc* pDoc = GetDocument();
```

```
        CContainCntrItem* pHit = NULL;
                .
                .
                .
```

Now we cycle through the OLE items connected to the document, with GetStartPosition() and GetNextItem():

```
➢       POSITION pos = pDoc->GetStartPosition();
➢       while(pos != NULL)
        {
➢             CContainCntrItem* pItem = (CContainCntrItem*)pDoc->GetNextItem(pos);
              .
              .
              .
    }
```

To check if the mouse location (held in the variable named point) is in each item's m_ItemRect, we use the handy CRect function, PtInRect(). If the mouse location is in an OLE item, that becomes our hit item, as shown here:

```
              .
              .
              .
        {
              CContainCntrItem* pItem = (CContainCntrItem*)pDoc->GetNextItem(pos);
➢             if(pItem->m_ItemRect.PtInRect(point))
➢                     pHit = pItem;
        }
                .
                .
                .
```

Next, we set the selected OLE item to the one that's been hit:

```
                .
                .
                .
        {
              CContainCntrItem* pItem = (CContainCntrItem*)pDoc->GetNextItem(pos);
              if(pItem->m_ItemRect.PtInRect(point))
                      pHit = pItem;
        }
➢       m_pSelection = pHit;
              .
              .
              .
```

Now that we know what item was selected, we can work with it. If the user wants to drag or resize this OLE item, we handle it with by the MFC class, CRectTracker, an extremely useful class that lets us support resizing and dragging of rectangular regions on the screen. In fact, all we have to do is to load our item's rectangle (pHit->m_ItemRect) into the tracker object, let the user move or resize it, and load the tracker's rectangle back into pHit->m_ItemRect. The tracker rectangle (which will exactly surround the

OLE item) even supports sizing handles (the small black tabs you can use with the mouse), so it looks very professional.

First, we set up the tracker rectangle if there was a hit. (Note that if we do set up the tracker window, we invalidate the view, so the tracker outline will be drawn around our OLE item.)

```
void CContainView::OnLButtonDown(UINT nFlags, CPoint point)
{
        CContainDoc* pDoc = GetDocument();
        CContainCntrItem* pHit = NULL;
        POSITION pos = pDoc->GetStartPosition();
        while(pos != NULL)
        {
                CContainCntrItem* pItem = (CContainCntrItem*)pDoc->GetNextItem(pos);
                if(pItem->m_ItemRect.PtInRect(point))
                        pHit = pItem;
        }
        m_pSelection = pHit;

➢       if(pHit != NULL)
        {
➢               Invalidate();
➢               CRectTracker track;
➢               track.m_rect = pHit->m_ItemRect;
                        .
                        .
                        .
```

We give the tracker rectangle a solid outline with sizing handles like this:

```
                        .
                        .
                        .
        if(pHit != NULL)
        {
                Invalidate();
                CRectTracker track;
                track.m_rect = pHit->m_ItemRect;

➢               track.m_nStyle |= CRectTracker::resizeInside;
➢               track.m_nStyle |= CRectTracker::solidLine;
                        .
                        .
                        .
```

Now we just let the tracker do its thing, by calling the Track() function. If that returns true (that is, the tracker rectangle was moved or resized), we can reload our OLE item's m_ItemRect rectangle. Note that we also invalidate the view again, to draw the item in its new position or with its new size. This code segment contains these steps:

```
                        .
                        .
                        .
```

```
➢               if(track.Track(this, point))
                {
➢                   Invalidate();
➢                   pHit->m_ItemRect = track.m_rect;
➢                   GetDocument()->SetModifiedFlag(); }
                }
         }
         CView::OnLButtonDown(nFlags, point);
    }
```

In addition, we have to add support for drawing tracker rectangles when our view is redrawn in OnDraw(). We do that by cycling over the OLE items connected to the document:

```
void CContainView::OnDraw(CDC* pDC)
{
    CContainDoc* pDoc = GetDocument();
    ASSERT_VALID(pDoc);

    POSITION pos = pDoc->GetStartPosition();
    while (pos != NULL)
    {
        CContainCntrItem* pItem = (CContainCntrItem*)pDoc->GetNextItem(pos);
        pItem->Draw(pDC, pItem->m_ItemRect);

        CRectTracker track;
        track.m_rect = pItem->m_ItemRect;
             .
             .
             .
```

If the current OLE item in the while loop is the selected item, we add resizing handles. Otherwise, we just give the item a solid tracker outline and draw it using the CRectTracker function, Draw():

```
    void CContainView::OnDraw(CDC* pDC)
    {
        CContainDoc* pDoc = GetDocument();
        ASSERT_VALID(pDoc);

        POSITION pos = pDoc->GetStartPosition();
        while (pos != NULL)
        {
            CContainCntrItem* pItem = (CContainCntrItem*)pDoc->GetNextItem(pos);
            pItem->Draw(pDC, pItem->m_ItemRect);

            CRectTracker track;
            track.m_rect = pItem->m_ItemRect;
➢           if (pItem == m_pSelection)
➢           track.m_nStyle |= CRectTracker::resizeInside;

➢           track.m_nStyle |= CRectTracker::solidLine;

➢           track.Draw(pDC);
```

```
        }
    }
```

Now the user can select among multiple objects, as shown in Figure 8-6, and resize and move the objects using the mouse. Our program has a fair amount of functionality in it — but we still have to make it open an OLE item when the user double-clicks the item in our program's window. We'll fix that next.

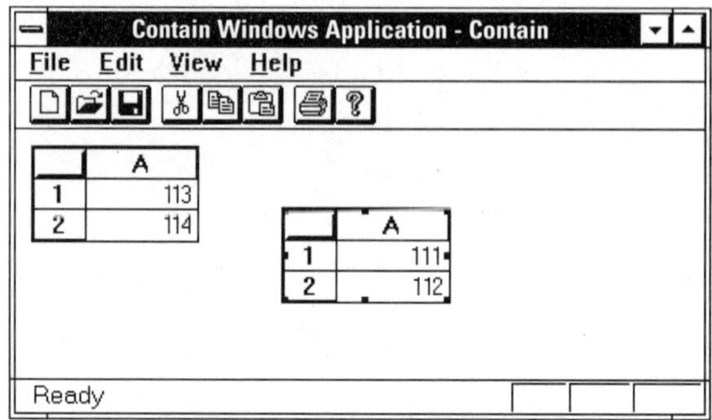

FIGURE 8-6: The user can handle multiple Excel OLE objects in one window.

OPENING AN OLE ITEM FROM CODE

The OLE items in our program are really just drawings right now — nothing actually happens when they are double-clicked. We can change that easily, in the OnLButtonDblClk() function.

First, we have to determine which OLE item was double clicked, if any. We do that simply by checking m_pSelection as we've set it in OnLButtonDown(). A WM_LBUTTONDOWN message is generated when the user first presses the mouse button as the first half of a doubl- click, and we set m_pSelection in OnLButtonDown(), like this:

```
void CContainView::OnLButtonDblClk(UINT nFlags, CPoint point)
{
        OnLButtonDown(nFlags, point);

        if (m_pSelection != NULL)
        {

        }
}
```

If an OLE item was double-clicked, we open it with DoVerb(), passing the OLEIVERB_OPEN parameter, like this:

```
void CContainView::OnLButtonDblClk(UINT nFlags, CPoint point)
{
        OnLButtonDown(nFlags, point);
```

```
        if (m_pSelection != NULL)
        {
➢               m_pSelection->DoVerb(OLEIVERB_OPEN, this);
        }
    }
```

And that's all there is to it; now we can place multiple OLE items into our container program, move and resize them, and open them with double-clicks. The container program is a success. You can study the complete code for the container program in the following listings:

LISTING	CODE
Listing 8-1	CONTADOC.H
Listing 8-2	CONTADOC.CPP
Listing 8-3	CNTRITEM.H
Listing 8-4	CNTRITEM.CPP
Listing 8-5	CONTAVW.H
Listing 8-6	CONTAVW.CPP

LISTING 8-1: CONTADOC.H

```
// contadoc.h : interface of the CContainDoc class
//
/////////////////////////////////////////////////////////////////////////////

class CContainDoc : public COleDocument
{
protected: // create from serialization only
    CContainDoc();
    DECLARE_DYNCREATE(CContainDoc)

// Attributes
public:

// Operations
public:

// Implementation
public:
    virtual ~CContainDoc();
    virtual void Serialize(CArchive& ar); // overridden for document i/o
#ifdef_DEBUG
     virtual void AssertValid() const;
     virtual void Dump(CDumpContext& dc) const;
    #endif

    protected:
        virtual BOOL OnNewDocument();
```

```
// Generated message map functions
protected:
    //{{AFX_MSG(CContainDoc)
        // NOTE - the ClassWizard will add and remove member functions here.
        //    DO NOT EDIT what you see in these blocks of generated code!
    //}}AFX_MSG
    DECLARE_MESSAGE_MAP()

    // Generated OLE dispatch map functions
    //{{AFX_DISPATCH(CContainDoc)
        // NOTE - the ClassWizard will add and remove member functions here.
        //    DO NOT EDIT what you see in these blocks of generated code !
    //}}AFX_DISPATCH
    DECLARE_DISPATCH_MAP()
};
/////////////////////////////////////////////////////////////////////////////
```

Listing 8-2: CONTADOC.CPP

```
// contadoc.cpp : implementation of the CContainDoc class
//

#include "stdafx.h"
#include "contain.h"

#include "contadoc.h"
#include "cntritem.h"

#ifdef _DEBUG
#undef THIS_FILE
static char BASED_CODE THIS_FILE[] = __FILE__;
#endif

/////////////////////////////////////////////////////////////////////////////
// CContainDoc

IMPLEMENT_DYNCREATE(CContainDoc, COleDocument)

BEGIN_MESSAGE_MAP(CContainDoc, COleDocument)
    //{{AFX_MSG_MAP(CContainDoc)
        // NOTE - the ClassWizard will add and remove mapping macros here.
        //    DO NOT EDIT what you see in these blocks of generated code!
    //}}AFX_MSG_MAP
    // Enable default OLE container implementation
    ON_UPDATE_COMMAND_UI(ID_EDIT_PASTE, COleDocument::OnUpdatePasteMenu)
    ON_UPDATE_COMMAND_UI(ID_EDIT_PASTE_LINK,
        COleDocument::OnUpdatePasteLinkMenu)
    ON_UPDATE_COMMAND_UI(ID_OLE_EDIT_LINKS,
        COleDocument::OnUpdateEditLinksMenu)
    ON_COMMAND(ID_OLE_EDIT_LINKS, COleDocument::OnEditLinks)
    ON_UPDATE_COMMAND_UI(ID_OLE_VERB_FIRST,
        COleDocument::OnUpdateObjectVerbMenu)
```

```
    ON_UPDATE_COMMAND_UI(ID_OLE_EDIT_CONVERT,
        COleDocument::OnUpdateObjectVerbMenu)
    ON_COMMAND(ID_OLE_EDIT_CONVERT, COleDocument::OnEditConvert)
END_MESSAGE_MAP()

BEGIN_DISPATCH_MAP(CContainDoc, COleDocument)
    //{{AFX_DISPATCH_MAP(CContainDoc)
        // NOTE - the ClassWizard will add and remove mapping macros here.
        //    DO NOT EDIT what you see in these blocks of generated code!
    //}}AFX_DISPATCH_MAP
END_DISPATCH_MAP()

/////////////////////////////////////////////////////////////////////////////
// CContainDoc construction/destruction

CContainDoc::CContainDoc()
{
    // For most containers, using compound files is a good idea.
    EnableCompoundFile();

    EnableAutomation();

    // TODO: add one-time construction code here

    AfxOleLockApp();
}

CContainDoc::~CContainDoc()
{
    AfxOleUnlockApp();
}

BOOL CContainDoc::OnNewDocument()
{
    if (!COleDocument::OnNewDocument())
        return FALSE;

     // TODO: add reinitialization code here
     // (SDI documents will reuse this document)

     return TRUE;
}

/////////////////////////////////////////////////////////////////////////////
// CContainDoc serialization

void CContainDoc::Serialize(CArchive& ar)
{
    if (ar.IsStoring())
    {
       // TODO: add storing code here
    }
    else
    {
       // TODO: add loading code here
```

```
    }

    // Calling the base class COleDocument enables serialization
    //  of the container document's COleClientItem objects.
    COleDocument::Serialize(ar);
}

/////////////////////////////////////////////////////////////////////////////
// CContainDoc diagnostics

#ifdef _DEBUG
void CContainDoc::AssertValid() const
{
    COleDocument::AssertValid();
}

void CContainDoc::Dump(CDumpContext& dc) const
{
    COleDocument::Dump(dc);
}
#endif //_DEBUG

/////////////////////////////////////////////////////////////////////////////
// CContainDoc commands
```

Listing 8-3: CNTRITEM.H

```
// cntritem.h : interface of the CContainCntrItem class
//

class CContainDoc;
class CContainView;

class CContainCntrItem : public COleClientItem
{
    DECLARE_SERIAL(CContainCntrItem)

// Constructors
public:
    CContainCntrItem(CContainDoc* pContainer = NULL);
      // Note: pContainer is allowed to be NULL to enable IMPLEMENT_SERIALIZE.
      // IMPLEMENT_SERIALIZE requires the class have a constructor with
      // zero arguments. Normally, OLE items are constructed with a
      // non-NULL document pointer.

// Attributes
public:
    CContainDoc* GetDocument()
      { return (CContainDoc*)COleClientItem::GetDocument(); }
    CContainView* GetActiveView()
      { return (CContainView*)COleClientItem::GetActiveView(); }
```

```
    CRect m_ItemRect;
// Implementation
public:
    ~CContainCntrItem();
    void UpdateSizeFromServer();
#ifdef _DEBUG
    virtual void AssertValid() const;
    virtual void Dump(CDumpContext& dc) const;
#endif
    virtual void Serialize(CArchive& ar);
    virtual void OnGetItemPosition(CRect& rPosition);
    virtual void OnDeactivateUI(BOOL bUndoable);

protected:
    virtual void OnChange(OLE_NOTIFICATION wNotification, DWORD dwParam);
    virtual BOOL OnChangeItemPosition(const CRect& rectPos);
};
```

LISTING 8-4: CNTRITEM.CPP

```
/////////////////////////////////////////////////////////////////////////////

// cntritem.cpp : implementation of the CContainCntrItem class
//

#include "stdafx.h"
#include "contain.h"

#include "contadoc.h"
#include "cntritem.h"

#ifdef _DEBUG
#undef THIS_FILE
static char BASED_CODE THIS_FILE[] = __FILE__;
#endif

/////////////////////////////////////////////////////////////////////////////
// CContainCntrItem implementation

IMPLEMENT_SERIAL(CContainCntrItem, COleClientItem, 0)

CContainCntrItem::CContainCntrItem(CContainDoc* pContainer)
    : COleClientItem(pContainer)
{
    m_ItemRect.SetRect(10, 10, 200, 200);
    // TODO: add one-time construction code here
}

CContainCntrItem::~CContainCntrItem()
{
    // TODO: add cleanup code here
}
```

```
void CContainCntrItem::OnChange(OLE_NOTIFICATION nCode, DWORD dwParam)
{
    ASSERT_VALID(this);

    COleClientItem::OnChange(nCode, dwParam);
    // When an item is being edited (either in-place or fully open)
    //  it sends OnChange notifications for changes in the state of the
    //  item or visual appearance of its content.

    // TODO: invalidate the item by calling UpdateAllViews
    //  (with hints appropriate to your application)

    //GetDocument()->UpdateAllViews(NULL);
        // for now just update ALL views/no hints
    if(nCode == OLE_CHANGED){
        UpdateSizeFromServer();
    }
    GetDocument()->UpdateAllViews(NULL);
}

BOOL CContainCntrItem::OnChangeItemPosition(const CRect& rectPos)
{
     ASSERT_VALID(this);

    // During in-place activation, CContainCntrItem::OnChangeItemPosition
    //  is called by the server to change the position of the in-place
    //  window. Usually, this is a result of the data in the server
    //  document changing such that the extent has changed or as a result
    //  of in-place resizing.
    //
    // The default here is to call the base class, which will call
    //  COleClientItem::SetItemRects to move the item
    //  to the new position.

   if (!COleClientItem::OnChangeItemPosition(rectPos))
       return FALSE;

    // TODO: update any cache you may have of the item's rectangle/extent

    m_ItemRect = rectPos;
    GetDocument()->UpdateAllViews(NULL);   //Add
    GetDocument()->SetModifiedFlag();

    return TRUE;
}

void CContainCntrItem::OnGetItemPosition(CRect& rPosition)
{
    ASSERT_VALID(this);

    // During in-place activation, CContainCntrItem::OnGetItemPosition
    //  will be called to determine the location of this item. The default
```

```
    //  implementation created from AppWizard simply returns a hard-coded
    //  rectangle. Usually, this rectangle would reflect the current
    //  position of the item relative to the view used for activation.
    //  You can obtain the view by calling CContainCntrItem::GetActiveView.

    // TODO: return correct rectangle (in pixels) in rectPos
    //rPosition.SetRect(10, 10, 210, 210);
    rPosition = m_ItemRect;
}

void CContainCntrItem::OnDeactivateUI(BOOL bUndoable)
{
    COleClientItem::OnDeactivateUI(bUndoable);

    // Close an in-place active item whenever it removes the user
    //  interface. The action here should match as closely as possible
    //  to the handling of the escape key in the view.

    Deactivate(); // nothing fancy here - just deactivate the object
}

void CContainCntrItem::Serialize(CArchive& ar)
{
    ASSERT_VALID(this);

    // Call base class first to read in COleClientItem data.
    //  Since this sets up the m_pDocument pointer returned from
    //  CContainCntrItem::GetDocument, it is a good idea to call
    //  the base class Serialize first.
    COleClientItem::Serialize(ar);

    // now store/retrieve data specific to CContainCntrItem
    if (ar.IsStoring())
    {
        // TODO: add storing code here
        ar << m_ItemRect;
    }
    else
    {
        // TODO: add loading code here
        ar >> m_ItemRect;
    }
}


/////////////////////////////////////////////////////////////////////////////
// CContainCntrItem diagnostics

#ifdef _DEBUG
void CContainCntrItem::AssertValid() const
{
    COleClientItem::AssertValid();
}
```

```
void CContainCntrItem::Dump(CDumpContext& dc) const
{
    COleClientItem::Dump(dc);
}
#endif
void CContainCntrItem::UpdateSizeFromServer()
{
    CSize size;
    if (GetExtent(&size))
    {
        CClientDC dc(NULL);
        dc.HIMETRICtoDP(&size);
        m_ItemRect.bottom = m_ItemRect.top + size.cy;
        m_ItemRect.right = m_ItemRect.left + size.cx;
        GetDocument()->UpdateAllViews(NULL);

        GetDocument()->SetModifiedFlag();
    }

}
```

LISTING 8-5: CONTAVW.H

```
////////////////////////////////////////////////////////////////////////////
// contavw.h : interface of the CContainView class
//
////////////////////////////////////////////////////////////////////////////

class CContainCntrItem;

class CContainView : public CView
{
protected: // create from serialization only
    CContainView();
    DECLARE_DYNCREATE(CContainView)

// Attributes
public:
    CContainDoc* GetDocument();
    // m_pSelection holds the selection to the current CContainCntrItem.
    // For many applications, such a member variable isn't adequate to
    //  represent a selection, such as a multiple selection or a selection
    //  of objects that are not CContainCntrItem objects. This selection
    //  mechanism is provided just to help you get started.

    CContainCntrItem* m_pSelection;

// Operations
public:
// Implementation
public:
    virtual ~CContainView();
```

```
    virtual void OnDraw(CDC* pDC); // overridden to draw this view
#ifdef _DEBUG
    virtual void AssertValid() const;
    virtual void Dump(CDumpContext& dc) const;
#endif

protected:
    virtual void OnInitialUpdate(); // called first time after construct

    // Printing support
    virtual BOOL OnPreparePrinting(CPrintInfo* pInfo);
    virtual void OnBeginPrinting(CDC* pDC, CPrintInfo* pInfo);
    virtual void OnEndPrinting(CDC* pDC, CPrintInfo* pInfo);

    // OLE Container support
    virtual BOOL IsSelected(const CObject* pDocItem) const;

// Generated message map functions
protected:
    //{{AFX_MSG(CContainView)
    afx_msg void OnSetFocus(CWnd* pOldWnd);
    afx_msg void OnSize(UINT nType, int cx, int cy);
    afx_msg void OnInsertObject();
    afx_msg void OnCancelEdit();
    afx_msg void OnLButtonDown(UINT nFlags, CPoint point);
    afx_msg void OnLButtonDblClk(UINT nFlags, CPoint point);
    //}}AFX_MSG
    DECLARE_MESSAGE_MAP()
};

#ifndef _DEBUG // debug version in contavw.cpp
inline CContainDoc* CContainView::GetDocument()
    { return (CContainDoc*)m_pDocument; }
#endif
```

LISTING 8-6: CONTAVW.CPP

```
///////////////////////////////////////////////////////////////////////////
// contavw.cpp : implementation of the CContainView class
//

#include "stdafx.h"
#include "contain.h"

#include "contadoc.h"
#include "cntritem.h"
#include "contavw.h"

#ifdef _DEBUG
#undef THIS_FILE
static char BASED_CODE THIS_FILE[] = __FILE__;
#endif
```

```
/////////////////////////////////////////////////////////////////////////////
// CContainView

IMPLEMENT_DYNCREATE(CContainView, CView)

BEGIN_MESSAGE_MAP(CContainView, CView)
     //{{AFX_MSG_MAP(CContainView)
     ON_WM_SETFOCUS()
     ON_WM_SIZE()
     ON_COMMAND(ID_OLE_INSERT_NEW, OnInsertObject)
     ON_COMMAND(ID_CANCEL_EDIT, OnCancelEdit)
     ON_WM_LBUTTONDOWN()
     ON_WM_LBUTTONDBLCLK()
     //}}AFX_MSG_MAP
     // Standard printing commands
     ON_COMMAND(ID_FILE_PRINT, CView::OnFilePrint)
     ON_COMMAND(ID_FILE_PRINT_PREVIEW, CView::OnFilePrintPreview)
END_MESSAGE_MAP()

/////////////////////////////////////////////////////////////////////////////
// CContainView construction/destruction

CContainView::CContainView()
{
     // TODO: add construction code here
}

CContainView::~CContainView()
{
}

/////////////////////////////////////////////////////////////////////////////
// CContainView drawing

void CContainView::OnDraw(CDC* pDC)
{
     CContainDoc* pDoc = GetDocument();
     ASSERT_VALID(pDoc);

     // TODO: add draw code for native data here
     // TODO: also draw all OLE items in the document

     // Draw the selection at an arbitrary position. This code should be
     //  removed once your real drawing code is implemented. This position
     //  corresponds exactly to the rectangle returned by CContainCntrItem,
     //  to give the effect of in-place editing.


POSITION pos = pDoc->GetStartPosition();
while (pos != NULL)
{
     CContainCntrItem* pItem = (CContainCntrItem*)pDoc->GetNextItem(pos);
     pItem->Draw(pDC, pItem->m_ItemRect);

     CRectTracker track;
```

```
        track.m_rect = pItem->m_ItemRect;
        if (pItem == m_pSelection)

        track.m_nStyle |= CRectTracker::resizeInside;

        track.m_nStyle |= CRectTracker::solidLine;
        track.Draw(pDC);
        }
}

void CContainView::OnInitialUpdate()
{
        CView::OnInitialUpdate();

        // TODO: remove this code when final selection model code is written
        m_pSelection = NULL;    // initialize selection

}

/////////////////////////////////////////////////////////////////////////////
// CContainView printing

BOOL CContainView::OnPreparePrinting(CPrintInfo* pInfo)
{
        // default preparation
        return DoPreparePrinting(pInfo);
}

void CContainView::OnBeginPrinting(CDC* /*pDC*/, CPrintInfo* /*pInfo*/)
{
        // TODO: add extra initialization before printing
}

void CContainView::OnEndPrinting(CDC* /*pDC*/, CPrintInfo* /*pInfo*/)
{
        // TODO: add cleanup after printing
}

/////////////////////////////////////////////////////////////////////////////
// OLE Client support and commands

BOOL CContainView::IsSelected(const CObject* pDocItem) const
{
        // The implementation below is adequate if your selection consists of
        //  only CContainCntrItem objects. To handle different selection
        //  mechanisms, the implementation here should be replaced.
        // TODO: implement this function that tests for a selected OLE client item

        return pDocItem == m_pSelection;
}
void CContainView::OnInsertObject()
{
        // Invoke the standard Insert Object dialog box to obtain information
        //  for new CContainCntrItem object.
        COleInsertDialog dlg;
```

```
    if (dlg.DoModal() != IDOK)
        return;

    BeginWaitCursor();

    CContainCntrItem* pItem = NULL;
    TRY
    {
        // Create new item connected to this document.
        CContainDoc* pDoc = GetDocument();
        ASSERT_VALID(pDoc);
        pItem = new CContainCntrItem(pDoc);
        ASSERT_VALID(pItem);

        // Initialize the item from the dialog data.
        if (!dlg.CreateItem(pItem))
            AfxThrowMemoryException(); // any exception will do
        ASSERT_VALID(pItem);

            pItem->UpdateLink();
            pItem->UpdateSizeFromServer();

        // If item created from class list (not from file) then launch
        // the server to edit the item.
        if (dlg.GetSelectionType() == COleInsertDialog::createNewItem)
            pItem->DoVerb(OLEIVERB_SHOW, this);

        ASSERT_VALID(pItem);

        // As an arbitrary user interface design, this sets the selection
        // to the last item inserted.

        // TODO: reimplement selection as appropriate for your application

        m_pSelection = pItem; // set selection to last inserted item
        Invalidate();
    }
    CATCH(CException, e)
    {
        if (pItem != NULL)
        {
            ASSERT_VALID(pItem);
            pItem->Delete();
        }
        AfxMessageBox(IDP_FAILED_TO_CREATE);
    }
    END_CATCH

    EndWaitCursor();
}

// The following command handler provides the standard keyboard
// user interface to cancel an in-place editing session.
void CContainView::OnCancelEdit()
```

```
{
    // Close any in-place active item on this view.
    COleClientItem* pActiveItem = GetDocument()->GetInPlaceActiveItem(this);
    if (pActiveItem != NULL)
    {
        pActiveItem->Close();
    }
    ASSERT(GetDocument()->GetInPlaceActiveItem(this) == NULL);
}

// Special handling of OnSetFocus and OnSize are required for a container
//  when an object is being edited in-place.
void CContainView::OnSetFocus(CWnd* pOldWnd)
{
    COleClientItem* pActiveItem = GetDocument()->GetInPlaceActiveItem(this);
    if (pActiveItem != NULL &&
        pActiveItem->GetItemState() == COleClientItem::activeUIState)
    {
        // need to set focus to this item if it is in the same view
        CWnd* pWnd = pActiveItem->GetInPlaceWindow();
        if (pWnd != NULL)
        {
            pWnd->SetFocus(); // don't call the base class
            return;
        }
    }

    CView::OnSetFocus(pOldWnd);
}

void CContainView::OnSize(UINT nType, int cx, int cy)
{
    CView::OnSize(nType, cx, cy);
    COleClientItem* pActiveItem = GetDocument()->GetInPlaceActiveItem(this);
    if (pActiveItem != NULL)
        pActiveItem->SetItemRects();
}

/////////////////////////////////////////////////////////////////////////////
// CContainView diagnostics

#ifdef _DEBUG
void CContainView::AssertValid() const
{
    CView::AssertValid();
}

void CContainView::Dump(CDumpContext& dc) const
{
    CView::Dump(dc);
}
CContainDoc* CContainView::GetDocument() // non-debug version is inline
{
    ASSERT(m_pDocument->IsKindOf(RUNTIME_CLASS(CContainDoc)));
    return (CContainDoc*)m_pDocument;
```

```
    }
#endif //_DEBUG

/////////////////////////////////////////////////////////////////////////////
// CContainView message handlers

void CContainView::OnLButtonDown(UINT nFlags, CPoint point)
{
    CContainDoc* pDoc = GetDocument();
    CContainCntrItem* pHit = NULL;
    POSITION pos = pDoc->GetStartPosition();
    while(pos != NULL)
    {
        CContainCntrItem* pItem = (CContainCntrItem*)pDoc->GetNextItem(pos);
        if(pItem->m_ItemRect.PtInRect(point))
            pHit = pItem;
    }
    m_pSelection = pHit;

    if(pHit != NULL)
    {
        Invalidate();
        CRectTracker track;
        track.m_rect = pHit->m_ItemRect;

        track.m_nStyle |= CRectTracker::resizeInside;
        track.m_nStyle |= CRectTracker::solidLine;

        if(track.Track(this, point))
        {
            Invalidate();
            pHit->m_ItemRect = track.m_rect;
            GetDocument()->SetModifiedFlag();
        }
    }
    CView::OnLButtonDown(nFlags, point);
}

void CContainView::OnLButtonDblClk(UINT nFlags, CPoint point)
{
    OnLButtonDown(nFlags, point);

    if (m_pSelection != NULL)
    {
        m_pSelection->DoVerb(OLEIVERB_OPEN, this);
    }

    CView::OnLButtonDblClk(nFlags, point);
}
```

Now let's move from OLE containers to OLE servers.

OLE 2.0: SERVERS!

Now that you've studied OLE 2.0 container applications, let's take a look at the other side of an OLE family: the server. Designing and creating a server program is easier than you might think. The server program we examine in this chapter will create OLE objects that can be linked or embedded. We'll also allow them to be edited in place, that is, in the container application, without opening the server program fully; or by opening the server application and editing them there. You can create two types of servers: miniservers and full servers. A miniserver is not designed to be used as a stand-alone application but simply works on OLE items maintained by various container applications. A full server, on the other hand, can do both. In this chapter, we'll create and implement a full server.

Visual C++ does most of the code creation work for us. However, the whole process is fairly complex, so a substantial amount of code is generated. Much of this chapter is devoted to explaining what must go on in a server program before we can add our own code.

DESIGNING AN OLE SERVER

Our server project will be named SERVE.MAK. So far, our programs have had both a document and view class. The document stored the data, and the view displayed that data in the OnDraw() function:

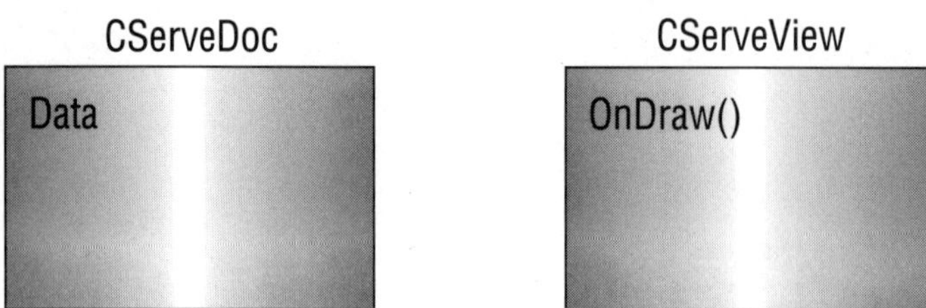

Serve, too, will have both a document and a view, because SERVE.EXE will be a full server, which means we can use it as a stand-alone program. We're familiar, then, with the program's structure so far.

The OLE Server Items

SERVE will maintain an OLE item in a container program, and that item is represented by an object derived from class COleServerItem. In the SERVE project, App Wizard will give the server item class the name CServeSrvrItem, so we now have three major classes: CServeDoc, CServeView, and CServeSrvrItem.

In this program, we're maintaining an OLE item in a container program — that is, the item is embedded in the container program, but not activated (open or being edited in place). Therefore, the OnDraw() function in the server item's class is called, rather than part of the view class:

As you learned in Chapter 8, the OLE container knows how much space to allow for the embedded item by calling another important function in the server item class, OnGetExtent(). This function returns the item's dimensions in HIMETRIC coordinates:

Let's see how the server item class manages the display of the OLE item in the container application. The container application first calls the OnGetExtent() function to determine how much space to allow for the embedded item, then it sets up a space of that size in which to display the item:

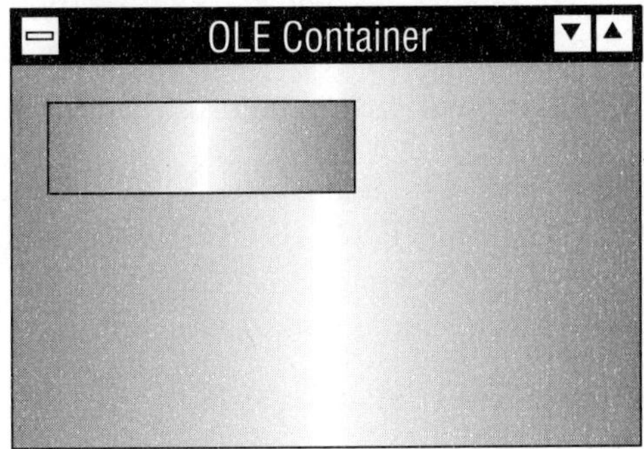

To display the item, the container calls the server's OnDraw() function. If the server were to simply display the string "Hello, world.", and OnGetExtent() returned the dimension of that string, calling the server item's OnDraw() function would result in this:

Consider, however, that the user can open OLE items in two ways. For in-place editing by the user, the server will take over the container's menu system and allow editing of the OLE item without ever opening the server. Or, the user may fully open the server application itself, which displays the OLE item and allows it to be edited. It makes sense that these operations are handled in much the same way as when the server is operating as a stand-alone program — that is, the view class's OnDraw() function is used, not the server item's OnDraw(). When we edit the OLE item, the environment should be as much the same as using the server as a stand-alone application as possible. In addition, the server item's OnGetExtent() function is still called by the container to determine the (possibly changed) size of the item it is displaying:

In addition, there is one more major class, CInPlaceFrame. This class gets its own set of files (IPFRAME.H and INFRAME.CPP) and provides a frame for an OLE item while it is being edited in place. However, Visual C++ handles this class automatically, and we won't have to do much more than observe its operation.

Now, let's create and dissect SERVE.MAK.

Creating the SERVE Program

Start Visual C++ and open App Wizard. Click the OLE Options button, opening the corresponding dialog box (Figure 9-1). Select the Full Server option, and then click OK to create SERVE as an MDI project.

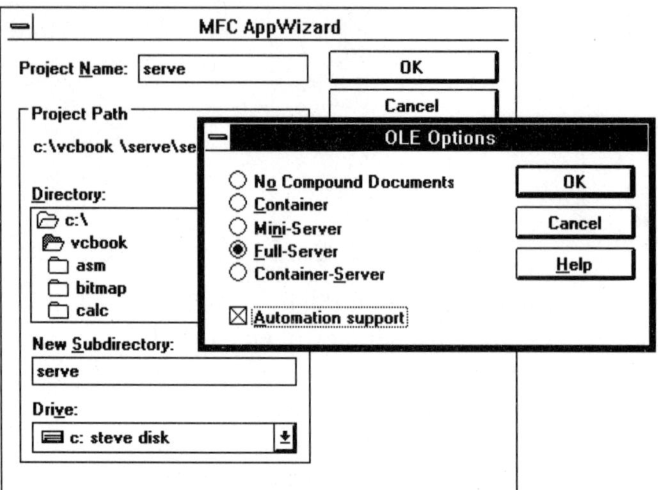

Figure 9-1: Set up SERVE as a MDI project by opening the OLE Options dialog box, and selecting the Full-Server option.

Listed here are the files created for SERVE.MAK:

FILES	DESCRIPTION
IPFRAME.H,.CPP	In-place item frame
MAINFRM.H,.CPP	Main window support
SERVE.H,.CPP	Project's interface to Windows

FILES	DESCRIPTION
SERVEDOC.H,.CPP	Document support
SERVEVW.H,.CPP	View support
SRVRITEM.H,.CPP	OLE server item support
STDAFX.H,.CPP	Standard include files (including AFXOLE.H)

As you can see, we have new support files for the server item and the server item's in-place window frame.

There is so much power already packed into our server program that we can actually run it as it stands. Use the Build SERVE.EXE item in the Visual C++ Project menu and run SERVE.EXE now. Running it this first time is necessary to register it with Windows as an OLE server. Next, open a container application, such as Microsoft Word or our own CONTAIN.EXE from Chapter 8. Using Word's Insert|Object command, or CONTAIN.EXE's Edit|Insert New Object command, open the OLE Object dialog box as shown in Figure 9-2. As you can see there, one of the possible OLE items to register is a Serve Document, which is how our program is registered with Windows. The location of SERVE.EXE is also recorded.

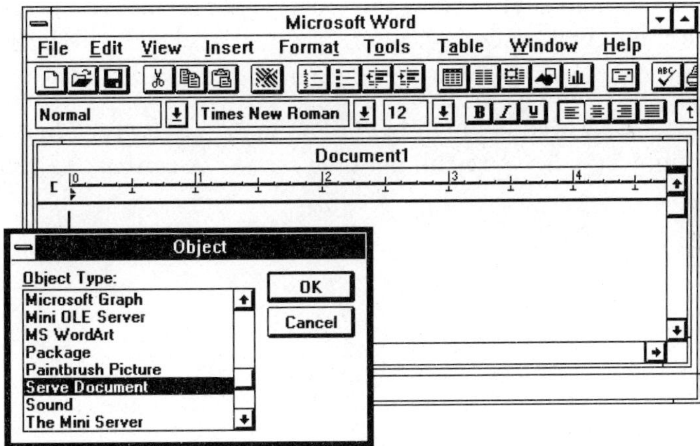

FIGURE 9-2: Register our OLE server with Windows by opening the OLE Object dialog box and selecting Serve Document.

Select Serve Document in the OLE Object dialog box to start SERVE.EXE. It appears just like a normal MDI program, but with completely blank windows. In SERVE's File menu, select Update Document1, followed by Exit & Return to Document1. This generates an OLE item in the container application, with a default size and without any visible data, as shown in Figure 9-3. Double-clicking this item would open it up again.

As you can see, Visual C++ has done as much for us as it can, and it's up to us to implement the rest of the program. To do that, we have to understand the workings of the code that's already been written.

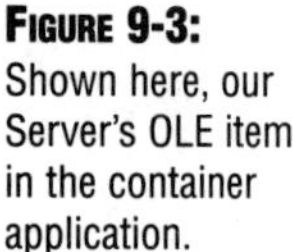

FIGURE 9-3: Shown here, our Server's OLE item in the container application.

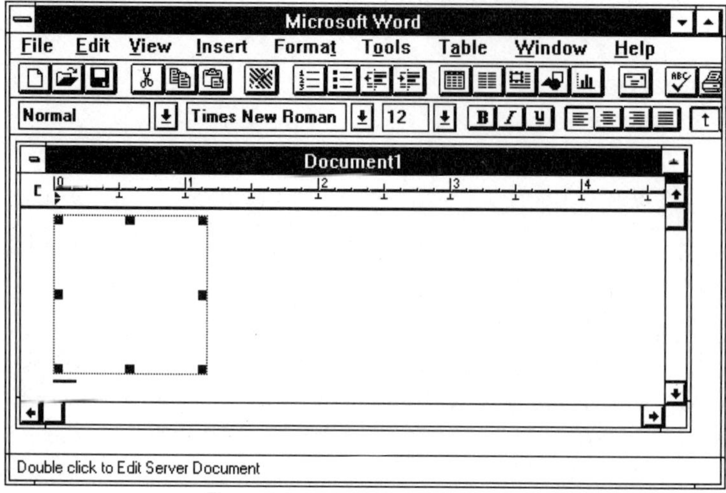

Dissecting the SERVE Program

As usual, our window application (supported in SERVE.H and SERVE.CPP) is derived from the CWinApp class. Servers are implemented as *document template servers*. That is, a document template handles the creation of new documents and associates a view class with them. Implementing an OLE server involves a similar process, except that some additional server information is also used.

In SERVE.H, the member object m_server is embedded in the CWinApp object. This object will oversee all the OLE server operations, as you'll see shortly.

```
class CServeApp : public CWinApp
{
public:
     CServeApp();

// Overrides
     virtual BOOL InitInstance();

// Implementation
     COleTemplateServer m_server;
          // Server object for document creation
```

When the program runs, the InitInstance() function is called. The first thing done there is to initialize the OLE dynamic link libraries (DLLs) with a call to AfxOleInit(), exiting if the initialization doesn't work. Next, we set up the document template as usual. Here is the code:

```
BOOL CServeApp::InitInstance()
{
     // Initialize OLE 2.0 libraries
     if (!AfxOleInit())
```

```
    {
        AfxMessageBox(IDP_OLE_INIT_FAILED);
        return FALSE;
    }

    // Standard initialization
    // If you are not using these features and wish to reduce the size
    // of your final executable, you should remove from the following
    // the specific initialization routines you do not need.

    SetDialogBkColor();    // Set dialog background color to gray
    LoadStdProfileSettings(); // Load standard INI file options

    // Register the application's document templates. Document templates
    // serve as the connection between documents, frame windows and views.

➤   CMultiDocTemplate* pDocTemplate;
➤   pDocTemplate = new CMultiDocTemplate(
➤           IDR_SERVETYPE,
➤           RUNTIME_CLASS(CServeDoc),
➤           RUNTIME_CLASS(CMDIChildWnd),    // standard MDI child frame
➤           RUNTIME_CLASS(CServeView));
            .
            .
            .
```

You might wonder why the program doesn't include the CServeSrvrItem class in the document template. The reason is that server items are associated with the document class: the COleServerDoc-based class CServeDoc. An OLE document such as CServeDoc is designed to contain COleServerItem objects, so the server item class is not explicitly included in the document template. Our program will support one server item per document; to reach that server item, the rest of the program will use the function CServeDoc::OnGetEmbeddedItem(), which looks like this (as written by App Wizard):

```
COleServerItem* CServeDoc::OnGetEmbeddedItem()
{
 // OnGetEmbeddedItem is called by the framework to get the COleServerItem
 //     that is associated with the document. It is only called when necessary.

    CServeSrvrItem* pItem = new CServeSrvrItem(this);
    ASSERT_VALID(pItem);
    return pItem;
}
```

After setting up the document template, we pass the server some additional information about the menu systems we want to use when editing our server items. When we edit an embedded OLE item by opening SERVER.EXE from a container program, this menu we use the IDR_SERVETYPE_SRVR_EMB menu resource. For this program, this menu is the same as the normal menu, IDR_SERVETYPE, used when SERVE.EXE is used as a stand-alone program. You can see, however, that it might be necessary to make IDR_SERVETYPE_SRVR_EMB different from IDR_SERVETYPE, because some options might not be available when the server is not used as a stand-alone program. When the user wants to edit in place, therefore, we take over the container's menu system and use the IDR_SERVETYPE_SRVR_IP menu:

```
     BOOL CServeApp::InitInstance()
     {
         .
         .
         .

➢     pDocTemplate->SetServerInfo(
➢         IDR_SERVETYPE_SRVR_EMB, IDR_SERVETYPE_SRVR_IP,
➢         RUNTIME_CLASS(CInPlaceFrame));
         .
         .
         .
```

At this point, the IDR_SERVETYPE_SRVR_IP menu, the code for which is shown just below, only has a few items in it. (We'll change it later to include more of our own items.)

```
IDR_SERVETYPE_SRVR_IP MENU PRELOAD DISCARDABLE
BEGIN
   POPUP "&Edit"
   BEGIN
        MENUITEM "&Undo\tCtrl+Z",       ID_EDIT_UNDO
        MENUITEM SEPARATOR
        MENUITEM "Cu&t\tCtrl+X",        ID_EDIT_CUT
        MENUITEM "&Copy\tCtrl+C",       ID_EDIT_COPY
        MENUITEM "&Paste\tCtrl+V",      ID_EDIT_PASTE
   END
   MENUITEM SEPARATOR
   MENUITEM SEPARATOR
   POPUP "&Help"
   BEGIN
        MENUITEM "&About Serve...",     ID_APP_ABOUT
   END
END
```

Next, we connect the template we've just created to the m_Server object, also passing a class ID value named clsid, which is set up at the top of InitInstance(). This class ID value uniquely identifies our OLE server when we register it with Windows.

```
➢    static const CLSID BASED_CODE clsid =
➢    {0x5b3f6ca1, 0xd063, 0x101a, {0xa1, 0xc3, 0x4, 0x2, 0x1c, 0x0, 0x94, 0x2}};

     BOOL CServeApp::InitInstance()
     {
             .
             .
             .
        AddDocTemplate(pDocTemplate);

        // Connect the COleTemplateServer to the document template.
        //  The COleTemplateServer creates new documents on behalf
```

```
    //  of requesting OLE containers by using information
    //  specified in the document template.
➢   m_server.ConnectTemplate(clsid, pDocTemplate, FALSE);
          .
          .
          .
```

Further down in InitInstance(), the program determines if it should open fully (that is, show the main MDI window) or not. If we are editing in place or executing OLE automation, the main window should not be opened, and we will quit InitInstance() before it opens the window:

```
    BOOL CServeApp::InitInstance()
    {
        // Initialize OLE 2.0 libraries
        if (!AfxOleInit())
        {
            AfxMessageBox(IDP_OLE_INIT_FAILED);
            return FALSE;
        }

        // Standard initialization
              .
              .
              .
        // Parse the command line to see if launched as OLE server
➢       if (RunEmbedded() || RunAutomated())
➢       {
            // Application was run with /Embedding or /Automation. Don't show the
            //  main window in this case.
➢           return TRUE;
➢       }
              .
              .
              .
```

On the other hand, if the application is being run as a stand-alone application, we take this opportunity to register SERVE.EXE with Windows, by calling m_server's UpdateRegistry() function. (Infact, executing this every time we start our program doesn't hurt.)

```
    BOOL CServeApp::InitInstance()
    {
        // When a server application is launched stand-alone, it is a good idea
        // to update the system registry in case it has been damaged.
➢       m_server.UpdateRegistry(OAT_INPLACE_SERVER);
➢       COleObjectFactory::UpdateRegistryAll();
              .
              .
              .
```

All the important registration information is contained in a file named SERVE.REG, which App Wizard has already created for us. That registration looks like this:

```
    REGEDIT
    ; This .REG file may be used by your SETUP program.
```

```
;   If a SETUP program is not available, the entries below will be
;   registered in your InitInstance automatically with a call to
;   CWinApp::RegisterShellFileTypes and COleObjectFactory::UpdateRegistryAll.

HKEY_CLASSES_ROOT\Serve.Document = Serve Document
HKEY_CLASSES_ROOT\Serve.Document\protocol\StdFileEditing\server =
    SERVE.EXE
HKEY_CLASSES_ROOT\Serve.Document\protocol\StdFileEditing\verb\0 = &Edit
HKEY_CLASSES_ROOT\Serve.Document\Insertable =
HKEY_CLASSES_ROOT\Serve.Document\CLSID =
    {5B3F6CA1-D063-101A-A1C3-04021C009402}

HKEY_CLASSES_ROOT\CLSID\{5B3F6CA1-D063-101A-A1C3-04021C009402} = Serve Document
HKEY_CLASSES_ROOT\CLSID\{5B3F6CA1-D063-101A-A1C3-04021C009402}\DefaultIcon =
    SERVE.EXE,0
HKEY_CLASSES_ROOT\CLSID\{5B3F6CA1-D063-101A-A1C3-04021C009402}\LocalServer =
    SERVE.EXE
HKEY_CLASSES_ROOT\CLSID\{5B3F6CA1-D063-101A-A1C3-04021C009402}\ProgId =
    Serve.Document
HKEY_CLASSES_ROOT\CLSID\{5B3F6CA1-D063-101A-A1C3-04021C009402}\MiscStatus = 0
HKEY_CLASSES_ROOT\CLSID\{5B3F6CA1-D063-101A-A1C3-04021C009402}\AuxUserType\3 =
    Serve Document
HKEY_CLASSES_ROOT\CLSID\{5B3F6CA1-D063-101A-A1C3-04021C009402}\AuxUserType\2 =
    Serve Document
HKEY_CLASSES_ROOT\CLSID\{5B3F6CA1-D063-101A-A1C3-04021C009402}\Insertable =
HKEY_CLASSES_ROOT\CLSID\{5B3F6CA1-D063-101A-A1C3-04021C009402}\verb\1 =
    &Open,0,2
HKEY_CLASSES_ROOT\CLSID\{5B3F6CA1-D063-101A-A1C3-04021C009402}\verb\0 =
    &Edit,0,2
HKEY_CLASSES_ROOT\CLSID\{5B3F6CA1-D063-101A-A1C3-04021C009402}\InprocHandler =
    ole2.dll
```

The rest of InitInstance() simply creates and displays the main window:

```
BOOL CServeApp::InitInstance()
{
        .
        .
        .

    // The main window has been initialized, so show and update it.
➢   pMainFrame->ShowWindow(m_nCmdShow);
➢   pMainFrame->UpdateWindow();

    return TRUE;
}
```

At this point, then, the SERVE program has been started. Let's do some programming of our own.

Customizing the Serve Program

Now that SERVE.EXE is already a functioning program, it's up to us to customize it. We will begin by displaying our data in an embedded object. That means we have to customize both the server item's OnDraw() function (recall that the view's OnDraw() function is only called when we edit the OLE item) and its OnGetExtent() function (called by the container to determine the size of the OLE item).

Displaying the OLE Item

Currently, CServeSrvrItem::OnGetExtent() looks like this:

```
BOOL CServeSrvrItem::OnGetExtent(DVASPECT dwDrawAspect, CSize& rSize)
{
    // Most applications, like this one, only handle drawing the content
    // aspect of the item. If you wish to support other aspects, such
    // as DVASPECT_THUMBNAIL (by overriding OnDrawEx), then this
    // implementation of OnGetExtent should be modified to handle the
    // additional aspect(s).

    if (dwDrawAspect != DVASPECT_CONTENT)
       return COleServeItem::OnGetExtent(dwDrawAspect, rSize);

    // CServeSrvrItem::OnGetExtent is called to get the extent in
    //  HIMETRIC units of the entire item. The default implementation
    //  here simply returns a hard-coded number of units.

    CServeDoc* pDoc = GetDocument();
    ASSERT_VALID(pDoc);

    // TODO: replace this arbitrary size

    rSize = CSize(3000, 3000); // 3000 x 3000 HIMETRIC units

    return TRUE;
}
```

OnGetExtent() returns the size of the OLE item in HIMETRIC units; all that's happening here is that the program is returning a default size: 3,000 by 3,000 (that is, 3 by 3 centimeters). This accounts for the size of the default OLE item (Figure 9-3).

Let's keep the data in our program simple. For example, suppose we have a CString data member in the document named m_data:

```
class CServeDoc : public COleServerDoc
{
protected: // create from serialization only
    CServeDoc();
    DECLARE_DYNCREATE(CServeDoc)

// Attributes
public:
```

```
        CServeSrvrItem* GetEmbeddedItem()
            { return (CServeSrvrItem*)COleServerDoc::GetEmbeddedItem(); }
➤       CString m_data;
            .
            .
            .
```

In the document's constructor, we set that string to the familiar "Hello, world.":

```
CServeDoc::CServeDoc()
{
    m_data = CString("Hello, world.");

    EnableAutomation();
    // TODO: add one-time construction code here

    AfxOleLockApp();
}
```

Now we want to display our program's data in the container, as illustrated earlier in the chapter. In OnGetExtent(), then, we have to find the size of the string in m_data and return it in HIMETERIC units. To find the string's size, we use the handy GetTextExtent() function, followed by the equally helpful LPtoHIMETRIC() *function* to convert that size to HIMETERIC coordinates. That's the value we pass back to from OnGetExtent():

```
BOOL CServeSrvrItem::OnGetExtent(DVASPECT dwDrawAspect, CSize& rSize)
{
    .
    .
    .
    // TODO: replace this arbitrary size

    rSize = CSize(0, 0);
    CClientDC dc(NULL);
    dc.SetMapMode(MM_ANISOTROPIC);

➤   rSize = dc.GetTextExtent(pDoc->m_data, pDoc->m_data.GetLength());

➤   dc.LPtoHIMETRIC(&rSize); // convert pixels to HIMETRIC
    return TRUE;
}
```

Now we're able to return a size for the OLE item. To see this, run the CONTAIN.EXE program we developed in the previous chapter. Use Edit|Insert New Object to insert an object of type Serve Document, creating the embedded object shown in Figure 9-4. What you see there is the server's in-place frame (supported by the CInPlaceFrame class). This frame is already active because CONTAIN.EXE supports in-place editing.

The next task is to display our data, the string m_data, in the OLE item. Displaying m_data when the OLE item is embedded but not active is done in the server item's

OnDraw() function, CServeSrvrItem::OnDraw(). The default code in this function sets up the OLE item's window but doesn't display anything. (Note also the use once again of the default size, 3,000 by 3,000 HIMETRIC units.) The MM_ANISOTROPIC mapping mode and SetWindowExt() function are used to make it easy to display our data if the OLE item is resized. (You use the MM_ANISOTROPIC mode when you want to fit the figure you're drawing into the window in which you're drawing it. We simply want to display the CString object m_data, and we do that like this:

```
BOOL CServeSrvrItem::OnDraw(CDC* pDC, CSize& rSize)
{
    CServeDoc* pDoc = GetDocument();
    ASSERT_VALID(pDoc);
➢   pDC->TextOut(0, 0, pDoc->m_data);     //For embedded items that open

    // TODO: set mapping mode and extent
    // (The extent is usually the same as the size returned from OnGetExtent)
    //pDC->SetMapMode(MM_ANISOTROPIC);
    //pDC->SetWindowOrg(0,0);
    //pDC->SetWindowExt(3000, 3000);

    // TODO: add drawing code here. Optionally, fill in the HIMETRIC extent.
    // All drawing takes place in the metafile device context (pDC).

    return TRUE;
}
```

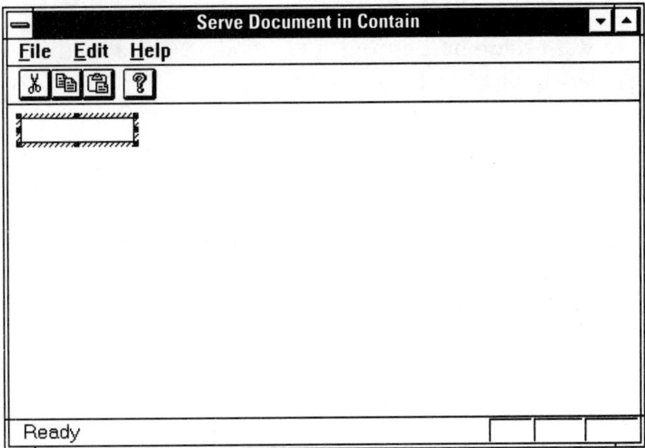

FIGURE 9-4: The server's in-place frame is active and ready for editing.

Now our m_data string appears in the OLE item's window. Note in Figure 9-5 that it just fits, which is appropriate, since OnGetExtent() was designed to return the extent of that string. At this point, then, we're able to display our OLE data in an OLE client window. Our program is a success so far.

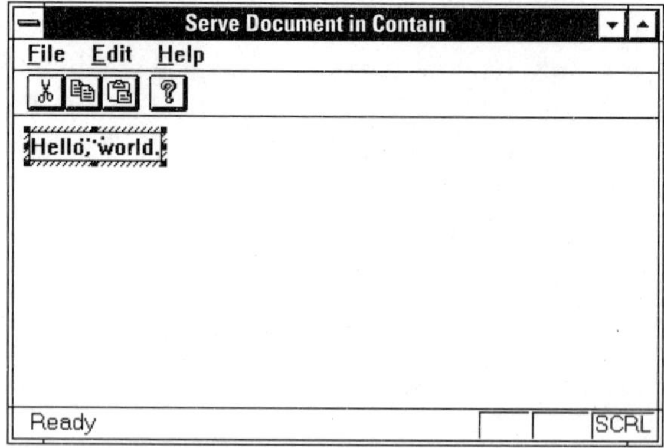

FIGURE 9-5: The server's embedded OLE item, fit to its window

Editing the OLE Item

We have been successful in creating and inserting our OLE item. As yet, however, the user can't actually edit the item once it's inserted — or even display it when SERVE.EXE is opened as a stand-alone program — because those actions are handled by the view's OnDraw() function. Currently, that function looks like this:

```
void CServeView::OnDraw(CDC* pDC)
{
    CServeDoc* pDoc = GetDocument();
    ASSERT_VALID(pDoc);

    // TODO: add draw code for native data here
}
```

All we want to do here is to display m_data. We already have a pointer to the document, so we get the data and display it like this:

```
void CServeView::OnDraw(CDC* pDC)
{
    CServeDoc* pDoc = GetDocument();
    ASSERT_VALID(pDoc);

➤   pDC->TextOut(0, 0, pDoc->m_data);
}
```

Now the program operates as a normal stand-alone program, as shown in Figure 9-6.

In addition, the user can open OLE items for editing in the container applications. For example, we might insert a Serve Document item into Word, as shown in Figure 9-7. When we double-click the Serve item in Word, it opens as shown in Figure 9-8.

Now that the OLE item is displayed and opened, we need to add the capability to edit our data. We can add editing support now by connecting a handler for the WM_LBUTTONDOWN mouse message to our view class, CServeView. Use Class Wizard to connect the function OnLButtonDown() to CServeView. Opening that function reveals this default code:

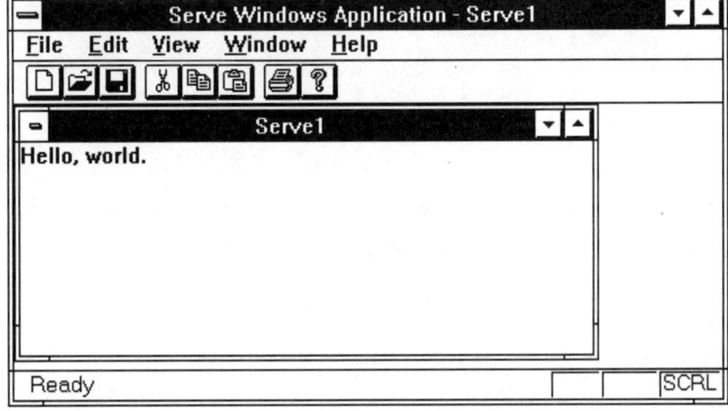

FIGURE 9-6: Our program's message is displayed in the window.

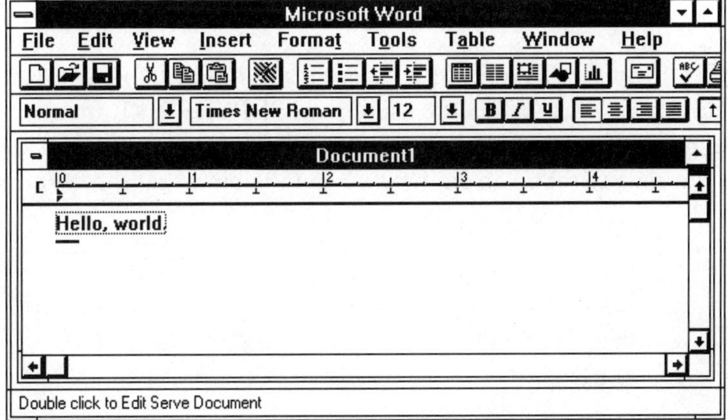

FIGURE 9-7: A Serve OLE item is inserted into Word.

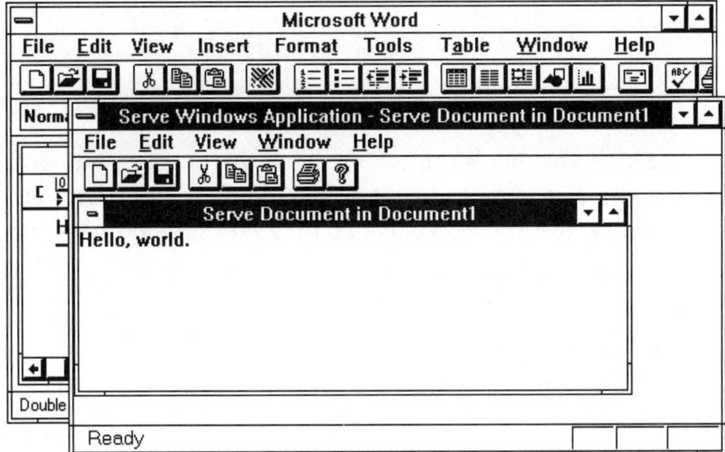

FIGURE 9-8: Double-clicking the Serve item in Word opens it up.

```
void CServeView::OnLButtonDown(UINT nFlags, CPoint point)
{
    // TODO: Add your message handler code here and/or call default

    CView::OnLButtonDown(nFlags, point);
}
```

We will modify what's displayed in the in-place view by letting the user draw dots (points), using the SetPixel() function in this way:

```
void CServeView::OnLButtonDown(UINT nFlags, CPoint point)
{
    CClientDC dc(this);

    dc.SetPixel(point, RGB(0, 0, 0));
        .
        .
        .
}
```

Of course, this is just the view; we also have to store the data in the document and redisplay it later. (When the user opens SERVER.EXE from a container, edits the OLE item, and then closes the server, we will want the new data to appear in the container.) Here is the code to set up an array for up to 100 points that the user can draw in the document:

```
class CServeDoc : public COleServeDoc
{
protected: // create from serialization only
    CServeDoc();
    DECLARE_DYNCREATE(CServeDoc)

// Attributes
public:
    CServeSrvrItem* GetEmbeddedItem()
        { return (CServeSrvrItem*)COleServeDoc::GetEmbeddedItem(); }
    CString m_data;
➢   int m_numberpoints;
➢   CPoint m_ptArray[100];
        .
        .
        .
```

The array that holds the actual points will be named m_ptArray[], and the index into that array holding the number of points the user has drawn so far will be m_numberpoints. We set m_numberpoints to 0 in the document's constructor:

```
CServeDoc::CServeDoc()
{
     m_data = CString("Hello, world.");
➢    m_numberpoints = 0;
     EnableAutomation();
     // TODO: add one-time construction code here
```

```
        AfxOleLockApp();
    }
```

Next, we store the points in the view class's OnLButtonDown() function, by first getting a pointer to the document, and then storing the current point drawn by the user:

```
    void CServeView::OnLButtonDown(UINT nFlags, CPoint point)
    {
        CClientDC dc(this);
        dc.SetPixel(point, RGB(0, 0, 0));
        CServeDoc* pDoc = GetDocument();
➢       pDoc->m_ptArray[pDoc->m_numberpoints++] = point;
    }
```

In addition, we need to draw these stored points in the OnDraw() functions of both the view and the server items. Since the mouse-drawn points we've stored are in device coordinates, in CServeView::OnDraw() we have to make sure we're operating in the MM_TEXT mode. Then we draw the stored points, as shown here:

```
    void CServeView::OnDraw(CDC* pDC)
    {
        CServeDoc* pDoc = GetDocument();
        ASSERT_VALID(pDoc);

        pDC->TextOut(0, 0, pDoc->m_data);
➢       pDC->SetMapMode(MM_TEXT);
➢       for(int loop_index = 0; loop_index < pDoc->m_numberpoints; loop_index++){
➢           pDC->SetPixel(pDoc->m_ptArray[loop_index], RGB(0, 0, 0));
➢       }
    }
```

And we do the same in CServeSrvrItem::OnDraw():

```
    BOOL CServeSrvrItem::OnDraw(CDC* pDC, CSize& rSize)
    {
        CServeDoc* pDoc = GetDocument();
        ASSERT_VALID(pDoc);
        pDC->TextOut(0, 0, pDoc->m_data);    //For embedded items that open
➢       pDC->SetMapMode(MM_TEXT);
➢       for(int loop_index = 0; loop_index < pDoc->m_numberpoints; loop_index++){
➢           pDC->SetPixel(pDoc->m_ptArray[loop_index], RGB(0, 0, 0));
➢       }
        // TODO: set mapping mode and extent
        // (The extent is usually the same as the size returned from OnGetExtent)
        //pDC->SetMapMode(MM_ANISOTROPIC);
        //pDC->SetWindowOrg(0,0);
        //pDC->SetWindowExt(3000, 3000);
        // TODO: add drawing code here. Optionally, fill in the HIMETRIC extent.
        // All drawing takes place in the metafile device context (pDC).

        return TRUE;
    }
```

Now the user can edit OLE items, drawing dots in them as shown in Figure 9-9. At this point, OLE items can be edited both by opening them fully in SERVE.EXE, or by editing them in place. SERVE.EXE is a success.

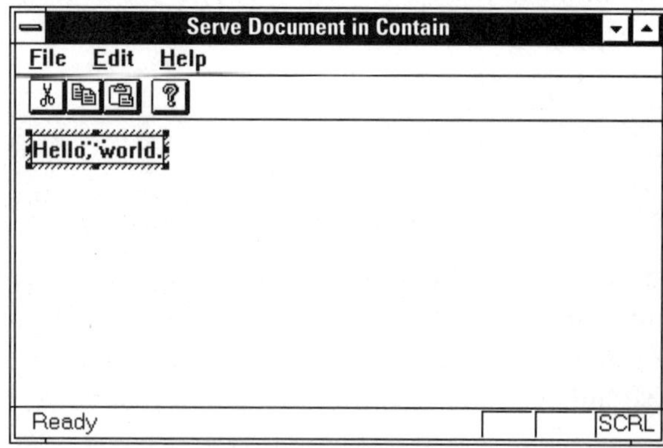

FIGURE 9-9: Adding dots to the OLE item shows it can be deleted.

Modifying a Container's Menu

The final improvement we'll make to the SERVE program is to get some practice working with in-place menus. When the user starts in-place editing of the OLE item, the IDR_SERVETYPE_SRVR_IP menu takes over the container's menu system. Open that menu now in App Studio, as shown in Figure 9-10. Notice the two upright line segments in the menu. These segments stand for menu separators, as shown in the definition of this menu in SERVE.RC:

```
IDR_SERVETYPE_SRVR_IP MENU PRELOAD DISCARDABLE
BEGIN
    POPUP "&Edit"
    BEGIN
        MENUITEM "&Undo\tCtrl+Z",       ID_EDIT_UNDO
        MENUITEM SEPARATOR
        MENUITEM "Cu&t\tCtrl+X",        ID_EDIT_CUT
        MENUITEM "&Copy\tCtrl+C",       ID_EDIT_COPY
        MENUITEM "&Paste\tCtrl+V",      ID_EDIT_PASTE
    END
>   MENUITEM SEPARATOR
>   MENUITEM SEPARATOR
    POPUP "&Help"
    BEGIN
        MENUITEM "&About Serve...",     ID_APP_ABOUT
    END
END
```

These separators determine how the server's menu will combine with the container's menu. For example, assume the server's IP menu looks like this:

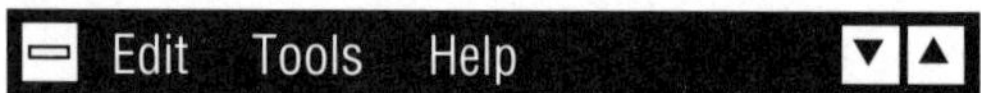

and the container's menu looks like this:

When the user edits the OLE item in place, all the menus to the left of the server's first separator go to the left of the container's first separator; the menus in between the server's menu separators go in between the container's separators; and so on. In this case, we'll end up with this menu in the container:

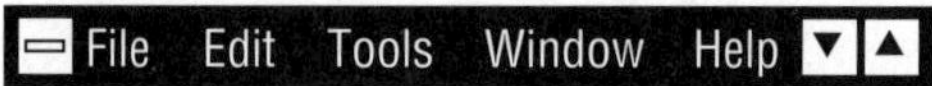

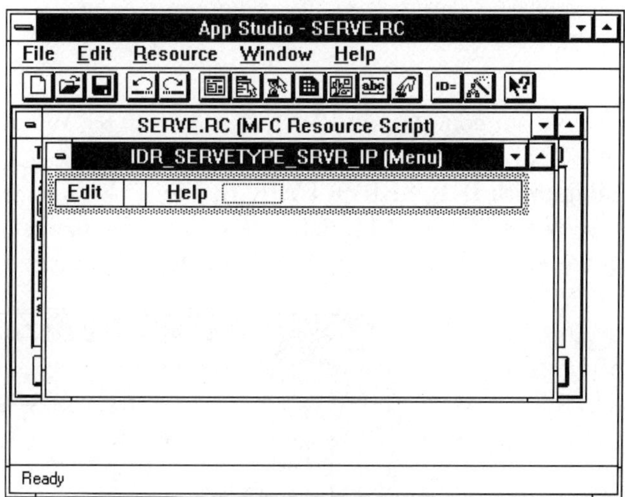

FIGURE 9-10: AppStudio edits our server's menu.

Use App Studio now to add a menu item named Change Text to the Edit menu of IDR_SERVETYPE_SRVR_IP, creating the following resource:

```
IDR_SERVETYPE_SRVR_IP MENU PRELOAD DISCARDABLE
BEGIN
    POPUP "&Edit"
    BEGIN
        MENUITEM "&Undo\tCtrl+Z",          ID_EDIT_UNDO
        MENUITEM SEPARATOR
        MENUITEM "Cu&t\tCtrl+X",           ID_EDIT_CUT
        MENUITEM "&Copy\tCtrl+C",          ID_EDIT_COPY
        MENUITEM "&Paste\tCtrl+V",         ID_EDIT_PASTE
➢       MENUITEM "Change Text",            ID_EDIT_CHANGETEXT
    END
➢   MENUITEM SEPARATOR
➢   MENUITEM SEPARATOR
    POPUP "&Help"
    BEGIN
        MENUITEM "&About Serve...",        ID_APP_ABOUT
```

```
        END
    END
```

Next, we want to connect a function to the view, which will handle this new menu item. Call this new function OnEditChangetext() and open it. Here we will edit the m_data string. For example, we can change it from "Hello, world." to "Hello, world!". Finally, we have to invalidate the view to display our new data string. Here are these changes to OnEditChangetext ():

```
    void CServeView::OnEditChangetext()
    {
        CServeDoc* pDoc = GetDocument();
        ASSERT_VALID(pDoc);
        pDoc->m_data = CString("Hello, world!");
        Invalidate();

    }
```

Now let's give our completed SERVER program a try. When you create a Serve OLE item in CONTAIN.EXE and click it to edit it in place, CONTAIN.EXE's menu changes to merge with IDR_SERVETYPE_SRVR_IP — including our new Change Text item as shown in Figure 9-11. Select that item now to change the text in m_data, redisplaying it as shown in Figure 9-12. SERVE.EXE is finished.

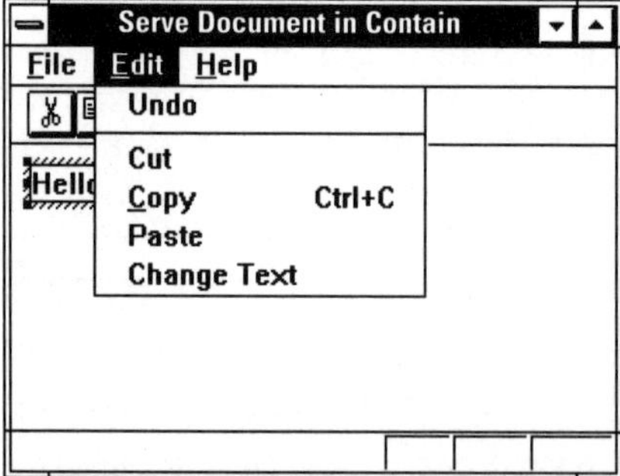

FIGURE 9-11: The server now has a new Change Text menu item.

FIGURE 9-12: By using the Change Text menu item, take out the dots and add an exclamation point.

You can study the complete code for this program in the following listings:

```
Listing 9-1  SERVE.H
Listing 9-2  SERVE.CPP
Listing 9-3  SERVEDOC.H
Listing 9-4  SERVEDOC.CPP
Listing 9-5  SRVRITEM.H
Listing 9-6  SRVRITEM.CPP
Listing 9-7  SERVEVW.H
Listing 9-8  SERVEVW.CPP
```

LISTING 9-1: SERVE.H

```
// serve.h : main header file for the SERVE application
//

#ifndef __AFXWIN_H__
    #error include 'stdafx.h' before including this file for PCH
#endif

#include "resource.h"   // main symbols

/////////////////////////////////////////////////////////////////////////////
// CServeApp:
// See serve.cpp for the implementation of this class
//

class CServeApp : public CWinApp
{
public:
    CServeApp();

// Overrides
    virtual BOOL InitInstance();

// Implementation
    COleTemplateServer m_server;
        // Server object for document creation

    //{{AFX_MSG(CServeApp)
    afx_msg void OnAppAbout();
        // NOTE - the ClassWizard will add and remove member functions here.
        //  DO NOT EDIT what you see in these blocks of generated code!
    //}}AFX_MSG
    DECLARE_MESSAGE_MAP()
};
```

LISTING 9-2: SERVE.CPP

```
//////////////////////////////////////////////////////////////////////////////
// serve.cpp : Defines the class behaviors for the application.
//

#include "stdafx.h"
#include "serve.h"

#include "mainfrm.h"
#include "ipframe.h"
#include "servedoc.h"
#include "servevw.h"

#ifdef _DEBUG
#undef THIS_FILE
static char BASED_CODE THIS_FILE[] = __FILE__;
#endif

//////////////////////////////////////////////////////////////////////////////
// CServeApp

BEGIN_MESSAGE_MAP(CServeApp, CWinApp)
    //{{AFX_MSG_MAP(CServeApp)
    ON_COMMAND(ID_APP_ABOUT, OnAppAbout)
        // NOTE - the ClassWizard will add and remove mapping macros here.
        //    DO NOT EDIT what you see in these blocks of generated code!
    //}}AFX_MSG_MAP
    // Standard file based document commands
    ON_COMMAND(ID_FILE_NEW, CWinApp::OnFileNew)
    ON_COMMAND(ID_FILE_OPEN, CWinApp::OnFileOpen)
    // Standard print setup command
    ON_COMMAND(ID_FILE_PRINT_SETUP, CWinApp::OnFilePrintSetup)
END_MESSAGE_MAP()

//////////////////////////////////////////////////////////////////////////////
// CServeApp construction

CServeApp::CServeApp()
{
    // TODO: add construction code here,
    // Place all significant initialization in InitInstance
}

//////////////////////////////////////////////////////////////////////////////
// The one and only CServeApp object

CServeApp NEAR theApp;

// This identifier was generated to be statistically unique for your app.
// You may change it if you prefer to choose a specific identifier.
static const CLSID BASED_CODE clsid =
{0x5b3f6ca1, 0xd063, 0x101a, {0xa1, 0xc3, 0x4, 0x2, 0x1c, 0x0, 0x94, 0x2}};
```

```
/////////////////////////////////////////////////////////////////////////////
// CServeApp initialization

BOOL CServeApp::InitInstance()
{
    // Initialize OLE 2.0 libraries
    if (!AfxOleInit())
    {
         AfxMessageBox(IDP_OLE_INIT_FAILED);
        return FALSE;
    }

    // Standard initialization
    // If you are not using these features and wish to reduce the size
    //  of your final executable, you should remove from the following
    //  the specific initialization routines you do not need.

    SetDialogBkColor();   // Set dialog background color to gray
    LoadStdProfileSettings(); // Load standard INI file options

    // Register the application's document templates. Document templates
    //  serve as the connection between documents, frame windows and views.

    CMultiDocTemplate* pDocTemplate;
    pDocTemplate = new CMultiDocTemplate(
         IDR_SERVETYPE,
         RUNTIME_CLASS(CServeDoc),
         RUNTIME_CLASS(CMDIChildWnd),   // standard MDI child frame
         RUNTIME_CLASS(CServeView));
    pDocTemplate->SetServerInfo(
         IDR_SERVETYPE_SRVR_EMB,
         IDR_SERVETYPE_SRVR_IP,
         RUNTIME_CLASS(CInPlaceFrame));
    AddDocTemplate(pDocTemplate);

    // Connect the COleTemplateServer to the document template.
    // The COleTemplateServer creates new documents on behalf
    // of requesting OLE containers by using information
    //  specified in the document template.
    m_server.ConnectTemplate(clsid, pDocTemplate, FALSE);

    // Register all OLE server factories as running. This enables the
    //  OLE 2.0 libraries to create objects from other applications.
    COleTemplateServer::RegisterAll();
         // Note: MDI applications register all server objects without regard
         //  to the /Embedding or /Automation on the command line.

    // create main MDI Frame window
    CMainFrame* pMainFrame = new CMainFrame;
    if (!pMainFrame->LoadFrame(IDR_MAINFRAME))
         return FALSE;
    m_pMainWnd = pMainFrame;
```

```
    // Parse the command line to see if launched as OLE server
    if (RunEmbedded() || RunAutomated())
    {
    // Application was run with /Embedding or /Automation. Don't show the
    //  main window in this case.
        return TRUE;
    }

    // When a server application is launched stand-alone, it is a good idea
    //  to update the system registry in case it has been damaged.
    m_server.UpdateRegistry(OAT_INPLACE_SERVER);
    COleObjectFactory::UpdateRegistryAll();

    // create a new (empty) document
    OnFileNew();

    if (m_lpCmdLine[0] != '\0')
    {
    // TODO: add command line processing here
    }

    // The main window has been initialized, so show and update it.
    pMainFrame->ShowWindow(m_nCmdShow);
    pMainFrame->UpdateWindow();

    return TRUE;
}

/////////////////////////////////////////////////////////////////////////////
// CAboutDlg dialog used for App About

class CAboutDlg : public CDialog
{
public:
   CAboutDlg();

// Dialog Data
    //{{AFX_DATA(CAboutDlg)
    enum { IDD = IDD_ABOUTBOX };
    //}}AFX_DATA

// Implementation
protected:
    virtual void DoDataExchange(CDataExchange* pDX);  // DDX/DDV support
    //{{AFX_MSG(CAboutDlg)
    // No message handlers
    //}}AFX_MSG
    DECLARE_MESSAGE_MAP()
};

CAboutDlg::CAboutDlg() : CDialog(CAboutDlg::IDD)
{
```

```
    //{{AFX_DATA_INIT(CAboutDlg)
    //}}AFX_DATA_INIT
}

void CAboutDlg::DoDataExchange(CDataExchange* pDX)
{
    CDialog::DoDataExchange(pDX);
    //{{AFX_DATA_MAP(CAboutDlg)
    //}}AFX_DATA_MAP
}

BEGIN_MESSAGE_MAP(CAboutDlg, CDialog)
    //{{AFX_MSG_MAP(CAboutDlg)
        // No message handlers
    //}}AFX_MSG_MAP
END_MESSAGE_MAP()

// App command to run the dialog
void CServeApp::OnAppAbout()
{
    CAboutDlg aboutDlg;
    aboutDlg.DoModal();
}
```

LISTING 9-3: SERVEDOC.H

```
////////////////////////////////////////////////////////////////////////////
// CMainFrame message handlers
// servedoc.h : interface of the CServeDoc class
//
////////////////////////////////////////////////////////////////////////////

class CServeSrvrItem;

class CServeDoc : public COleServerDoc
{
protected: // create from serialization only
    CServeDoc();
    DECLARE_DYNCREATE(CServeDoc)

// Attributes
public:
    CServeSrvrItem* GetEmbeddedItem()
        { return (CServeSrvrItem*)COleServerDoc::GetEmbeddedItem(); }
    CString m_data;
    int m_numberpoints;
    CPoint m_ptArray[100];

// Operations
public:

// Implementation
public:
    virtual ~CServeDoc();
```

```
    virtual void Serialize(CArchive& ar);   // overridden for document i/o
    virtual COleServerItem* OnGetEmbeddedItem();
#ifdef _DEBUG
    virtual void AssertValid() const;
    virtual void Dump(CDumpContext& dc) const;
#endif

protected:
    virtual BOOL OnNewDocument();

// Generated message map functions
protected:
    //{{AFX_MSG(CServeDoc)
    afx_msg void OnEditCopy();
    //}}AFX_MSG
    DECLARE_MESSAGE_MAP()

    // Generated OLE dispatch map functions
    //{{AFX_DISPATCH(CServeDoc)
        // NOTE - the ClassWizard will add and remove member functions here.
        //  DO NOT EDIT what you see in these blocks of generated code!
    //}}AFX_DISPATCH
    DECLARE_DISPATCH_MAP()
};
```

Listing 9-4: SERVEDOC.CPP

```
///////////////////////////////////////////////////////////////////////////
// servedoc.cpp : implementation of the CServeDoc class
//

#include "stdafx.h"
#include "serve.h"

#include "servedoc.h"
#include "srvritem.h"

#ifdef _DEBUG
#undef THIS_FILE
static char BASED_CODE THIS_FILE[] = __FILE__;
#endif

///////////////////////////////////////////////////////////////////////////
// CServeDoc

IMPLEMENT_DYNCREATE(CServeDoc, COleServerDoc)

BEGIN_MESSAGE_MAP(CServeDoc, COleServerDoc)
    //{{AFX_MSG_MAP(CServeDoc)
    ON_COMMAND(ID_EDIT_COPY, OnEditCopy)
    //}}AFX_MSG_MAP
END_MESSAGE_MAP()
```

```
BEGIN_DISPATCH_MAP(CServeDoc, COleServerDoc)
    //{{ AFX_DISPATCH_MAP(CServeDoc)
          // NOTE - the ClassWizard will add and remove mapping macros here.
          //  DO NOT EDIT what you see in these blocks of generated code!
    //}}AFX_DISPATCH_MAP
END_DISPATCH_MAP()

/////////////////////////////////////////////////////////////////////////////
// CServeDoc construction/destruction

CServeDoc::CServeDoc()
{
    m_data = CString("Hello, world.");
    m_numberpoints = 0;
    EnableAutomation();
    // TODO: add one-time construction code here

    AfxOleLockApp();
}

CServeDoc::~CServeDoc()
{
    AfxOleUnlockApp();
}

BOOL CServeDoc::OnNewDocument()
{
    if (!COleServerDoc::OnNewDocument())
        return FALSE;

    // TODO: add reinitialization code here
    // (SDI documents will reuse this document)

    return TRUE;
}

/////////////////////////////////////////////////////////////////////////////
// CServeDoc server implementation

COleServerItem* CServeDoc::OnGetEmbeddedItem()
{
    // OnGetEmbeddedItem is called by the framework to get the COleServerItem
    // that is associated with the document. It is only called when necessary.

    CServeSrvrItem* pItem = new CServeSrvrItem(this);
    ASSERT_VALID(pItem);
    return pItem;
}

/////////////////////////////////////////////////////////////////////////////
// CServeDoc serialization
```

```
void CServeDoc::Serialize(CArchive& ar)
{
     if (ar.IsStoring())
     {
          // TODO: add storing code here
     }
     else
     {
          // TODO: add loading code here
     }
}

/////////////////////////////////////////////////////////////////////////////
// CServeDoc diagnostics

#ifdef _DEBUG
void CServeDoc::AssertValid() const
{
     COleServerDoc::AssertValid();
}

void CServeDoc::Dump(CDumpContext& dc) const
{
     COleServerDoc::Dump(dc);
}
#endif //_DEBUG

/////////////////////////////////////////////////////////////////////////////
// CServeDoc commands

void CServeDoc::OnEditCopy()
{
     // TODO: Add your command handler code here
     COleServerItem* pItem = GetEmbeddedItem();
     pItem->CopyToClipboard(TRUE);
}
```

LISTING 9-5: SRVRITEM.H

```
// srvritem.h : interface of the CServeSrvrItem class
//

class CServeSrvrItem : public COleServerItem
{
     DECLARE_DYNAMIC(CServeSrvrItem)

// Constructors
public:
     CServeSrvrItem(CServeDoc* pContainerDoc);

// Attributes
     CServeDoc* GetDocument() const
          { return (CServeDoc*)COleServerItem::GetDocument(); }
```

```
// Implementation
public:
    ~CServeSrvrItem();
#ifdef _DEBUG
    virtual void AssertValid() const;
    virtual void Dump(CDumpContext& dc) const;
#endif
    virtual BOOL OnDraw(CDC* pDC, CSize& rSize);
    virtual BOOL OnGetExtent(DVASPECT dwDrawAspect, CSize& rSize);

protected:
    virtual void Serialize(CArchive& ar); // overridden for document i/o
};
```

LISTING 9-6: SRVRITEM.CPP

```
/////////////////////////////////////////////////////////////////////////////
// srvritem.cpp : implementation of the CServeSrvrItem class
//

#include "stdafx.h"
#include "serve.h"

#include "servedoc.h"
#include "srvritem.h"

#ifdef _DEBUG
#undef THIS_FILE
static char BASED_CODE THIS_FILE[] = __FILE__;
#endif

/////////////////////////////////////////////////////////////////////////////
// CServeSrvrItem implementation

IMPLEMENT_DYNAMIC(CServeSrvrItem, COleServerItem)

CServeSrvrItem::CServeSrvrItem(CServeDoc* pContainerDoc)
    : COleServerItem(pContainerDoc, TRUE)
{
    // TODO: add one-time construction code here
    // (eg, adding additional clipboard formats to the item's data source)
}

CServeSrvrItem::~CServeSrvrItem()
{
    // TODO: add cleanup code here
}

void CServeSrvrItem::Serialize(CArchive& ar)
{
    // CServeSrvrItem::Serialize will be called by the framework if
    //  the item is copied to the clipboard. This can happen automatically
    //  through the OLE callback OnGetClipboardData. A good default for
```

```
    //  the embedded item is simply to delegate to the document's Serialize
    //  function. If you support links, then you will want to serialize
    //  just a portion of the document.

    if (!IsLinkedItem())
    {
        CServeDoc* pDoc = GetDocument();
        ASSERT_VALID(pDoc);
        pDoc->Serialize(ar);
    }
}

BOOL CServeSrvrItem::OnGetExtent(DVASPECT dwDrawAspect, CSize& rSize)
{
    // Most applications, like this one, only handle drawing the content
    // aspect of the item. If you wish to support other aspects, such
    // as DVASPECT_THUMBNAIL (by overriding OnDrawEx), then this
    // implementation of OnGetExtent should be modified to handle the
    // additional aspect(s).

    if (dwDrawAspect != DVASPECT_CONTENT)
        return COleServerItem::OnGetExtent(dwDrawAspect, rSize);

    // CServeSrvrItem::OnGetExtent is called to get the extent in
    //  HIMETRIC units of the entire item. The default implementation
    //  here simply returns a hard-coded number of units.

    CServeDoc* pDoc = GetDocument();
    ASSERT_VALID(pDoc);

    // TODO: replace this arbitrary size

    rSize = CSize(0, 0);
    CClientDC dc(NULL);
    dc.SetMapMode(MM_ANISOTROPIC);

    rSize = dc.GetTextExtent(pDoc->m_data, pDoc->m_data.GetLength());

    dc.LPtoHIMETRIC(&rSize); // convert pixels to HIMETRIC
    return TRUE;
}

BOOL CServeSrvrItem::OnDraw(CDC* pDC, CSize& rSize)
{
    CServeDoc* pDoc = GetDocument();
    ASSERT_VALID(pDoc);
    pDC->TextOut(0, 0, pDoc->m_data);   //For embedded items that open
    pDC->SetMapMode(MM_TEXT);
    for(int loop_index = 0; loop_index < pDoc->m_numberpoints; loop_index++){
        pDC->SetPixel(pDoc->m_ptArray[loop_index], RGB(0, 0, 0));
    }
    // TODO: set mapping mode and extent
    // ( The extent is usually the same as the size returned from OnGetExtent)
```

```
    //pDC->SetMapMode(MM_ANISOTROPIC);
    //pDC->SetWindowOrg(0,0);
    //pDC->SetWindowExt(3000, 3000);
    // TODO: add drawing code here. Optionally, fill in the HIMETRIC extent.
    //  All drawing takes place in the metafile device context (pDC).

    return TRUE;
}

/////////////////////////////////////////////////////////////////////////////
// CServeSrvrItem diagnostics

#ifdef _DEBUG
void CServeSrvrItem::AssertValid() const
{
    COleServerItem::AssertValid();
}

void CServeSrvrItem::Dump(CDumpContext& dc) const
{
    COleServerItem::Dump(dc);
}
#endif
```

LISTING 9-7: SERVEVW.H

```
/////////////////////////////////////////////////////////////////////////////
// servevw.h : interface of the CServeView class
//
/////////////////////////////////////////////////////////////////////////////

class CServeView : public CView
{
protected: // create from serialization only
    CServeView();
    DECLARE_DYNCREATE(CServeView)

// Attributes
public:
    CServeDoc* GetDocument();
// Operations
public:

// Implementation
public:
    virtual ~CServeView();
    virtual void OnDraw(CDC* pDC); // overridden to draw this view
#ifdef _DEBUG
    virtual void AssertValid() const;
    virtual void Dump(CDumpContext& dc) const;
#endif

protected:
```

```
    // Printing support
    virtual BOOL OnPreparePrinting(CPrintInfo* pInfo);
    virtual void OnBeginPrinting(CDC* pDC, CPrintInfo* pInfo);
    virtual void OnEndPrinting(CDC* pDC, CPrintInfo* pInfo);

// Generated message map functions
protected:
    //{{AFX_MSG(CServeView)
    afx_msg void OnLButtonDown(UINT nFlags, CPoint point);
    afx_msg void OnEditChangetext();
    //}}AFX_MSG
    DECLARE_MESSAGE_MAP()
};

#ifndef _DEBUG  // debug version in servevw.cpp
inline CServeDoc* CServeView::GetDocument()
   { return (CServeDoc*)m_pDocument; }
#endif
```

LISTING 9-8: SERVEVW.CPP

```
/////////////////////////////////////////////////////////////////////////////
// servevw.cpp : implementation of the CServeView class
//

#include "srvritem.h"
#include "stdafx.h"
#include "serve.h"
//class CServeSrvrItem;
#include "servedoc.h"
#include "servevw.h"

#ifdef _DEBUG
#undef THIS_FILE
static char BASED_CODE THIS_FILE[] = __FILE__;
#endif

/////////////////////////////////////////////////////////////////////////////
// CServeView

IMPLEMENT_DYNCREATE(CServeView, CView)

BEGIN_MESSAGE_MAP(CServeView, CView)
    //{{AFX_MSG_MAP(CServeView)
    ON_WM_LBUTTONDOWN()
    ON_COMMAND(ID_EDIT_CHANGETEXT, OnEditChangetext)
    //}}AFX_MSG_MAP
    // Standard printing commands
    ON_COMMAND(ID_FILE_PRINT, CView::OnFilePrint)
    ON_COMMAND(ID_FILE_PRINT_PREVIEW, CView::OnFilePrintPreview)
END_MESSAGE_MAP()
```

```
/////////////////////////////////////////////////////////////////////////////
// CServeView construction/destruction

CServeView::CServeView()
{

}

CServeView::~CServeView()
{
}

/////////////////////////////////////////////////////////////////////////////
// CServeView drawing

void CServeView::OnDraw(CDC* pDC)
{
    CServeDoc* pDoc = GetDocument();
    ASSERT_VALID(pDoc);

    pDC->TextOut(0, 0, pDoc->m_data);
    pDC->SetMapMode(MM_TEXT);
    for(int loop_index = 0; loop_index < pDoc->m_numberpoints; loop_index++){
        pDC->SetPixel(pDoc->m_ptArray[loop_index], RGB(0, 0, 0));
    }
}

/////////////////////////////////////////////////////////////////////////////
// CServeView printing

BOOL CServeView::OnPreparePrinting(CPrintInfo* pInfo)
{
    // default preparation
    return DoPreparePrinting(pInfo);
}

void CServeView::OnBeginPrinting(CDC* /*pDC*/, CPrintInfo* /*pInfo*/)
{
    // TODO: add extra initialization before printing
}

void CServeView::OnEndPrinting(CDC* /*pDC*/, CPrintInfo* /*pInfo*/)
{
    // TODO: add cleanup after printing
}

/////////////////////////////////////////////////////////////////////////////
// CServeView diagnostics

#ifdef _DEBUG
void CServeView::AssertValid() const
{
    CView::AssertValid();
```

```
}

void CServeView::Dump(CDumpContext& dc) const
{
    CView::Dump(dc);
}

CServeDoc* CServeView::GetDocument() // non-debug version is inline
{
    ASSERT(m_pDocument->IsKindOf(RUNTIME_CLASS(CServeDoc)));
    return (CServeDoc*)m_pDocument;
}
#endif //_DEBUG

/////////////////////////////////////////////////////////////////////////////
// CServeView message handlers

void CServeView::OnLButtonDown(UINT nFlags, CPoint point)
{
    CClientDC dc(this);
    dc.SetPixel(point, RGB(0, 0, 0));
    CServeDoc* pDoc = GetDocument();
    pDoc->m_ptArray[pDoc->m_numberpoints++] = point;

}

void CServeView::OnEditChangetext()
{
    CServeDoc* pDoc = GetDocument();
    ASSERT_VALID(pDoc);
      pDoc->m_data = CString("Hello, world!");
    Invalidate();

}
```

That's it for our coverage of OLE here. In the next chapter, we'll move on to the process of creating and writing Dynamic Link Libraries.

Dynamic Link Libraries

When you create an executable in DOS, the compiler first creates the required .OBJ files and then links them together with support code found in the compiler's library (.LIB) files. The required code from the .LIB files (that is, the code for the routines you used in your program) is typically copied and placed directly into the .EXE file, making that file a stand-alone executable.

The story is different in Windows, however. Windows programs are already quite large, and if we were to copy the code for all the routines we need from Windows library files into our .EXE files, those files would be prohibitively large. Instead, Windows maintains *dynamic link libraries* (DLL), and the code is connected to the Windows program only when the program runs. Instead of linking the actual code into the .EXE file, we link to .LIB files that designate the location of the required information in the associated DLL. Then, when the program runs, it will use the code in the DLL. In this way, a number of programs can use the same code without having to load it into memory many times. An example of a .DLL file is COM-MDLG.DLL, which holds the support code for the common dialog boxes that Windows uses. Similiarly, the MFC routines have their own .DLL file: MFC250.DLL.

In this chapter, we'll see how to build dynamic link libraries using Visual C++. That process is easier now than in the past, and the code need only be a few lines. We'll cover the process of creating DLLs, passing parameters to and returning values from DLLs, and using MFC objects in DLLs. DLLs are very useful for making often-used code available to all your programs; for example, we'll see how to put code that uses the QuickSort algorithm into a dynamic link library.

Writing a Simple DLL

To start, we'll write an elementary dynamic link library to see how it's done. Our first DLL will be called DYNAM.DLL. Its purpose will be to support a routine called DLLCall(), which will take an int and return an int. To prove we've actually reached our code, we can increment the value sent to us before returning it:

```
int DLLCall(int value)
{
    return ++value;
}
```

After we've put together our code, we will create two files: DYNAM.LIB and DYNAM.DLL. The DYNAM.LIB file is used by Visual C++ when we link a program that uses our DLLCall() function. For example, in a program called ADD1, we'd link the .OBJ files of that project together with DYNAM.LIB:

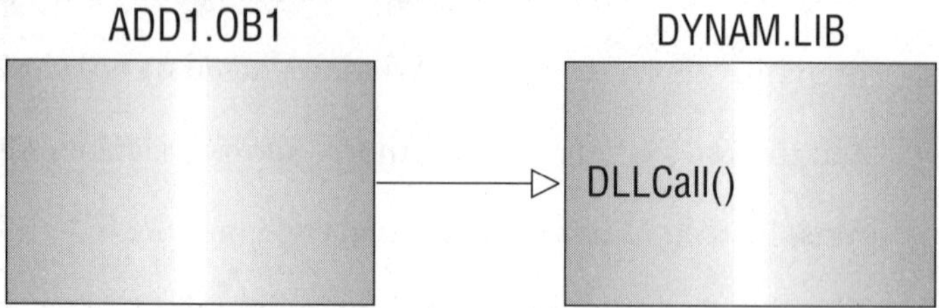

This linking lets DYNAM.LIB know where in DYNAM.DLL the function DLLCall() will be. When we run ADD1.EXE, the DLLCall() function will be linked in at run time:

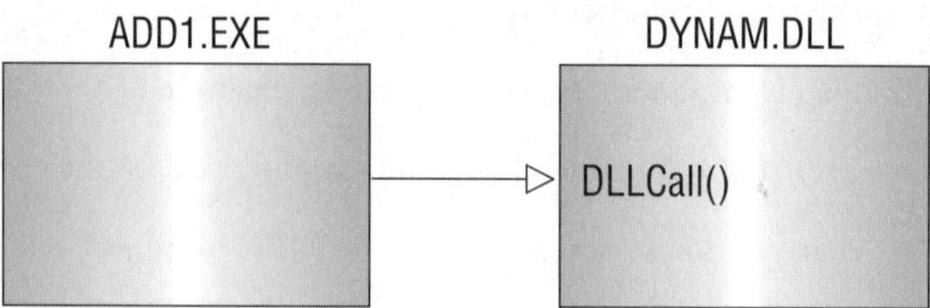

Creating DYNAM.DLL

Let's see how to write our code for DYNAM.DLL and DYNAM.LIB. In a new file named DYNAM.CPP, we first include AFXWIN.H, so that we can use MFC classes if needed. We also include a header file, DYNAM.H, which holds the prototypes of the functions we'll write:

```
    // dynam.cpp
➤   #include <afxwin.h>
➤   #include "dynam.h"
        .
        .
        .
```

It's wise to keep these prototypes in a separate file like this, because we'll be able to include the header file in programs that use the routines in DYNAM.DLL.

Next, we'll write the function DLLCall() itself. In standard Windows fashion, we indicate that although we will maintain a C-style linkage with the rest of the program, the calling convention will be of the PASCAL type. That's done like this:

```
    // dynam.cpp
    #include <afxwin.h>
    #include "dynam.h"

➤   extern "C"
➤   int FAR PASCAL DLLCall(int value)
    {

    }
```

In addition, we have to explicitly *export* this function so that code in other files can become aware of it. To do this, we add the _export keyword as shown here:

```
    // dynam.cpp
    #include <afxwin.h>
    #include "dynam.h"

    extern "C"
➤   int FAR PASCAL _export DLLCall(int value)
    {

    }
```

We declare DLLCall() in our prototype's header file, as well:

```
    // dynam.h
    extern "C" {
    int FAR PASCAL _export DLLCall(int value);

    }
```

Now, in DYNAM.CPP, we simply increment the value sent to DLLCall() and return it, like this:

```
// dynam.cpp
#include <afxwin.h>
#include "dynam.h"

extern "C"
int FAR PASCAL _export DLLCall(int value)
{
➢       return ++value;
}
```

And that's it for our DLLCall function. We have to do more than this for a .DLL file, however. As with the other programs we've developed in this book, a .DLL file's code is based on the CWinApp class. Before, App Wizard used this class for us; here, we have to add it manually.

We'll include three functions: Initinstance(), ExitInstance(), and a constructor. The constructor is passed a pointer to a string containing the application's name, and we'll pass that on to CWinApp's default constructor:

```
// dynam.cpp
#include <afxwin.h>
#include "dynam.h"

extern "C"
int FAR PASCAL _export DLLCall(int value)
{
    return ++value;
}

class CDynamDLL : public CWinApp
{
public:
➢       virtual BOOL InitInstance();
➢       virtual int ExitInstance();

➢       CDynamDLL(const char* pszAppName) : CWinApp(pszAppName){}
};
```

We can initialize our code in InitInstance(). In this example, however, we have nothing to initialize, so we execute only one function: SetDialogBkColor(). This function is standard in Visual C++ DLLs and ensures that any dialog boxes we use will have the same color as the rest of the program; the default color is RGB(192, 192, 192). Then we return TRUE, indicating a successful initialization:

```
    .
    .
    .
BOOL CDynamDLL::InitInstance()
{
➢       SetDialogBkColor();
➢       return TRUE;
}
```

We can also clean things up (that is, call destructors) in ExitInstance(). In our case, however, there's nothing to clean up, so we simply pass control on to CWinApp's own ExitInstance() function:

```
    .
    .
    .
BOOL CDynamDLL::InitInstance()
{
    SetDialogBkColor();
    return TRUE;
}

int CDynamDLL::ExitInstance()
{
➢   return CWinApp::ExitInstance();
}
```

Now we simply declare an object of our CWinApp class, and pass it the name of the .DLL file we want to create (DYNAM.DLL):

```
    .
    .
    .
BOOL CDynamDLL::InitInstance()
{
    SetDialogBkColor();
    return TRUE;
}

int CDynamDLL::ExitInstance()
{
    return CWinApp::ExitInstance();
}

➢ CDynamDLL NEAR dyamDLL("dynam.dll");
```

At this point, then, our DLL code is ready. We still need to create our project file, DYNAM.MAK. To do this, it's easy to copy over an existing DLL .MAK file, such as the ones on the diskette that accompanies this book, or those in the MSVC\MFC\SAMPLES directory. Then just edit the .MAK file, changing the project name to your own project's name (DYNAM, for this example). Or, you can select Visual C++'s Project|New menu, and choose "Windows dynamic-link library (.DLL)" in the Project Type dialog box that appears. After the project has been created, the Project Edit dialog comes up, letting you add DYNAM.CPP to the project.

In addition, we'll need a .DEF file for our project . A .DEF file for a DLL looks different from the ones App Wizard has created for our .EXE files. In particular, we have to indicate that we're creating a Windows library file, not an .EXE file. That's done with this code in DYNAM.DEF:

```
LIBRARY       DYNAM
DESCRIPTION 'DLL Test'

EXETYPE WINDOWS

CODE          PRELOAD MOVEABLE DISCARDABLE
DATA          PRELOAD MOVEABLE SINGLE

HEAPSIZE      1024

SEGMENTS
    WEP_TEXT FIXED PRELOAD

EXPORTS
    WEP @1 RESIDENTNAME
```

The last thing we have to do before building DYNAM.DLL is to indicate to Visual C++ what kind of DLL we're creating. There are two kinds in Visual C++, specified by two constants: _USRDLL and _AFXDLL. The _USRDLL dynamic link libraries are more common. In them, we can use MFC classes — but the program linking to ours need not be MFC-based. On the other hand, you can use _AFXDLL dynamic link libraries to actually extend the MFC libraries, adding more classes and augmenting what's already there. In this chapter, we'll stick to the standard _USRDLLs.

Open DYNAM.MAK in Visual C++ now, and select Options|Project, opening the Project Options dialog box. Select the Compiler button, opening the C/C++ Compiler Options dialog box shown in Figure 10-1. In the Category box, select Preprocessor as shown in Figure 10-2. Then in the Symbols and Macros to Define box, add _USRDLL. Click OK twice to close the Compiler Options and then the Project Options dialog boxes.

Now we're ready to build DYNAM.DLL. When you do, Visual C++ will also create DYNAM.LIB automatically. These two files are the files we'll need to link our function, DLLCall(), into other programs. Let's put this to work now.

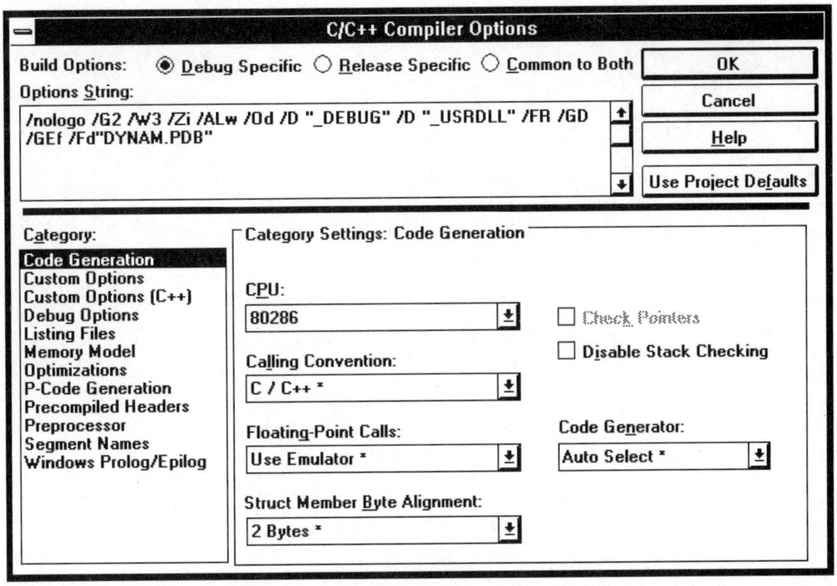

FIGURE 10-1: Opening this dialog box is the first step in specifying what type of DLL you're creating.

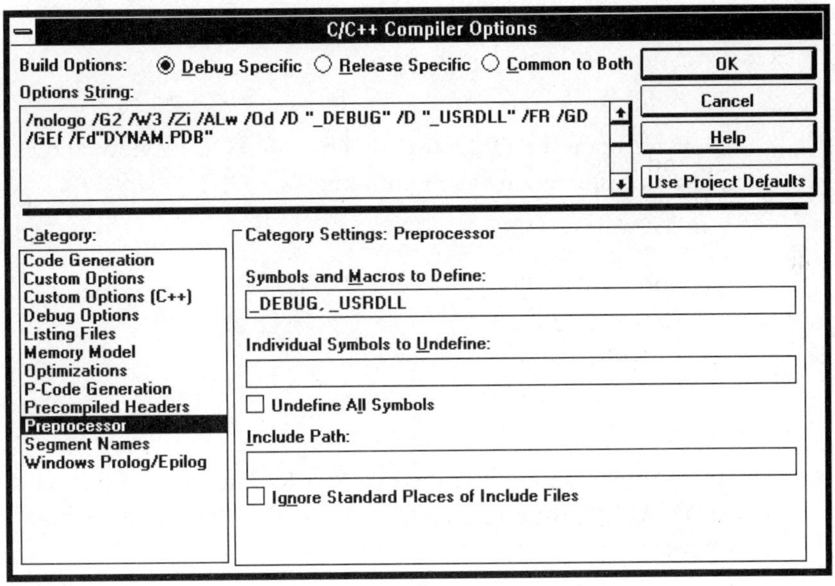

FIGURE 10-2: To create a user DLL, we've entered _USRDLL under Symbols and Macros to define.

Creating ADD1.EXE

Create a new MDI project named ADD1.MAK. In this program, we'll make use of DLLCall(). To start, we set aside space for an integer named m_number in ADD1's document:

```
// add1doc.h : interface of the CAdd1Doc class
//
/////////////////////////////////////////////////////////////////////////////

class CAdd1Doc : public CDocument
{
protected: // create from serialization only
     CAdd1Doc();
     DECLARE_DYNCREATE(CAdd1Doc)

// Attributes
public:
➢    int m_number;
          .
          .
          .
```

And we set m_number to 1 in the document's constructor:

```
/////////////////////////////////////////////////////////////////////////////
// CAdd1Doc construction/destruction

CAdd1Doc::CAdd1Doc()
{
➢    m_number = 1;
}
          .
          .
          .
```

Now we open the OnDraw() function in ADD1's view, and call the DLLCall() function, like this, incrementing m_number:

```
void CAdd1View::OnDraw(CDC* pDC)
{
     CAdd1Doc* pDoc = GetDocument();
     ASSERT_VALID(pDoc);
➢    pDoc->m_number = DLLCall(pDoc->m_number);
          .
          .
          .
}
```

In addition, we include the header file that we've developed for our DLL's own use. DYNAM.H, which holds DLLCall()'s prototype, is included in ADD1VIEW.CPP, as follows:

```
// add1view.cpp : implementation of the CAdd1View class
//

#include "stdafx.h"
#include "add1.h"
➢ #include "dynam.h"
#include "add1doc.h"
#include "add1view.h"
```

```
#ifdef _DEBUG
#undef THIS_FILE
static char BASED_CODE THIS_FILE[] = __FILE__;
#endif
    .
    .
    .
```

After m_number has been incremented by DLLCall(), we write its new value out in a character string. Then we display the newly incremented value in our view, as shown here:

```
  void CAdd1View::OnDraw(CDC* pDC)
  {
      CAdd1Doc* pDoc = GetDocument();
      ASSERT_VALID(pDoc);
      pDoc->m_number = DLLCall(pDoc->m_number);
➢     char out_string[100];
➢     wsprintf(out_string, "The incremented number is: %d", pDoc->m_number);
➢     pDC->TextOut(0, 0, out_string, strlen(out_string));
  }
```

That's almost all of our work for ADD1. To build this program, we have to indicate to Visual C++ that we want to link the DYNAM.LIB file to this project. To do that, select Options|Project, and click the Linker button in the Project Options dialog box. In the Linker Options dialog box as shown in Figure 10-3, add DYNAM to the end of the library list in the Libraries box. Click OK twice to close the Linker Options, and then the Project Options dialog boxes.

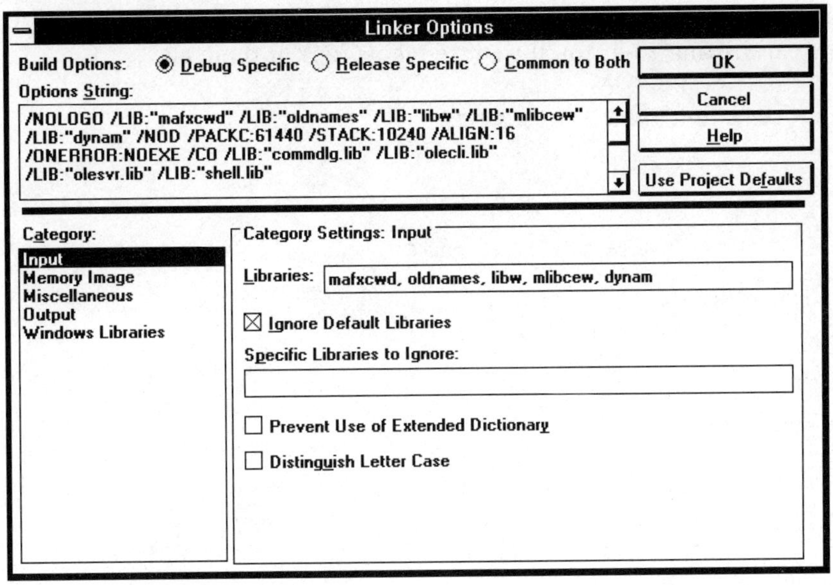

FIGURE 10-3: To link DYNAM.LIB to this project we add it to the library list.

Now you need to copy DYNAM.H, DYNAM.LIB, and DYNAM.DLL from the DYNAM project's directory into ADD1's directory — and that's it. We're ready to build ADD1.EXE with Visual C++. Once ADD1.EXE is built, run it. This passes m_number (which is 1) to DLLCall(), which increments m_number (m_number becomes 2), and displays the result shown in Figure 10-4. In addition, every time ADD1's window is redrawn, the value displayed will be incremented.

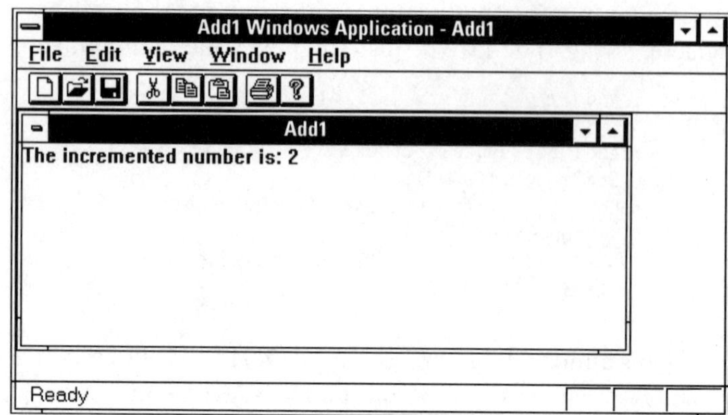

FIGURE 10-4: By running ADD1.EXE, we can see that our DLL works.

The code for our .DLL file, including DYNAM.H and DYNAM.CPP, appears in Listing 10-1. DYNAM.DEF is in Listing 10-2. The ADD1DOC.H and ADD1-DOC.CPP files appear in Listing 10-3, and ADD1VIEW.H and ADD1VIEW.CPP are in Listing 10-4. You'll want to take a look at them all.

LISTING 10-1: DYNAM.H and DYNAM.CPP

```
// dynam.h
extern "C" {

int FAR PASCAL _export DLLCall(int value);

}


///////////////////////////////////////////////////////////////////
//
// dynam.cpp

#include <afxwin.h>
#include "dynam.h"

extern "C"
int FAR PASCAL _export DLLCall(int value)
{
    return ++value;
```

```
class CDynamDLL : public CWinApp
{
public:
    virtual BOOL InitInstance();
    virtual int ExitInstance();

    CDynamDLL(const char* pszAppName)
       : CWinApp(pszAppName)
       {}
};

BOOL CDynamDLL::InitInstance()
{
    SetDialogBkColor();
    return TRUE;
}

int CDynamDLL::ExitInstance()
{
    return CWinApp::ExitInstance();
}

CDynamDLL NEAR dyamDLL("dynam.dll");
```

LISTING 10-2: DYNAM.DEF

```
LIBRARY          DYNAM
DESCRIPTION      'DLL Test'

EXETYPE WINDOWS

CODE             PRELOAD MOVEABLE DISCARDABLE
DATA             PRELOAD MOVEABLE SINGLE

HEAPSIZE 1024

SEGMENTS
    WEP_TEXT FIXED PRELOAD

EXPORTS
    WEP @1 RESIDENTNAME
```

LISTING 10-3: ADD1DOC.H and ADD1DOC.CPP

```
// add1doc.h : interface of the CAdd1Doc class
//
/////////////////////////////////////////////////////////////////////////////

class CAdd1Doc : public CDocument
{
protected: // create from serialization only
    CAdd1Doc();
```

```
    DECLARE_DYNCREATE(CAdd1Doc)

// Attributes
public:
    int m_number;

// Operations
public:

// Implementation
public:
    virtual ~CAdd1Doc();
    virtual void Serialize(CArchive& ar); // overridden for document i/o
#ifdef _DEBUG
    virtual void AssertValid() const;
    virtual void Dump(CDumpContext& dc) const;
#endif

protected:
    virtual BOOL OnNewDocument();

// Generated message map functions
protected:
    //{{AFX_MSG(CAdd1Doc)
        // NOTE - the ClassWizard will add and remove member functions here.
        //  DO NOT EDIT what you see in these blocks of generated code !
    //}}AFX_MSG
    DECLARE_MESSAGE_MAP()
};

/////////////////////////////////////////////////////////////////////////////
// add1doc.cpp : implementation of the CAdd1Doc class
//

#include "stdafx.h"
#include "add1.h"

#include "add1doc.h"

#ifdef _DEBUG
#undef THIS_FILE
static char BASED_CODE THIS_FILE[] = __FILE__;
#endif

/////////////////////////////////////////////////////////////////////////////
// CAdd1Doc

IMPLEMENT_DYNCREATE(CAdd1Doc, CDocument)

BEGIN_MESSAGE_MAP(CAdd1Doc, CDocument)
    //{{AFX_MSG_MAP(CAdd1Doc)
        // NOTE - the ClassWizard will add and remove mapping macros here.
        //    DO NOT EDIT what you see in these blocks of generated code!
```

```
    //}}AFX_MSG_MAP
END_MESSAGE_MAP()

/////////////////////////////////////////////////////////////////////////////
// CAdd1Doc construction/destruction

CAdd1Doc::CAdd1Doc()
{
    m_number = 1;
}

CAdd1Doc::~CAdd1Doc()
{
}

BOOL CAdd1Doc::OnNewDocument()
{
    if (!CDocument::OnNewDocument())
        return FALSE;

    // TODO: add reinitialization code here
    // (SDI documents will reuse this document)

    return TRUE;
}

/////////////////////////////////////////////////////////////////////////////
// CAdd1Doc serialization

void CAdd1Doc::Serialize(CArchive& ar)
{
    if (ar.IsStoring())
    {
        // TODO: add storing code here
    }
    else
    {
        // TODO: add loading code here
    }
}

/////////////////////////////////////////////////////////////////////////////
// CAdd1Doc diagnostics

#ifdef _DEBUG
void CAdd1Doc::AssertValid() const
{
    CDocument::AssertValid();
}

void CAdd1Doc::Dump(CDumpContext& dc) const
{
    CDocument::Dump(dc);
```

```
}
#endif //_DEBUG

/////////////////////////////////////////////////////////////////////////////
// CAdd1Doc commands
```

LISTING 10-4: ADD1VIEW.H and ADD1VIEW.CPP

```
// add1view.h : interface of the CAdd1View class
//
/////////////////////////////////////////////////////////////////////////////


class CAdd1View : public CView
{
protected: // create from serialization only
    CAdd1View();
    DECLARE_DYNCREATE(CAdd1View)

// Attributes
public:
    CAdd1Doc* GetDocument();
// Operations
public:

// Implementation
public:
    virtual ~CAdd1View();
    virtual void OnDraw(CDC* pDC); // overridden to draw this view
#ifdef _DEBUG
    virtual void AssertValid() const;
    virtual void Dump(CDumpContext& dc) const;
#endif

protected:

    // Printing support
    virtual BOOL OnPreparePrinting(CPrintInfo* pInfo);
    virtual void OnBeginPrinting(CDC* pDC, CPrintInfo* pInfo);
    virtual void OnEndPrinting(CDC* pDC, CPrintInfo* pInfo);

// Generated message map functions
protected:
    //{{AFX_MSG(CAdd1View)
        // NOTE - the ClassWizard will add and remove member functions here.
        //    DO NOT EDIT what you see in these blocks of generated code !
    //}}AFX_MSG
    DECLARE_MESSAGE_MAP()
};

#ifndef _DEBUG // debug version in add1view.cpp
```

```
inline CAdd1Doc* CAdd1View::GetDocument()
    { return (CAdd1Doc*)m_pDocument; }
#endif

/////////////////////////////////////////////////////////////////////////////
// add1view.cpp : implementation of the CAdd1View class
//

#include "stdafx.h"
#include "add1.h"
#include "dynam.h"
#include "add1doc.h"
#include "add1view.h"

#ifdef _DEBUG
#undef THIS_FILE
static char BASED_CODE THIS_FILE[] = __FILE__;
#endif

/////////////////////////////////////////////////////////////////////////////
// CAdd1View

IMPLEMENT_DYNCREATE(CAdd1View, CView)

BEGIN_MESSAGE_MAP(CAdd1View, CView)
    //{{AFX_MSG_MAP(CAdd1View)
        // NOTE - the ClassWizard will add and remove mapping macros here.
        //    DO NOT EDIT what you see in these blocks of generated code!
    //}}AFX_MSG_MAP
    // Standard printing commands
    ON_COMMAND(ID_FILE_PRINT, CView::OnFilePrint)
    ON_COMMAND(ID_FILE_PRINT_PREVIEW, CView::OnFilePrintPreview)
END_MESSAGE_MAP()

/////////////////////////////////////////////////////////////////////////////
// CAdd1View construction/destruction

CAdd1View::CAdd1View()
{
}

CAdd1View::~CAdd1View()
{
}

/////////////////////////////////////////////////////////////////////////////
// CAdd1View drawing

void CAdd1View::OnDraw(CDC* pDC)
{
    CAdd1Doc* pDoc = GetDocument();
    ASSERT_VALID(pDoc);
    pDoc->m_number = DLLCall(pDoc->m_number);
```

```
    char out_string[100];
    wsprintf(out_string, "The incremented number is: %d", pDoc->m_number);
    pDC->TextOut(0, 0, out_string, strlen(out_string));
}

/////////////////////////////////////////////////////////////////////////////
// CAdd1View printing

BOOL CAdd1View::OnPreparePrinting(CPrintInfo* pInfo)
{
    // default preparation
    return DoPreparePrinting(pInfo);
}

void CAdd1View::OnBeginPrinting(CDC* /*pDC*/, CPrintInfo* /*pInfo*/)
{
    // TODO: add extra initialization before printing
}

void CAdd1View::OnEndPrinting(CDC* /*pDC*/, CPrintInfo* /*pInfo*/)
{
    // TODO: add cleanup after printing
}

/////////////////////////////////////////////////////////////////////////////
// CAdd1View diagnostics

#ifdef _DEBUG
void CAdd1View::AssertValid() const
{
    CView::AssertValid();
}

void CAdd1View::Dump(CDumpContext& dc) const
{
    CView::Dump(dc);
}

CAdd1Doc* CAdd1View::GetDocument() // non-debug version is inline
{
    ASSERT(m_pDocument->IsKindOf(RUNTIME_CLASS(CAdd1Doc)));
    return (CAdd1Doc*)m_pDocument;
}
#endif //_DEBUG

/////////////////////////////////////////////////////////////////////////////
// CAdd1View message handlers
```

Our first dynamic link library doesn't do much yet. So let's see how to make Visual C++'s qsort() function easier to use with our own DLL routines.

AN ARRAY-SORTING DLL

The qsort() function in Visual C++ is a little awkward. Here is the syntax, and Table 10-1 defines its parameters.

```
void qsort(void *base, size_t num, size_t width, int(__cdecl *compare)
    (const void *elem1, const void *elem2));
```

Note in particular that in qsort() you have to pass a pointer to a comparison function (which you set up). This comparison function gets passed a set of void pointers, and it is here that the actual element-by-element comparison takes place. The compare() function is called when qsort() wants to compare two values, and compare() returns a positive, negative, or zero value depending on the results of that comparison.

When you're in the middle of writing a program, it's hard to remember how all this works. It would be much easier if we simply had a function named, say, sort_int(), which would sort an array of integers. Instead of worrying about all the above arguments, we could use sort_int(), like this:

```
void sort_int(int* base, int num)
```

where *base* is the pointer to the beginning of the array to sort, and *num* is the number of elements to sort. In the next section, we'll show you how to build this function.

TABLE 10-1: The parameters for qsort()

PARAMETER	DEFINITION
base	Pointer to the beginning of the array to sort
num	Number of elements to sort
width	Size of elements (in bytes)
compare()	comparison function; Compares *elem1* and *elem2* and returns one of the following values: < 0 *elem1* is less than *elem2* = 0 *elem1* is equivalent to *elem2* > 0 *elem1* is greater than *elem2*
elem1	Pointer to element 1 for comparison function
elem2	Pointer to element 2 for comparison function

Creating SORTER.DLL

We'll now build a new dynamic link library, SORTER.DLL, which supports the sort_int() function. Start SORTER.CPP, and set up sort_int() this way:

```
// sorter.cpp

#include <afxwin.h>
#include "sorter.h"

extern "C"
void FAR PASCAL _export sort_int(int* array, int num_elements)
{

}
```

In addition, add the prototype of sort_int() to an include file named SORTER.H:

```
// sorter.h

extern "C" {

void FAR PASCAL _export sort_int(int* array, int num_elements);

}
```

The function sort_int() gets passed a pointer to an integer array, along with the number of elements to sort. We make use of those arguments when we pass them to Visual C++'s qsort() function, as follows:

```
// sorter.cpp

#include <afxwin.h>
#include "sorter.h"

extern "C"
void FAR PASCAL _export sort_int(int* array, int num_elements)
{
    qsort((void* )array, (size_t)num_elements, sizeof(int), compare_int);
}
            .
            .
            .
```

Notice in particular that we're passing qsort() a pointer to a function named compare_int(), which we have yet to write. In that function, we'll get two void pointers to two integers, and we have to return an integer value depending on the comparison of those two integers, as shown for compare() in Table 10-1.

We can set up compare_int() as shown here:

```
// sorter.cpp

#include <afxwin.h>
```

```
#include "sorter.h"

extern "C"
void FAR PASCAL _export sort_int(int* array, int num_elements)
{
    qsort((void* )array, (size_t)num_elements, sizeof(int), compare_int);
}

➢ int compare_int(const void *arg1, const void *arg2)
{

}
```

And we add its prototype to SORTER.H:

```
// sorter.h

extern "C" {

➢ int compare_int(const void *arg1, const void *arg2);

void FAR PASCAL _export sort_int(int* array, int num_elements);

}
```

By casting the void pointers we get in compare_int() to integer pointers, we can return the correct value — positive, negative, or zero — from that function in a single line:

```
{
➢     return (*(int*) arg1 >= *(int*) arg2 ? *(int*) arg1 > *(int*) arg2 : -1);
}
          .
          .
          .
```

Now that we're done with sort_int(), we can also add two other functions: sort_long() and sort_float(). (Since we're using a C, not C++ linkage to the rest of the program, we can't simply overload a single function for all three variable types.)

```
// sorter.cpp

#include <afxwin.h>
#include "sorter.h"

extern "C"
void FAR PASCAL _export sort_int(int* array, int num_elements)
{
    qsort((void* )array, (size_t)num_elements, sizeof(int), compare_int);
}

extern "C"
➢ void FAR PASCAL _export sort_long(long* array, int num_elements)
{
    qsort((void* )array, (size_t)num_elements, sizeof(long), compare_long);
```

```
    }

    extern "C"
➢   void FAR PASCAL _export sort_float(float* array, int num_elements)
    {
        qsort((void* )array, (size_t)num_elements, sizeof(float), compare_float);
    }

    int compare_int(const void *arg1, const void *arg2)
    {
        return (*(int*) arg1 >= *(int*) arg2 ? *(int*) arg1 > *(int*) arg2 : -1);
    }

➢   int compare_long(const void *arg1, const void *arg2)
    {
        return (*(long*) arg1 >= *(long*) arg2 ?
            *(long*) arg1 > *(long*) arg2 : -1);
    }

➢   int compare_float(const void *arg1, const void *arg2)
    {
        return (*(float*) arg1 >= *(float*) arg2 ?
            *(float*) arg1 > *(float*) arg2 : -1);
    }
```

In addition, we add the required prototypes to SORTER.H:

```
    // sorter.h

    extern "C" {

    int compare_int(const void *arg1, const void *arg2);
➢   int compare_long(const void *arg1, const void *arg2);
➢   int compare_float(const void *arg1, const void *arg2);

    void FAR PASCAL _export sort_int(int* array, int num_elements);
➢   void FAR PASCAL _export sort_long(long* array, int num_elements);
➢   void FAR PASCAL _export sort_float(float* array, int num_elements);
    }
```

There is one more change to make to SORTER.H. As with almost all .DLL files, ours will use the large memory model. That can be a problem here, because the rest of the program passes a pointer (array) to our sorting functions. And if the rest of the program uses a different memory model (the default for Visual C++ programs is medium), we'll probably crash. We can solve that problem by making it explicit that we expect FAR pointers, like this:

```
➢   void FAR PASCAL _export sort_int(int FAR* array, int num_elements);
➢   void FAR PASCAL _export sort_long(long FAR* array, int num_elements);
➢   void FAR PASCAL _export sort_float(float FAR* array, int num_elements);

    }
```

Now, when Visual C++ is linking our sorting routines into a program with another memory model, it will automatically convert any NEAR pointers that are passed into FAR pointers. All we have to do now is to supply the rest of the .DLL code. First, we declare a new CWinApp class, CSortDLL, in SORTER.CPP:

```
➢   class CSortDLL : public CWinApp
    {
    public:
        virtual BOOL InitInstance();
        virtual int ExitInstance();

        CSortDLL(const char* pszAppName) : CWinApp(pszAppName){}
    };
            .
            .
            .
```

Next, we write the code for the member functions InitInstance() and ExitInstance(), and we declare an object of our CWinApp class. Here is that code segment from SORTER.CPP:

```
➢   BOOL CSortDLL::InitInstance()
    {
        SetDialogBkColor();
        return TRUE;
    }

➢   int CSortDLL::ExitInstance()
    {
         return CWinApp::ExitInstance();
    }

➢   CSortDLL NEAR SORTDLL("sorter.dll");
```

Now we're ready to create SORTER.DEF as follows, indicating that we want to create a library file:

```
LIBRARY         SORTER
DESCRIPTION     'Easy use of quicksort'

EXETYPE         WINDOWS

CODE            PRELOAD MOVEABLE DISCARDABLE
DATA            PRELOAD MOVEABLE SINGLE

HEAPSIZE        1024

SEGMENTS
    WEP_TEXT FIXED PRELOAD

EXPORTS
    WEP @1 RESIDENTNAME
```

Finally, create SORTER.MAK with Project|New, or by modifying an earlier DLL .MAK file, and open SORTER.MAK in Visual C++. As before, use Option|Project to open the Project Options dialog box, and select the Compiler button. In the C/C++ Compiler Options dialog, choose Preprocessor in the Category box. As we did in our DYNAM.MAK project, add _USRDLL to the Symbols and Macros to Define box. Click your way out, and finally, use Visual C++ to create SORTER.LIB and SORTER.DLL. You've just created an array-sorting dynamic link library.

Creating SORTED.EXE

Now that we have have SORTER.DLL, we can write a program to call SORTER's sorting routines. With App Wizard, create a new project named SORTED.MAK, and make it an MDI project. We'll set up an array of data in SORTED's document, as shown here in SORTEDOC.H:

```
// sortedoc.h : interface of the CSortedDoc class
//
/////////////////////////////////////////////////////////////////////////////

class CSortedDoc : public CDocument
{
protected: // create from serialization only
    CSortedDoc();
    DECLARE_DYNCREATE(CSortedDoc)

// Attributes
public:

// Operations
public:

// Implementation
public:
    virtual ~CSortedDoc();
    virtual void Serialize(CArchive& ar); // overridden for document i/o
➤   #define NUM_ELEMENTS 10
➤   int array[NUM_ELEMENTS];
        .
        .
        .
```

In the document's constructor, we'll fill array[] with a descending set of integers. Here is that code from SORTEDOC.CPP:

```
/////////////////////////////////////////////////////////////////////////////
// CSortedDoc construction/destruction

CSortedDoc::CSortedDoc()
{
    for(int loop_index = 0; loop_index < NUM_ELEMENTS; loop_index++){
        array[loop_index] = 10 - loop_index;
```

```
        }
    }
```

This fills array[] with data as far from ascending order as possible:

```
array[0] = 10
array[1] = 9
array[2] = 8
array[3] = 7
array[4] = 6
array[5] = 5
array[6] = 4
array[7] = 3
array[8] = 2
array[9] = 1
```

To the sort_int() function in the view's OnDraw(), we pass a pointer to this array, as well as the number of elements to sort. Here is that code, from SORTEVW.CPP:

```
    void CSortedView::OnDraw(CDC* pDC)
    {
        CSortedDoc* pDoc = GetDocument();
        ASSERT_VALID(pDoc);

➢       sort_int(pDoc->array, 10);
          .
          .
          .
```

Also in SORTEVW.CPP, we include the file containing sort_int()'s prototype, SORTER.H:

```
    ///////////////////////////////////////////////////////////////////////////
    // sortevw.cpp : implementation of the CSortedView class
    //

    #include "stdafx.h"
    #include "sorted.h"
➢   #include "sorter.h"
    #include "sortedoc.h"
    #include "sortevw.h"
```

After we return from sort_int() in OnDraw(), we want the array to have been sorted into ascending order. To check that, we can print it out. First we loop over all array elements:

```
    void CSortedView::OnDraw(CDC* pDC)
    {
        CSortedDoc* pDoc = GetDocument();
        ASSERT_VALID(pDoc);

        sort_int(pDoc->array, 10);
➢       for(int loop_index = 0; loop_index < 10; loop_index++){

➢       }
    }
```

and then print out the array, element by element:

```
void CSortedView::OnDraw(CDC* pDC)
{
    CSortedDoc* pDoc = GetDocument();
    ASSERT_VALID(pDoc);

    sort_int(pDoc->array, 10);
    TEXTMETRIC tm;
    pDC->GetTextMetrics(&tm);
    for(int loop_index = 0; loop_index < 10; loop_index++){
        char out_string[50];
        wsprintf(out_string, "Array entry %d = %d",
            loop_index, pDoc->array[loop_index]);
        pDC->TextOut(0, tm.tmHeight * loop_index,
            out_string, strlen(out_string));
    }
}
```

Finally, we have to make sure Visual C++ links in our SORTER library. To do so, select Visual C++'s Options|Project command, and select the Linker button in the Project Options dialog box. When the Linker Options dialog opens, add SORTER to the end of the library list in the Libraries box, as shown in Figure 10-5.

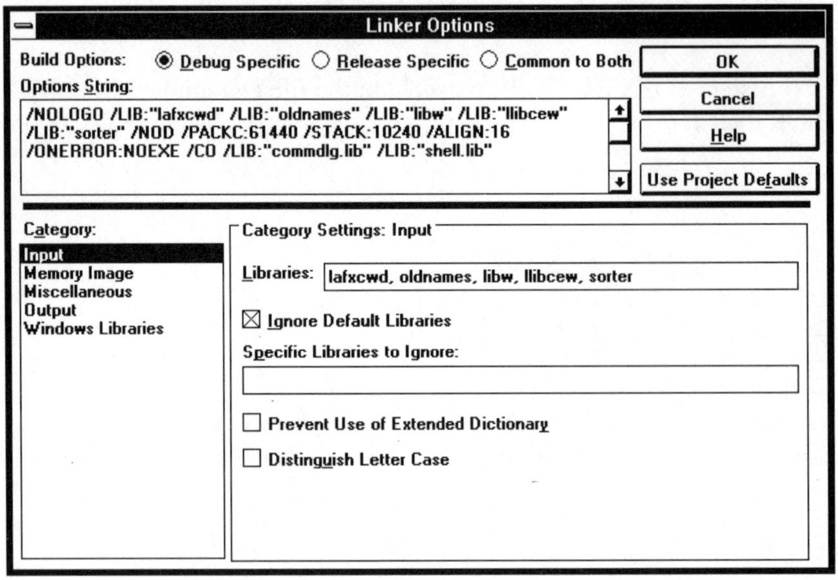

FIGURE 10-5: Here, we link in our SORTER library by adding it to the list of libraries.

Now create SORTED.EXE and run it; a pointer to the unsorted array is passed to sort_int(), and the array is sorted. As you can see in Figure 10-6, the numbers have been sorted in ascending order.

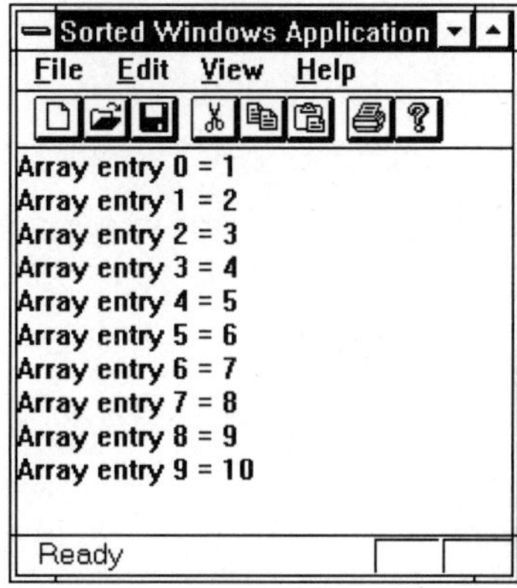

FIGURE 10-6: SORTER.EXE sorts the numbers in ascending order.

For further study, you'll find the code for SORTER.H and SORTER.CPP, in Listing 10-5; SORTER.DEF appears in Listing 10-6. From the sorted project, SORTEDOC.H and SORTEDOC.CPP are in Listing 10-7; SORTEVW.H and SORTVW.CPP are in Listing 10-8.

LISTING 10-5: SORTER.H and SORTER.CPP

```
// sorter.h

extern "C" {

int compare_int(const void *arg1, const void *arg2);
int compare_long(const void *arg1, const void *arg2);
int compare_float(const void *arg1, const void *arg2);

void FAR PASCAL _export sort_int(int FAR* array, int num_elements);
void FAR PASCAL _export sort_long(long FAR* array, int num_elements);
void FAR PASCAL _export sort_float(float FAR* array, int num_elements);

}

// sorter.cpp

#include <afxwin.h>
#include "sorter.h"

extern "C"
void FAR PASCAL _export sort_int(int FAR* array, int num_elements)
{
    qsort((void* )array, (size_t)num_elements, sizeof(int), compare_int);
}

extern "C"
void FAR PASCAL _export sort_long(long FAR* array, int num_elements)
{
    qsort((void* )array, (size_t)num_elements, sizeof(long), compare_long);
```

```
}

extern "C"
void FAR PASCAL _export sort_float(float FAR* array, int num_elements)
{
    qsort((void* )array, (size_t)num_elements, sizeof(float), compare_float);
}

int compare_int(const void *arg1, const void *arg2)
{
    return (*(int*) arg1 >= *(int*) arg2 ? *(int*) arg1 > *(int*) arg2 : -1);
}

int compare_long(const void *arg1, const void *arg2)
{
    return (*(long*) arg1 >= *(long*) arg2 ?
         *(long*) arg1 > *(long*) arg2 : -1);
}

int compare_float(const void *arg1, const void *arg2)
{
    return (*(float*) arg1 >= *(float*) arg2 ?
        *(float*) arg1 > *(float*) arg2 : -1);
}

class CSortDLL : public CWinApp
{
public:
    virtual BOOL InitInstance();
    virtual int ExitInstance();

    CSortDLL(const char* pszAppName) : CWinApp(pszAppName) {}
};

BOOL CSortDLL::InitInstance()
{
    SetDialogBkColor();
    return TRUE;
}

int CSortDLL::ExitInstance()
{
    return CWinApp::ExitInstance();
}

CSortDLL NEAR SORTDLL("sorter.dll");
```

LISTING 10-6: SORTER.DEF

```
LIBRARY          SORTER
DESCRIPTION      'Easy use of quicksort'

EXETYPE          WINDOWS

CODE             PRELOAD MOVEABLE DISCARDABLE
DATA             PRELOAD MOVEABLE SINGLE

HEAPSIZE         1024

SEGMENTS
    WEP_TEXT FIXED PRELOAD

EXPORTS
    WEP @1 RESIDENTNAME
```

LISTING 10-7: SORTEDOC.H and SORTEDOC.CPP

```
// sortedoc.h : interface of the CSortedDoc class
//
/////////////////////////////////////////////////////////////////////////////

class CSortedDoc : public CDocument
{
protected: // create from serialization only
    CSortedDoc();
    DECLARE_DYNCREATE(CSortedDoc)

// Attributes
public:

// Operations
public:

// Implementation
public:
    virtual ~CSortedDoc();
    virtual void Serialize(CArchive& ar); // overridden for document i/o
    #define NUM_ELEMENTS 10
    int array[NUM_ELEMENTS];

#ifdef _DEBUG
    virtual void AssertValid() const;
    virtual void Dump(CDumpContext& dc) const;
#endif

protected:
    virtual BOOL OnNewDocument();

// Generated message map functions
```

```
protected:
    //{{AFX_MSG(CSortedDoc)
        // NOTE - the ClassWizard will add and remove member functions here.
        //    DO NOT EDIT what you see in these blocks of generated code !
    //}}AFX_MSG
    DECLARE_MESSAGE_MAP()
};

/////////////////////////////////////////////////////////////////////////////
// sortedoc.cpp : implementation of the CSortedDoc class
//

#include "stdafx.h"
#include "sorted.h"

#include "sortedoc.h"

#ifdef _DEBUG
#undef THIS_FILE
static char BASED_CODE THIS_FILE[] = __FILE__;
#endif

/////////////////////////////////////////////////////////////////////////////
// CSortedDoc

IMPLEMENT_DYNCREATE(CSortedDoc, CDocument)

BEGIN_MESSAGE_MAP(CSortedDoc, CDocument)
    //{{AFX_MSG_MAP(CSortedDoc)
        // NOTE - the ClassWizard will add and remove mapping macros here.
        //    DO NOT EDIT what you see in these blocks of generated code!
    //}}AFX_MSG_MAP
END_MESSAGE_MAP()

/////////////////////////////////////////////////////////////////////////////
// CSortedDoc construction/destruction

CSortedDoc::CSortedDoc()
{
    for(int loop_index = 0; loop_index < NUM_ELEMENTS; loop_index++){
        array[loop_index] = 10 - loop_index;
    }
}

CSortedDoc::~CSortedDoc()
{
}

BOOL CSortedDoc::OnNewDocument()
{
    if (!CDocument::OnNewDocument())
        return FALSE;
```

```
    // TODO: add reinitialization code here
    // (SDI documents will reuse this document)

    return TRUE;
}

//////////////////////////////////////////////////////////////////////////////
// CSortedDoc serialization

void CSortedDoc::Serialize(CArchive& ar)
{
    if (ar.IsStoring())
    {
       // TODO: add storing code here
    }
    else
    {
       // TODO: add loading code here
    }
}

//////////////////////////////////////////////////////////////////////////////
// CSortedDoc diagnostics

#ifdef _DEBUG
void CSortedDoc::AssertValid() const
{
    CDocument::AssertValid();
}

void CSortedDoc::Dump(CDumpContext& dc) const
{
    CDocument::Dump(dc);
}
#endif //_DEBUG

//////////////////////////////////////////////////////////////////////////////
// CSortedDoc commands
```

LISTING 10-8: SORTEVW.H and SORTEVW.CPP

```
// sortevw.h : interface of the CSortedView class
//
//////////////////////////////////////////////////////////////////////////////

class CSortedView : public CView
{
protected: // create from serialization only
    CSortedView();
    DECLARE_DYNCREATE(CSortedView)

// Attributes
```

```
public:
    CSortedDoc* GetDocument();

// Operations
public:

// Implementation
public:
    virtual ~CSortedView();
    virtual void OnDraw(CDC* pDC); // overridden to draw this view
#ifdef _DEBUG
    virtual void AssertValid() const;
    virtual void Dump(CDumpContext& dc) const;
#endif

protected:

    // Printing support
    virtual BOOL OnPreparePrinting(CPrintInfo* pInfo);
    virtual void OnBeginPrinting(CDC* pDC, CPrintInfo* pInfo);
    virtual void OnEndPrinting(CDC* pDC, CPrintInfo* pInfo);

// Generated message map functions
protected:
    //{{AFX_MSG(CSortedView)
        // NOTE - the ClassWizard will add and remove member functions here.
        //    DO NOT EDIT what you see in these blocks of generated code !
    //}}AFX_MSG
    DECLARE_MESSAGE_MAP()
};

#ifndef _DEBUG // debug version in sortevw.cpp
inline CSortedDoc* CSortedView::GetDocument()
    { return (CSortedDoc*)m_pDocument; }
#endif

/////////////////////////////////////////////////////////////////////////////
// sortevw.cpp : implementation of the CSortedView class
//

#include "stdafx.h"
#include "sorted.h"
#include "sorter.h"
#include "sortedoc.h"
#include "sortevw.h"

#ifdef _DEBUG
#undef THIS_FILE
static char BASED_CODE THIS_FILE[] = __FILE__;
#endif

/////////////////////////////////////////////////////////////////////////////
// CSortedView
```

```
IMPLEMENT_DYNCREATE(CSortedView, CView)

BEGIN_MESSAGE_MAP(CSortedView, CView)
    //{{AFX_MSG_MAP(CSortedView)
       // NOTE - the ClassWizard will add and remove mapping macros here.
       //    DO NOT EDIT what you see in these blocks of generated code!
    //}}AFX_MSG_MAP
    // Standard printing commands
    ON_COMMAND(ID_FILE_PRINT, CView::OnFilePrint)
    ON_COMMAND(ID_FILE_PRINT_PREVIEW, CView::OnFilePrintPreview)
END_MESSAGE_MAP()

/////////////////////////////////////////////////////////////////////////////
// CSortedView construction/destruction

CSortedView::CSortedView()
{
    // TODO: add construction code here
}

CSortedView::~CSortedView()
{
}

/////////////////////////////////////////////////////////////////////////////
// CSortedView drawing

void CSortedView::OnDraw(CDC* pDC)
{
    CSortedDoc* pDoc = GetDocument();
    ASSERT_VALID(pDoc);

    sort_int(pDoc->array, 10);
    TEXTMETRIC tm;
    pDC->GetTextMetrics(&tm);
    for(int loop_index = 0; loop_index < 10; loop_index++){
        char out_string[50];
        wsprintf(out_string, "Array entry %d = %d",
            loop_index, pDoc->array[loop_index]);
        pDC->TextOut(0, tm.tmHeight * loop_index,
            out_string, strlen(out_string));
    }
}

/////////////////////////////////////////////////////////////////////////////
// CSortedView printing

BOOL CSortedView::OnPreparePrinting(CPrintInfo* pInfo)
{
    // default preparation
    return DoPreparePrinting(pInfo);
}
```

```
void CSortedView::OnBeginPrinting(CDC* /*pDC*/, CPrintInfo* /*pInfo*/)
{
    // TODO: add extra initialization before printing
}

void CSortedView::OnEndPrinting(CDC* /*pDC*/, CPrintInfo* /*pInfo*/)
{
    // TODO: add cleanup after printing
}

/////////////////////////////////////////////////////////////////////////////
// CSortedView diagnostics

#ifdef _DEBUG
void CSortedView::AssertValid() const
{
    CView::AssertValid();
}

void CSortedView::Dump(CDumpContext& dc) const
{
    CView::Dump(dc);
}

CSortedDoc* CSortedView::GetDocument() // non-debug version is inline
{
     ASSERT(m_pDocument->IsKindOf(RUNTIME_CLASS(CSortedDoc)));
     return (CSortedDoc*)m_pDocument;
}
#endif //_DEBUG

/////////////////////////////////////////////////////////////////////////////
// CSortedView message handlers
```

An MFC-Aware DLL

When we work with dynamic link libraries, we can also use the various objects defined for us by App Wizard. As an example, our next DLL routine will let us work with an MFC view and print out "Hello, world!" in it. We'll put this routine in a file named HELLO.DLL.

Creating HELLO.DLL

Create HELLO.CPP now. At the beginning of that file, add the following include statements, and set up our printing function, print_out(). In this function, we'll get a FAR pointer to an MFC view.

```
// hello.cpp

#include <afxwin.h>
```

```
#include "hello.h"

extern "C"
void FAR PASCAL _export print_out(CView FAR* pview)
{

}
```

Also, add print_out()'s prototype to the header file, HELLO.H. Note that, as before, we indicate that we want a FAR pointer to match the DLL memory model.

```
// hello.h

extern "C" {

void FAR PASCAL _export print_out(CView FAR* view);

}
```

In print_out(), we will use the pointer to the view that is passed to us, to create a CClientDC object, dc. Then we simply display a message in that device context:

```
// hello.cpp

#include <afxwin.h>
#include "hello.h"

extern "C"
void FAR PASCAL _export print_out(CView FAR* pview)
{
➤       CClientDC dc(pview);
➤       CString out_string("Hello, world!");
➤       dc.TextOut(0, 0, out_string);
}
```

And that's it; all we needed to work with an MFC object in our program was a pointer to that specific object. We can pass other pointers, as well, to _USRDLL dynamic link library routines — pointers that will give those routines access to our entire program. For example, the MFC function AfxGetApp() returns a pointer to our program's CWinApp object; using that pointer, the rest of the program is accessible. For instance, for an MDI program, a pointer to the main window is stored in the CWinApp member m_pMainWnd, and so on, as shown here:

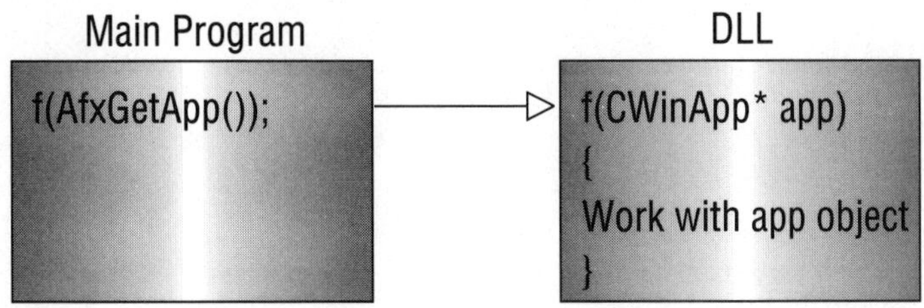

The rest of HELLO .CPP sets up the dynamic link library, as we've seen before.

```
//hello.cpp

#include <afxwin.h>
#include "hello.h"

extern "C"
void FAR PASCAL _export print_out(CView FAR* pview)
{
    CClientDC dc(pview);
    CString out_string("Hello, world!");
    dc.TextOut(0, 0, out_string);
}

class CHello : public CWinApp
{
public:
    virtual BOOL InitInstance();
    virtual int ExitInstance();

    CHello(const char* pszAppName) : CWinApp(pszAppName){}
};

BOOL CHello::InitInstance()
{
    SetDialogBkColor();
    return TRUE;
}

int CHello::ExitInstance()
{
    return CWinApp::ExitInstance();
}

CHello NEAR HelloDLL("hello.dll");
```

We'll also need HELLO.DEF; that file is an easy modification of our previous .DEF files, and it looks like this:

```
LIBRARY             HELLO
DESCRIPTION         'Prints out Hello, world.'

EXETYPE             WINDOWS

CODE                PRELOAD MOVEABLE DISCARDABLE
DATA                PRELOAD MOVEABLE SINGLE

HEAPSIZE            1024

SEGMENTS
    WEP_TEXT FIXED PRELOAD
```

```
EXPORTS
    WEP @1 RESIDENTNAME
```

Now we can create HELLO.MAK, define _USRDLL for the preprocessor, and use Visual C++ to create HELLO.LIB and HELLO.DLL. Our dynamic link library is ready.

Creating HELLOAPP.EXE

With HELLO.DLL and HELLO.LIB in place, we need an application to make use of our print_out() routine. Use App Wizard to create a new SDI application named HELLOAPP.MAK, and open the OnDraw() function in HELLOVW.CPP. We can use the print_out() function simply by passing a pointer to it to our view, this way:

```
void CHelloappView::OnDraw(CDC* pDC)
{
    CHelloappDoc* pDoc = GetDocument();
    ASSERT_VALID(pDoc);

    print_out(this);
}
```

And, we include the DLL's header file, HELLO.H, in our view file (HELLOVW.CPP):

```
// hellovw.cpp : implementation of the CHelloappView class
//

#include "stdafx.h"
#include "helloapp.h"
#include "hello.h"
#include "hellodoc.h"
#include "hellovw.h"
#include "mainfrm.h"
    .
    .
    .
```

In addition, we indicate that we'll be using HELLO.LIB and HELLO.DLL, by adding HELLO to the library list as we've done before (see Figures 10-3 and 10-5).

Create and run HELLOAPP.EXE; the result appears in Figure 10-7. We're now using MFC objects with our dynamic link library routines.

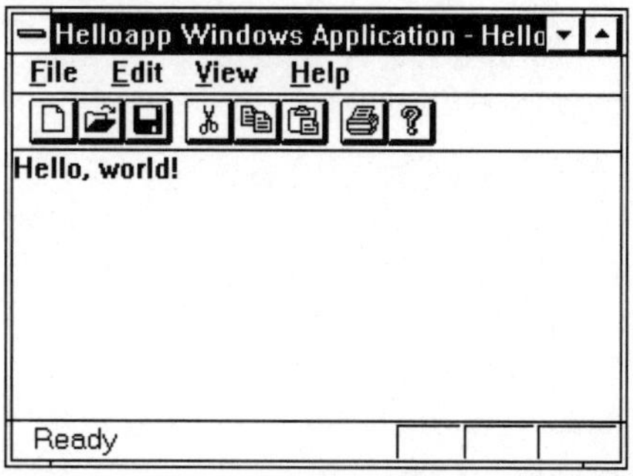

Figure 10-7: Running HELLO.EXE displays this message from our DLL.

For your review, the code for the .DLL file — HELLO.H and HELLO.CPP — appears in Listing 10-9. HELLO.DEF appears in Listing 10-10, and HELLOVW.H and HELLOVW.CPP are in Listing 10-11.

LISTING 10-9: HELLO.H and HELLO.CPP

```
// hello.h

extern "C" {

void FAR PASCAL _export print_out(CView FAR* pview);

}

// hello.cpp

#include <afxwin.h>
#include "hello.h"

extern "C"
void FAR PASCAL _export print_out(CView FAR* pview)
{
   CClientDC dc(pview);
   CString out_string("Hello, world!");
   dc.TextOut(0, 0, out_string);
}

class CHello : public CWinApp
{
public:
   virtual BOOL InitInstance();
   virtual int ExitInstance();

   CHello(const char* pszAppName) : CWinApp(pszAppName){}
};

BOOL CHello::InitInstance()
{
   SetDialogBkColor();
   return TRUE;
}

int CHello::ExitInstance()
{
   return CWinApp::ExitInstance();
}

CHello NEAR HelloDLL("hello.dll");
```

LISTING 10-10: HELLO.DEF

```
LIBRARY          HELLO
DESCRIPTION      'Prints out Hello, world.'

EXETYPE          WINDOWS

CODE             PRELOAD MOVEABLE DISCARDABLE
DATA             PRELOAD MOVEABLE SINGLE

HEAPSIZE         1024

SEGMENTS
    WEP_TEXT FIXED PRELOAD

EXPORTS
    WEP @1 RESIDENTNAME
```

LISTING 10-11: HELLOVW.H and HELLOVW.CPP

```
// hellovw.h : interface of the CHelloappView class
//
/////////////////////////////////////////////////////////////////////////////

class CHelloappView : public CView
{
protected: // create from serialization only
    CHelloappView();
    DECLARE_DYNCREATE(CHelloappView)

// Attributes
public:
    CHelloappDoc* GetDocument();

// Operations
public:

// Implementation
public:
    virtual ~CHelloappView();
    virtual void OnDraw(CDC* pDC); // overridden to draw this view
#ifdef _DEBUG
    virtual void AssertValid() const;
    virtual void Dump(CDumpContext& dc) const;
#endif

protected:

    // Printing support
    virtual BOOL OnPreparePrinting(CPrintInfo* pInfo);
    virtual void OnBeginPrinting(CDC* pDC, CPrintInfo* pInfo);
    virtual void OnEndPrinting(CDC* pDC, CPrintInfo* pInfo);
```

```
// Generated message map functions
protected:
    //{{AFX_MSG(CHelloappView)
        // NOTE - the ClassWizard will add and remove member functions here.
        //    DO NOT EDIT what you see in these blocks of generated code!
    //}}AFX_MSG
    DECLARE_MESSAGE_MAP()
};

#ifndef _DEBUG // debug version in hellovw.cpp
inline CHelloappDoc* CHelloappView::GetDocument()
    { return (CHelloappDoc*)m_pDocument; }
#endif

/////////////////////////////////////////////////////////////////////////////
// hellovw.cpp : implementation of the CHelloappView class
//

#include "stdafx.h"
#include "helloapp.h"
#include "hello.h"
#include "hellodoc.h"
#include "hellovw.h"
#include "mainfrm.h"

#ifdef _DEBUG
#undef THIS_FILE
static char BASED_CODE THIS_FILE[] = __FILE__;
#endif

/////////////////////////////////////////////////////////////////////////////
// CHelloappView

IMPLEMENT_DYNCREATE(CHelloappView, CView)

BEGIN_MESSAGE_MAP(CHelloappView, CView)
    //{{AFX_MSG_MAP(CHelloappView)
        // NOTE - the ClassWizard will add and remove mapping macros here.
        //    DO NOT EDIT what you see in these blocks of generated code!
    //}}AFX_MSG_MAP
    // Standard printing commands
    ON_COMMAND(ID_FILE_PRINT, CView::OnFilePrint)
    ON_COMMAND(ID_FILE_PRINT_PREVIEW, CView::OnFilePrintPreview)
END_MESSAGE_MAP()

/////////////////////////////////////////////////////////////////////////////
// CHelloappView construction/destruction

CHelloappView::CHelloappView()
{
    // TODO: add construction code here
}
```

```
CHelloappView::~CHelloappView()
{
}

/////////////////////////////////////////////////////////////////////////////
// CHelloappView drawing

void CHelloappView::OnDraw(CDC* pDC)
{
    CHelloappDoc* pDoc = GetDocument();
    ASSERT_VALID(pDoc);

 print_out(this);
    // TODO: add draw code for native data here
}

/////////////////////////////////////////////////////////////////////////////
// CHelloappView printing

BOOL CHelloappView::OnPreparePrinting(CPrintInfo* pInfo)
{
    // default preparation
    return DoPreparePrinting(pInfo);
}

void CHelloappView::OnBeginPrinting(CDC* /*pDC*/, CPrintInfo* /*pInfo*/)
{
    // TODO: add extra initialization before printing
}

void CHelloappView::OnEndPrinting(CDC* /*pDC*/, CPrintInfo* /*pInfo*/)
{
    // TODO: add cleanup after printing
}

/////////////////////////////////////////////////////////////////////////////
// CHelloappView diagnostics

#ifdef _DEBUG
void CHelloappView::AssertValid() const
{
    CView::AssertValid();
}

void CHelloappView::Dump(CDumpContext& dc) const
{
    CView::Dump(dc);
}

CHelloappDoc* CHelloappView::GetDocument() // non-debug version is inline
{
    ASSERT(m_pDocument->IsKindOf(RUNTIME_CLASS(CHelloappDoc)));
    return (CHelloappDoc*)m_pDocument;
```

```
}
#endif //_DEBUG

/////////////////////////////////////////////////////////////////////////////
// CHelloappView message handlers
```

We've come to the end of this chapter on dynamic link libraries, and to our guided tour of the ins and outs of Visual C++, as well. In this book, you've come far, exploring such topics as OLE, metafiles, advanced view handling, bitmaps, serialization, custom interface controls, status bar and control bar handling, and now dynamic link libraries. You've seen some behind-the-scenes action and learned some advanced techniques. All that remains now is to put all this technology to work for yourself — happy programming.

Appendix

About the Disk

This appendix contains instructions for installing the files on the disk that accompanies this book on your hard disk. Use the INSTALLA.BAT file if you place the disk in the A: drive, or INSTALLB.BAT if you place the disk in the B: drive.

The installation process creates a directory named VCBOOK on drive C: and loads all the projects listed below into that directory. These projects must be loaded into the C:\VCBOOK directory, because all the .MAK files created in Visual C++ App Wizard will refer to that directory.

Here is a list of the projects on the disk:

ADD1

Use ADD1 with the files DYNAM.LIB and DYNAM.DLL, which are created with the DYNAM project. Create those files there, and place them in the ADD1 directory; then build ADD1.EXE. Running the program calls the DLLCall() function in DYNAM.DLL, incrementing a value passed to that function. The resulting value is displayed.

ANIMATE

An animation example using metafiles. Creates a small ship and sails it across the window.

BITMAP

Shows how to use the CBitmap class. Creates a bitmap, displays it, stretches it, and draws it under several different mapping modes and origin locations.

BMPMENU

Installs a bitmap in a menu. When you click that menu item, a message box appears. It also shows how to load a bitmap in from disk.

BUTTON

Shows how to create a button in a main window using the CButton class. Run the program and select Button|Show. A button appears; click the button, and a message box appears.

CAPTURE

A screen- capture program. Select Screen|Capture, and the cursor changes to a cross. Move the cursor to the new window's client area — this is the target window we'll capture, so make sure the target window is not covered by other windows. Click the mouse button, and the contents of the target window's client area appear in CAPTURE.EXE's client area.

CELLS

A spreadsheet-like program that lets you use multiple views. Run the program and a spreadsheet appears. Open another view into it by selecting Window|New Window. Any numbers you place in the spreadsheet are added column by column, and the sum is displayed in the bottom row. When you type in one view, the same digits appear in all the other (coordinated) views.

COMBO

An example showing how to create a combo box in a main window. Run the program and choose Combo|Show. Make a change in the combo box's edit box, and the new text will appear in a message box.

CONTAIN

An OLE container program. Run it and use Edit|Insert New Object. A list of registered OLE servers appears. Select one, create an OLE item using it, select the server's Update menu item, and quit the server. The OLE item appears in the container. Double-click it to edit it. You can use the SERVE.EXE program (described in this table) as the server.

CUSTOM

A custom bitmap button example. Run the program, and select Custom|Button. A new dialog box appears showing a button with a customized bitmap in it. Click it and the bitmap changes. When the dialog box loses the focus, the bitmap displayed also changes.

DRAG

An example showing how to drag bitmaps around the screen. Run the program — and a black square (the bitmap) will appear against a grid of lines. The bitmap can be dragged with the mouse.

DYNAM

A dynamic link library (DLL) example. Creates DYNAM.DLL and DYNAM.LIB, used with the ADD1 project. After creating these files, copy them to the ADD1 directory so they can be linked in. See ADD1, mentioned previously, for more details.

EDIT

An example showing how to create an edit box in the main window using the CEdit class. Run the program, and select Edit|Show. Add text to the edit control that appears. The new text appears in a message box.

HELLO

A DLL example. Creates HELLO.LIB and HELLO.DLL; use these two files with the HELLOAPP project. Copy them over to the HELLOAPP directory so they can be linked in. See HELLOAPP for more details.

HELLOAPP

Use this project with HELLO.LIB and HELLO.DLL from the HELLO project. When the program runs, it calls the print_out() function in HELLO.DLL, and a "Hello, world." message is displayed in the view. Shows how to pass pointers to MFC objects in DLL routines.

LIST

An example showing how to create list boxes in the main window. Run the program and select List|Show. A list box appears. Click one of the items in it and a message box appears, indicating which item you clicked.

METAFILE

A metafile example. Shows how to create and play a metafile. Run the program, and "Hello,world." is installed in a metafile. Then the metafile is played in the view. The attribute device context of the metafile is also set, allowing us to get the size of a box to surround the text.

MOUSER

An example showing how to use the control bar and status bar. An overstrike indicator is added to the status bar, and a special pencil-like button is added to the control bar. Click the new control bar button to start the drawing process, and the status bar and control bar both disappear. Use the mouse to draw with. This version also uses metafiles (as set in the BACKUPDC.H file) to restore the graphics in the window after it is uncovered or resized.

ONE

Our first program. Displays "Hello, world."

SCROLL

An example showing how to create a scroll bar in a main window. Run the program and select Scroll|Show. A scroll bar appears. Move the box (the thumb) in the scroll bar. The thumb is set to the new position.

SERIAL

An example showing how to customize serialization (Microsoft Foundation Class custom file handling). It serializes a specially designed class to disk and reads it back in. It also changes a customer's name in the serialized object from Sam Partridge to Balthazzar Bosch and displays the customer's first name.

SERVE

An OLE server example. Running the program the first time registers it with Windows. This program is a stand-alone server; use it with the CONTAIN.MAK project or with a program like Microsoft Word for Windows. Use the container program's Edit|Insert New Object command, and select Serve from the list of servers available. Use Serve's Update menu item to insert a Serve OLE item (a box showing the text "Hello, world.") in the container. This OLE item is enabled for both in-place editing and double-click editing that opens the server.

SORTED

An example showing how to pass arrays to DLL. Create the SORTER.LIB and SORTER.DLL files with the SORTER project and copy them to SORTED's directory. Create SORTED.EXE. A pointer to an array is passed to sort_int(), a function in SORTER.DLL, and the array is sorted (using a quicksort) and displayed.

SORTER

Creates SORTER.DLL and SORTER.LIB. Create these files and copy them into the SORTED directory to allow them to be linked in there. See the SORTED project in this table for more details.

STRARRAY

Creates a string array based on the Microsoft Foundation Class CStringArray, fills it with data, and displays the result.

STRLIST

Creates a list of strings based on the Microsoft Foundation Class CObList. Places items in the list and displays them on the screen.

TICKS

An example showing operator overloading and how to use Windows timers. Creates a custom object named TICKS and increments it every one-tenth of a second by executing the instruction ticks++. Also displays the number of ticks seen so far.

TWO

Our second program, showing menu and document use. Select Hello|Display to see the message "Hello from Visual C++!".

WORDS

An example showing how to overload the +, =, << and >> operators. Creates two objects of the custom class CWords: "Hello" and " world", adds them together, sends the result out to disk, reads it back in, and displays the result on the screen.

WRITER

A multidocument, multiview word processor. Lets you save files, read them, cut, paste, find text, replace text, and more. This example shows how to work with the Microsoft Foundation Class CEditView.

All programs listed here and on the accompanying disk are copyrighted. Please read the License Agreement at the back of this book before installing and using these programs.

Index

A

C

D

E

F

G

K

L

M

N

O

P

Q

R

S

V

W

X

...s Worldwide License Agreement

...Please read this carefully before opening the software pack-... legal agreement between you (either an individual or an ... IDG Books Worldwide, Inc. (IDG). By opening the accom-...aled packet containing the software disk, you acknowledge ...ve read and accept the following IDG License Agreement. If ... agree and do not want to be bound by the terms of this ..., promptly return the book and the unopened software pack-...ace you obtained them for a full refund.

...his License Agreement (Agreement) permits you to use one ... enclosed Software program(s) on a single computer. The ... in "use" on a computer when it is loaded into temporary ...hat is, RAM) or installed into permanent memory (for exam-...sk, CD ROM, or other storage device) of that computer.

... The entire contents of this disk and the compilation of the ...e copyrighted and protected by both United States copy-...nd international treaty provisions. The individual programs ... are copyrighted by the author of this Book, Steve Holzner. ...ly (a) make one copy of the Software for backup or archival ...r (b) transfer the Software to a single hard disk, provided ...ep the original for backup or archival purposes. None of the ... this disk or listed in this Book may ever be distributed, in ... modified form, for commercial purposes.

3. **...trictions.** You may not rent or lease the Software. You may transfer the Software and user documentation on a permanent basis provided you retain no copies and the recipient agrees to the terms of this Agreement. You may not reverse engineer, decompile, or disassemble the Software except to the extent that the foregoing restriction is expressly prohibited by applicable law. If the Software is an update or has been updated, any transfer must include the most recent update and all prior versions.

4. **Limited Warranty.** IDG Warrants that the Software and disk are free from defects in materials and workmanship for a period of sixty (60)

days from the date of purchase of this Book. If IDG receives notification within the warranty period of defects in material or workmanship, IDG will replace the defective disk. IDG's entire liability and your exclusive remedy shall be limited to replacement of the Software, which is returned to IDG with a copy of your receipt. This Limited Warranty is void if failure of the Software has resulted from accident, abuse, or misapplication. Any replacement Software will be warranted for the remainder of the original warranty period or thirty (30) days, whichever is longer.

5. **No Other Warranties.** To the maximum extent permitted by applicable law, IDG and the author disclaim all other warranties, express or implied, including but not limited to implied warranties of merchantability and fitness for a particular purpose, with respect to the Software, the programs, the source code contained therein and/or the techniques described in this Book. This limited warranty gives you specific legal rights. You may have others which vary from state/jurisdiction to state/jurisdiction.

6. **No Liability For Consequential Damages.** To the extent permitted by applicable law, in no event shall IDG or the author be liable for any damages whatsoever (including without limitation, damages for loss of business profits, business interruption, loss of business information, or any other pecuniary loss) arising out of the use of or inability to use the Book or the Software, even if IDG has been advised of the possibility of such damages. Because some states/jurisdictions do not allow the exclusion or limitation of liability for consequential or incidental damages, the above limitation may not apply to you.

IDG BOOKS WORLDWIDE REGISTRATION CARD

RETURN THIS
REGISTRATION CARD
FOR FREE CATALOG

Title of this book: **Heavy Metal Visual C++ Programming**

My overall rating of this book: ❑ Very good [1] ❑ Good [2] ❑ Satisfactory [3] ❑ Fair [4] ❑ Poor [5]

How I first heard about this book:

❑ Found in bookstore; name: [6] ❑ Book review: [7]

❑ Advertisement: [8] ❑ Catalog: [9]

❑ Word of mouth; heard about book from friend, co-worker, etc.: [10] ❑ Other: [11]

What I liked most about this book:

What I would change, add, delete, etc., in future editions of this book:

Other comments:

Number of computer books I purchase in a year: ❑ 1 [12] ❑ 2-5 [13] ❑ 6-10 [14] ❑ More than 10 [15]

I would characterize my computer skills as: ❑ Beginner [16] ❑ Intermediate [17] ❑ Advanced [18] ❑ Professional [19]

I use ❑ DOS [20] ❑ Windows [21] ❑ OS/2 [22] ❑ Unix [23] ❑ Macintosh [24] ❑ Other: [25] ____________ (please specify)

I would be interested in new books on the following subjects:
(please check all that apply, and use the spaces provided to identify specific software)

❑ Word processing: [26] ❑ Spreadsheets: [27]

❑ Data bases: [28] ❑ Desktop publishing: [29]

❑ File Utilities: [30] ❑ Money management: [31]

❑ Networking: [32] ❑ Programming languages: [33]

❑ Other: [34]

I use a PC at (please check all that apply): ❑ home [35] ❑ work [36] ❑ school [37] ❑ other: [38] ____________

The disks I prefer to use are ❑ 5.25 [39] ❑ 3.5 [40] ❑ other: [41] ____________

I have a CD ROM: ❑ yes [42] ❑ no [43]

I plan to buy or upgrade computer hardware this year: ❑ yes [44] ❑ no [45]

I plan to buy or upgrade computer software this year: ❑ yes [46] ❑ no [47]

Name: Business title: [48] Type of Business: [49]

Address (❑ home [50] ❑ work [51]/Company name:)

Street/Suite#

City [52]/State [53]/Zipcode [54]: Country [55]

❑ **I liked this book!** You may quote me by name in future IDG Books Worldwide promotional materials.

My daytime phone number is ____________

IDG BOOKS®
THE WORLD OF COMPUTER KNOWLEDGE

YES!

Please keep me informed about IDG's World of Computer Knowledge. Send me the latest IDG Books catalog.

BUSINESS REPLY MAIL

FIRST CLASS MAIL PERMIT NO. 2605 SAN MATEO, CALIFORNIA

IDG Books Worldwide
155 Bovet Road
San Mateo, CA 94402-9833